KB235012

명품 판타지

명품 판타지

패션은 어떻게 세상을 지배하게 되었나. 샤넬에서 유니클로까지

김윤성·류미연 지음

서문

여기 마법의 모자가 있다.

모자를 쓰고 주문을 말하면 소원을 들어주는 신기한 모자.

옛날부터 사람들은 저마다 소망을 품고

이 신비한 모자를 간절한 마음으로 찾아다녔다.

모자도 사람들의 소원을 들어주면서 같이 기뻐했고

모자엔 수많은 사람들의 추억이 별처럼 아로새겨 갔단다.

그런데 들리는 소문이 마법의 모자는 이제 의욕을 잃었다고 한다.

점점 모자를 찾는 사람이 줄어서라나?

이제 사람들은 자기만의 환상을 품지 않고

대신 다른 사람들과 같은 환상을 품고 산다.

완벽하게 예뻐지고 싶고, 영원히 부자로 잘 살고 싶고,

인생이 보장되는 좋은 학벌을 갖고 싶은 환상.

사람들의 같은 환상.

모자는 맥이 빠졌고 사람들은 모자 대신 다른 곳엘 찾아 간다.

저 환상을 사람들에게 만들어준 자들은 대가 없이 소원을 들어준 모자하곤 달리

돈을 아주 많이 벌고 있다.

이제 환상을 이루려면 기도가 아니라 돈이 필요한 것일까?

영화 〈해리 포터〉에 나오는 호그와트 마법사 학교에도 이런 비슷한 마법의 모자가 있다. 해리가 처음으로 학교에 가던 장면에서였다. 해리와 친구들이 입학하면서 기숙사를 배정받는 그날, 어린 마법사들은 기대에 들떠 마법의 모자를 쓰고 앉는다. 모자는 이맛살을 찌푸리며 고민하다가 뱀처럼 영리한 마법사의 미래가 보일 때는 "슬레더린!"하고 외치고, 좀 덜 똑똑할지는 모르지만 용기 있는 마법사의 미래가 보일 때는 "그리핀도르가 좋겠어!"하고 결정해준다. 꼬마 해리가 그리핀도르를 배정받고 좋아하던 그 장면을 보면서 한 가지가 참 이상했다.

'아니, 저렇게 나도 모르는 내 마음을 잘 이해하고 친구들까지 살펴보는 똑똑한 모자가 있는데 기껏 기숙사 배정이나 한단 말이야? 상담 선생님도 할 수 있고 아니면 더 어려운 일도 할 수 있잖아!'

하지만 그나마 마법사들이니까 찌그러지고 못생긴 모자를 무시하지 않고 아끼는지도 모른다. 사람들의 소원을 이루려면 마법의 모자보다는 신용카드가 더 필요하다. 어린이용 디즈니 영화에도 동화나라의 공주님을 위기에서 구하는 건 마법사가 아니라 어린 소녀가 들고 있는 아빠의 신용카드다.

좀 진부한 표현이기는 한데, 세상엔 두 종류의 사람이 존재한다. 카드를 쓰는 사람들과 카드를 쓰게 만드는 사람. 앞에서만 보면 카드를 쓰는 사람들이 대접받는 것 같지만 사실 뒤에서 씨익 흐르는 웃음을 간신히 참는 사람들은 카드를 쓰게 만드는 사람들이다. 바로 이 사람들이 소원을 들어주고 지혜를 빌려주는 마법의 모자를 쓸쓸히 사라지게 만들고 사람들을 화려한 무대, 판타지의 무대 앞으로 끌어왔다.

사람들이 좋아하는 판타지는 여러 가지가 있겠으나 그중에서도 화려한 옷과 반짝이는 보석, 잘 빠진 자동차와 금칠한 그릇이 나오는 판타지를 아주 좋아한다. 이런 판타지를 패션, 우리말로는 유행이라고 하는데 특히나 옷이 만드는 판타지가 가장 인기 있었기에 패션 그 자체가 옷을 부르는 이름이 되었다.

나는 럭셔리Luxury가 주인공인 화려한 판타지를 올리는 무대와 수많은 장치들이 촘촘하게 돌아가는 무대 뒤를 꼼꼼히 뜯어보고 있다. 쿵쿵 냄새를 맡아보고 돋보기를 들어 마치 현장조사를 하는 탐정처럼 바닥과 무대장식들을 유심히 관찰하기도 한다. 너무나 많은 사람들이 이 무대로 달려 나와 씨익 웃는 자들에게 카드를 기꺼이 내밀고 있기 때문이다.

자, 이제부터 판타지를 만드는 무대 뒤의 사람들을 '판타스타'라고 하고 무대 앞에서 돈 내는 사람들을 '판타스티'라고 부르자. 판타스티는 판타스타의 수동형이다.

그리고 이 무대에는 연극이 하나 상연되고 있다. 제목은 '명품'이고 장르는 당연히 판타지다. 이 연극에는 멋진 마호가니 가구에 아름다운 드레스, 최고급 화장품, 다이아몬드 목걸이, 아찔하게 높은 구두가 나오고 멋진 남자 주인공도 등장한다. 아, 그 남자는 흰 셔츠 잠옷을 입고 상쾌한 아침 햇살을 받으며 일어나는데 자고 일어났는데도 옷엔 구김 하나 없는 남자다. 이 연극이 어쩌나 인기가 좋은지 점점 상연하는 극장은 늘어만 가고 동시에 판타스타들의 힘도 권력도 주머니도 점점 빵빵해진다. 도대체 비밀이 뭐기에!

바로 패션, 그곳에 힘이 있다. 패션은 사람들에게 멋진 옷과 멋진 생활이라는 환상을 주고 그 대가로 돈을 번다. 패션이야말로 이 세계에 숨어있는 판타스타 중의 판타스타다. 작은 립스틱, 향수, 커피, 자동차, 여행, 가구, 이 모든 상품들이 우리에게 때론 다정하게 속삭이고 때론 거만하게 무시하듯 말을 건넨다.

"멋지죠?", "근사하죠?"

이 화려하고 슬픈 연극에서 언제나 돈을 버는 쪽, 그러니까 자본주의 세계의 승자는 환상을 만드는 판타스타 쪽이다. 판타스티들은 번번이 '마케팅'이라는 판타지 전략 앞에서 힘들게 번 돈을 쉽게 내어줬다.

이 게임을 룰을 조금이라도 바꿀 수는 없을까?

우리 스스로를 포함해 한국이라는 같은 땅에서 같은 시대를 살아가는 판타스티들이 판타스티에서 벗어나는 순간이 온다면, 세상은 달라진다. 그야말로 어제완 다른 오늘이 시작된다. 당하던 사람들이 더 이상 당히지 않는 그런 아침. 나는 그런 두근대는 아침을 한번쯤은 꼭 보고 싶다.

방법이 있을까? 물론이다. 무대 뒤편을 추리소설의 탐정처럼 들여다보면 길은 시작된다. 조명이 꺼진 무대는 모든 판타지가 사라진 그저 쓸쓸한 무대일 뿐이니까.

이 책의 이야기는 코코 샤넬이라는 대단히 매력적인 한 프랑스 디자이너에서 시작한다. 샤넬은 이미 오래 전에 세상을 떠난 사람이지만 그녀가 만든 판타지는 여전히 건재하다. 샤넬은 패션에서 모더니즘을 만들었고 현대 여성들이 옷 입는 방식 자체를 만든 대단한 사람이었다. 어떤 의미에서 우리 모두는 샤넬 스타일을 입고 있다. 패션의 세계 속 '명품'이라는 이름의 판타지에서 샤넬은 결코 빠질 수 없는 주인공이다.

영화 〈시라노 연애조작단〉에는 연애를 조작하는 사람들이 나온다. 그들은 연애가 각본이란 걸 모를 때까지는 진정한 사랑이 온 것 같고 첫눈에 반한 인연 같지만, 모든 게 조작이란 걸 알게 된 순간 다시는 같은 연극에 속지 않는다는 걸 말해준다. 그리고 그때 조작되지 않은 사랑도 할 수 있게 된다. '명품'이라는 달콤한 제목의 연극도 마찬가지다. 무대장치의 비밀을 벗겨볼 때가 왔다. 같은 게임에서 같은 수에 계속 넘어갈 수는 없으니까. 이 책이 그런 꼼수와 비밀을 조금씩 이해하는 추리소설처럼 읽히면 좋겠다.

이 책은 앞으로 두 권이 더 나올 판타지 시리즈의 첫 번째 책이기도 하다. 다음 편에는 아파트와 대학을 둘러싼 판타지를 풀어갈 계획이다. 우리가 사는 이 시대를 한 백 년쯤 후엔 누군가 '판타지 자본주의 시대'였다고 부를지 모른다. 그만큼 우리는 미신을 믿듯, 이것만 있으면 인생이 필 것이라는 환상으로 물건을 사고 돈을 쓴다. 작게는 몇 만 원짜리 립스틱이지만 때로 인생 전체를 걸게 되기도 하는 우리 곁의 판타지는 우리의 삶, 우리의 현실이 서 있는 땅 자체를 뒤흔들 만큼 커졌다. 이 책처럼 뒤에 나올 두 책에도 무대의 뒤편에 열심히 돋보기를 들이대고 냄새를 추적해볼까 한다.

그리고 벌써 책을 뒤적여본 사람들은 알았겠지만 이 책은 사회과학책이면서도 놀랍게도 본격 일러스트레이션들이 함께한다. 말하자면 '그림과 함께 하는 사회과학'이라는 장르의 첫 번째 책이 된다고나 할까. 이렇게 작업한 이유는 당연히 사회과학은 딱딱하리란 선입견을 던져버리고 재미있고 쉽게 읽히길 바라기 때문이고, 판타지를 말하는 책인 만큼 그림을 같이 보면서 더 풍부하게 상상하며 읽기를 바라기 때문이다.

그림을 그린 류미연 작가는 이 책의 공저자로 처음부터 끝까지 함께 했다. 류미연 작가는 염색과 직조를 전공했지만 국산 애니메이션이 르네상스를 이뤘던 시절, 그중에서도 꽃으로 피어올랐던 〈마리 이야기〉에서 배경을 그렸던 애니메이터이기도 하다. 애니메이션에는 다양한 개성의 작가들이 참여하는데, 배경은 드로잉이 제일 좋은 사람들이 담당한다. 감성 좋은 화가가 어떻게 사회과학 책을 해석하는지 한 컷도 빠트리지 말고 감상하길 권한다. 그냥 넘기면서 보면 회화성이 풍부한 일러스트레이션으로만 볼 수도 있지만 조금만 유심히 살펴보면 모든 그림에 류미연 작가 특유의 유머들이 묻어있다. 유머리스트의 일러스트레이션! 즐겁게 감상했으면 좋겠다.

2011년 1월, 김윤성

차 례

"그러니까 벌써 100년이 지났소. 도대체 그 옷은 언제 완성된다는 말이오?"

"장군, 저도 혈관이 허예지도록 노력하고 있습니다, 하지만 좀 더 시간이 필요합니다."

"박사, 그 얘기는 이미 90년 동안 해왔소. 그때마다 당신은 이제 다음 겨울, 다음 봄, 다음 여름이면 된다고 하지 않았소!"

"장군, 정말 노력하고 있습니다. 저야말로 궁극의 옷을 만들고 싶습니다. 외람되지만 장군께서 바라시는 것보다 오히려 더 기대할지도 모를 만큼 그 옷을 원합니다."

"사람들을 사로잡을 수 있는 단 하나의 옷. 그 옷을 만들 수만 있다면……."

장군은 박사의 말허리를 직각으로 자르고 들어갔다.

"그 옷만 완성된다면 나는 이 세상을 영원히 지배할 수 있소. 모든 사람들이 그 옷을 원하고, 오직 나만이 그 옷을 허락할 수 있지. 색깔, 옷감의 질, 향기, 길이, 두께! 모든 것이 완벽해야 해. 박사는 계산할 수 있다고 장담하지 않았소?"

"네 그렇습니다. 장군, 저는 사람들이 원하는 궁극의 옷을 계산했습니다. 하지만……."

"그런데, 무슨 문제가 남았소? 그 얘기도 이미 하지 않았소?"

"장군, 하지만, 사람들의 마음이 계속 바뀝니다."

박사는 새하얗게 질린 얼굴로 말을 이어갔다.

"사람들의 마음에는 '상대적 즉각변화항성'이라는 물질이 있습니다. 이 물질이 '변덕'이라고 부르는 운동을 일으킵니다. 제가 아무리 궁극의 옷을 계산해도 이 물질 때문에 사람들이 계속 다른 방향으로 마음을 바꿉니다. 아무리 정교하고 복잡한 식을 만들어도 이렇게 마음이 요동치면 답은, 찾기가…… 어렵습니다."

이 말끝에 박사는 그만 고개를 푹 숙여버렸다.

"뭐요? 이 모든 게 박사가 무능하기 때문이요. 당신은 처음부터 변덕을 통제하고 조절해서 답을 찾겠다고 하지 않았소! 결국, 100년 동안 아무 일도 하지 않았다는 거로군. 박사, 당신을 '유행선동내란죄'로 처형하겠소!"

'타앙'. 지하 벙커에 한 발 총성이 울리고 연기가 피었다.

"부관"

"네, 장군"

"죽은 박사를 치우고 더 유능한 과학자를 찾도록!"

샤넬 장군 옆을 충실히 지키던 제이콥스 부관은 무언가 결심한 듯 입에 힘을 주었다.

"장군, 소관 드릴 말씀이 있습니다."

"뭐야? 말해보라."

장군이 이마를 찌푸리며 총신을 닦던 눈을 돌려 부관을 쳐다보았다.

"장군, 박사의 식은 답을 찾을 수 없는 방정식입니다."

여기까지 말하고 제이콥스는 침을 삼켰다. 그리고 장군이 별로 흥분하지 않고 듣는 눈치를 보이자 말을 이었다. 장군은 잔인하지만 냉정을 유지할 줄 아는 사람이었다.

"사람들은 수식을 계산하는 박사를 포함해서 모두가 좋아하는 게 계속 변하기 때문입니다. 모든 사람이 제각기 움직이는 한 절대로 한 가지 답이 나오지 않습니다."

"그래서, 그래서 자넨 내가 지금까지 바보짓을 했다고 말하고 싶은가?"

"아닙니다! 다른 방법이 가능하단 말씀을 드리려고 합니다!"

"그으래? 뭔가? 말해보라. 하지만, 부관이 보다시피 나는 아끼던 박사를 처형할 만큼 지금 기분이 우울하다. 괜한 시간을 낭비해선 자네도 처벌해야 할거야."

"장군! 언제나 사람들이 원하는 궁극의 옷은 찾을 수 없지만 통계적으로 많은 사람들이 원하는 옷은 언제나 계산할 수 있습니다. 그리고 이렇게 계산한 옷은 그 힘이 아주 커서 옷을 만든 사람을 신을 찬양하는 것처럼 충성합니다. 이 계산법을 장군께 추천하고 싶습니다. 휴-."

긴장해서 말을 이었던 제이콥스 부관은 마지막에 결국 작게 한숨을 쉬었다. 장군은 한숨은 듣지 못한 것 같았다.

"충성. 그렇다. 내가 원하는 게 바로 충성이야. 동시에 모든 사람이 충성할 수는 없지만 대부분은 충성한다는 말이지? 부관. 영리하군. 자네를 특진시키겠다. 그리고 그 방정식을 풀어서 내게 가져오라."

"장군, 하지만 아직 아셔야 할 것이 남았습니다."

"말하라."

장군의 목소리는 한결 낮아지고 부드러워졌다.

"장군, 이 방정식은 답이 늘 같지는 않습니다. 계속 새롭게 계산해서 주기적으로 새 답을 계산해야 합니다. 사람들이 기대하는 것보다 먼저 답을 발표해야 충성심이 유지되기 때문입니다. 그리고, 계산식 자체에 속도가 있습니다. 일단 답을 찾기 시작하면 점점 더 빨리 새 답, 새 유행을 찾아야합니다. 즉, 일단 장군께서 답을 찾은 옷을 발표하기 시작하면, 새 유행을 발표하는 주기는 점점 빨라져야 합니다. 그럴 때만 충싱심을 계속 유지힐 수 있습니다."

샤넬 장군은, 결국 부관이 한 말이 궁극의 옷은 계산할 수 없다는 뜻이란 걸 이해하는 정도로는 충분히 영리한 사람이었다.

하지만 충성심을 유지하기 위한 이 속도전을 시작하는 게 좋을지 아닐지는 장군도 쉽게 판단이 내려지지 않았다. 그래서 그는 지금도 여전히 지하 벙커에 앉아 고민하고 있다는 소문이 내 귀에도 들린다.

하지만 장군이 어떤 결심을 했더라도 세상은 지금과 그다지 많이 변하지 않았을 것이다. 사람들이 이미 모여서 장군이 그토록 바라던 '궁극의 옷을 찾는 거대한 방정식'을 목숨 걸고 풀고 있으니 말이다.

우리는 이렇게 늘 새롭게 궁극의 옷을 찾아가고 점점 더 빨리 찾아내는 길을 '패션'이라고 부른다.

그리고 아주 믿을 만한 어느 소식통이 내게 알려준 바에 따르면 궁극의 옷을 찾아서 사람들을 지배하려 했던 샤넬 장군은 결국 그것을 포기했다는 말도 있다.

무모하다는 걸 드디어 깨달았기 때문이 아니고 자기와 이름이 같은 어느 자그마한 체구의 프랑스 여인이 총도 무기도 수학자도 없이 패션 방정식의 답을 최초로 찾아내었다는 걸 알게 되었기 때문이라고 한다.

그녀의 이름은 가브리엘 샤넬Gabrielle Bonheur Chanel, 1883년에 태어났고 '코코'라는 별명으로 불렸다. 가브리엘은 20세기 패션을 창조했고 천사들의 대장인 그녀의 이름처럼 기존의 패션과 거대한 전쟁을 벌이고 승리한 끝에 패션왕국을 만들었다. 대단한 카리스마를 날렸고, 결국 그녀는 패션의 기본이자 출발점으로 남았다.

샤넬 장군의 부관 제이콥스가 말했듯, 샤넬은 거대한 '패션 방정식'을 푼 첫 번째 사람이었지만 우리는 매 시즌 새로운 답을 찾아 헤맨다. 패션 방정식은 매번 더 화려하게 진화하고 여전히 우리의 호기심과 기대를 한 몸에 받는다.

다음 답은 무얼까? 누가 풀게 될까? 샤넬? 루이비통? 갭? 제일모직? 유니클로? 샤넬의 칼 라거펠트? 루이비통의 마크 제이콥스? 스텔라 매카트니?

그리고, 패션을 움직이는 사람들은 조심스럽게 생각하기 시작한다.

'이렇게 빠르게 움직이다니! 언젠가 이 방정식은 멈추지 않을까?'
'패션, 이 어마어마한 속도광 같으니라구! 하지만 언젠간 속도가 느려지겠지?'

어쩌면 이런 조심스러운 생각이 어느 날엔 현실이 될지도 모른다.

패션은 옷감이라는 물질에 디자인이란 정신을 곁들여 판다. 만약 사람들이 더 다양하고 새로운 디자인을 더 빨리 더 자주 원한다면, 혹은 새로운 소재들이 점점 더 자주 새롭길 원한다면 언젠가는 패션이 멈출지도 모른다. 마치 자동차의 가속장치에도 한계가 있는 것처럼. 언젠가 이렇게 끝날 연극이라도 지금부터 비관할 필요는 없다. 사람들이 당장 궁금한 건 '언제 패션 방정식이 멈출까요?'보다는 누가 다음 답을 풀지, 내가 다른 사람보다 그 답을 먼저 알 수 있을지다. 하지만 그렇게 패션 방정식에 열중하는 동안 이 문제를 왜 내가 풀고 있는지 잊게 되는 사람들이 있다. 그리고 누군가는 이 방정식에 교묘하게 개입하기도 한다.

샤넬 장군은 결국 '궁극의 옷'을 찾지 못했다.

그런 궁극의 옷이자 완벽한 옷인 환상의 옷이 있을까?

패션의 요정은 완벽한 옷이 있다고 달콤하게 속삭인다. 완벽한 스카프, 완벽한 코트, 완벽한 치마, 완벽한 블라우스, 완벽한 구두, 완벽한 가방. 그리고 여기에 완벽한 머리 스타일에 완벽한 화장까지!

세상 누구도 완벽을 얘기하지 않는데 다만 패션만이 완벽한 세상에 대해 자신있게 말하고 있다.

미국판 〈하퍼스 바자*Harper's Bazaar*〉(이하 〈바자〉)의 편집장 안나 윈투어로 상징되는 패션 미디어들은 그것을 '꿈'이라고 하고 돈을 다루는 경제학자들은 '채워지지 않는 욕망'이라고 한다. 그리고 이 책은 '판타지'라고 부르고 있다.

'거의 완벽한 당신은 이제 이 구두 하나면 완벽해질 수 있어요.
자, 어서! 이 명품 가방을 어서!'

명품? 명품이라고? 그렇다. 완벽한 패션을 완성하기 위해선 명품이 필요하다고 요정은 말한다. 명품. 원래 영어로 된 이름은 럭셔리Luxury. 럭셔리는 국어사전에 '사치품'으로 나오지만 언제부터인가 한국의 패션 미디어들은 럭셔리(사치재)라고 쓰고 '명품'이라고 읽는다. 단지 단어 하나의 해석을 바꾸었을 뿐이지만 하나의 영리한 작전이고 계획이다. 럭셔리를 파는 사람 쪽은 그 물건 뒤에 사치스럽다는 형용사가 연상되지 않기를 바라기 때문이다. 사치스럽다는 얘긴, 물건 가치에 비해서 돈을 너무 많이 쓴다고 비난하는 말이기 때문에 이런 뉘앙스가 있으면 물건 파는 데엔 거치적거릴 뿐이다. 그래서 '사치스럽다는 비판에도 불구하고 산다'는 느낌이 싹 빠진 '최고의 기술로 잘 만들었기 때문에, 내 취향에 맞아서 산다'는 느낌만 남은 '명품'이란 말을 만들어서 유행시켰다.

단어 하나를 만들어 퍼트린 결과는 대성공이었다. 이젠 럭셔리를 사며 사람들은 당당히 나를 위한 투자이며 수고한 내게 주는 선물이고 다른 사람의 시선이 아닌 나를 위해서 쓴다고 말한다. 물론 이건 다 패션 브랜드와 연결된 미디어에서 가르쳐 주었을 뿐이고 실상 '명품'은 누군가의 영리한 머릿속에서 태어나 마케팅 세계에서 자란 언어일 뿐이다. 게다가 이젠 럭셔리, 사치품 같은 말을 사라지게 만들었으니 자신을 비판하던 모든 존재들도 물리치고 절대권력을 손에 쥔 셈.

자, 이런 판타지의 세계 안에 우리가 살고 있나. 이제 패션 세계를 잠시 빠져나와 몇 걸음 뒤에서 바라보자. 완벽함을 약속하는 판타지의 언어를 버리고 대신 우리가 일상에서 쓰는 솔직한 현실의 언어로.

이 모든 이야기는 패션 판타지 세계를 만들었고 한 시대의 양식으로 남은 여성, 샤넬 대장군으로 시작한다.

모더니즘

샤넬,
패션 모더니즘을 선언하다

1917년부터 미시아는 가브리엘에게 대표적인 전위 예술가들을 소개했다. 디아길레프, 니진스키, 보리스 코치노, 세르게이 리파르, 스트라빈스키, 피카소, 살바도르 달리, 콕토, 르베르디, 라디게, 막스 자코프, 사티, 오릭, 미요, 플랑크, 라벨 등이다. ……직접 눈으로 본 것은 아니라고 해도 그들이 주고 받는 이야기를 통해 가브리엘은 문학이나 예술창작이 무엇인지 깨달을 수 있었다. 그래서 그 뒤로 그녀는 자신이 만드는 의상에 대해 여러 각도에서 신경 쓰게 된다.

– 앙리 지델,《코코 샤넬》중에서

모더니즘 시대의 스타일

충격적이며 획기적인 현대 발레를 세상에 내놓은 천재 무용가 디아길레프와 니진스키, 원시적이고 생명력 넘치는 고대인들의 축제를 현대음악으로 끌어온 작곡가 스트라빈스키, 그리고 이름만으로도 황홀한 달리, 콕토, 사티, 라벨. 한 사람 한 사람이 모두 모더니즘의 전사들이며 하늘의 별처럼 빛나는 감동의 예술가들이다. 이들 모두 영화와 소설의 주인공이 될 수 있을 만한 개성과 감동이 있는 인생을 살았다. 하지만 지금 나는 또 다른 한 사람을 바라보고 있다. 그 사람은 비록 체구는 작고 가냘팠지만 자그마한 이마에 그은 짙은 눈썹만큼이나 뚜렷하게 이 세상에 자기 자취를 남기며 저 예술가들과 더불어 뜨겁게 한 시대를 살았고 누구보다 큰 열정으로 세상을 바꾸어놓았다. 그 이름은 가브리엘 샤넬이다.

샤넬이 누구인지 잘 모르는 사람도 많을 것이다. 패션에 관심이 없다면 보통은 그렇다. 하지만 남자인지 여자인지 심지어 사람 이름인지조차 모르더라도 한번쯤은 이 이름을 들어보았을 것이다. 샤넬은 지난 세기에 프랑스에서 활동했던 패션 디자이너였고 그 이름은 세계에서 가장 호화로운 럭셔리 브랜드의 이름이기도 하다.

나는 샤넬이 살았던 삶과 그녀의 성격과 생활에 대한 이야기로 이 책을 시작하려고 한다. 그녀는 마치 그리스 신화에 등장하는 영웅들의 전기에 나올 것 같은 극적인 삶을 살았다. 어려선 부모의 보살핌을 거의 받지 못 했고 또 다시 거친 파고를 만나지만 친구들과 함께 어려움을 극복하고 놀라운 열정으로 세상을 향해 소리친다. 그럼에도 인간인지라 약점이 있고 원빈을 자아낸다.

내가 다른 사람이 아닌 샤넬이라는 열정적인 한 사람을 주목하고 있는 이유는 간단하다. 이 책은 우리가 서 있는 모더니즘이 봉오리를 맺고 꽃피운 20세기를 향해 있지만 문학과 음악이 아니라 패션이라는 아주 화려한 한 세계를 이해하는 게 목적이기 때문이다. 그 세계가 만드는 판타지에 얼마나 많은 사람들이 매혹당하고 있는지 말이다.

그러니 당연히 음악가도 작가도 화가도 아닌 디자이너 샤넬이 이 책이 풀어가는 이야기 한가운데에 들어가야 한다. 샤넬은 모더니즘을 이해한 첫 번째 디자이너였다. 샤넬은 우리가 살고 있는 패션, 그 판타지의 세계를 이해할 수 있는 제일 중요한 열쇠이기도 하고 그 안으로 들어갈 수 있는 문이 되는 사람이다.

여러 가지 의미에서 우리들은 샤넬이 만든 옷을 입고 살고 있다. 샤넬이 처음 제안한 디자인과 옷 입는 법을 흔히들 '샤넬 스타일'이라고 한다. 하긴, 샤넬은 '샤넬 스타일'이 따로 존재하는 게 아니라 '자기가 곧 스타일'이라며 스타일이란 말을 만든 사람 자체가 자신이라고 자신만만하게 말했다. 현대 여성들이 옷을 입는 방식, 스타일 자체가 자기 작품이라는 말이다. 다른 사람이 이렇게 말했으면 '뻥'을 잘 친다고 했겠지만 누구보다 먼저 여성들에게 바지를 입히고 비즈니스 슈트를 입혔던 샤넬이었기에 이 말에는 어느 정도 진실이 있다. 조선 여인들 중에서 처음으로 양장을 했던 '신여성'들의 스타일도 샤넬 스타일이었고, 바지라는 걸 외출복으로 입는다는 발상이 샤넬에게서 처음 나왔으니 청바지를 입는 평범한 옷차림도 샤넬 스타일이고 비즈니스 슈트를 입고 당당하게 정치인으로 활동하는 심상정, 박영선, 박근혜, 나경원 같은 사람들의 슈트차림도 모두 샤넬 스타일 안에 들어간다.

비록 샤넬 특유의 트위드 재킷을 입지는 않지만 정치인 박근혜는 샤넬이 그리는 전형적인 '일하는 여성' 스타일이 뭔지 잘 보여준다. 그녀는 그야말로 '부덕'의 상징이었던 그녀의 어머니 육영수하곤 또 살아가는 삶이 다르다. 그녀는 전략적으로도 우아함과 여성스러움을 잃지 않아야 하지만 내조만 하는 여성으로 머물 수 없고, 직접 정치에 나서야 하기에 한복을 입고 고운 말만 하며 살 수는 없기 때문이다. 그러니 하루 종일 움직여도 피로감이 덜 하도록 굽이 높지 않은 구두를 신는다. 그리고 걸어 다니기 편한 길이로 무릎 밑으로 내려오는 스커트나 바지를 입고 그 위에는 셔츠와 재킷을 입는다. 재킷은 칼라가 있을 수도 있고 없을 수도 있지만 화려한 블라우스 차림으로 그냥 나서거나 티셔츠를 입고 다니는 법은 없다. 이런 옷차림은 연예인이나 파티에 나가는 여성들처럼 화려하게 아름다움을 뽐내지는 않지만 의사당 연단에 서서 연설을 하거나 법정에서 치열한 변론을 하거나 기 싸움에서 밀리지 않아야 하는 협상을 할 때, 치밀한 사업계획을 발표해야 할 때 여성들에게 잘 어울린다. 한마디로 권위를 좀 보여야 하는 자리에서 잘 어울린다는 말이다. 여성들에게도 남성들의 비즈니스 슈트 같은 역할을 하는 옷이 필요하다.

샤넬은 여성들이 사회에 나설 때 그저 예쁜 옷과는 다른 스타일의 옷이 필요하다는 걸 처음으로 알았다. 그 스타일이란 여성이 누리기 시작한 작은 해방을 즐길 수 있는 것이어야 했다. 사회적인 존재로 인정받는 여성을 위한 패션 스타일. 샤넬 스타일은 패션 모더니즘의 시대를 열었다.

샤넬과 모더니스트들

우리는 지금 패션 모더니즘이라는 철학적인 얘기를 시작하고 있지만 그전에 먼저 가브리엘 샤넬이라는 매력 넘치는 한 여성의 이야기를 편하게 시작하는 편이 훨씬 좋을 것 같다. 그녀의 삶과 작품들을 이야기하며 여기에 매료되다 보면 패션 모더니즘은 구구절절하게 설명하지 않더라도 어느덧 자연스럽게 느끼게 된다.

가브리엘 샤넬은 '코코 샤넬'이라는 별명으로 더 유명한데 알파벳 C 두 개가 교차하는 메종 샤넬의 로고는 그녀를 의미한다. 코코라는 별명을 아는 사람들은 이 겹쳐진 'C'가 '코코'의 약자라고 생각하는데, 샤넬에 대한 전기를 읽어보면 작은 술집을 했던 그녀의 할아버지가 탁자를 만들고는 샤넬Chanel의 C를 교차해서 그린 이 로고를 새겨둔 적이 있다고도 한다.

샤넬의 생은 극적이었다. 그녀는 누구보다도 가난한 집에서 태어났지만 어떤 패션 디자이너보다도 부유한 사람으로 살았다. 이렇게 말하면 그녀의 인생이 얼마나 드라마틱했는지 상상할 수 있을까. 가브리엘 샤넬은 1883년 프랑스 남부 시골에서 집도 잘 돌보지 않고 장터를 전전하며 행상을 하는 아버지의 둘째딸로 태어났다. 하지만 1971년에 세계에서 가장 유명하고 부유하며 힘 있는 디자이너의 자리에서 세계에서 제일 화려한 파리의 리츠 호텔에서 죽었다. 내로라하는 유럽의 정치인과 유서 깊은 가문의 귀족들이 그녀의 친구이자 손님이었고 패션계는 그녀가 뼈대를 세운 세계를 화려한 무대로 가꾸어 갔다. 샤넬은 프랑스의 매우 가난한 가정에서 태어났지만 가장 부유한 디자이너로 성공을 누렸고 경제적으로는 아주 넉넉한 상태에서 숨을 거둘 수 있었다.

그녀의 어린 시절은 한류 드라마에 나오는 것처럼 전형적이었다. 가난한데다 한곳에 머물러 살기엔 너무 자유분방했던 그녀의 아버지는 자녀들을 직접 양육하지도 않았다. 그러다가 행상을 한다며 돌보지 않은 아내가 불쌍하게도 병으로 일찍 죽자 딸들을 '오바진'이란 고장에 있는 수녀원이 운영하는 고아원에 무책임하게 맡겨버린다. 샤넬네 남매들은 아버지가 있는데도 고아원에서 자라야 했다. 이 고아원에서 가브리엘은 나이가 비슷했던 막내 고모와 함께 자랐다. 이곳은 고아원이기도 하지만 수녀원에서 운영하는 기숙학교이기도 해서 샤넬의 고모는 할머니, 할아버지의 책임 있는 양육 아래서 이 학교를 다니고 있었던 것 같다.

가브리엘은 이 학교를 졸업하고 고모이면서 제일 친한 친구이기도 한 아드리엔과 함께 봉제점의 점원이 되었고 또 재능은 별로 없는 무명가수로 클럽에서 노래를 하기도 했다. 노래하는 재능은 없었지만 사람을 끌어들이는 매력은 있었을 것이다. 이런 매력은 타고나는 것인데다 잘 없어지지 않으니까. 가수로 성공하지는 못 했지만 그녀는 평생 따라다니는 별명을 얻었다. 이 시절 샤넬이 자주 부르는 노래에 '코코리코(수탉)'라는 후렴구가 있었던 모양이다. 그 덕분에 가브리엘은 '코코'라는 별명이 붙었다. 젊은 여인에게 '수탉'이라니 참 희한한 별명이지만 친근한 애칭처럼 잘 어울렸던 모양이다.

별로 잘 나가지 못 하던 시절에 얻은 별명이니까, 분명 샤넬 자신은 이 별명이 싫었을 것이다. 대부분 사람은 어릴 때 '찌질'하게 행동했거나 뭔가 일이 잘 안 풀리던 시간은 별로 기억하고 싶어 하지 않는다. 하지만 보통 별명은 그럴 때 생기고, 이 별명이 평생 따라다닌다. 이를테면 실수

로 어릴 때 학교에서 실례를 했던 친구들은 보통 'X싸개'라는 노골적인
별명이 있고 친구들은 악의 없이 언제나 이름 대신 별명을 부른다. 별명
은 보통 놀리기 위해서 부르기 때문에 예쁜 별명은 세상에 존재할 수 없
다. 게다가 별 볼 일이 없던 가브리엘이 엄청난 성공을 거두었기 때문에
아마도 이 시절 친구들과 나중에 사귄 친구들도 조금은 시샘을 담아서
이 별명을 꼭 불렀을 것이다.

하지만 가브리엘 샤넬이 무명가수 시절을 끝내자마자 화려한 나비
가 되었던 건 아니다. 어쩌면 이때부터가 위기였다. 잘 풀릴 수도 있었고
보통 고아들이 그렇듯 힘든 인생을 살게 될 수도 있었는데, 잘 될 가능성
은 물론 훨씬 적었다. 그녀는 가수 시절에 알게 된 에티엔 발장 Étienne Balsan
이라는 기마대 장교의 정부로 몇 년을 보낸다. 보통 이렇게 딱히 직업은
없고 외모는 매력이 있지만 시골 농군의 아내로 평범한 삶을 살기는 싫
은 젊은 여성들은 젊은 시절에는 부유한 애인들 덕에 화려하게 보내더라
도 매력이 사라지기 시작하면 쓸쓸히 무대에서 퇴장하는 게 보통이었다.
하지만 샤넬은 이런 운명에서 벗어났다. 바로 평범한 가정의 아내도, 화
려한 정부도 되지 않는 대신 패션 디자이너라는 자기 직업이 있는 여성이
되었다. 이 자리에서는 함께하는 남편이나 연인은 없을지 모르지만 경제
력을 제 손에 쥔 사람으로 자유를 얻을 수 있다.

물론 그녀 혼자 힘으로만 이렇게 될 수는 없었을 것이다. 다른 사람
들은 만나기 힘든 좋은 친구들을 많이 만나야 힘든 일들을 이겨내고 자
기 스스로 설 수 있기 때문인데, 이런 점에선 샤넬은 운이 좋았다. 그녀는

자기가 머물던 집의 주인인 에티엔 발장의 도움만이 아니라 발장의 친구 아서 카펠Arthur Capel을 통해 더 큰 도움을 받을 수 있는데, 친구들이 '보이'라고 부르던 아서 카펠은 샤넬과 만나고 곧 샤넬의 '운명의 남자'가 되었다.

에티엔 발장의 저택에 식객처럼 머물던 시절에도 샤넬은 평범한 여성들과 다르긴 했다. 보석이나 예쁜 옷, 화려한 파티가 아니라 자기 가게를 갖고 일을 하게 해달라니 지금도 드문 일인데 100여 년 전인 그 시대엔 얼마나 독특하게 보였을지 상상이 간다. 그런데 아서 카펠은 샤넬보다도 더 독특했던지 자기 일을 갖고 싶다는 샤넬을 이해하고 지지해 주었다.

샤넬이 바란 건 사치나 결혼이 아니었다. 그 점이 다른 사람들과 달랐다. 샤넬은 귀한 종마와 넓은 승마장까지 있는 거대한 저택, 상속받을 재산이 있는 부유한 미혼의 애인이 있었다. 그 시절 정부들이라면 보통 그와 정식 결혼을 하거나 안 되면 변심하기 전에 애인의 돈으로 마음껏 사치하는 데 열을 올렸을 것이다. 하지만 샤넬은 화려하게 치장하는 데엔 관심이 없었다. 오히려 화려하게 꾸밀수록 바보스럽게 보인다고 여겼다.

그녀가 원한 건 '독립'이었다. 그것도 스스로 돈을 벌어서 누구에게 의지하지 않아도 되고 원하는 대로 거침없이 살 수 있도록 해주는 경제적인 독립. 그런 꿈을 이해하는 카펠이라는 사람은, 이 시대 남자들의 평균적인 인식들을 생각한다면 참 파격적이다. 카펠도 사연이 있는 남자였다. 카펠은 어떤 유명한 귀족의 사생아였다고 한다. 그래서 귀족 집안에서 자라긴 했지만 성인이 된 다음엔 물려받을 재산이나 작위 따윈 없었다. 카펠은 일찌감치 돈을 벌기 시작했고 샤넬의 표현으론 그 또래 남자들이 물려받은 재산을 까먹을 때 벌써 화물선을 몇 개씩 가지고 있던 자수성가한 사람이었다. 카펠은 신분이 평범한 사람이 독립하려면 무엇이 필요한지 잘 알고 있었다. 필요한 건 돈이다. 경제적인 독립만이 자본주의 사회에서 진정한 독립을 가져다 준다.

이런 카펠이었기 때문이 샤넬이 경제적으로 독립해야 정신적으로도 독립할 수 있다는 점을 이해하고 있었던 듯하다. 샤넬은 한 남자의 연인으로만 살며 그 남자와 남자의 재산 없이는 꼼짝도 못했던 시절의 자신이 너무도 싫었을 것이다. 결혼으로도 남자와 재산을 얻을 수 있었지만 그녀는 더 공격적으로 인생에 접근했다. 그녀는 자기가 직접 돈을 벌 수 있는 기반을 닦고 싶다고 애인들에게 요구했다.

확실히 이런 결심을 하고 실행에 옮길 수 있는 샤넬은 남다르다. 샤넬보다 삶의 조건도 좋고 무언가를 해볼 여지가 많은 사람은 여럿이다. 하지만 샤넬처럼 스스로 독립을 얻기 위해 행동하는 사람은 거의 없다. 샤넬같이 용기 있고 과감한 사람은 그 존재만으로도 기존 사회를 무너뜨리고 균열을 만드는 화산 같은 위협이 된다. 그래서 당당하고 독립적인 여성들을 보수적인 남성들이 그토록 미워하는 것이다.

카펠은 샤넬을 적극적으로 지원했다. 그리고 발장은 너그럽게 샤넬을 돕는다. 그녀는 서른한 살이 되던 해에 드디어 파리에 올라와 고급 부티크들이 모인 캉봉 가에 모자 가게를 연다. 그녀의 숙소는 발장이 소유한 아파트였고 가게 운영자금은 카펠이 은행에 보증을 서 대부했다.

카펠은 샤넬에게 자금뿐 아니라 파리에서 교류할 수 있는 친구들도 필요하다고 생각해서 샤넬이 파리의 부유한 사람들과 예술가들을 만나도록 했다. 그때까지 샤넬이 만날 수 있는 사람들 가운데 예술성이 높고 교양 있는 사람들은 별로 없었다. 샤넬 자신도 책을 별로 읽지 않았다. 하지만 카펠은 여러 가지 면에서 현명하고 감이 좋은 사람이었던지 샤넬에게 교양 있는 친구들이 필요하다고 판단했다. 샤넬은 카펠을 통해 만난 예술가들과 죽을 때까지 우정을 나누었고 친구들과 나눈 풍부한 대화에서 패션에 필요한 영감을 얻었다. 이렇게 샤넬의 친구가 되었던 사람들이 모더니스트 예술가들이었다.

샤넬이 올라왔던 1910년대 파리는 뜨거웠고 젊었다. 유럽의 정치는 곧 벌어질 제1차 세계대전이라는 전쟁의 기운으로 가득하고 어두웠지만 20세기라는 새로운 세기를 맞이한 파리는 전 시대와 전혀 다른 예술을 추구하는 아르누보가 만개했다. 예술가, 철학가, 정치가들은 귀족과 왕의 시대가 끝났음을 선언하며 새로운 세상을 천재적인 열정으로 표현했다. 사람들은 그런 새로운 기운을 '모더니즘'이라고 불렀다. 그리고 새로운 세기의 새로운 예술이 꽃 핀 이때를 아름다운 시절이라는 뜻의 프랑스어인 '벨 에포크Bell Epoque'라고 부르게 되었다.

그랬다. 모더니즘은 지극히 현대적이었다. 모더니즘은 귀족들이 좋아하던 화려한 양식들을 단숨에 참을 수 없이 촌스럽고 뒤떨어진 사조로 만들었다. 모더니스트들은 단순성, 실용성, 대중성을 미적인 가치로 승격시켰다. 그리고 상업성도 거부하지 않았다. 모더니스트 예술가들은 귀족과 부자의 후원을 받아서 작품 활동을 했던 전 세대 예술가들과 달랐기 때문이다. 모더니스트 예술가의 후원자는 귀족이나 살롱에 모인 고귀한 신분이 아니다. 오히려 공장에서 제품을 생산하는 자본가들과 제 돈으로 표를 사고 극장에 들어오는 평범한 시민들이 후원자라면 후원자다.

1881년에 스페인에서 태어난 피카소Pablo Ruiz Picasso, 1887년에 러시아에서 태어난 샤갈Marc Chagall, 1869년에 프랑스에서 태어난 마티스Henri-Emile-Benoit Matisse. 유럽 곳곳에서 태어난 이름들이 파리로 모여 모더니즘의 기수가 되었다. 언젠가 피카소가 대단히 모던하지만 또 지극히 상업적이라는 글을 읽은 적이 있다. 모더니스트들은 '상업적'이라는 수식어를 꼭 부정적으로 받아들이지 않았다. 그들은 대중을 선택했기 때문이다. 모더니스트는 물건을 보기 좋고 쓰기 쉽게 만드는 '디자인'이란 세계와 디자이너라는 직업을 창조했는데, 알다시피 디자이너들은 그들의 '작품'을 대중을 위해 만들고 공장에서 제작하는 사람들이다. 특정한 귀족에게 헌납할 목적으로 물건을 만드는 사람들이 아니란 말씀이다. 귀족에게 얽매이기를 거부하고 대중을 선택한 모더니스트에게 상업적이라거나 예술 작품이 어떻게 실용적일 수 있냐고 비난한다면 뭘 잘 모르는 소리다. 모더니즘이란 사조가 전 시대 예술과 다른 점이 바로 여기에 있기 때문이다. 그들은 신도 왕도 귀족도 모시지 않는다. 교회와 귀족들에게 의뢰받은 작품을 하지도 않는다. 모더니스트들은 스스로 의뢰하고 스스로 돈을 마련한다.

캉봉 가에서 단순하고 세련된 모자로 인정받기 시작한 샤넬은 카펠의 소개로 미시아 세르트Misia Sert를 만났는데 미시아를 통해 이 시대에 제일 앞서가는 예술가들을 만날 수 있게 되었다. 샤넬은 화가 피카소나 달리Salvador Dali, 동성애자였던 극작가 장 콕토Jean Cocteau 러시아 출신의 무용가 디아길레프Sergej Pavlovič Dâgilev, 스트라빈스키Igor Stravinsky와 라벨Maurice Joseph Ravel, 사티Erik Alfred Leslie Satie 등 별처럼 빛나는 모더니스트 예술가들과 교류했다. 샤넬과 친구들의 끈끈하게 얽히고설킨 관계는 죽을 때까지 이어졌다. 샤넬은 죽은 후에도 친구들의 재정적 후원을 유언장에 명확하게 써둘 정도로 모더니스트 예술가들과 우정을 지켰다. 아니, 샤넬 자신이 모더니스트 그룹의 사람이었다.

앙리 지델이 쓴 샤넬의 전기《코코 샤넬》을 보면 샤넬은 친구들이 말하는 책이나 작품을 직접 눈으로 보지는 않았지만 그들이 주고받는 이야기를 통해 문학과 예술창작이 무엇인지 깨달을 수 있었고 자신이 만드는 의상도 여러 면에서 신경 쓰게 되었다고 한다. 그녀는 패션이 모더니즘이라는 철학을 소화해야 한다고 느꼈을 것이다. 친구들이 보아도 부끄럽지 않을 옷을 만들고 싶었을 테고 거창한 철학 이론으로 설명하지 않더라도 옷 한 벌로 모더니즘을 멋지게 설명할 수 있도록 남모르게 노력도 많이 했을 것이다. 물론 모더니스트를 만나기 전에도 샤넬은 '단순함'이 주는 완벽한 아름다움과 세련된 매력을 알고 있었다.

2009년에 개봉한 영화 〈코코샤넬〉에서 샤넬은 그 시절 여성들이 쓰고 다니던 꽃과 리본으로 화려하게 장식된 커다란 모자를 보며 "빵을 얹은 것 같다"고 시니컬하게 비꼰다. 그녀 자신은 납작한 밀짚모자에 간단한 리본만을 단 모자를 만들어 쓰고 다니는데, 이 장면에서 그녀의 단순한 모자는 커다란 모자들을 묘한 매력으로 압도한다.

이미 미니멀리즘의 힘을 알고 있던 샤넬은 감성과 철학이 풍부한 모더니스트 예술가들과 만나게 되자 20세기 현대패션을 뒤흔들고 새로운 시대를 창조하는 혁신적인 옷들을 창조하기 시작했다.

일단 단순하고 실용적인 디자인인데다 옷감도 별로 들지 않으니 만드는 돈까지 줄어든다. 하지만 샤넬이 새로운 스타일을 제시하기 전 유럽의 중상류층 여성들은 불쌍하게도 실내에서도 몸을 옥죄는 갑옷을 입었다. 그 이름도 유명한 코르셋이다. 코르셋은 비정상적으로 허리를 가늘게 만드는 속옷인데 고래 뼈 같은 단단한 보정물로 만든 뼈대가 들어가 있다. 이 속옷 때문에 얼마나 많은 여성들이 폐병을 앓고 꽃다운 나이에 세상을 떠야했던가! 게다가 혼자선 조이지도 못하고 그 위에 옷도 입을 수 없기 때문에 입고 벗는 걸 도와줄 하녀도 없어선 안 된다. 다 큰 성인이 혼자서 옷도 못 입는 현실은 너무도 비참하다. 이렇게 비합리적인 옷이 샤넬이 등장하기 전엔 너무도 당연했다. 만약 어떤 디자이너가 혼자는 입지 못하고 누군가 단추도 채워주고 옷자락도 들어줘야 하는 옷을 만든다면 미쳤다는 소리를 들을 것이다. 우리들은 집에 몸종이나 하녀가 있는 사람들이 아니기 때문이다. 샤넬은 움직이기 편하고 실용적인 옷을 만든 첫 번째 디자이너였다. 그래서 샤넬은 최초의 모더니즘 디자이너라고 부를 수 있다.

샤넬은 왜 실용적인 옷을 만들게 되었을까. 그녀는 분명 최고의 기술을 지닌 오트 쿠튀르Haute Couture의 디자이너였지만 그녀가 생각한 메종 샤넬의 손님은 귀족이 아니었기 때문이다. 샤넬은 그녀 자신처럼 아침에 일어나 혼자서 옷을 입고 일을 하러 나서고, 마차가 아닌 전차나 자동차를 타고 유모 없이 자녀를 직접 기르는 '신여성'들을 위해 옷을 만들었다. 그녀가 생각한 손님들은 장식물처럼 예쁘게 꾸미고 실내에 앉아 있는 여성들이 아니라 당당하게 사회에 나선 여성들이었다. 그러니 단추는 장식이 아니라 진짜로 쓸모가 있어야 하고 단춧구멍은 제자리에 달려 있어야 한다. 사회적 지위도 있는 여성들은 바지도 점잖게 입을 수 있어야 한다. 옷감은 질겨야 하고 소매와 어깨는 움직이기 편해야 한다. 스커트는 길거리를 쓸고 다니지 않게 짧아져야 한다. 샤넬의 패션 철학은 이런 식이었다. 그녀는 이렇게 해서 현대식 여성복 바지와 스커트 재킷을 '발명'하게 되었다. 마치 모든 현대인이 발명왕 에디슨 덕분에 편안한 생활을 하는 것처럼 모든 현대 여성은 샤넬 덕분에 편하게 움직일 수 있는 옷을 입는다.

그리고 또 하나, 샤넬하면 떠오르는 잊을 수 없는 옷이 있다. 리틀 블랙 드레스La petite robe noir. 이 옷으로 샤넬은 불멸의 명성을 얻었디. 무릎께로 올라오는 짧은 검은색 원피스를 뜻하는 이 옷은 모더니즘 패션의 절정이다. 샤넬은 인류가 옷을 입은 이후 처음으로 검은색을 일상복의 색으로 만들었다. 그리고 이제 패션에서 검은색은 모든 색을 압도하는 색 중의 왕이다. 하지만 지금은 거리를 걷는 사람들이 보통 검은색을 입는다. 검정은 수축색이기 때문에 몸매와 상관없이 잘 어울리고 세련된 느낌을 주기 때문에 보통은 스타일에서 실패하지 않는 색이라고들 생각한다. 바로 샤넬이 검은색의 패션혁명을 일으켰기 때문이다.

샤넬은 검은색의 매력에 누구보다도 먼저 빠져들었다. 왜 끌렸을까.

어떤 사람들은 샤넬이 연인 아서 카펠이 죽자 세상 모든 여인들이 언제나 그를 애도하도록 검정 드레스를 만들었다고도 하고, 또 오바진의 고아원에서 수녀님들이 입던 검은색 옷에 끌렸기 때문이라고도 한다. 하지만 아무리 인상 깊은 추억이 있더라도 검은색과 흰색이란 무채색을 자유롭고 세련되게 이용할 줄 아는 모더니스트 화가들과 교류하지 않았다면 그렇게 멋지고 깔끔한 디자인은 성공시키지 못했을 것이다. 설령 개인적인 삶의 경험에서 영감을 얻어 한번은 시도할 수 있어도 철학이 뒤에서 받쳐주지 않는다면 오랫동안 검정의 미학을 끌고 갈 수 없는 법이다.

샤넬은 경구들을 만드는 걸 좋아했고 그녀의 어록은 은유적이면서도 핵심을 뚫기 때문에 책으로 만들어질 정도로 인기가 있었다. 그녀는 색에 대한 경구도 많이 남겼는데, 어느 해인가는 검정이 제일 중요한 색이라고 했다가 다음 해에는 흰색이 그 어떤 색보다도 중요하다고 했다. 변덕스럽게 느껴지기는 하지만 어쨌든 무채색에 대한 그녀만의 미학은 있었다.

검은색과 흰색은 독일의 모더니스트 집단인 바우하우스의 가구와 건축에서 가장 사랑받았던 색이며 파리에서 꽃핀 아르누보가 자랑하던 색상이다. 한마디로 '시대가 선택한 색'이 검은색과 흰색이다. 그리고 샤넬은 모더니즘 시대의 색상인 검정을 패션에서 만개시켰다. 나는 검은색을 멋지다고 받아들이는 미감이야말로 우리 시대의 독특한 감성이라고 본다.

패션 모더니즘

패션은 마치 피라미드처럼 계층을 이룬다. 맨 위에는 가문을 자랑하는 파리의 오트 쿠튀르의 후예들이 있다. 그야말로 이름만으로도 빛나는 럭셔리 브랜드다. 바로 그 아래로는 파리에서 '프레타 포르테Prêt-à-porter'라는 패션쇼에 참여하는 고급 기성복 브랜드들이 있다. 그들은 유행을 예측하고 창조한다. 그리고 그 아래에는 수많은 지역 브랜드들이 있고 다시 파리를 따라하는 동대문 시장 같은 상인들과 떠오르는 신예인 패스트 패션 그룹들이 있다. 유행은 빠르게 변하지만 언제나 변화의 장은 파리에서 열린다.

샤넬이 활동하던 시대나 지금이나 파리가 패션의 주 무대가 되는 이유는 두 가지인데, 하나는 시장이 그곳에 열렸기 때문이고 또 하나는 시대를 이끄는 아방가르드 예술가들과 철학자들이 파리에 모여들었기 때문이다. 패션이 꽃피기 위해서는 두 가지 모두 필요하다. 패션쇼는 다음 시즌에 생산힐 수 있는 새로운 의상들을 구매자들 앞에서 선보이는 철저하게 상업적인 목적으로 열린다. 돈을 벌어야 하는 기업이기 때문에 쇼에서 선주문을 많이 받아야 경영에 숨통이 트인다. 하지만 잘 팔릴 유행을 기획하려면 시대를 잘 해석하고 사람들이 바라는 게 뭔지 잘 짚어주어야 한다. 여기에는 철학과 감각이 필요하다. 즉 자본가와 철학자가 모두 필요한 것이고, 파리에는 이 두 가지가 모두 있다.

샤넬은 새로운 시대의 패션은 새로운 사람들이 바라는 걸 만족시키면서도 하나의 산업이 되어야 한다는 걸 알고 있었다. 그녀가 짚어낸 시대정신은 파리에서 앞섰던 모더니즘이었다. 샤넬은 패션 모더니즘을 실용성, 편안함, 그리고 구두부터 장신구에 이르는 토털패션Total Fashion으로 펼쳐 보였다.

패션은 판타지를 판다. 행복한 여인이 될 것 같은 판타지, 가장 세련되고 아름다울 것 같은 판타지, 그 남자가 나를 사랑하게 될 것 같은 판타지, 중산층 아메리칸이 된 것 같은 판타지다. 하지만 그래도 건강에 해로운 옷까지 평상복으로 입지는 않는다. 목뼈가 부러질 것 같은 머리장식을 하지도 않는다. 모더니즘이 탄생하기 전에 인간이 입었던 패션과 비교하면 분명 우리는 상당히 합리적인 스타일을 입고 있고, 거기에 패션 모더니즘이 있다.

파리 샤넬

샤넬이 파리를 점령했다. 오늘도 캉봉 가 2층의 마드모아젤 샤넬의 작업실은 현재진행형이다.

크리놀린과 샤넬 스커트, 코르셋과 팬츠

어느 옷을 입어야 그녀의 매력을 잘 드러내주고 애슐리를 매혹시킬 수 있을까?
여덟 시부터 그녀는 옷을 입었다 벗었다 한 끝에 레이스 판탈렛, 린네르 코르셋 커
버, 그리고 3단으로 주름잡힌 레이스와 린네르 패티코트 차림으로 거울 앞에서 어
쩔 줄 몰라하며 초조한 빛으로 서 있었다. 흩어져 있는 옷과 주위에 깔려 있는 리
본이 침대며 의자 위에서 밝게 빛나고 있었다.

- 마가렛 미첼, 《바람과 함께 사라지다》 중에서

코르셋의 노예

영화 〈바람과 함께 사라지다〉에서 스칼렛 오하라는 새치름히 아름
다우면서도 귀여운 얼굴로 기둥을 부여잡고 흑인 하녀에게 외친다. "더
조여! 더 조이라고!"

무얼? 바로 가느다란 허리를 만들 코르셋 끈! 숨도 쉬지 못할 만큼
등 뒤에 달린 끈을 조여야 아찔하게 잘록 패인 허리선을 드러낼 수 있다.
파티에서 흠모하는 남자 애슐리를 유혹해 반드시 청혼을 받아야만 하는

스칼렛 오하라는 기절할 때 하더라도 허리를 조이라고 외칠 수밖에.

소설 속에서 스칼렛은 허리가 17인치 밖에 되지 않는다. 24인치만 되어도 '개미허리' 소리를 듣는데 여기서 7인치를 떼어내고도 장기가 제자리에 있는지, 과연 사람이 살 수 있는지 믿을 수 없을 정도로 가느다란 허리를 유지해야 청혼을 받고 결혼을 할 수 있다니. 남부 대농장의 안주인이 되기도 쉬운 노릇은 아니었나보다.

귀족들이 층층이 왕궁을 채우는 꽉 막힌 계급사회인 유럽도 아니고 신분 없이 자유롭게 사는 미국에서, 그것도 대자연을 누리고 사는 햇살 좋은 남부의 풍요로운 농장에 살면서도 스칼렛 오하라와 그녀의 친구들은 불행한 코르셋의 노예였다.

우리는 19세기 유럽에 태어나지 않은 걸 다행으로 여겨야 한다. 가난한 노동자로 살다가 잘 먹지도 못하고 일찍 병을 얻어 죽거나 운이 좋아 높은 신분으로 태어났더라도 코르셋 때문에 일찍 죽었을 억울함은 피해서 살 수 있으니까.

코르셋은 꺾어질 것 같은 잘록한 허리와 상대적으로 더 돌출된 가슴을 만들기 위해 말 그대로 뼈가 부러지도록 상체를 조이는 기구다. 코르셋은 속옷이라고 부르지만 이건 '특수목적 인체조작기구' 쪽에 가깝다. 코르셋을 입으면 숨도 얕게 쉴 수밖에 없고 다른 사람이 돕지 않는다면 혼자선 치맛자락을 들 수조차 없다. 오랫동안 입으면 폐병도 생길 수 있다. 결론적으로는 명이 짧아지는 데 영향을 준다. 이게 코르셋이다. 제정신 박힌 여성이라면 코르셋까지 입어야 유지할 수 있는 삶은 선택하지 않을 것이다. 제힘으로는 꼼짝도 못하는 코마 상태 비슷한 신체를 아름답다고 즐길 수 있을까? 하지만 19세기의 풍요를 즐기던 부르주아 여성들과 귀족 부인들은 모두 코르셋을 착용해야만 하는 의상을 입었다.

이 시절에 외출하려면 일단 속옷이 중요했다. 우선 고래 뼈로 틀을 만든 코르셋을 입고 그 위에 치맛자락이 종처럼 퍼지도록 여러 겹으로 된 무거운 페티코트를 입는다. 그 위에 끈으로 상체를 조이는 뷔스티에 같은 보디스를 입는다. 이렇게 평균 네댓 벌쯤 되는 속옷을 입은 다음에야 겉옷을 입는데 이 정도면 속옷은 갑옷이다.

19세기 여성들도 코르셋이 건강을 '쌩'으로 해친다는 걸 몰랐을 리 없다. 그런데 그놈의 '크리놀린 스타일'이 문제였다. 이 시절엔 가슴을 있는 대로 앞으로 모으고 허리는 숨도 못 쉬게 조이고 엉덩이는 여러 겹의 속치마로 부풀린 크리놀린 스타일이 유행했다. 가슴과 엉덩이는 큰데 허리는 잘록한 여인은 현실에는 없다. 허리가 잘록하면 전체적인 몸매도 마를 수밖에 없고 엉덩이가 크면 허리에도 살집이 있게 마련이다. 이런 몸매는 오직 남성들의 성적인 환상 속에만 있다. 크리놀린 스타일은 여성들이 여성의 아름다움을 어떻게 생각하는지는 전혀 상관하지 않는다. 오직 남성들의 비현실적인 욕망만 반영하고 그걸 만족시키는 게 목적일 뿐이다. 그런데도 그 시절 상류층 여성들은 한마디 저항도 못 하고 남성들이 원하는 대로 입었다. 여성들은 투표할 권리도 관료가 될 권리도 없고 재산권도 없는, 남자들보다 '하등한' 종족 취급을 받고 있었기 때문이다.

자, 여러분이 19세기에 프랑스나 영국이나 이탈리아에서 태어났다고 상상해보자. 여러분은 꿈이 많고 설령 운이 좋아 찢어지게 가난하진 않다고 해도 옛날 귀부인들처럼 방 안에서 인형노릇이나 하며 살고 싶지는 않다. 여러분은 선생님이 되고 싶기도 하고 실험실의 물리학자나 도서관에 파묻혀 지내는 문학사가 되고 싶을 수도 있다. 설령 사회에서 무언가를 이루고 싶은 바람은 없을지라도 자유롭게 여행도 다니고 극장에도 가고 마차나 자동차도 몰며 여러 가지 즐거움을 누리며 살고 싶을 것이다. 그런데 이 모든 일을 하는 데 거치적거리는 하나가 있다.

허리가 너무 갑갑하다! 코르셋 때문에 숨도 못 쉴 노릇인데다가 거대한 치맛자락을 휘날리며 깨지기 십상인 실험도구로 가득한 좁은 실험실 복도를 휘젓고 다닐 수는 없다. 게다가 스커트는 너무 길다! 걸을 때마다 바닥을 쓸고 무거워서 혼자 움직일 수도 없다! 하지만 남자들은 배를 타고 먼 곳으로 항해도 다니고 편한 바지를 입고 운동도 즐긴다. 남자들이 당연히 즐기는 활동 중 여성에게 허용된 것은 하나도 없다. 21세기엔 상상도 못할 성차별이지만 19세기에는 당연한 일상일 뿐이다.

우리는 '여성 해방'이나 '성평등'을 주장하는 여성들을 사회가 어떤 색안경을 끼고 쳐다보는지 잘 알고 있다. 심지어 같은 여성들도 페미니스트는 너무 경직되고 여성미가 없다고 생각하는 사람들이 많다. 하지만 분명히 우리가 지금 건강하고 편하게 옷을 입을 자유를 얻을 수 있는 건 우리보다 먼저 산 용기 있는 사람들이 여성들의 정치적인 자유를 얻도록 노력했기 때문이다.

　지금 이 책을 읽고 있을 사람들은 대부분 20세기에 태어났다. 20세기는 19세기가 만든 작품인데, 그 19세기는 프랑스혁명이 성공한 뒤 시작되었다.

　19세기 서유럽은 프랑스혁명이 왕과 귀족들이 지배하던 '구시대'를 막 누르고 나온 직후였다. 옛 이 땅에서 나이와 성별과 계급에 따라 입는 옷이 정해져 있던 것처럼 이때는 서유럽에서도 계급마다 다른 스타일로 옷을 입었다. 19세기 서유럽은 귀족과 부르주아들이 라이벌로 버티고 있었다. 혁명을 성공시키면서 귀족들과 정치적으로 대등한 권력을 갖게 된 부르주아들과, 부르주아와 경쟁하는 옛 귀족들, 기술을 지닌 소상공업자들, 공장에서 일하는 노동자들, 농부들이 모두 다른 스타일의 옷을 입었다. 이런 시대엔 옷이 그 사람의 신분이다. 어떤 모양 모자를 썼는지, 어떤 칼라를 달았는지, 어떤 치마를 입었는지를 보면 그 사람이 귀족인지 성공한 사업가인지 아니면 구두장이의 부인인지 알 수 있다. 심지어는 정치적으로 어떤 당을 지지하는 사람인지까지 알 수 있다.

　프랑스혁명 이후 예전보다 사람들이 평등해지고 자유를 얻었다고는 해도 여성들이 코르셋을 벗을 수 있는 자유까지는 없었다. 프랑스혁명은 세상을 정말 많이 바꿨는데, 그 변화가 남성들만의 힘으로 만들어진 건 결단코 아니다. 사실 자유·평등·박애를 인류 역사에 아로새긴 프랑스혁명은 파리 아낙들의 치마에서 시작했다. 흉년이 들어 자식들이 배고팠던 게 시작이었다. 파리에 사는 어머니들은 굶주리다 못해 죽어가는 어린 자식들을 바라만보고 있을 수 없었다. 그녀들은 두려웠지만 왕과 왕비에게 호소해보자고 용기를 내 의견을 모았다. 어머니들은 아름다운 왕비 마리 앙투아네트와 국왕 루이 16세가 살고 있는 파리 교외의 베르사유 궁전까지 몇 십 킬로미터를 행진했다. 용감하다는 그 어떤 남성 혁명가들도 이들처럼 단호하고 애절한 마음으로 거리로 나서지는 못했다.

이렇게 혁명을 성공시키자 그동안 남성들에게 모든 사회적인 권리를 빼앗기고 살았던 여성들이 달라졌다. 혁명 전 여성은 재산도 소유할 수 없었고 공무원이 될 수도 없었고 정치에 참여할 수 있는 투표권도 없었다. 이를테면 부모가 재산을 물려줄 때도 딸은 한 푼도 받을 수 없다. 남편이 죽으면 남편 재산은 남편의 남성 형제에게 가고 미망인에겐 권리가 없다. 어떤 법을 만들자고 국회에 가서 직접 요구할 수도 없고 누가 우리의 대표가 되면 좋겠다고 투표할 권리도 없다. 우리가 지금은 별로 의식하지 않으면서 누리는 권리 하나하나가 처음부터 당연하지는 않았다는 걸 기억하면 좋겠다. 우리에게 소중한 권리들을 안겨준 매력적인 여성들을 기억한다면 우리는 그들보다 더 멋진 세상을 물려줄 수 있지 않을까.

여성들이 부모가 남긴 재산을 남성 형제늘이 물려받듯 상속받을 수 있게 해달라고 처음 요구했을 때, 여성들도 국회의원이 될 수 있어야 한다고 주장했을 때, 처음으로 이학 박사학위를 받으며 소르본이라는 금녀의 벽에 균열을 낼 때 모두 쉽지 않았다. 하지만 시대의 물결은 거스를 수 없었고 억눌렸던 재능과 힘을 조금씩, 그러나 용기 있게 내보이기 시작한 여성들은 모든 곳에서 아름다운 빛을 뿜었다.

울스턴크래프트Mary Wollstonecraft는 혁명가였다. 그녀는 남편과 함께 프랑스혁명에 참여했고 정치인이 될 수 있고 정치인을 뽑을 수도 있는 참정권이 여성들에게도 있어야 한다고 주장했다. 그녀가 처음으로 이런 주장을 편 지 150년쯤 후 여성들은 참정권을 조금씩 얻을 수 있었다. 그녀의 딸은 유명한 소설가 메리 셸리Mary Wollstonecraft Shelly다. 메리 셸리는 자본주의가 가져온 기계문명의 음울함과 마술적인 세계의 낭만을 표현한 괴물 소설《프랑켄슈타인》을 열여덟에 발표했다. 쇼팽을 끝까지 지킨 연인 조르주 상드George Sand는 소설을 썼고 대담하게도 파이프를 물고 바지를 입었다. 마리 퀴리Marie Curie는 폴란드 출신의 가난한 유학생이었지만 프랑스 역사 최초의 여성 이학박사였고 노벨상을 두 번이나 받았다.

퀴리는 노벨상까지 받은 과학자였지만 그녀의 지위는 남편 피에르 퀴리 교수를 보조하는 조수에 머물러야 했다. 게다가 실험을 하기 위해 바지를 입거나 간편한 치마를 입을 수도 없었다. 하지만 일을 하기 위해서는 무조건 간편한 옷이 필요하다. 미국 드라마 〈하우스House M.D.〉의 섹시한 병원장 리사 쿠디가 거대한 속치마와 치맛자락으로 병원 바닥을 쓸고 다닌다고 상상해보자. 병원의 모든 세균들을 몰고 다니는 병원장이라면 환자나 의사나 어처구니가 없을 것이다. 체육교사가 풍성한 스커트 자락을 잡고 달리기를 한다고 상상해보자. 금세 그 교사 이상하다는 소문이 퍼질 것이다.

여러 선구적 여성들이 복식해방운동을 했다. 여성은 아름다움을 잃지 않으면서도 움직이기 편한 옷을 입을 수 있어야 한다. 이건 나이와 계급에 상관없이 모든 여성들이 요구하는 자유였다. 미국에선 블루머Amelia Bloomer 부인이 처음으로 치마 밑에 바지를 입는 패션을 선보였는데, 놀라운 찬반 토론이 붙었다고 한다. 이 운동의 파장은 대단했고 여성들도 바지를 입을 수 있다는 생각의 전환에는 물꼬를 텄지만 결과적으로 이 패션은 성공하지 못했다. 결정적으로 블루머 스타일이 별로 아름답지 않다는 게 문제였다. 바지를 입으니 확실히 편했다. 말을 탈 때도 양쪽으로 다리를 벌리고 탈 수 있으니 균형 잡기도 좋고 속도도 즐길 수 있다. 자전거도 탈 수 있고 달리면서 공도 찰 수 있다. 하지만 안타깝게도 보기에 별로 아름답지가 않았다. 그래서인지 블루머 스타일은 여성들 사이에서 별로 정착되지 않았다. 일상복에서 바지와 코르셋 없는 스커트를 입기 위해 우리는 샤넬의 등장을 기다릴 수밖에 없다.

샤넬은 1916년에 코르셋 없이 입는 평상복 스커트를 세상에 내놓았다. 이 디자인을 처음 소개한 패션잡지 〈바자〉는 샤넬의 스커트를 두고 '매력적인 샤넬 슈미즈 드레스'라고 불렀다. 샤넬보다 먼저 폴 푸아레Paul Poiret 역시 코르셋 없이 입는 중국식 가운 같은 드레스를 선보였지만 그 옷은 평소에는 입을 수 없는 이브닝 가운이었다. 반면 샤넬이 내놓은 저지 스커트는 낮에 입을 수 있는 평상복이었기 때문에 매우 실용적이었다. 샤넬이 저지 스커트를 내놓자 여성들은 이 옷이야말로 우리 여성들을 위한 옷이라며 진심으로 기뻐했다. 그리고 당시 기준으로는 엄청나게 짧은 발목 길이 스커트를 입으며 전차를 탈 때나 계단을 오르내릴 때마다 정말 편하다고 느꼈다. 이렇게 여성들의 마음을 얻은 샤넬이라는 이름은 전설로 시작한다.

'패션은 변하지만, 스타일은 영원하다'

경구를 좋아했던 샤넬이 남긴 어록 중에서도 가장 유명한 말이다. 하지만 영원한 건 스타일이 아니라 샤넬 그녀의 이름이 아닐까. 샤넬은 시대의 진실, 여성들을 불편하고 부당하게 가로막는 패션에서 해방해야 한다는 진심을 담았기에 전설로 남았다. 샤넬이 만든 옷은 여성들이 예전보다 더 나은 생활을 누릴 수 있도록 도왔기 때문에 유행을 넘어 고전이 되고, 고전도 뛰어넘는 시대의 기본이 될 수 있었다.

하지만 샤넬의 전설은 여기에서 끝나지 않는다. 우리가 입는 바지도 샤넬의 작품이다. 샤넬이 있었기에 현대 여성들은 점잖은 슈트로 바지를 즐길 수 있게 되었다. 여성들이 바지를 입지 못하게 했던 그 시대의 이유는 완전 억지다. 가랑이가 찢어진 바지의 구조 때문에 여성들이 입으면 그 사이의 성기를 상상하게 해 너무 풍기문란하다는 게 이유였다. 대놓고 타이즈를 입던 남성들은 어떻고? 그러나 힘이 없으면 밀리니 여성들은 바지를 입을 수 없었다. 그 대가로 여성들은 말을 타도 정면으로 타지 못하고 허리를 요상하게 비틀어 옆으로 타야했고 다른 활동들 모두 긴 치마를 걸치고 해야 했으니 여기저기 한계가 많았을 것이다.

샤넬은 일단 자기부터 바지를 입어야 할 '필요'를 만들었다. 샤넬은 바지를 입어서 사람들을 놀라게 했지만 사회적으로는 떳떳해질 수 있었다. 그녀는 말을 타는 기수가 되었다. 샤넬은 에티엔 발장의 연인으로 그에게 '얹혀' 지내던 시절이 있었는데, 발장은 경마에 말을 출전시키는 재미로 산다고 할 정도로 엄청나게 말을 좋아했다. 그 시절에는 남성들이 정부나 애인을 화려하게 꾸며 경마장에 대동하는 유행이 있었다. 동행한 여성이 남성들과 신분이 비슷하면 같이 귀빈석에 앉지만 그렇지 않은 경우라면 여성들은 경마장 주변에서 양산을 받쳐 들고 비슷한 여성들과 수다나 떨어야 했다. 그러다 보니 화려하게 치장한 여인이 경기장을 배회하는 모습은 오히려 그녀가 누군가의 정부라고 이마에 써 붙이고 다니는 꼴이었다. 자존심 강한 샤넬은 '나 정부예요'라고 말하고 다닐 화려한 차림이 죽기보다 싫었을 것이다. 하지만 현실에선 그녀가 귀빈석에 앉을 수도 없다. 영리한 그녀는 정부도 귀부인도 아닌 입장을 찾아냈다. 경기장 안에 있는 사람, 말을 타는 기수다. 한번도 말을 타본 적 없던 샤넬은 말 타기를 배워 기수가 됐다. 그리고 여성용 승마복 대신 남성들이 말을 탈 때 입던 것처럼 조끼와 승마바지를 맞춰 입었다. 샤넬은 경기장 밖을 배회하는 여성이 아닌 경기장 안의 여성이 되었다. 샤넬은 귀부인도 정부도 아닌 지위를 만드는 데도 성공했지만, 경마장 안에서 들러리 구경꾼이 아닌 자기 자리를 만드는 데도 성공했다. 샤넬은 승마바지를 입으면서 처음으로 바지를 입고 다닌 여성이 되었는데, 그녀가 입은 바지가 눈에 설기는 했을 것이다. 하지만 블루머 스타일처럼 속옷처럼 보이지 않았고, 남성들이 입는 디자인을 조금 바꿨을 뿐이기 때문에 흉측하지도 않았다. 제일 좋은 건 말을 탈 때 훨씬 편해 기능적으로 훌륭하다는 점이었다. 바지 덕분에 여성들은 남성들의 보조를 맞추기만 하는 것이 아니라 스스로 운동을 즐길 수 있는 기본적인 조건을 얻었다.

샤넬의 용기 있는 첫 시도 이후 여성들은 일상생활에서도 바지를 입게 되었고 더 기능적인 바지들도 만들어 입게 되었다. 여성들은 이제 숏팬츠를 입고 육상경기도 하고 축구도 하고 바란다면 암벽도 탈 수 있다. 이 모든 걸 치렁치렁한 차림으로 해야 한다고 상상해보면, 바지가 있어서 정말 다행이지 싶다.

샤넬식 패션 모더니즘은 시대를 읽었다. 현대 여성이 진정 원하는 삶의 양식이 어떤지를 이해했고, 경쾌하고 활동적인 여성을 멋지고 아름다운 여성으로 인식될 수 있게 했다. 그리고 그 아름다움을 표현할 수 있는 패션을 만들었다. 삶의 새로운 가치를 발견하고 더 큰 자유를 안겨주며 더 많은 사람들이 행복해지는 패션. 진정 위대한 패션은 이런 것이다.

샤넬이 제시한 옷들은 한 시대를 풍미한 유행으로 끝나지 않고 고전으로 남았다. 단순한 행운일까? 유행은 원래 왔다가 사라진다. 샤넬 자신도 유행은 원래부터 영원하지 않고 거리에서 나타나 다시 거리에서 사라지는 것이라 말했다. 지금처럼 매스컴과 마케팅의 권력으로 만들어지는 유행도 많지만 사람들의 필요를 만족시킨 '실용적'인 유행은 사라지지 않는다. 살아남은 유행은 변화무쌍한 패션 세계에서 정식으로 시민권을 얻는다.

이렇듯 패션 세계에서 완전히 시민권을 얻은 옷과 액세서리들은 단지 아름다움에 머무르지 않았다. 이를테면 버버리코트는 20세기 초에 '발명'되었는데 여전히 사랑받는다. 토마스 버버리Thomas Burberry는 개버딘

루아얄리외
샤넬은 승마바지를 만들어 입고 직접 기수가 되었다. 친구들은 기겁을 했다.

이라는 특별히 방수와 보온이 잘 되는 옷감을 만들어 이 코트를 제작했다. 제2차 세계대전이란 엄청난 전쟁을 치르면서 이 코트는 연합군 장교들에게 50만 벌이 넘게 '보급'될 만큼 쓸모 있었다. 비바람을 막고 거친 야전에도 잘 버티는데다 안감 하나만 덧대면 겨울철 날씨도 그럭저럭 버틸 외투가 되기 때문이었다. 버버리코트가 전쟁 이후에도 이토록 오랫동안 넓게 퍼질 수 있었던 것은 생사를 넘나드는 전쟁에서 그 '쓸모'가 입증되었기 때문일 것이다. 버버리코트는 디자인이 달라지더라도 영국과 서유럽의 변덕스럽고 칙칙한 날씨에 잘 맞는 외투라는 점이 입증됐다. 사람들은 버버리코트를 계속 찾고 이 회사는 명성과 부를 얻게 되었다.

샤넬 스타일은 패션 세계에서 버버리코트보다도 더 사랑받는다. 샤넬이 만든 스커트로 여성들은 건강하게 숨을 쉴 수 있게 됐고, 집에만 갇혀 있지 않고 사회로 나갈 수 있게 됐다. 남성에게만 허락되던 건강하게 스포츠를 즐길 수 있는 자유 역시 마찬가지다. 샤넬이 제시한 스타일 덕택에 여성들도 스포츠를 즐길 수 있게 됐다. 그녀의 패션 모더니즘은 혁명이었고, 이 혁명은 멋지게 성공했다.

블랙 미니드레스

나는 대단히 이점이 많은 차를 만들고 싶습니다. 한 가족에게 충분할 만큼 크면서
도 혼자서 운전하고 관리할 수 있을 만큼 작아야 합니다. 최고로 좋은 재료, 최고
의 기술자, 가장 단순한 디자인, 가장 현대적인 설비로 만들어야 합니다. 하지만 월
급이 괜찮은 사람들이 사지 못할 정도로는 비싸지 않아서 그들이 가족과 함께 신
이 주신 대자연이란 축복을 누릴 수 있어야 합니다.

-헨리 포드,《헨리 포드: 대량생산, 모더니즘 그리고 디자인》중에서

헨리 포드, 세상에서 가장 먼저 공장에서 자동차를 만들다

내가 아는 첫 번째 승용차는 '포니 투'라는 현대 차였다. 이 차 덕분
에 우리나라에도 '마이 카' 시대가 열렸다. 할머니가 언젠가 이렇게 물어
보신 적이 있다. "얘, 검은 차가 좋은 차냐?"

검은색 포니 투가 있던 작은 아버지가 장난으로 검은 차가 제일 좋
은 차라는 얘길 하신 걸 할머니는 믿으셨던 거다. 하긴 예나 지금이나 작
은 차들은 색색으로 알록달록한데 큰 세단들은 검은색이 대세다. 검은색
은 왠지 권위와 힘을 느끼게 한다.

우리나라에 처음 들어온 승용차는 고종황제의 차였다. 고종황제가 타던 차는 포드의 검은색 'T형' 승용차였다. 임금님이 타던 거니까 엄청 비싸고 대단한 차일 것 같은데, 사실 헨리 포드Henry Ford라는 미국 남자가 만든 포드사의 'T형' 승용차는 대단한 차이기는 하지만 럭셔리 승용차는 아니다. 오히려 이 자동차를 만드는 포드사 공장에서 일하는 노동자들도 월급을 모아서 살 수 있는 '국민 차'에 가까웠다. 하긴 나라도 빼앗기는 판국에서야 어지간한 부자들에게도 언감생심이었겠지만, 여튼 이 차는 엄청나게 현대적인 방법으로 만들어서 품질도 좋으면서 값도 싸 명성을 얻었다.

1908년에 처음 생산된 T형 포드는 외형도 멋지고 성능도 우수했지만 자동차가 발명된 이후 공장에서 생산한 최초의 차라는 점에서도 의미가 있다. T형 포드 이전의 차들은 모두 주문생산 방식으로 제작됐다. 부자들이 앞문이며 엔진, 뒷좌석 등을 일일이 어떻게 해달라 주문을 하면 거기에 맞춰 차를 만들었다. 그러다 보니 가격도 아주 비쌀 수밖에. 하지만 공장에서 일정한 간격으로 움직이는 벨트 컨베이어 시스템을 도입하면, 같은 모형의 차는 노동자들이 분업해서 생산할 수 있다. 바로 소품종 대량생산. 좀 옛날에 유행하던 말로 하자면 '모더니즘의 산업혁명'이다. T형 포드는 혁신적인 생산방식으로 생산성은 높이고 가격을 낮출 수 있었기 때문에 이 자동차 공장에서 일하는 노동자들도 살 수 있는 차가 되었다. 포드 자동차의 설립자인 헨리 포드는 노동자들이 자기가 만든 물건을 살 수 있어야 한다고 생각했다고 한다. 그래서 포드는 노동자들의 월급도 그 당시 평균보다 두 배 가량을 주었다. 헨리 포드의 일생을 쓴 《헨리 포드: 대량생산, 모더니즘 그리고 디자인*Henry Ford: mass production, modernism, and design*》에는 당시 포드 공장에서 일하던 노동자들의 봉급과 T형 포드 자동차 가격이 나온다. 대략 지금 돈으로 500만 원 정도 하는 셈이니까. 500만 원이면 200만 원 정도의 봉급을 받는 사람이 한 달에 50만 원쯤 1년을 모으면 되는 돈이다. 진짜 영리한 자본가라면 헨리 포드처럼 생각한다. 자기 회사가 만든 제품을 그 회사 노동자들이 누구보다도 먼저 산다면, 그 회사가 오래 유지될 가능성이 높을 수밖에! 이렇게 생각하지 않는 회사들이 문제다.

평범한 사람들은 무리라고 생각했지만 헨리 포드는 옳았다. 단순하고 실용적으로 만든 T형 포드는 누구에게나 만족스러웠다. 이 차는 노력하면 가난한 사람도 부자로 넉넉하게 살 수 있다는 아메리칸 드림 그 자체였고 자본주의 승리의 상징이 되었다.

T형 포드는 검은색이었다. 검은색은 다른 색에 비해 도료 색을 맞추기가 쉽기 때문이다. 검은색이나 흰색은 색을 맞추기가 쉽다. 이를테면 넷 군데 페인트 공장에 하늘색 페인트를 주문했다고 생각해보자. 공업규격을 아무리 맞추더라도 조금씩은 다르게 나오기 마련이고, 이 색으로 같은 물건을 여러 개 만들게 되면 물건의 모양새가 들쭉날쭉할 것이다. 하지만 검은색이나 흰색은 다른 색보다 편차가 작고 차이가 나더라도 티가 덜 난다. 무채색들은 세련된 색으로 대접받고 있긴 한데, 그보다는 먼저 공장에서 대접받는 색이 아닐까.

검정+미니드레스

지금부터는 검정이라는 색을 주인공으로 이야기해보자. 도대체 왜 검정은 모더니즘 시대에 사랑과 존경을 받고 심지어는 떠받드는 색이 되었을까?

유럽 문화의 뿌리라고 하는 로마시대 이후 유럽에서 귀족을 상징하는 색은 자주색이다. 로마시대엔 자주색 염색이 워낙 어려워 옷감이 자줏빛이기만 해도 옷을 입은 사람이 부유하고 귀하다는 의미였다고 한다. 동양에서 왕을 상징하는 색은 금색이다. 금색 비단실로 짠 비단으로 지은 곤룡포가 왕이 입는 옷이다. 금색 실 역시 쉽게 만들 수 있는 게 아니기 때문에 이 색만으로도 옷 입은 사람이 얼마나 부유하고 고귀한 신분인지 드러낸다.

하지만 이제 가장 화려한 자리에서 가장 부유한 사람들은 검은색 옷을 입고 등장한다. 모든 화려함이 경쟁하는 영화제, 혹은 매스컴에 등장할 사진을 찍게 될 자리에서 사람들은 검은색 옷을 입는다. 우리 시대에 마지막으로 사람들이 드레스를 입는 장소인 영화제장. 여기에서 스크린의 스타들은 검정 드레스를 입는다. 특히 남성들은 대부분 흰색 셔츠에 검은색 턱시도를 입는다. 빛나는 실크 드레스에 투명한 다이아몬드 장식을 달면 밤하늘의 별처럼 화려하다.

옛날엔 누군가의 장례식에서나 입고 우리나라에선 저승사자나 입었던 검정 옷이 가장 화려하면서도 가장 일상적인 색이 될 수 있었던 이유엔 몇 가지가 있다.

19세기에는 사회적으로 잘 나가는, 그러니까 지위가 높은 남자들이 정교한 가발을 쓰고 화려한 레이스가 달린 흰 블라우스 셔츠를 입는 유행이 있었다. 김혜린의 《북해의 별》이나 황미나의 《굿바이 미스터 블랙》 같은 만화를 보면 다리가 끝도 없이 길고 보석처럼 눈이 반짝이는 남자들이 이런 옷을 입고 나온다. 그런데 자본주의가 발전하면서 도시에 공장이 엄청나게 늘었다. 세계에서 제일 힘 있는 도시인 런던이나 파리에서도 공장 굴뚝이 촘촘하게 하늘을 차지했다. 그리고 사람들이 열심히 일하는 만큼 공장도 열심히 연기를 토했다. 그 연기는 미세하고 까만 먼지였다. 에너지원이 주로 석탄이었기 때문이다. 하늘은 석탄 먼지에 뒤덮이고 곧 거리에도 석탄 먼지가 시커멓게 내려앉았다. 그러다 보니 아침에 깨끗하게 손질한 하얀 셔츠를 입고 나서도 오후만 되면 참을 수 없을 만큼 옷에 때가 탔다. 때가 탄 흰 셔츠는 더 이상 화려하고 고급스럽지 않다. 눈부신 흰색은 '매일 새 옷을 세탁해서 입을 수 있을 만큼 여유 있는 신분'이라는 걸 과시하는 의미가 있는데, 흰옷이 더러워서는 가난뱅이들과 구분이 안 된다. 이런 환경적인 이유로 흰색 블라우스 셔츠 유행은 곧 끝난다.

환경오염에 적응된 사람들은 흰색 대신 더러워진 환경에 어울리는 쥐색이나 감색, 검정에 점점 친숙해졌다. 검정은 파란 하늘과 하얀 모래가 배경인 바닷가나 색색가지 빛깔이 반짝이는 숲에서는 도드라지는 색이지만 공장과 자동차가 즐비한 도시에선 아주 자연스럽게 보인다. 검정이 환경오염 시대에는 자연의 색이랄까?

은연중에 검정이 고급스럽다는 이미지를 갖게 된 배경에 또 하나 떠올릴 만한 물질이 있다. 바로 석유다. 20세기 사람들은 중동의 뜨거운 사막에서 화석연료인 석유를 퍼 올려 쓰기 시작했다. 석유는 공장에서도 집에서도 자동차에도 사용했기 때문에 석유를 차지한 사람은 부와 권력을 모두 차지했다. 석유에는 새로운 별명이 붙었다. '검은 다이아몬드'. 세상에서 가장 검은 물질인 석유는 이제 가장 비싸고 화려한 물질이 되었다. 금은 변하지 않는다는 이유로 오랫동안 가장 귀한 금속으로 대접 받았고, 다이아몬드는 깨지지 않고 변하지 않기 때문에 가장 비싼 보석이 됐다. 석유의 가치 역시 시간이 지난다고 변하지 않기 때문에 영원한 가치라는 지위를 갖게 되었다. 그러면서 석유의 검은색에도 자연스럽게 영원히 변하지 않는 고귀함이라는 이미지가 얹혔다.

검정은 모든 색이 들어있는 색이고 어떤 색을 넣어도 더러워지지 않는다. 검정은 모더니즘 시대에 가장 잘 어울리는 색이다. 게다가 검정은 다른 색보다 일정하고 고르게 염료를 만들기가 쉽다. 똑같은 품질, 똑같은 형태의 물건을 대량생산하는 공장이 상징인 모더니즘 세계에서 검정보다 편리한 색도 없을 것이다.

1926년 샤넬은 검정 미니드레스를 발표한다. 샤넬이 처음 발표한 드레스는 허리도 가슴도 강조하지 않는 직선적인 실루엣이었고 미니라고는 하지만 무릎 아래 종아리 정도 길이였다. 물론 치맛자락이 바닥을 쓸 만큼은 되어야 평범하던 그때의 기준에선 파격적이다. 이 드레스는 '리틀 블랙 드레스Little black dress'라는 영어식 이름으로 옥스퍼드 사전에도 올라

블랙 드레스

블랙 드레스에 투톤 펌프스와 퀼팅 핸드백. 머리의 리본과 목걸이까지 모두 블랙, 블랙.
샤넬이 말한다. "블랙이 제일 중요하다."

있다.

옥스퍼드 사전은 해마다 새로 등장한 단어들을 추가하는데, 몇 년 전에는 구글과 구글링도 웹 검색을 한다는 의미로 새 단어로 추가했다. 여하튼 샤넬이 만든 검정 미니드레스는 그 자체로 보통명사가 되어 언어 세계에서도 당당히 시민권을 얻은 셈이다.

샤넬이 검정 미니드레스를 발표한 그해 10월 미국판 〈보그*Vogue*〉는 이 옷을 소개한다. 이때 〈보그〉 편집장은 이 옷의 특징을 꿰뚫는 설명을 한 줄 단다.

'이 옷은 패션의 포드 자동차이며
이제 대중들이 입는 표준의상이 될 것이다.'

이 잡지에 실린 드레스 일러스트를 보면 직선적인 실루엣에 허리선은 엉덩이 아래로 내려가 있고 치맛단에는 주름을 잡았다. 동그란 칼라를 달고 있기 때문인지 소녀들의 학생복 같기도 하고 전체적으로 어려 보이고 경쾌한 느낌이다. 그 시절 유행하던 머리에 꼭 맞는 종처럼 생긴 모자를 함께 쓴 모습은 세련되고 군더더기 없이 깔끔하다.

샤넬이 발표한 검정 미니드레스들은 검정 드레스라는 점은 같았지만 디자인은 전혀 단조롭지 않았다. 검은색이라고 해도 옷감을 다양하게 사용하면 다채로운 느낌을 표현할 수 있다. 샤넬은 모직이나 모로코 천으로는 주로 낮에 입는 옷들을 만들고 비단 크레이프, 아주 얇은 비단인 새틴, 부드럽고 귀족적인 벨벳, 무늬를 넣고 짠 비단 같은 천으로는 화려한 이브닝드레스를 만들었다. 검정으로 옷을 만들면 색감을 내세우지 않는 대신 옷의 구조나 질감이 지닌 매력을 강조하게 된다.

그런데 하필 이 잡지에서는 샤넬의 검정 미니드레스를 자동차에, 그것도 포드 자동차에 비유했을까. 샤넬의 검정 미니드레스는 단순하지만 멋지고 실용적이며, 표준화해서 생산하기 쉽다는 점에서 T형 포드를 닮았기 때문이다. 샤넬 스타일의 많은 옷들이 그랬지만 이 옷은 디자인이 단순해서 누구나 쉽게 따라 만들 수 있다. 그러므로 숙련된 파리의 재봉사들만이 아니라 단순한 옷본을 들고 영국이나 미국에서도 비슷하게 만들어서 입을 수 있게 된 것이다. 그리고 허리를 굳이 강조하지 않기 때문에 몸매에 크게 구애받지 않고 누구든 다 어울리게 입을 수 있다. 〈보그〉에서 예견한 것처럼 샤넬의 검정 미니드레스는 곧 여성복의 표준이 되었다. 그리고 표준이 되자 이 스타일은 계층에 구애되지 않고 널리 퍼졌고 그 시대 여성이라면 누구나 입는 옷이 되었다. 드디어 상류층과 그 아래 계층이 같은 스타일의 옷을 입고 거리에 나서게 된 것이다! 마치 임금님이나 노동자가 같은 'T형' 포드를 타고 외출하는 것과 같은 모습이다.

검정 미니드레스의 매력은 여전하다. 태어난 지 거의 90년이나 되었건만 여전히 젊다. 길이는 아찔하게 짧아지기도 하고 발목까지 길게 내려오기도 한다. 어깨선이 목 끝까지 감싸며 올라오기도 하고 가슴골을 깊게 드러내는가 하면 등이 엉덩이까지 깊게 패이기도 한다. 소매가 없기도 하고 한쪽 소매만 달린 디자인도 있다. 칼 라거펠트Karl Lagerfeld 같은 초일류 디자이너부터 무대라는 뜻의 '런웨이'에 이제 막 데뷔하는 신인 디자이너까지, 패션쇼를 준비하는 디자이너라면 대부분 자기만의 검정 미니 드레스를 시즌마다 소개한다. 마치 이렇게 말하는 듯하다. '내 스타일로 표현하는 샤넬 드레스란 이런 것입니다.' 옷을 입는 우리는 샤넬이 90여 년 전에 내놓은 유행에 여전히 즐겁고 예술가들은 늘 새로운 영감을 얻는다.

여성들을 위한 슈트

병영 앞 정문 앞
가로등 하나 서 있고
여전히 그녀는 서 있네
그토록 우리는 다시 만나기를 원하고
그렇게 가로등 아래 서 있기를 원하네
언젠가 릴리 마를렌처럼
언젠가 릴리 마를렌처럼

-한스 라이프, 〈릴리 마를렌〉

전쟁, 그리고 턱시도를 입은 여인

아코디언 반주에 맞춰 허스키한 음성으로 부르는 '릴리 마를렌'을 들고 있으면 왠지 눈 오는 날 밤, 따뜻한 난롯가에 앉아있는 것만 같다. 제 1차 세계대전에 참전하게 된 독일의 시인 한스 라이프Hans Leip는 어느 날 〈릴리 마를렌Liili Marlene〉이라는 제목의 시를 지었다. 릴리 마를렌은 친구의 연인이었다던가. 이 시에 노래가 붙었는데 순식간에 병사들 사이에서 인기 최고의 노래가 되었다. 그래서 제2차 세계대전 때 독일군은 군대 안에서 이 노래를 금지곡으로 정하기도 하고 연합군들의 향수를 자극하려고 이 노래를 확성기에 틀기도 했다고 한다.

하지만 '릴리 마를렌 향수병'을 더 심하게 앓고 있었던 건 독일병사들이었다. 치명적인 매력의 마를렌 디트리히Maria Magdalena Dietrich가 문제였다. 나치에 반대해서 미국으로 망명한 마를렌 디트리히는 독일에 있을 때도 인기가 많던 배우이자 가수였다. 가느다란 눈썹에 금발머리, 담배를 물고 있는 그녀는 묘하게 이 세상 사람이 아닌 것 같은 느낌이 났다. 디트리히는 남자처럼 턱시도를 입고 단장을 들고 쇼를 하곤 했는데 키가 컸던 그녀에게 이런 차림은 잘 어울렸고 중성적인 매력이 넘쳤다. 그런 그녀가 연합군의 편에 서서 독일군을 향해 '릴리 마를렌'을 불렀던 것이다. 그녀가 부르는 '릴리 마를렌' 때문에 독일병사들이 탈영하기까지 했다는데, 확인할 수는 없지만 어쨌든 그녀는 제2차 세계대전 최고의 가수였다. 슈트와 단장, 담배는 디트리히와 떼어놓고 생각할 수 없다. 육체적으로도 정신적으로도 남자들이 어찌할 수 없는 여자의 느낌이 난달까.

때로 옷은 그 사람의 이미지 자체가 된다. 그 사람이 어떤 옷을 입었는지 보며 우리는 셜록 홈스 같은 명탐정처럼 많은 정보를 찾아낸다. 반짝이는 구두에 고급 감색 슈트를 입고 깨끗하게 다림질한 흰 셔츠를 입고 있는 남자는 연봉이 높은 회사에 다니는 사람일 가능성이 높다. 돈을 잘 벌더라도 조직에 속하지 않는 사람들은 굳이 불편한 슈트를 입을 필요가 없다. 구두를 신더라도 굽이 낮은 단화에 간단한 양복바지, 그리고 면 티셔츠를 입고 있는 사람은 평범한 사람처럼 보이지만 만약에 머리가 짧다면 형사거나 아니면 형사가 찾아다니는 사람일 가능성이 높다. 유행하는 스커트 정장에 비싼 머리띠를 하는 '청담동 며느리 룩', 히피풍인 '홍대 스타일', 밤낮없이 실내에 있는 탓에 계절감 없이 입는 고시생 특유의 '신림동 스타일'처럼 그 사람의 생활반경과 직업과 사회적인 배경까지 대충 말해준다. 아마 요즘 같은 취업난엔 남자고 여자고 가장 바라는 스타일은 슈트를 입는 '직장인 스타일'일 것 같다.

나만의 개성과 스타일을 말하기 시작한 1990년대. 언제인지 '마음에 드는 청바지 하나만 찾으면 평생 그 옷만 입고 살겠다'는 말이 유행했다. 청바지가 주는 자유스러움과 섹시함에 매혹되었다고 말하고 싶은 것이다. 이 말의 어감이 좋았는지 여배우들은 이때 막 나오기 시작한 라이선스 패션 잡지들과 인터뷰를 하면 이 얘기를 많이 했다.

하지만 누군가 억세게 운이 좋아 마음에 쏙 드는 청바지를 찾았다고 해도 청바지만 입고 살 수는 없다. 우리나라에 유럽처럼 청바지를 입으면 출입이 안 되는 장소가 있는 건 아니다. 하지만 분명 격의 없이 청바지를 입으면 손해를 보게 되는 일들은 있다. 아무리 자유로운 영혼의 소유자일지라도 보헤미안 스타일의 롱스커트에 레게머리를 하거나 타이트한 가죽 미니스커트에 스모키 화장을 하고 면접을 보러 나설 수는 없다. 중요한 계약을 하러 나가면서 구겨진 반바지에 늘어진 누런 흰 티셔츠를 입고 나갈 수도 없다. 내가 성실하고 진지하게 일에 임하고 있다는 걸 이런 차림으로는 도저히 표현할 수 없기 때문이다. 상대가 여러 번 만나 나를 이해할 기회를 갖고 친밀해지면 옷차림 따위는 어느덧 눈에 들어오지 않을지도 모른다. 하지만 우리가 일 때문에 만나는 사람들 대부분은 처음 보는 사람들이거나 긴장 관계가 있는 사람들 혹은 나에 대해 알지 못하는 사람들이다. 그들은 겉모습으로 나를 판단할 수밖에 없다. 다른 사람들이 자신의 겉모습을 중요하게 여긴다는 걸 알기 때문에 사회생활을 하는 사람들, 즉 누군가와 업무로 만나야 하는 사무실의 직장인들은 정장이란 걸 입게 마련이다.

아래 위 정장 한 벌을 '슈트Suit'라고 한다. 이 슈트가 호텔에서 응접실 딸린 방을 의미하는 '스위트룸'의 그 스위트다. 꿈같은 커튼이 달린 침대와 호화스러운 화장대가 딸린 공주님 방처럼 달콤하다는 스위트Sweet가 아니다. 응접실과 욕조 딸린 화장실이 있어서 며칠씩 머물면서 손님을 초대하기도 하고 욕조에 몸도 담그면서 편하게 생활할 수 있는 공간이라는 뜻이다. 여기에서 '스위트'는 살기에도 편안하고 사회적인 활동을 위한 공간으로도 쓰기 좋고 편리하다는 의미를 담고 있다. 정장이라고도 하는 옷을 슈트라고 부를 때 역시 '기능적으로 유능하다'는 점을 강조하는 것이다.

원래는 아래 위를 같은 옷감으로 지은 옷을 슈트라고 하지만 우리는 격식을 갖춘 자리에 입고 나가는 옷을 슈트라고 부른다. 남성들이 입는 슈트는 그야말로 전천후다. 회사에서 일상적으로 일을 할 때나 비즈니스 파트너를 만나러 갈 때, 까다로운 누군가와 밥을 먹으러 나갈 때, 호텔에서 열리는 행사에 참석할 때, 결혼식이나 선을 보러 갈 때, 심지어 장례식에 갈 때도 검정 슈트 한 벌이면 된다. 싸건 비싸건 최소한 슈트를 입고 흰 셔츠에 넥타이를 매고 나가면 잘 갖춰 입지 못해서 조금 촌스럽거나 후줄근하게 보일 수 있을지는 모르지만 격에 안 맞게 입고 왔다는 소리는 듣지 않는다. 최소한 옷 때문에 일에서 손해 보는 일은 거의 겪지 않을 것이다. 고급 슈트인가 아닌가의 차이보다는 슈트를 입었는지 안 입었는지가 훨씬 큰 차이를 만든다. 비즈니스를 할 땐 아무리 비싼 옷이라도 슈트가 아니라면 입을 수 없는 건 '츄리닝'이나 매한가지다.

슈트와 슈트 아닌 옷의 차이는 간단히 증명할 수 있다. 보험을 하나 들까 하는 사람이 있고 보험설계사 두 사람이 앞에 앉아있다. 한 사람은 빨간 나팔바지에 해변에서나 어울릴 비치보이스 스타일 셔츠를 입었다. 또 한 사람은 감색 양복에 회색 넥타이를 맸다. 비치보이스 스타일 보험설계사에게 믿음을 갖기는 어려울 테고 백 명 중 아흔아홉은 슈트 입고 넥타이 맨 사람에게 보험을 들게 될 것이다.

이런 게 슈트의 힘이다. 슈트를 입으면 왠지 정상적인 성인들의 세계에서 살아가는 사람일 것 같은 이미지를 준다. 세금도 제대로 낼 것 같고 은행에 잔고도 있고 친구와 가족도 있고 일정한 수입도 있고 사회생활도 있을 것 같은 느낌이 든다. 물론 눈에 보이는 것이 진실만은 아니기에, 보통은 사기꾼들이 옷을 훨씬 멀쑥하게 입고 다니고 큰 사기꾼일수록 더 좋은 옷을 입는다.

여성들에게도 슈트가 필요하다

그런데 이런 남성들의 슈트가 여성들에게도 있던가? 입으면 불편하지 않고, 날씨가 어떻든 크게 개의치 않고 입을 수 있으면서, 어느 자리에 입고 가도 흉잡히지 않을 스타일이?

안타깝지만 여성들의 옷 중에는 그런 전천후 기능을 갖춘 스타일이 별로 없다. 어쩌면 이 점이 여성들이 사회생활을 하면서 남성들보다 불리한 점으로 작동하는지도 모른다. 지나치게 화려하지도 딱딱하지도 않아서 직업적인 전문성과 위엄을 나타내면서도 거만하거나 권위적으로 보이지 않는 옷이 잘 없다. 아마 그런대로 이런 이미지를 표현할 수 있는 옷이 투피스일 것이다. 재킷에 바지일 수도 있고 치마일 수도 있는데 보통은 치마 투피스가 정통 스타일이다. 재킷에 깃은 있을 수도 없을 수도 있다. 무릎 밑까지 내려오는 에이라인A Line 스커트에 라운드 칼라가 달린 같은 색 재킷을 입고 있는 여성이라면 이 사람이 교사건 회사원이건 은행원이건 최소한 초짜처럼 보이지는 않는다. 여성들에게도 슈트가 필요하다. 농사를 지으려면 작업복이 필요하고 요리를 하려면 깨끗한 앞치마가 필요하고 스키를 타려면 스키복이 필요하고 전투를 하려면 전투복이 필요한 것처럼 사회활동을 하려면 슈트가 필요하다.

'여성들에게도 슈트가 필요하다'.

샤넬이 바로 이렇게 말했다. 샤넬이 활발하게 활동하던 시절 다른 대부분의 오트 쿠튀르 디자이너들은 예술성과 기술적인 정교함을 드러낼 수 있는 이브닝드레스를 많이 만들었다. 그도 그럴 것이 오트 쿠튀르를 찾는 손님들은 귀족 부인들이거나 신분상 계급은 그보다 낮은 부르주아라고 해도 생활이 넉넉해 사교활동이 생활의 중심에 있는 여성들이었다. 이런 여성들에게는 '좋은 옷'이 지녀야 할 여러 미덕 가운데 '아름다움'이 제일 중요했다.

하지만 새로운 시대를 여는 여성들은 구시대엔 상상도 못할 만큼 다른 삶을 살기 시작했다. 여성들은 더 이상 아름답게 차려입고 집을 꾸미는 화초도, 남의 허드렛일이나 하는 하녀도 아니었다. 새로운 여성들은 교사나 학자처럼 지위 높은 남성들의 세계로 진입했고, 양장점이나 식당에서 자기 기술로 당당하게 일해서 돈을 벌었으며, 공장에서 자기 힘으로 일하며 남성들이 누리는 자유를 조금씩 얻어내기 시작했다.

삶을 대하는 자세도, 삶을 사는 방식도 다른 '신여성'들에게는 새로운 옷이 필요했다. 집 밖으로 나와 '일'을 하는 여성들. 사회적으로 남성들과 동등한 대우를 받기 위해 치열하게 노력하고 활동적으로 움직이는 독립적인 여성들은 설령 돈이 많더라도 부유한 부인들이 입던 치렁치렁한 스타일의 옷을 입을 수는 없는 노릇이었다. 그녀들은 활동에 편한 옷이 필요했다.

새로운 스타일을 원하는 수요가 가득하던 1920년내, 샤넬이 서지 천으로 만든 투피스 드레스를 내놓자 반응은 폭발적이었다. 치마의 길이는 발목 위로 올라가고 실루엣은 풍성한 느낌이라 코르셋도 필요하지 않았다. 재킷엔 깃이 있고 허리엔 리본 대신 끈이 있어서 모던한 느낌이었다. 이 옷을 입은 여성들은 훨씬 비싼 옷감으로 만든 옷을 입었지만 치장에만 신경을 쓴 여성들과는 달라 보였다. 오히려 비싸고 화려한 옷을 입은 여성들이 오히려 억지로 꾸민 듯 보일 뿐이었다. 호사스럽게 치장을 하고 기다란 치맛자락을 바닥에 끌고 다니는 여성들은 샤넬 스타일의 간편한 투피스를 입은 여성들 옆에 서면 못 말리게 구식이고 자아도 없는 사람들처럼 보였다.

샤넬이 만든 투피스는 디자인도 획기적이었지만 옷감은 더욱 혁명적이었다. 이때 썼던 '저지'라는 옷감은 무게감이 있어서 축축 늘어지는 면직물인데, 영국과 프랑스 사이에 있는 저지 섬Jersey Island이 원산지이다. 저지 섬의 여인들은 그들의 남루한 생활과 거친 바다에서 잘 견딜 수 있는 질기고 튼튼한 옷감을 짰다. 그리고 이 천을 영국 남성들은 속옷감으로 사용했다. 한마디로 가난한 섬 사람들이나 입고 속옷으로 쓰던, 외출복을 만들기에는 별로 멋지지 않다고 여겨졌던 옷감이었다.

하지만 샤넬은 이 천을 과감하게 여성복으로, 게다가 외출복을 만드는 데 썼다. 그녀는 남녀의 벽을 넘으면서 동시에 겉옷감과 속옷감이라는 구분도 넘어섰다. 아마도 샤넬은 예전엔 단 한번도 여성용 의상의 옷감으로 생각되지 않던 획기적인 옷감을 찾았을 것이다. 그리고 비단처럼 금방 헤지고 잘 뜯어져서 자주 새 옷을 맞출 수 있는 부자에게나 적합한 고급 천 대신 한번 지으면 오래도록 튼튼하게 입을 수 있는 실용적인 옷감을 찾았을 것이다. 이런 옷감이야말로 인류 역사에 새롭게 등장한 활발한 신여성들에게 제격이다.

저지 투피스는 옷감 자체만으로도 획기적이었고, 발목을 드러내는 스커트 길이도 놀라웠지만, 허리에 벨트를 매고 재킷과 스커트를 한 벌로 입는 슈트 형식이라는 점에서도 완전히 새로운 여성복 스타일이었다. 샤넬 전에도 여성들이 재킷을 입기는 했지만 남성용 재킷과 거의 모양이 같고 허리선만 잘록하거나 허리선 역시 남성용과 거의 비슷했다. 하지만 샤넬이 내놓은 투피스는 남성복에서 없던 스타일이면서도 슈트였다. 여성스러운 슈트는 분명 이때 처음 등장했다고 볼 수 있다.

이 저지 투피스는 누가 봐도 샤넬만의 스타일이었다. 워낙 많은 사람들이 좋아했기 때문에 저지 투피스는 오랫동안 매 시즌 조금씩 소재와 디자인을 바꿔가면서 메종 샤넬의 대표적인 옷, 그야말로 시그니처 룩 Signature Look 으로 자리 잡았다.

저지 투피스가 성공한 다음 샤넬은 나름대로 여성용 슈트에 대한 자신감과 '감'을 잡았을 것이다. 이후로 샤넬은 여성들을 위한 슈트를 많이 만들었다. 샤넬 투피스 중에서도 제일 유명한 스타일은 1955년에 발표된 트위드 투피스일 텐데, 이 슈트는 스커트는 허리가 꼭 맞고 일자로 떨어져 길이는 무릎 밑까지 내려온다. 스커트의 끝선을 '햄라인'이라고 부르는데 샤넬은 언제나 무릎 아래 종아리 선을 고수했다. 그래서 샤넬만의 '햄라인'에는 '샤넬라인'이라는 이름이 붙기도 했나. 샤넬라인은 지나치게 길지도 않지만 절대로 무릎을 드러내지도 않는다. 재킷은 허리선을 강조하지 않는 편안한 느낌이다. 그래서 허리가 개미처럼 가늘지 않은 중년 여성들도 우아하게 소화할 수 있다. 재킷 길이는 엉덩이선 정도까지 내려오고 소매는 손목뼈에서 끝난다. 이 디자인이 우리가 보통 투피스라고 하면 떠올리는 바로 그 디자인이다. 샤넬 투피스는 누가 뭐래도 모든 여성 투피스 슈트의 기본이다. 1955년에 발표한 이 트위드 소재 투피스는 그해 미국판 〈보그〉에서 '올해의 옷'으로 꼽히기도 했지만 나이 일흔이 넘은 샤넬이 다시 패션계에 복귀해 재기에 결국 성공했다는 걸 세상에 알리는 끝내기 홈런 같은 옷이기도 하다(트위드라는 옷감에도 전설적인 이야기가 있는데, 뒤에 또 등장하는 이야기니 여기에서는 메종 샤넬이 살아있는 전설이 될 수 있었던 이 슈트에 대해 계속 얘기하기로 하자).

　　샤넬 슈트는 그야말로 기본이다. 여성들이 입는 슈트를 처음 만들었기 때문에 샤넬 슈트는 '고전'이기도 전에 슈트 그 자체이고 모든 슈트의 출발점이다. 그렇기 때문에 샤넬 슈트는 유행을 타지 않고 언제나 입을 수 있으며 엄마가 딸에게 물려주는 옷이라는 근사한 평을 받는 데 성공했다. 물론 비싸기 때문에 아무 집이나 되는 건 아니고 부잣집에서 가능한 이야기다. 미국 드라마 〈섹스 앤 더 시티〉에는 샤넬 투피스가 주인공으로 등장하는 에피소드가 하나 있다. 주인공 캐리의 게이 친구인 스텐필드는 사실 엄청난 부잣집 아들이다. 그런데 스텐필드가 할머니에게 재산을 상속받으려면 결혼을 해야 한다는 조건이 걸려있다. 불행인지 다행인지 할머니는 손자가 게이라는 사실을 모르고 계신 것 같다. 그래서 스텐필드는 캐리에게 가짜 약혼녀 역할을 맡아서 할머니를 만나달라는 부탁을 하는데, 대단한 부자인 스텐필드의 할머니는 언제나 샤넬 투피스를 입고 있다. 할머니는 샤넬이 트위드 투피스를 발표했던 50년대에 색색으로 여러 벌을 사두곤 평생 샤넬 투피스에 진주목걸이를 건 스타일로 입는 사람이다. 스텐필드의 할머니는 캐리에게 트위드 투피스를 칭찬하면서 이렇게 말한다.

"옷감도 질기고 유행도 타지 않아서 언제나 입을 수 있단다."

이 말 속에 슈트의 정의가 담겨있다. 절대로 유행이 없는=절대로 승리하는 옷. 미국 동부의 보수적인 상류사회 여성들이 찾는 슈트가 바로 이런 옷이라면 샤넬 슈트는 그 여성들이 찾는 영원한 정답일 것이다. 아니면 샤넬 슈트가 그렇기 때문에 그녀들이 원하는 슈트가 그래야 하는지도 모른다.

샤넬 투피스는 움직이기에 편하긴 한 것 같다. 언제나 모자를 쓰고 담배를 문 채 옷을 가봉하고 있는 모습. 일하고 있는 노년의 샤넬 사진을 보면 그녀는 언제나 자기가 지은 트위드 투피스를 입고 있다. 샤넬은 슈트 한 벌을 지을 때 치수를 자세히 쟀다고 한다. 팔 길이나 팔꿈치 길이뿐 아니라 팔짱을 낀 길이까지 따로 재고, 이 옷을 입을 손님에게 몸을 비비 꼬게도 하고 구부리게도 하며 몇 번씩 가봉을 해 움직임이 편안한 옷을 만들려고 했다. 옷이 편해야 한다고 늘 강조하던 샤넬이니 분명히 그녀가 만든 옷은 무얼 하든 편할 것이다.

하지만 아무리 편하다고 해도 요즘 샤넬 투피스를 입고 섬유 먼지 풀풀 날리는 작업실에서 옷을 만들거나 잉크가 묻을 수도 있는 사무실에서 일을 하는 여성은 없을 것이다. 요즘 샤넬 재킷이 600만 원 선이니 슈트 가격은 1,000만 원을 가뿐히 넘어선다. 1,000만 원 넘는 옷을 늘 입을 수 있는 부유한 여성이 지하철을 타고 직장에 다니며 구부리고 앉아 프린터를 손보고 직접 장도 봐야 하는 여성일 리는 없다. 샤넬 투피스를 일상생활에서 입으면서 지하철로 출근하는 여성은 현실에는 존재하지 않는다. 이 옷을 늘 입을 수 있는 여성은 돈을 이유로 일을 할 필요가 없는 계급일 테니 말이다. 이런 면에서는 질긴 감으로 만들어 실용적이고 편안하면서도 우아함을 잃지 않고 옷을 입기 바랐던 샤넬 정신은 지금은 구현되지 않고 있다고 해야 할 듯하다.

《럭셔리 코리아》에서 저자 김난도는 여성들이 슈트를 입는 이유에는 세 가지 유형이 있다고 한다. 첫 번째는 검사나 변호사 같은 직업의 여성들처럼 일하는 분야에서 만나게 되는 상대방이 슈트 입기를 기대하는 직업인 경우이고, 두 번째는 의사나 교수처럼 꼭 슈트를 입어야 하는 직업은 아니지만 자신이 슈트를 입는 괜찮은 직업을 갖고 있다는 걸 보여주고 싶은 경우다. 세 번째는 전문직 여성은 아니지만 자신이 슈트를 입을 수 있는 부유한 계급이라는 걸 보여주고 싶은 경우다.

어떤 경우건 여성들이 슈트를 입는 이유는 자기가 슈트를 좋아해서라기보다 남들에게 어떤 이미지를 전달해야 할 필요가 있기 때문이다. 슈트에서 연상되는 지적이고 유능해 보이는 이미지를 가질 때 일이나 사교 생활이 훨씬 수월하다는 게 경험으로 입증되었기 때문에 그녀들은 슈트를 입는다.

내 경험으로 보자면 발표를 하건 수업을 하건 비즈니스 상대를 만나건 최소한 재킷은 입고 나가는 편이 좋다. 바지는 청바지나 편안한 스커트를 입었을지라도 재킷을 입고 있으면 진지하게 일하는 중이라는 인상을 줄 수 있다.

샤넬 슈트

자신과 꼭 닮은 모델에게 샤넬 슈트를 입히고 바라보는 샤넬.
상류층 여성들의 대표 아이템, 샤넬 트위드 슈트다.

　물론 재킷은 조금 딱딱해 보이기 때문에 어떤 때는 오히려 손해를 볼 수도 있는데, 이럴 때는 니트로 짠 카디건이 대안이다. 남성이 카디건을 입으면 그런 느낌이 풍기지 않지만 여성이 카디건을 재킷 입을 자리에 입고 나가면 전문가적인 태도와 예절을 지키면서도 부드러운 분위기를 연출할 수 있다.

　미국 대통령 버락 오바마의 부인 미셸 오바마는 이런 어려운 자리에서 카디건을 잘 입는다. 정부 행사는 미묘한 외교관계도 개입되어 있어서 의전도 복잡하고 의상도 까다로운데, 미셸 오바마가 재킷 대신 카디건을 자주 입는 모습은 호의적인 여론의 반응을 얻었다. 미셸 오바마가 고가의 디자이너 브랜드 대신 오바마가 활동하던 시카고 지역 디자이너의 옷을 입고, 뉴욕에서 활동하는 이민자 출신의 신진 디자이너가 만든 카디건을 재킷 대신 입고 공식 행사에 나서는 데에는 보다 부드럽고 소탈해 보이는 모습과 인종화합·검소함 등을 자신의 이미지로 갖고 싶다는 전략이 깔려있다. 그야말로 그녀에겐 '옷차림도 전략'인 것.

　옷차림에는 그 사람에 대한 아주 많은 정보가 들어있다. 그리고 옷차림을 통해 내가 보이고 싶은 이미지와 보내고 싶은 메시지를 담는다. 미셸 오바마는 '카디건 슈트'를 통해 많은 이야기를 하고 있다.

　여성들이 무얼 바라면서 슈트를 입건 이제 여성들에게 슈트가 필요하다는 샤넬의 간단하면서도 함축적인 선언은 꼭 맞는 말이다. 일터를 전쟁터처럼 여기면서 살아가는 남성들은 종종 슈트를 전투복이라고 부른다. 동등한 입장으로 협상을 하건 상대가 '갑'이고 내가 '을'이 되어 계약을 따내건 친구도 가족도 아닌 공적인 '남'을 대하는 일은 늘 까다로운 법이다. 그 긴장감을 약간 과장되게 전투라고 부른다면 슈트는 전투복이 맞다. 그리고 우아한 스타일로 감추고 있지만, 사실은 여성들의 슈트도 전투복이다.

퐁피두, 피카소,
검은색의 화가 피에르 술라주,
그리고 샤넬

나는 검은색이 지닌 위엄과 명확함, 극단성을 사랑한다. 검은색은 그 대조성으로
모든 색에 강렬한 존재감을 부여하고 가장 어두운 빛이 날 때 모든 색에 무거운 힘
을 준다. 검은색은 예상할 수 없고 검은색은 정중하기 때문에 눈치채지 못하는데,
바로 그때 나는 이 색을 만나게 된다.

-피에르 술라주

파리의 퐁피두 미술관을 해석하는 방법

나는 샤넬에 대한 질문 하나를 던지고 그 답을 찾아보기 위해 파리
로 갔다.

'과연 샤넬은 혁명가였나, 아니면 설계자였나?'

샤넬은 구시대의 옷들을 남김없이 시대에 뒤떨어진 유물들로 만들
어 박물관으로 보내버렸다. 그녀가 가져온 변화는 혁명적이었다. 한편으

로 샤넬은 현대 여성들이 치마를 입는 법, 바지를 입는 법, 여기에 어울리게 목걸이와 팔찌를 과하지 않게 걸치고, 어울리는 구두를 신고, 백을 드는 법도 꼼꼼하게 정해주었다. 그녀가 세운 샤넬식 '복식왕국'은 치밀하고 정교해서 마치 잘 설계된 건축물을 보는 것 같다.

디자이너 샤넬은 혁명가에 가까운가, 아니면 설계자에 가까운가. 나는 샤넬이라는, 스타일 자체인 그 이름을 한번에 이해하고 그릴 수 있는 표현을 찾기 위해 이 질문을 던졌다. 하지만 샤넬은 사람들에게 오늘부터 '복식혁명'을 해야 한다고 열변을 토하지도, 뜻 맞는 사람들을 모아 회합을 열지도 않았다. 단지 그녀는 메종 샤넬을 열어 새로운 옷을 만들어 팔았을 뿐이고 그녀의 옷이 '혁명적'으로 그녀 이전과 그녀 이후의 옷을 갈라놓았을 뿐이다.

게다가 이데올로기라는 면에서 샤넬은 노조운동을 싫어했고, 노동조건을 개선해야 한다는 협약에 프랑스 대부분의 사업장이 동의할 때도 샤넬만은 여기에 서명하기를 오랫동안 거부해서 곤란을 겪기도 했다. 메종 샤넬에서 일하는 사람들은 여느 직장과 마찬가지로 유급휴가를 요구하고, 계절과 상관없이 고용을 안정적으로 인정해달라고 요구했는데 샤넬은 오랫동안 받아들이지 않았던 것이다. 덕분에 메종 샤넬에는 그 무섭다는 '직장폐쇄'까지 있었다. 이런 면에서 샤넬은 오히려 시대 흐름을 쫓아가지 못하고 있었다. 아마도 샤넬은 그녀 스스로 혁명가가 되고픈 마음은 없었을 것이다.

그렇다고 해서 샤넬이 '현대 복식은 이렇게 설계해야겠다'고 처음부터 어떤 시스템을 염두에 두고 미리 설계를 끝낸 다음 차곡차곡 생애에 걸쳐 실현해왔던 것 같지도 않다. 그녀는 거추장스러운 장식들을 무의미하게 보고 과장된 리본과 꽃을 떼어낸 모자를 만들며 일터에서 디자이너의 길을 시작했지 철학이나 미술을 먼저 배우거나 누군가의 도제로 일을 시작한 사람이 아니었다.

하지만 샤넬이 혁명가와 설계자, 어느 쪽에 가까운 성격인지 질문하기 시작하면 정답은 찾아내지 못하더라도 샤넬의 다양한 성격에 풍부한 조명을 던지며 그녀를 그려볼 수 있다. 언제나 그렇듯 질문을 잘 던지는 일이 알려진 답을 외워 답안지를 기계적으로 채워 넣는 일보다 훨씬 가치 있고 나 자신을 풍부하게 만든다.

나는 이 질문에 대한 답을 다름 아닌 퐁피두센터에서 찾을 수 있었다.

피에르 술라주Pierre Soulage는 현존하는 추상화가 중에서 가장 인정받는 작가 중 하나다. 현대미술관 중 가장 권위 있다고들 하는 파리 퐁피두센터 특별전시실에서 몇 달 동안 단독전시가 열릴 정도다. 우리는 2009년 11월에 운 좋게 그 전시를 볼 수 있었다. 피에르 술라주는 검은색으로 다양한 질감을 표현한다. 캔버스에 유화나 아크릴로 두껍게 바른 검정 물감은 술라주의 손에 들어가면 극단적으로 번쩍거리는 명과 암이 되기도 하고 결이 고운 빛살이 되기도 한다. 워낙 두껍게 물감을 바르기 때문에 이 책에서 주로 그림을 담당하는 류미연 작가는 '구두약 작업' 같다고 표현하기도 했다. 확실히 그 말을 듣고 보면 구두약을 평평하게 바른 다음에 굵은 빗으로 빗질한 것처럼 보이기도 한다.

술라주가 명성을 얻은 건, 그가 '검은색의 미학'을 표현할 줄 알았기 때문이다. 술라주는 그림으로도 검은색이 지닌 다채로운 매력을 잘 표현하지만, 글과 말로도 명확하게 그 느낌을 잘 전달한다. 도입부에 인용한 술라주의 글은 그가 2005년에 썼던 글인데, 퐁피두의 특별 전시실 곳곳에는 술라주가 자신만의 검은색 미학을 표현한 글귀들이 같이 '전시'되고 있었다. 현대미술을 하기 위해서는 자기 느낌을 글로 표현하는 데에도 강해야 한다고나 할까.

예술과 문화의 수도라고들 하는 파리에는 미술관과 박물관이 아주 많고 관광객들은 여기에 가기 위해 파리에 온다. 그런데 시간에 쫓겨 수많은 재미난 박물관 중 몇 곳밖에 보지 못해서 아쉬운 경우가 많다. 그런 아쉬운 사람들이 워낙 많아 파리에는 3일, 5일, 7일 등 기간을 정해두고 파리의 박물관들을 자유롭게 드나들 수 있는 박물관 패스의 인기가 높다.

이런 파리에서 '작품 좀 봤다' 하려면 최소한 미술관 세 곳을 들러야 한다. 우선 루브르다. 그리스의 비너스 상이나 그리스 이전의 문명들이 만든 가슴 볼록하고 엉덩이 퉁퉁한 여신상들, 그리고 르네상스 시대 작품인 레오나르도 다빈치의 〈모나리자〉나 여신이 소개섭데기에서 태어나는 보티첼리의 〈비너스의 탄생〉 같은 그림을 감상하려면 예전엔 왕궁이었던 루브르 박물관에 가야한다. 그리고 로댕이 조각한 〈생각하는 사람〉이나 〈헤라클레스〉, 입체파나 인상주의 화가들인 모네·마네·르누아르·고갱 같은 사람들의 그림을 보고 싶다면 오르세 미술관에 간다. 오르세 미술관은 원래는 센 강변의 국철 역이었다가 환상적인 리노베이션을 통해서 멋진 미술관이 되었다. 그리고 세 번째로, 현대미술의 고전들을 감상하려면 퐁피두센터에 가야한다. 피카소나 마티스, 샤갈 같은 별처럼 빛나는 모더니스트 화가들의 작품은 퐁피두센터의 퐁피두 현대미술관에 있다. 퐁피두센터에는 도서관과 미술관이 함께 있다.

퐁피두센터는 7층(지상층을 1층으로 하는 우리식으로는 8층) 45미터 정도 되는 높이의 현대식 건물이다. 루브르 박물관과 오르세 미술관은 원래 왕궁과 기차역이었던 건물의 용도를 바꾼 건물들이지만, 퐁피두센터는 처음부터 고전이 된 현대미술 작품들을 보관하고 새로운 현대미술 전시회를 여는 미술관 기능과 개가식 도서관 기능을 소화하는 건물로 구상되어 만들어졌다. '퐁피두'라는 이름은 이 건물을 건축하던 1970년대 당시의 대통령 조르주 퐁피두George-Jean-Raymond Pompidou에게서 따왔는데, 퐁피두 대통령은 임기를 마치지 못하고 병사하고 말았다. 아마도 그 안타까움에 이름을 가져오게 되었을 것이다.

퐁피두센터는 그 안에 전시된 그림만이 아니고 건물 자체가 독특한 디자인으로 유명하다. 퐁피두센터는 건축 교과서에 모던을 넘어선 대표적인 '포스트모던'한 건축물로 실리곤 한다. 이 건물은 겉과 속이 바뀐 듯 보이는 점이 아주 특이하다. 보통 건물은 구조를 받쳐주는 흉한 철골들은 숨기고 파사드라고 부르는 겉모습을 아주 아름답게 꾸민다. 그런데 퐁피두센터는 건축물의 일반적인 미학법칙을 따르지 않는다. 에스컬레이터와 계단은 건물 밖으로 나와 있고 철골도 건물 밖으로 돌출되어 있어서 건물 밖에서 건물 속이 다 보이는 느낌이다. 건물의 안은 어떻고 밖은 어떠하다는 고정관념을 제대로 깨고 있는 것이다.

이렇게 '포스트모던'한 외관이 건물의 얼굴이지만 퐁피두센터가 자랑하는 소장품들은 포스트모더니즘의 작품들이 아니다. 이 미술관의 보물들은 모두 모더니스트들의 왕관 같은 작품들이다. 그래서 센터 내부의 전시물들 중에서도 특히 유명한 피카소, 샤갈, 모딜리아니의 소장품이 전시된 6층을 돌아보고 있자면, 이 건물은 마치 모더니스트들의 승전기념관처럼 느껴진다. 마치 나폴레옹이 자기 시대가 왔다고 세상에 자랑하기 위해 세운 개선문처럼, 마치 미국이 영국과의 독립전쟁에서 이긴 후 이제 더 이상 식민지가 아니라고 영원토록 선언하기 위해 프랑스로부터 선물받은 자유의 여신상을 뉴욕 항에 세워둔 것처럼, 우리가 일제로부터 해방된 기념으로 독립기념관을 세운 것처럼, 퐁피두센터는 모더니스트들이 예술과 학문과 정치 모두에서 귀족들의 '구시대'를 물리치고 새 시대를 세웠다는 걸 기념하고 있는 듯하다. 물론 일반적으로 퐁피두센터는 포스트모더니즘의 선두주자로 알려져 있기 때문에 새로운 싸움이 날 수도 있는 이런 얘기는 퐁피두센터 어느 안내문에도 노골적으로 나타나지는 않는다.

모더니스트, '디자이너'를 발명하다

작은 수저통 하나도 아름다우면서도 실용적으로 만들기 위해 궁리하고 직접 만드는 사람, 작은 공간만을 차지하면서도 놀랍도록 다양한 용도로 쓸 수 있는 소파를 만드는 사람, 새로운 세공으로 목걸이며 반지를 만드는 사람. 이런 사람들을 우리는 '디자이너'라고 부른다. 디자이너는 생활에 속한 모든 물건에 아름다움과 실용성을 더하는 사람들이다.

건물을 설계하고 만드는 건축 디자이너, 옷을 만드는 패션 디자이너, 액세서리 디자이너, 가구 디자이너, 인테리어 디자이너. 디자이너는 물건의 종류만큼이나 다양하다. 하지만 디자이너라고 불리는 사람들은 모두 아름다움을 추구하는 예술가이면서 동시에 기술자이고자 한다. 디자이너라면 누구나 그 두 마리 토끼를 모두 잡으려 한다. 그래서 디자이너들은 기술의 세계에서 혁신을 추구하는 엔지니어들과도 다르고 심미라는 세계에서 진리를 찾는 예술가들하고도 걸어가는 길이 다르다.

디자이너는 물건을 만든다. 그것도 팔기 위한 물건을 만든다. 디자이너로서 성공하려면 사람들이 물건을 잘 써야 한다. 그러니 소비자들이 어떻게 판단하는지 적나라하게 드러내는 '시장'이라는 기준을 외면하지 않는다. 사람들은 돈을 허투루 쓰는 법이 없기 때문에 잘 팔렸다면 그 물건이 보기에도 좋고 쓰기에도 좋다는 뜻이 되기 때문이다.

우리는 이제 일상생활에서 미디어에서 너무나 자주 디자이너들을 만난다. 그런데 어느 날 갑자기 누가 "이 세상엔 디자이너가 있다!"고 소리친다면 그 사람 미쳤다고 할 게 분명하다. 아마 다들 속으로 이렇게 생각할지 모른다. '디자이너가 언제는 없었나? 당연하잖아!' 하지만 세상에 존재하는 것 중에서 당연한 건 없다. 디자이너는 원래 있기 때문에 있는 사람들이 아니다. 다른 직업들을 잠깐 생각해보자. 교사나 의사나 기술자는 아주 옛날 책에도 나온다. 소크라테스는 석공이었고 삼국지에는 아주 전설적인 의사 화타가 나온다. 심지어 은행가나 고리대금업자도 셰익스피어 작품에서 샤일록이라는 인물로 등장한다. 하지만 디자이너가 이야기 주인공이 되려면 20세기까지는 기다려야 한다. 그야말로 신종 유망 직업이랄까.

가구나 커튼이나 장신구처럼 무언가를 장식하는 물건을 만드는 미술을 장식미술이라고 하는데 불어로는 아르데코Arts Decoratif다. 디자이너는 아르데코가 직업인 사람들이다. 그리고 아르데코는 19세기 말엽에야 비로소 등장한 새 시대의 미술이고 모더니스트 예술가들이 새로 세상에 내놓은 장르였다.

자본과 시장과 민주주의로 귀족과 왕정을 대체한 모더니스트가 아니었다면 예술은 신과 왕을 찬미할 뿐 귀족도 아닌 평범하고 비루한 인간들이, 설령 주머니에 돈을 좀 쥐었다고 해도 어떻게 생긴 변기를 쓰던 소파를 쓰던 얼마에 만들던 아무도 신경 쓰지 않았을 것이다. 하지만 새로운 철학과 기술로 무장하고 등장한 모더니스트들은 대중 역시 쓸 만하고 예쁘면서도 좋은 가격에 내놓은 물건을 쓸 수 있어야 한다고 생각했다. 그리고 그 길이 몇 안 되는 잘난 척하는 부유한 귀족들을 상대하는 편보다 돈도 더 많이 버는 '남는 장사'인 것도 알고 있었다. 하나의 디자인으로 여러 개의 물건을 만들면, 물건 하나를 만들기 위한 돈도 더 줄일 수 있다. 디자이너는 수작업을 하며 귀족을 만나던 중세의 상공업자들과 다르다. 공장을 이용하고 공장을 운영하는 기업가와 투자가를 만난다. 이렇게 모더니스트들의 철학과 계산 위에서 디자이너라는 직업이 태어났다.

다시 젊은 시절의 샤넬에게 돌아가 보자. 파리에 입성한 샤넬은 연인인 아서 카펠의 도움으로 당대의 제일 잘 나가는 예술가들을 만나기 시작했다. 그리고 유서 깊은 러시아 귀족의 딸이자 이름을 날리는 화가의 아내이고 자신도 유명한 피아니스트였던 미시아를 만나면서 예술가 그룹과의 만남은 더욱 깊어졌다. 샤넬은 화가인 피카소와 달리와 극작가인 장 콕토, 러시아의 무용가 디아길레프, 작곡가 스트라빈스키 같은 예술가들과 캉봉 가에 있는 샤넬의 아파트와 그녀가 묵었던 리츠 호텔의 스위트룸에서 저녁모임을 열었다.

그 이름만으로도 설레는 이 당대의 예술가들과 패션 디자이너가 만나면 무얼 했을까? 최고의 호텔에서 맛있는 정찬도 즐겼을 테고 소식도 나누었겠지만 당연히 자신들이 지금 하고 있는 작품들과 앞으로 하고 싶은 작품들, 그들의 예술적인 적과 동지들에 대해서 이야기했을 것이다. 격렬히 논쟁도 하고 놀이도 즐겼을 것이다. 복잡하게 얽힌 연애담도 많았다. 샤넬이 사랑하기도 하고 미워하기도 했던 미시아는 이 모임의 일원이기도 했던 남편의 연애와 배신에 고통당하며 모르핀에 점점 중독되는 비극을 겪기도 했다. 샤넬과 미시아는 디아길레프와 콕토의 연인 장례를 치러주기도 했다. 이 집단은 티격태격하면서도 서로의 삶에 아주 깊숙이 개입한 끈끈한 관계였던 것이다.

샤넬은 다른 예술가들처럼 이론과 철학에 밝은 사람은 아니었다. 하지만 직관이 좋았고 순발력이 있었다. 아마도 샤넬은 이 모임에서 자기가 직관적으로 옳다고 믿었던 자신만의 디자인이 시대의 흐름과 같이 가고

샤넬과 친구들

아서를 통해서 새로 만나게 된 샤넬의 친구들. 루아얄리외의 '가브리엘'은 파리의 유력 디자이너 '샤넬'로 다시 태어난다. 역시 친구를 잘 둬야 한다.

있다는 것을 알게 되고 확신하게 되었을 것이다. 물론 동료들은 그녀의 작업에 아낌없는 칭찬도 하고 때로 날선 비판도 했을 것이다.

샤넬은 어느 날 갑자기 튀어나온 패션 디자이너가 아니다. 샤넬 스스로 옷을 만드는 사람은 "예술가가 아니고 장인"이라고 했지만 그녀는 모더니스트의 한 사람이었다. 그리고 샤넬과 샤넬의 작업이 모던한 이유는 전기에서 나타난 그녀의 삶과 그녀가 우정을 나눴던 친구들을 볼 때 너무도 당연하다. 그녀는 최초의 모더니즘 패션 디자이너였다.

샤넬은 절친한 친구였던 장 콕토의 연극과 영화에서 무대의상을 맡기도 했다. 장 콕토가 오이디푸스 왕의 딸인 안티고네가 주인공인 비극의 고전 〈안티고네〉를 무대에 올렸을 때 피카소는 무대배경을 그렸고 샤넬은 고대 그리스를 재현한 의상을 만들었다. 당대 최고들이 뭉친 이 작품에 파리 전체가 흥분했다.

샤넬은 예술가인 친구들을 재정적으로도 많이 후원했다. 장 콕토의 연극 상연을 위한 재정 후원도 했을 뿐 아니라 러시아에서 온 디아길레프의 발레단 '발레 뤼스Ballet Russe'의 공연이 열릴 수 있도록 도왔고, 망명한 작곡가 스트라빈스키가 작품 활동을 하고 가족들과 생활할 수 있도록 돌보았다. 어떤 사람들은 샤넬이 예술가들을 후원함으로써 파리 문화계에서 높은 명성을 누리게 되었고 문화 권력을 갖게 되었다고 한다. 샤넬의 재정 지원을 예술가들의 후광을 돈으로 산 일종의 거래였다고 해석하는 경향도 엿보이는데, 샤넬이 거래로 생각하며 동료들을 지원한 것 같지는 않다. 샤넬의 후원은 그녀가 죽을 때 유언으로도 지켜졌기 때문이다. 평생 결혼도 하지 않았고 자식도 없었던 샤넬은 1971년 죽으면서 그녀의 유산으로 '코가COGA'라는 재단을 설립하고 그 재단을 통해 유산을 집행하도록 했다. 유산 약간은 그녀의 형제와 친척들에게 남겼고 또 얼마는 젊은 예술가들의 생활을 돌보는 데 쓰라고 정해둔다. 만약 후원이 거래였다면 지상에서의 거래가 영원히 만료되는 죽음 이후에까지 예술가들을 챙길 이유는 없었을 것이다.

샤넬은 모더니즘을 가장 먼저 받아들인 패션 디자이너이고 퐁피두 센터를 가득 채운 모더니스트 예술가들과 삶을 함께한 그들의 동료였다. 그러니 샤넬은 혁명가는 아닐지라도 모더니스트 그룹과 함께 세상을 열었던 패션 모더니즘의 창시자였던 것만은 분명하다고 우리는 인정해야 할 것이다.

매 혹

섹스어필

섹시하고 싶어?

할아버지가 노벨 물리학상 수상자일 정도로 좋은 집안에서 좋은 것만 보고 좋은 것만 가려 먹고 자란 올리비아 뉴튼 존*Olivia Newton John*은 맑고 높은 사랑스러운 음색으로 노래도 잘 했고 용모도 빼어났다. 존 트라볼타와 찍은 뮤지컬 〈그리스〉를 본 기억이 있다면 잘 알겠지만 그녀는 1970~80년대를 풍미했던 최고의 가수였다. 이런 뉴튼 존이 1981년, 파격적으로 몸매를 드러내는 의상과 의미심장한 가사의 '피지컬*Physical*'을 들고 나왔다.

세상은 발칵 뒤집혔지만 사실 그녀가 뮤직비디오에서 입은 의상은 그저 에어로빅복이었고 뮤직비디오에서 그녀의 역할은 피지컬 트레이너, 그러니까 운동 강사로 나와 뚱뚱한 남자에게 몸매를 가꾸자고 말할 뿐이었다. 하지만 당시 기준으로 그녀의 에어로빅 비디오는 엄청 선정적이었다. 그렇게 센세이션을 일으킨 덕분에 이 노래는 빌보드 차트에서 10주 동안이나 1위를 했다.

올리비아 뉴튼 존이 그해 누린 인기는 대중에게 1980년대식 '섹시한 매력'이라는 새로운 미의 기준을 제시했기 때문이었다. 우아함·경쾌함·발랄함·요염함과도 다르고, 선정적이고 천박할 수도 있는 경계선과 건강하면서 인간의 육체적 매력에 솔직하게 호소하는 경계선 사이를 아슬아슬하게 줄타기하는 섹시함에 대중들은 푹 빠져버렸다.

지금은 에어로빅을 동사무소 문화교실에서 '펑퍼짐한 아줌마'들만 하는 운동처럼 생각한다. 하지만 에어로빅이 처음 선보였을 때 선풍적으로 인기를 누릴 수 있던 이유는, 에어로빅을 하는 여성들이 섹시해 보였기 때문이다. 당연하지 않나? 몸에 꼭 맞는 타이즈에 가슴이 파인 수영복 같은 의상을 입고 땀을 흘리며 건강미를 발산하는 모습은 유혹적이기 그지없다.

섹시한 매력을 처음 끌어낸 올리비아 뉴튼 존은 그 뒤에 나온 마돈나며 1990년대나 2000년대의 팝스타들에 비교하면 조신한 여염집 아가씨고 요조숙녀다. 장 폴 고티에Jean Paul Gaultier가 디자인한 금색 원뿔형 브래지어를 차고 젖가슴을 대놓고 강조하면서 성행위를 노골적으로 연상시키는 마돈나의 무대는 지금 봐도 입이 벌어질 만큼 대담하다. 사실, 그 뒤에 섹스 심벌이 된 브리트니 스피어스나 제니퍼 로페즈의 무대도 마돈나 같은 충격은 주지 않았다.

마돈나가 워낙 충격요법을 세게 주었던 덕분인지 엠티비MTV에 익숙해진 세계와 고릿적 별명이 '동방예의지국'이었던 우리나라에서도 섹시함은 이제 아주 익숙하다. 우리나라 소주 광고 포스터를 보면 어느 브랜드의 어느 소주라도 모델은 그해 가장 '핫 한' 여성이다. 그리고 카메라는 모델의 가슴선과 허리, 허벅지로 이어지는 토르소에 포커스를 맞춘다. 왜 이렇게 끈적끈적한 사진들이 버스며 동네 슈퍼 유리창에 걸릴까? 소주라는 가장 대중적인 술을 마시는 소비자인 대중은 섹시한 여성을 보며 지갑을 가장 쉽게 열기 때문이다. 잊지 말자. 시장이 섹시함을 강조할 때는 돈 버는 소리가 들리기 때문이다. '5초'씩 돌아가며 노래하는 아이돌 가수들이 아직 성숙하지도 못한 몸매를 마치 관음증에 호소하듯 노출하는 이유도 짧은 시간에 돈을 제일 빨리 벌 수 있는 길이 여기 있기 때문이다. 이제는 쇼 비즈니스를 하는 여성들이 아닌 평범한 여성들도 자기가 섹시한 매력이 있어야 한다고 생각할 만큼 섹시함은 여염집 일상세계에 깊게 들어왔다.

그렇다면 사람들은 어떤 여성이, 어떤 남성이 섹시하다고 느낄까?

별 생각 없이 대답하다보면 보통 가슴이 예쁜 여성, 아니면 콜라병 몸매의 여성이 섹시하다고 대답할 테고 남성이 대상이라면 발달된 등근육과 탄탄한 복근, 큰 키 같은 걸 많이 꼽을 테지만 사람이 매력을 느끼는 순간이나 모습은 아주 다양하다. 누군가는 코 옆에 난 까만 점에 끌리고 또 누구는 스타킹을 신은 종아리를 섹시하다고 느낀다. 몸매가 아니라 가늘고 하얀 손가락에 반하기도 한다. '변태'라고까지 할 만큼 성적취향이 독특한 사람들은 생각보다 평범한 성인들 사이에 아주 많다. 결론은 '제 눈의 안경'이랄 만큼 섹시함의 취향은 다양하다.

우리는 왜 섹시한 매력을 원하게 되었을까? 정말 사람들은 그저 육체적인 매력 때문에 섹시한 상대를 원하고 또 자신도 섹시하기를 바랄까? 패션은 섹시한 매력을 어필하기 위해 어떤 역할을 할 수 있을까?

샤넬이 말한 것처럼 옷은 여성들이 매력을 경쟁하기 위해, 그리고 남성을 유혹하기 위해 입는다. 포멀 슈트는 일이라는 현대사회의 전투를 치르기 위해 입지만 패션 자체는 그렇다. 경쟁과 유혹을 위해. 그렇다면, 어떻게 옷을 입어야 섹시함이 돋보일까?

권력을 쥔 여성은 섹시하다

일단 섹스 얘기부터 시작해보자. 인간이라는 동물은 다른 포유류들과 자식 낳고 살아가는 방식이 많이 다르다. 잠시만 여성과 남성을 동물 암컷과 수컷에 비교해보자. 인간이 동물과 임신 과정에서 제일 큰 차이를 갖는 점은 발정기가 일 년 내내 계속되고 여성들의 배란일이 불규칙하다는 점이다. 다른 포유류들은 보통 봄과 가을 두 차례만 발정기가 오고 발정기가 되면 암컷들은 독특한 유혹의 냄새를 풍긴다. 이 냄새로 수컷을 유혹하고 수컷들에게 자기가 임신할 수 있다는 걸 알려준다.

하지만 인간은 다르다. 여성들은 남성들에게 언제 임신할 수 있는지 정확하게 가르쳐 주지 않는다. 매월 배란기가 오지만 아주 정확하게 맞힐 수는 없다. 여기에서 연애와 결혼이라는 거래가 시작된다. 일 년 내내 구애해야 하기 때문에 '연애'를 하며 늘 곁을 지켜야 한다. 게다가 서로 일처일부를 지키기로 하면 행여 다른 남성이 임신시키는 일이 없도록 생활도 책임지고 늘 옆에서 지켜보고 있어야 한다. 생물학의 눈으로 들여다보니 '결혼'이라는 제도가 삭막하기 그지없어 보이기도 한다. 그리고 여성들은 자신이 분만을 잘 할 수 있고 낳은 아기를 잘 키울 수도 있다는 걸 보여야 하기 때문에 엉덩이도 커지고 가슴도 커졌다. 여성의 가슴은 성기가 아니다. 하지만 아기를 낳은 후에 잘 키울 수 있는 여성은 더 많은 자식들을 생존시킬 수 있다. 이런 진화의 놀라운 힘으로 남성들은 여성들의 가슴을 보며 성욕을 느끼게 되었다.

두 번째로 인간이 다른 포유류와 생식에서 갖는 차이점은 섹스에서 정서적인 만족도 느낀다는 점이다. 그래서 인간은 생식과 상관없을 때도 섹스를 원한다. 이는 영장류 중에도 인간과 보노보Bonobo만 갖는 특징이다. 여성들의 배란일이 불규칙하기 때문에 정서적인 교감은 생식에 도움이 된다. 배란을 잘 맞추지 못해도 임신이 될 수 있는 가능성이 높으려면 섹스 주기가 잦아야 한다. 인간은 섹스에서 정서적인 만족을 느끼고 섹스의 심상만으로도 간접적인 정서 만족을 느낄 수 있다.

섹시함. 이것은 섹스를 상징할 수 있는 성적 매력과 섹스를 잠재적으로나마 원하는 인간의 심리에 부응하는 여러 가지 요소들이 섞여 나타난다.

여성은 섹시한 매력을 다양하게 표현할 수 있지만 일단 가슴과 엉덩이는 늘 강조한다. 생식능력이 훌륭한 나이인 젊음과 젊음의 상징인 탄탄한 몸의 곡선, 엉덩이가 강조되는 잘록한 허리, 부푼 가슴은 섹시한 매력을 꼽을 때 빠지지 않는다. 때로는 풍성한 머리카락이 섹시하게 보일 수도 있고, 윤기 나는 피부나 장밋빛 볼, 통통한 손가락, 탄탄한 근육이 진부한 '가슴과 엉덩이'보다 더 매력적일 수도 있다. 이런 매력은 그녀 혹은 그가 젊고 건강하다는 뜻이다. 결국 섹시함이란 생식력이 좋은 젊은 육체의 매력인 것이다. 노골적인 결론이지만, 그렇다.

그렇다면 패션은 섹시함을 표현할 수 있을까? 당연히 표현할 수 있다. 옷은 매력적인 부위는 강조하고 그렇지 않은 부위는 가리는 역할을 할 수 있다. 몸의 곡선을 그대로 드러내는 '보디 컨셔스Body Conscious' 디자인은 옷을 입은 사람이 젊음 그 자체라는 점을 강조하며 매력을 호소한다. 하지만 일자로 떨어지는 곡선이 없는 옷도 섹시할 수 있다. 보이쉬한 디자인은 마치 옷을 입은 그녀가 미성숙한 듯 오히려 더 싱싱하고 젊은 분위기를 끌어낼 수 있기 때문이다. 샤넬의 보이쉬하고 중성적인 선은 그래서 사랑받을 수 있었다.

목선과 무릎, 팔꿈치는 나이가 들수록 피부가 늘어신다. 손가락 마디 역시 노화가 진행될수록 굵어지는 걸 피할 수 없다. 사람은 대략 스무 살이면 성장이 멈추고 성장이 멈추면 노화가 시작된다. 그러니 젊은 여성이라고 해도 감추고 싶은 부위는 분명 어디엔가 있다. 젊어 보이기 위해 10대들에게 유행하는 옷을 입거나 미니스커트를 입으면 오히려 늙어 보일 수 있다. 나이가 들수록 무릎이나 팔뚝은 감추는 편이 나이 들었음을 보이지 않는 스타일링이다. 노화과정을 드러내는 신체부위란 있는 법이니까. 샤넬은 종아리를 드러내는 슈트를 처음으로 만들었지만 무릎 위로 올라가는 미니스커트는 절대로 만들지 않았다.

한편 메종 샤넬의 수석 디자이너 칼 라거펠트는 샤넬을 재해석한 트위드 미니스커트를 쇼에 올리기도 했는데 이런 스타일은 샤넬 생전의 전통하고는 다르다. 라거펠트도 그 사실을 잘 알고 있다. 그는 의도적으로 '규칙'을 깨고 있다. 왜? 그는 샤넬 소비자가 더 젊은 세대로 확대되기를 바라기 때문이다. 샤넬을 입는 사람이 다음 세대에 없다면 샤넬의 미래 매출은 어두울 수밖에 없다.

디자인뿐만 아니라 소재로도 섹시함을 부각시킬 수 있다. 시폰이나 공단 같은 비단류의 소재는 차르르 흐르면서 몸매를 은근히 드러내고 옷감의 광택으로 화려해 보이기 때문에 드레스 옷감으로 어느 시대 어느 곳에서나 인기 최고다.

가죽 바지나 가죽 스커트가 섹시해 보이는 이유는 조금 다르다. 이 옷은 꽉 끼기 때문에 엉덩이 아래 하체가 탄력 있고 날씬하지 않으면 입을 수도 없고 어울리지도 않는다. 가죽 바지를 입은 여성들은 옷 자체가 이렇게 외치도록 한다. "자신 있으면 따라해 봐!" 그녀들은 남성을 유혹하는 데는 실패할 수도 있다(S&M이 연상되거나 강한 여성의 이미지를 부담스러워할 수도 있다). 하지만 여성들은 다른 여성들과 날씬함이라는 트로피를 앞에 두고 경쟁한다. 이때 날씬하지 않으면 못 입을 가죽 스커트를 입으면 내가 승리자라고 다른 사람들에게 효과 만점으로 과시할 수 있다.

섹시함은 말 그대로 대중에게, 시장에서 '먹힌다'. sexy=money라는 등식은 성립할까? 쇼 비즈니스 세계에선 눈썹 하나 까닥하지 않고 당연히 그렇다고 주장할 것이다. 그런데 이 등식은 섹시함을 내세우면 돈을 벌 수 있다는 뜻도 되지만 곧 돈이 많은 사람은 섹시하다고 읽을 수도 있다. 예전엔 섹시한 아름다움을 '전통적으로 하류층 여성들이 내세우는 매력'이라고 관습적으로 생각했었다. 하지만 지금은 그렇지 않다. 부유한 여성들도 섹시해지기를 바라고 섹시해질 수 있다면 기꺼이 지갑에서 카드를 꺼낸다. 최고급 럭셔리 브랜드들을 보라. 최고급 가게에서도 섹시함을 내세운 물건에 기꺼이 지갑이 열린다.

하지만 이런 변화도 최근에 나타났다. 아마 어렴풋이 기억날 것이다. 우리들 아버지 세대에는 '교양 있는' 아가씨들은 빨간색 매니큐어는 안 바르는 줄 알았다. 우리 아버지 표현으로 '그런 색'은 '밤에 일하는' 여성들이나, 육체적인 매력으로 먹고 살아야 하는 안타까운 여성들이나 바른다고들 생각했다. 그래서 짙은 화장은 오히려 가난하거나 하류계급이라는 인상까지 풍겼다.

하지민 지금은 상류계급 '아가씨'들 역시 당당하게 빨간색 뿐 아니라 검은색 매니큐어도 자유롭게 바른다. 검은색은 악취미처럼 보일 수도 있을 텐데 전혀 개의치 않는다. 엉덩이 바로 아래까지 아슬아슬하게 올라간 미니스커트도 입는다. 이제 섹시함은 가난과 거의 연결되지 않는다.

피에르 부르디외Pierre Bourdieu라는 사회학자는 '상징적 자본'이라는 말을 만들었다. 원래 자본은 기계나 집처럼 물건을 만드는 물질적인 준비물들이다. 그런데 보이지 않는 상징적인 자본이 있다니 이 말 자체가 모순처럼 느껴진다. 하지만 상징적인 가치가 자본처럼 움직이는 게 이 시대다. 우리는 섹시함이 그 무엇보다도 강력한 상징자본이 된 시대에 살고 있다. 이제는 섹시하면 오히려 돈과 힘이 느껴진다. 영화 〈매트릭스 2〉와 〈매트릭스 3〉에서 부유한 마담으로 나온 모니카 벨루치에게 느껴지는 매력과 힘 말이다.

구찌Gucci의 수석 디자이너였던 톰 포드Tom Ford는 섹시함과 화려함이 아주 친밀하다는 걸 훌륭하게 이해했고 잘 써먹었다. 구찌 그룹은 1990년대 초반 회사가 쓰러질 정도로 위기였고 경쟁관계인 루이비통모엣헤네시LVMH 그룹의 적대적인 합병 시도가 오래 지속되었지만 톰 포드의 '섹시 코드' 덕분에 전세를 역전시켰다. 톰 포드가 구찌에 있는 동안 구찌의 광고 캠페인 주제는 어김없이 섹스였다. 사람들이 구찌 로고만 봐도 섹스가 떠오를 만큼 구찌는 대중에게 '구찌＝섹시'라고 주입식 반복학습을 시켰다. 결과는 이미 말했듯 100점짜리 성적표였다.

그런데 구찌를 위해 돈을 쓴 소비자들 입장에서 한번 보자. 사람들은 왜 섹시한 이미지를 갖기 위해서 구찌라는 비싼 브랜드에 지갑을 열게 되었을까? 사람들의 지갑을 열고 돈을 꺼내게 하기란 쉽지 않다. 사람들은 물건에서 쉽게 만족하지 않는다. 하지만 그 시절 평범한 사람들도 '섹시한 구찌'를 사기 위해 너도 나도 카드를 긁었다.

이유는 아주 상징적인 데 있다. 현재 부유하고 힘이 있는 정상에 서 있는 사람이 섹시한 매력이 있는 사람이란 뜻이 되었기 때문이다. 섹시한 사람은 언젠가는 성공하리란 야심이 있는 '젊은이의 태양'이나 패기만만한 루키가 아니다. 대중은 '섹시한 사람은 이미 성공한 사람'이라고 믿는다. 특히 40대 여성이 섹시하다면 정말 그렇다. 사람들은 그녀가 돈과 힘의 정점에 있다고 알고 있다.

어느 정도는 진실이다. 우리가 살고 있는 자본주의 사회의 제일 큰 특징은 어지간한 문제는 돈으로 해결할 수 있다는 점이다. 아프면 좋은 의사를 만나 병이 호전될 수 있다. 좋은 약과 치료를 받으면 건강도 같이 좋아진다. 돈이 있다면 그렇게 할 수 있다. 돈이 있는 사람은 추운 날 거리에서 떨지 않을 수 있고 휴식이 필요할 때 고급 리조트에서 최고급 서비스를 받으며 즐길 수 있다. 오 헨리의 〈부자의 신과 사랑의 큐피드〉처럼 사랑에 빠질 수 있는 우연과 행운도 돈은 만들 수 있다. 이 단편소설에서 부잣집 아들은 인연과 순수한 사랑을 믿지만 아버지는 돈으로 우연을 만들어 아들이 사랑을 고백할 기회를 만들어준다. 돈이 많으면 시간도 살 수 있다.

젊음도 돈으로 살 수 있다. 기술의 발전으로 피부과에서는 탱탱한 피부를 만들어줄 수 있다. 불본 한 번 방문할 때마다 몇 십만 원 정도는 지불할 수 있어야 하니 어지간히 재력이 뒷받침 되어야 한다. 돈을 들이더라도 효과가 문제일 텐데, 실력 있는 피부과라면 효과는 상당히 보장된다고 한다. 40대의 그녀가 젊은가 그렇지 않은가는 그녀가 한 달에 100만 원 이상을 피부에 쓸 용의가 있고 이 비용을 지불할 능력이 있는가가 결정한다. 몸매 관리도 그렇다. 돈에 구애받지 않고 여유롭게 운동시간을 내며 살 수 있는 여성의 몸매는 탄력 있다. 젊다는 건 생식을 할 수 있다는 뜻이고, 건강하고 육체엔 탄력이 넘친다는 뜻이다. 대중은 돈으로 젊음을 살 수 있다는 것도 잘 알고 있다. 그래서 섹시함은 부와 권력의 이미지를 갖게 된 것이다.

여성들이 섹시한 매력을 원하는 이유는? 섹시한 여성은 남자를 둔 경쟁에서 찬밥 신세가 되지 않는다. 일반적으로 남자는 할머니와 섹스를 원하지는 않는다. 섹시함은 권력이다. 만약 이런 권력을 잃는다면 돈이 있어도 뒷방 늙은이에 불과해질 거라고 그녀들은 믿고 있다.

갈라Gala Dali라는 매력적인 여성이 있었다. 그녀는 성적인 권력을 금력으로 바꾸는 데 감각이 뛰어난 사람이었다. 그녀를 세기의 뮤즈라고 하는 사람도 있고 악녀라고 하는 사람도 있다. 그녀는 처음에는 교사였는데 폴 엘뤼아르Paul Éluard 라는 멋진 시인의 아내가 되었다. 그런데 연하의 화가인 달리와도 사랑에 빠져 달리의 아내가 되었다. 갈라는 아름다웠고 성에 대한 생각은 개방적이어서 여러 남성들과 잠자리를 나누었다고 한다. 남편 살바도르 달리도 이 사실을 알고 있었지만 사람들이 갈라를 비난하면 싫어했다. 달리는 "나는 갈라를 아버지보다도, 어머니보다도, 피카소보다도, 심지어 돈보다도 더 사랑한다"면서.

갈라는 유능하기도 했던지 달리의 그림을 좋은 가격에 팔았다. 이 부부가 넉넉하게 살 수 있었던 데는 갈라의 힘도 중요했던 것이다. 그런 갈라도 나이가 들면서 아름다움을 잃어갔다. 그래서 나중엔 젊은 애인들을 다루기 위해 달리의 그림을 주기도 했단다. 그녀의 애인들이 경매에

쇄골 마돈나
마돈나는 '머터리얼 걸'을 부를 때 제일 예뻤다. 그 섹시한 콧소리까지!

가지고 나가면 바로 큰돈이 되는 달리의 그림을 외면했을 리가 없다. 갈라는 알고 있었다. 젊은 애인을 거느린다는 건 큰 권력이다. 그녀의 아우라는 여기에서 나온다. 달리의 그림을 주고라도 그 권력을 유지해야 그녀 자신의 정체성과 삶을, 그녀의 힘을 유지할 수 있다.

섹시함은 돈과 권력을 상징하고 그리하여 럭셔리 브랜드의 잘 어울리는 짝이 되었다. 하지만 잊지 말아야 한다. 이것은 모두 이미지일 뿐이다. 이미지는 가상세계다. 이미지를 갖는다고 해서 진짜 현실도 그렇게 되지는 않는다. 섹시한 이미지의 물건 하나를 소유한다고 부와 권력이 따라오지는 않는다.

샤넬이 말했듯 "멋이란 감각을 매료시키는 것"이고 패션은 멋과 취향을 보여주는 커뮤니케이션의 도구가 될 수 있다. 하지만 절제를 알아야 우아함이 따라온다.

오트 쿠튀르의 완벽한 아름다움

모두들 맘껏 먹고 마신 다음 텔레마코스는 네스토르의 아들에게 머리를 바싹 대고 귀엣말을 소곤거렸다.

"내 마음에 기쁨을 주는 그대 네스토르의 아들이여 보시오. 소리가 메아리치는 홀 안에 번쩍이는 청동과 황금, 은, 호박, 상아의 빛남을! 아마도 이것이 올림포스의 제우스 궁전인가 보오. 세상에 없는 것이 없소. 둘러보자니 놀라움으로 정신이 없소"

-호메로스, 《오디세이아》 중에서

신을 사랑하며 완벽함을 꿈꾸다: 럭셔리의 탄생

20년 동안 돌아오지 못하는 아버지의 소식을 들어보려 오디세우스의 아들인 청년 텔레마코스는 헬레나가 트로이에서 그리스로 돌아와 원래 남편인 메넬라오스 왕과 함께 살고 있는 메넬라오스의 궁전에 간다. 메넬라오스는 신의 후손이며 강력한 왕이었기 때문에 궁전은 더할 나위 없이 화려하고 진귀한 물건들로 가득했다. 텔레마코스도 이타케 섬의 왕이자 신화로 남은 위대한 영웅 오디세우스의 아들인 고귀한 신분이었지만 그조차도 메넬라오스 궁전의 화려함은 신 중의 신인 제우스의 집에나 비길 수 있을 거라며 놀란다. 이렇듯 세상에 존재하는 것 중 가장 좋은 것은 신에게나 비길 수 있다.

그렇게 믿었기 때문에 그리스인들은 가장 좋은 고기와 제물을 올림포스 산에 사는 신들에게 바쳤고 신들은 완벽한 세계에서 살고 있다고 믿었다. 그리스인들은 세상에 존재하는 모든 '완벽함'은 신이 만들었다고 생각했다. 이를테면 가장 아름답고 정교한, 한마디로 완벽한 물건에 감탄할 때는 헤파이스토스 신이 만드셨다고 말했다. 헤파이스토스는 대장장이의 신으로 기술자들의 수호신이다. 아주 아름다운 여성은 미의 여신 아프로디테기 축복했디고 말히고 엄청나게 돈을 잘 버는 상인은 장사꾼들의 수호신 헤르메스가 사랑한다고 말한다. 오직 신의 이름으로만 완벽함을 찬양할 수 있다.

완벽, 이것은 신들의 성정이다. 인간은 완벽할 수 없다. 물론 신들만이 완벽하다는 생각을 한 인간 종족은 그리스인들만은 아니었다. 인간들은 아주 오래 전부터 인간이란 변덕스럽고, 늙어가고, 모르는 것투성이의 불완전한 존재라는 것 정도는 여러 경험을 통해 잘 알고 있었다. 그래서 불완전한 존재인 인간의 반대편에 있는 완벽한 세상에서 완벽한 존재로 살아가는 신들의 세계를 꿈꾸면서 창조했다. 그리고 신에게 제사를 올릴 때는 인간이 먹는 것 중 제일 좋은 것, 인간이 만든 것 중 가장 귀하고 아름다운 것을 바쳤다. 럭셔리란 원래 신에게 바치던 제물이다.

아주 조금만 생각해도 럭셔리가 왜 처음에 인간이 아닌 신을 위해 만들어졌을지 그 기원을 이해할 수 있다. 우리의 오래된 조상들은 가난했다. 옷이라곤 걸치고 있는 천 조각이 전부이고 신발은 신어본 적도 없고 먹을 거라고는 거친 곡식밖에 없던 삶이 원래 인간에겐 당연했다. 그러니 신들을 위한 물건은 일부러 비현실적으로 분에 넘치게 만들었다.

완벽함은 신의 특징이다. '완벽을 추구한다'는 말이 이제는 너무 흔하다. 광고에도 툭하면 나오고 잡지를 보면 성격 테스트엔 '당신은 완벽주의자'라는 칸이 있다. 텔레비전을 켜면 언제나 예능 프로그램엔 '나는 완벽주의자예요'라고 말하는 출연자가 있다. 이쯤 되면 누구나 완벽을 추구해야 정상이지 싶을 정도다.

하지만 완벽은 추구하지 않는 편이 좋을 수도 있다. 살면서 피곤하기 때문이 아니라 인간은 완벽하면 죽기 때문이다. 신은 완벽하다. 신들은 늙지 않고 신들의 세계에서 하루는 인간세계의 몇 십 년, 몇 백 년이 되기도 한다. 신들의 세상에서 시계는 거의 멈춰있다. 완벽함은 찰나에만 완성된다. 여성의 아름다움은 영원할 수 없고 아름다운 음악에는 끝이 있다. 무서운 결론이지만, 완벽함은 '삶'보다는 '죽음'의 세계에 속한다.

〈귀여운 여인〉으로 유명한 줄리아 로버츠가 출연한 영화 중 〈적과의 동침〉이라는 작품이 있다. 줄리아 로버츠는 부유하지만 완벽주의자인 남편을 피해 결국 도망을 치고 남편은 그런 부인을 쫓아가는 비극적인 이야기인데, 영화에서 남편은 부인을 완벽하게 사랑하고 완벽하게 아름답게 꾸며주지만 화장실의 수건 하나, 로션 하나도 언제나 같은 자리에 완벽하게 틀을 잡고 있어야 하는 사람이었다. 이런 성격의 소유자를 완벽주의자라고 부른다. 시간을 꼭 지켜야 한다거나 깔끔하게 주변을 정리해야 하거나 마감시간을 엄수하는 습관은 완벽이 아니라 그저 꼼꼼한 성격이다.

조금 더 자극적인 얘기를 꺼내볼까? 시체를 사랑하는 사람들이 있다. 당연히 일종의 정신병이다. 이런 병을 '네크로필리아'라고 하는데 이 사람들은 시체에 정사를 하고, 그런 사랑이 완벽하다고 생각하며, 시체인 연인을 완벽한 연인이라고 생각한다. 때론 사랑을 완벽하게 완성시키기 위해 살아있는 연인을 죽이기도 한다. 완벽은 그 상태로 멈춰야 더 이상 변하지 않고 완성되기 때문이다. 생명은 변덕스러울 수밖에 없고 삶은 끊임없이 움직인다. 이런 진실을 외면하고 완벽을 추구하면 불완전의 연속인 인생은 불행해진다. 그러니 완벽함은 적당히 추구하다 말아야 한다.

유럽에서는 17세기까지도 왕은 신의 후손이라고 생각했다. 아마 '왕권신수설'이라는 말을 역사 수업 시간에 들어보았을 것이다. 왕이 나라를 다스리는 권리는 신이 주셨다는 뜻이다. 소설《다빈치코드》는 예수의 혈통이 유럽의 주요 왕가에 전해졌다는 것이고 그 핏줄을 보호해야 한다는 게 이야기를 이끄는 대강의 뼈대다. 왕이 신의 자손이라면 왕 자신도 반쯤은 신 같은 존재다. 그렇다면 왕이 입을 옷, 왕이 살 궁전, 왕을 아름답게 빛내줄 반지며 목걸이, 왕이 덮을 이불은 모두 신이 쓸 만큼 눈부시게 아름답고 귀하며 정교해야 한다. 신의 자손이 쓸 완벽한 물건이 필요한 것이다. 이렇게 왕과 귀족들을 위해 럭셔리를 만들 핑계가 만들어진다.

하지만 프랑스혁명으로 왕과 귀족들이 사치하던 세계는 영영 그 문이 닫혔다. 아마 다시는 이런 왕과 귀족들의 시대는 돌아오지 않을 것이다. 그렇다면 이렇게 끝난 시대 뒤에 남은 기술자들과 상인들은 어떻게 되었을까? 왕에게 '맞춤봉사'하던 상인들은 바뀐 시대에 적응하며 시장에 직접 나섰다. 그리하여 우리가 익히 아는 루이비통Louis Vuitton, 에르메스Hermès 같은 브랜드들이 시작되었다. 이런 브랜드들은 시장에서도 성공했는데 '임금님 쓰시던 물건'이라는 번쩍거렸던 후광 덕을 톡톡히 봤다. 이천 쌀은 임금님 수라상에 오르던 쌀이기 때문에 다른 지역 쌀보다 비싸다. 이천 도자기도 왕에게 진상하던 물건이었기에 더 고급스러운 도자기로 대접받는다. 상상해보면 기분이 다르다. 왕이 쓰던 밥그릇을 오늘 내 저녁상에 쓰고 있다면!

그러나 시장에서는 왕과 귀족만이 손님이 아니다. 시장은 신분을 차별하지 않는다. 대신 돈을 많이 내는 손님일수록 더 대접받는다. 과거에 귀족을 위해 특별 맞춤옷을 만들던 기술자들은 돈을 많이 내는 손님들을 받기 시작했고 왕의 권위 대신 훌륭한 옷을 만드는 기술자 자신의 권위로 옷을 팔았다. 그들은 최고의 기술, 최고의 완성도, 최고로 화려한 재료를 쓴다는 강점으로 무장했다. 오트 쿠튀르는 이렇게 왕이 지나간 뒤, 부르주아 황금기의 서막을 울리며 탄생한다.

오드 쿠튀르Haute Couture는 문자 그대로만 풀어내면 '높은 수준의 바느질'이라는 의미이지만 최고급 맞춤복이라는 뜻으로 쓴다. 그리고 오트 쿠튀르를 만드는 디자이너들은 장인정신이 높은 기술자를 '그랜드 마스터Grand Master'라고 부르는 것처럼 '그랑 쿠튀리에Grand Couturiere'라고 했다. 우리말로 직역하면 '높은 바느질장이'인데 '바느질 장인' 정도로 생각하면 될 듯하다. 그리고 자기 이름을 걸고 옷을 만드는 기술자이자 예술가인 '그랑 쿠튀리에'를 위시해 이 사람들과 함께 옷을 만드는 공간과 그 집단을 '메종Maison' 즉 집이라고 부른다. 샤넬 하우스, 디오르 하우스라는 영어식 브랜드 명칭은 프랑스어의 '메종'을 직역한 것이다.

옷을 의뢰한 귀부인을 일부러 무시하고 거만을 떨며 자기 '메종'에 직접 찾아오게 해 '메종'의 권위를 세우는 그랑 쿠튀리에의 전통은 영국 출신의 찰스 프레데릭 워스Charles Frederic Worth부터 시작됐다. 샤넬은 워스부터 따지면 그랑 쿠튀리에 2세대쯤에 속한다. 워스는 당당히 자기 이름으로 영국 왕실의 의례복을 만들었고, 다른 그랑 쿠튀리에들도 귀족과 부자들이 찾아와 옷을 맞췄다. 그랑 쿠튀리에들은 호사스러운 옷감에 섬세한 자수와 반짝이는 보석, 최고급 기술자들이 짠 레이스를 달았다.

당연히 이렇게 만든 이브닝드레스의 값은 엄청나게 비쌌다. 샤넬만 해도 일상복은 상대적으로 소박하게 디자인했지만 이브닝드레스만큼은 다른 경쟁자들 못지않았다. 샤넬 역시 새틴, 벨벳, 오건디 같은 고급 옷감을 아낌없이 사용해 환상적인 분위기의 드레스를 만들었다. 메종 샤넬의 1920년대 이브닝드레스는 러시아 전통의상인 루바슈카풍·농촌처녀들의 소박한 드레스풍·집시풍이 있었고, 스커트의 끝선을 앞쪽은 조금 짧고 등 쪽은 더 길게 한 비대칭 디자인으로 키를 더 커보이게 했다.

1914년 제1차 세계대전이 일어났다. 전쟁은 길어졌고 물자가 부족해지자 정부에서는 옷감도 배급을 했다. 구할 수 있는 옷감은 귀하고 그나마 다양하지도 못했다. 하지만 여성들은 여전히 화려한 의상을 원했기 때문에 메종 샤넬을 포함한 고급 가게들은 옷감에 섬세하게 구슬장식을 달고 수를 놓아 단순한 천을 세상에 한 벌 밖에 없는 옷감으로 만들었다.

샤넬이 당시 내놓은 드레스들을 보면 스커트 자락에 마을 하나가 자수로 들어가 있기도 하고, 촘촘하게 단 구슬 장식은 빛을 받으면 반짝임에 눈을 뗄 수 없을 정도로 정교하다. 이런 드레스의 마케팅 포인트는 '어쩜 이렇게 세심하게 공을 들였을까!' 하는 감탄이 나오도록 만드는 것이다.

샤넬의 경쟁자들도 샤넬 못지않게 화려했고 정교했다. 샤넬보다 네 살 위였던 폴 푸아레는 풍운아였다. 그는 여러 가지 일에서 샤넬하고 비교되는데, 샤넬이 명성을 얻고 크게 성공할 수 있었던 일 중 여럿이 푸아레가 먼저 길을 열었던 것들이었다. 예를 들자면 코르셋 없이 입는 드레스를 처음 디자인한 사람도 푸아레였고, 옷에 자기 상표를 단 최초의 디자이너도 그였고, 향수며 장신구를 같이 만들어 메종이 만든 옷과 함께 착용하도록 하는 '토털패션'을 먼저 실천한 사람도 푸아레였다. 푸아레는 화려하고 웅장한 쇼를 좋아했다. 그가 열었던 마지막 쇼는 배를 세 척이나 빌려 선상에서 펼쳐졌다. 하지만 아이디어가 풍부하고 열정적인 성격만큼 사업적으로는 위험천만했던지 그 뒤로 파산했고 가난하게 여생을 살다 죽었다. 하지만 푸아레가 전성기에 디자인한 오리엔탈풍 드레스는 인기가 대단했다. 프랑스에서는 서예, 염색, 도자기 등 일본문화의 인기가 좋았고, 19세기에도 크게 붐이 일어 회화에도 그 영향이 있었다. 동양식 비단에 동양식 수를 놓은 푸아레식 드레스 역시 반응이 뜨거웠다.

마들렌 비오네Madeleine Vionnet는 우아한 곡선의 드레스로 유명했다. 그녀는 옷감을 사선으로 재단하면 신축성이 좋아져 몸의 굴곡이 더욱 아름답게 보인다는 걸 알았다. 사선을 의미하는 '바이어스' 재단을 처음 시작한 사람이 비오네다. 비오네도 샤넬처럼 미리 옷본을 그리지 않고 마네킹에게 입힌 상태에서 그대로 재단을 했다. 이렇게 입체재단을 하면 평면에서 재단한 옷보다 굴곡이나 주름 없이 몸에 잘 맞는다. 그녀는 정확한 재단을 아주 강조했고 디자인 도용을 막기 위해 앞, 뒤, 옆 세 면에서 사진을 찍었다고 한다. 프랑스가 자랑하는 입체 재단 기술은 이런 훌륭한 '바느질 장인'들 손에서 발전했다. 2009년 파리 패션위크 주간에 루브르박물관과 함께 있는 패션섬유박물관Musee de la Mode et du Textile에서는 마들렌 비오네 특별전을 열었는데 패션 피플은 모두 다녀갔다고 할 만큼 사람들이 좋아했다고 한다. 나 역시 패션위크 시즌은 아니었지만 운 좋게 이 전시를 볼 수 있었는데 비오네의 드레스는 놀랄 만큼 독창적이고 정교하고 세련되면서도 여성적이었다.

샤넬에게 '사치'란 무엇인가

오트 쿠튀르는 최고급 재료를 쓰고 최고의 기술자들이 수작업으로 제작하기 때문에 값도 입이 딱 벌어질 만큼 비싸다. 오트 쿠튀르는 사치스러운 옷이다. 샤넬의 일상복들도 디자인이 단순하다고 해도 값은 아주 비쌌다. '고가 정책'은 마케팅 전략이기도 하지만 샤넬이 정의하는 사치는 조금 달랐다. 아포리즘 만들기를 좋아했던 샤넬은 사치에 대해서 이런 말들을 남겼다.

"사치는 눈에 보이지 않는 것이다."

"내게 사치란 (비싼 옷이 아니라) 잘 만든 옷을 소유하는 것이다."

"돈은 편리할 뿐 아름답지는 않다. 내가 유일하게 쓰기 좋아하는 게 있다면, (돈이 아니라) 내 힘이다."

"돈을 낭비하는 건 저주받을 일이다."

눈에 보이지 않는다는 건 아마도 대놓고 과시하지 말라는 뜻일 게다. 비싼 것보다 잘 만든 옷이라는 건 돈이 아니라 물건이 가치 있어야 한다고 강조하는 것일 테고, 세 번째 문장은 돈이 아니라 힘이 있어야 진정 힘이 있다는 뜻일 게다. 마지막 문장은 부자라면 누구나 하는 말이다.

단추는 제대로 된 단춧구멍이 있을 때 달아야 하고, 옷에 달린 모든 주머니와 주름도 '존재의 이유'가 있어야 한다고 했던 샤넬이었던 만큼, 그녀에게 럭셔리란 잘 만든 옷, 비싸지만 그 값을 하는 옷을 소유하는 것이라고 나름의 견고한 원칙을 세웠던 셈이다. 샤넬에게는 '보이지 않는 사치Luxe Caché'라는 원칙이 있었다.

1927년에 프랑스의 유명한 정치인 클레망틴이 훗날 제2차 세계대전의 영웅이 된 영국의 대표적 정치인 처칠에게 보낸 편지를 보면, 샤넬은 작업실에서 옷을 만들 때 열 번 이상 가봉을 하고 직접 서서 바느질을 했고, 가봉할 때면 바닥에 쪼그리고 앉고 엎드리기도 했다고 한다. 샤넬은 슈트를 만들 때 특히 소매에 신경을 많이 써서 주름이 지지 않도록 하면서도 완벽하게 움직일 수 있도록 하는 데 정성을 쏟았다고 한다. 샤넬이 찾아낸 방법 중에는 소매 끝단에 가로로 여러 겹의 핀턱을 만들고 팔꿈치 안쪽 부분에는 꺽쇠∧모양으로 여러 줄 박음질을 넣어 관절이 쉽게 움직일 수 있게 만드는 방식도 있었다. 샤넬이 1950년대에 만든 전설의 트위드 재킷은 끝자락 안쪽에 금색 체인을 달았다. 겉으로 보이지는 않지만 이 체인 덕분에 재킷은 바람이 불어도 각을 잡고 재킷의 모양을 유지한다. 샤넬에게 사치란 사람이 기술과 공을 많이 들인 것을 의미했다.

1934년에 샤넬이 만든 정장 한 벌 가격은 1,600프랑에서 1,900프랑 사이였다. 물가를 생각하면 지금으로도 큰돈이다. 메종 샤넬에서 플리츠 스커트(주름치마)를 만들 때 손으로 천에 주름을 잡는 데만 200시간 정도를 쓴다고 하는데, 우리나라 기준으로 노동시간이 주 40시간이라고 하면, 주름을 잡는 데만 한 사람이 꼬박 한 달을 써야 한다. 프랑스의 법정 노동시간은 주 33시간이니 거의 두 달이 든다. 고급 기술자 한 달 월급을 생각해보면, 드레스에 비해 상대적으로 평범한 천으로 만드는 슈트 가격이 어째서 비싸게 형성되는지 어느 정도는 설명이 된다.

결국 정확하고 숙련도 높은 기술과, 들이는 시간으로 증명되는 만드는 사람의 정성이 옷을 사치스럽게 만든다. 물론 기계로 주름을 잡아도 예쁘게 만들 수 있는데 굳이 수작업을 해야 하냐고 이의를 제기하는 사람도 있을 것이다. 하지만 우리는 완성도를 위해, 일부러 더 어렵게 만들고 더 귀하게 만들기 위해 수작업을 하는 오트 쿠튀르의 세계를 보는 중이다.

오트 쿠튀르는 럭셔리, 즉 사치재다. 럭셔리를 명품으로 번역하는 건 사실 시장에 너무 편향적이다. 플라스틱에 로고만 박아 넣어 만든 열쇠

오트 쿠튀르

모든 과정이 수작업으로 이뤄지는 오트 쿠튀르.

지극히 소수만이 입는, 메종의 기술 수준을 과시할 수 있는 작품이다.

고리가 얼마나 귀하게 만든 물건이라고 '명품' 소리씩이나 들을 수 있을까! 그리고 '사치'란 귀한 물건, 필수품은 아닌 물건이라는 뜻일 뿐 비난의 의미를 단어 자체가 지니지는 않는다. '명품'이라는 말에는 럭셔리에 대한 약간의 비판적인 시선조차도 절대 받아들이지 않겠다는 자세가 엿보이는데, 거만하다고도 말할 수 있다.

여하튼 사치재인 오트 쿠튀르는 아주 비싸고, 럭셔리 브랜드가 만드는 제품들은 맞춤복이 아니더라도 비싸다. 럭셔리는 왜 비쌀까? 쉬운 경제이론으로 설명하면 이렇다. 가격은 수요와 공급에 의해서 결정된다. 수요란 그 물건을 위해서 돈을 내려는 정도를 말하는데 수요가 많으면, 즉 그 물건을 사려는 사람들이 많으면 가격은 올라간다. 경매에서 점점 가격이 올라가는 것과 마찬가지다. 반대로 수요가 적으면, 즉 사려는 사람이 줄면 가격은 내려간다. 그리고 공급이란 물건을 만드는 사람들이 얼마큼의 값을 받고 물건을 내놓으려는지의 정도를 뜻한다. 공급이 많으면 가격은 내려간다. 반대로 공급이 적으면 가격은 올라간다.

보통 럭셔리 제품들은 공급이 적다. 솜씨 좋은 기술자들이 부족해서 그렇기도 하고 작업시간이 오래 걸려서 그렇기도 하다. 슈트 한 벌 만드는 데 몇 명씩이나 되는 최고급 기술자들이 모여 두 달을 들여야 한다면, 그 '메종'에서 일 년 동안 만들 수 있는 슈트는 몇 벌 안 될 것이다. 물건을 만드는 전 과정을 한 사람의 장인이 맡는 시스템은 분업을 하는 공장제와 완전히 반대다. 핸드백 하나를 한 사람의 장인이 다 만든다는 에르메스 같은 곳에서는 숙련된 기술자들도 핸드백 하나를 일주일에 한두 개 밖에 만들지 못한다고 한다. 당연히 공급은 많아질 수가 없다.

그리고 플라스틱 열쇠고리처럼 생산을 늘리는 게 그렇게 어렵지 않은 경우에도 럭셔리 브랜드들은 '한정생산' 방식으로 공급을 줄인다. 그래야만 시장에서 높은 가격을 유지할 수 있기 때문이다. 어떤 물건이 시장에서 구하기 어려운 성질이 있을 때 경제학에서는 '희소성'이 있다고 한다. 백화점이나 고급가게도 모두 '시장'이다. 럭셔리 브랜드들은 희소성을 이용한 전략을 아주 좋아한다.

럭셔리가 럭셔리로 되는 데에는 사람들의 묘한 심리도 있다. 보통은 물건의 값이 오르면 그 물건을 덜 사려고 한다. 삼겹살 값이 오르면 삼겹살을 덜 먹고, 딸기 값이 오르면 딸기를 덜 먹는다. 그런데 어떤 물건들은 값이 오르면 사람들이 오히려 예전보다 더 많이 사고 싶어 한다. 그 물건을 소유하는 데 경쟁이 붙는 셈이다. 아주 고가인 물건들에 이런 성격이 있다. 이런 성격이 있는 재화를 '베블런 재화'라고 부르는데, 베블런 Thorstein Veblen은 값이 오르면 오히려 수요가 더 늘어나는 독특한 재화들이 있다는 걸 밝혀낸 경제학자의 이름이다. 그런 독특한 재화가 바로 럭셔리다.

베블런이 미국의 상류사회를 관찰해보니 부자들은 남에게 과시하기 위해서 돈을 쓰는데, 비싼 물건일수록 그들 사이에 경쟁이 붙어서 그 물건을 더 사고 싶어 하고 이웃 부자가 산 물건을 자기가 갖고 있지 않으면 지지 않기 위해서 기를 쓰고 구입하려고 한다. 그래서 보통 물건과는 달리 럭셔리는 만드는 데 들어간 비용이나 정성 같은 '생산비용'과 상관없이 그저 심리적인 이유로 가격이 오르는데 아이러니하게 소비도 늘어난다. 오트 쿠튀르의 황금기를 연 찰스 프레데릭 워스도 그렇게 가격을 높여서 성공했고, 모자 디자이너 시절의 샤넬도 가격을 확 높여서 판매도 늘리고 명성도 높였다.

하지만 이렇게 화려했던 오트 쿠튀르의 시절은 그리 오래 가지 못했다. 오트 쿠튀르 메종 사이에서도 제일 잘 나가던 메종 샤넬은 전성기인 1930년대에 직원을 4,000명까지 고용했었고 파리에 작업장만 스물여섯 곳이 있었다. 하지만 기술이 발전하면서 기성복 역시 백화점에서 팔 만하고 부자들도 입을 만한 고급 품질로 나왔다. 부자들의 취향두 비싼 오트 쿠튀르 의상 한 벌 대신 좋은 기성복을 여러 벌 소유하는 방향으로 변해 갔다.

2010년 오트 쿠튀르 협회의 공식 멤버는 열 곳이고 프랑스 밖에 있는 멤버들을 포함해도 모두 열네 메종 밖에 되지 않는다. 우리가 알고 있는 루이비통, 에르메스, 이브 생 로랑도 모두 프레타 포르테라고 부르는 기성복만을 만들 뿐 비싸고 사려는 사람은 거의 없는 오트 쿠튀르에서는 빠져나갔다. 오트 쿠튀르 협회는 회원명단을 공개하고 있어서 우리가 잘 아는 이름들이 있는지 금방 확인할 수 있다. 자기가 알고 있는 이름들이 있는지 확인해보자.

오트 쿠튀르의 회원인 메종들도 수익이 맞아서 오트 쿠튀르를 유지하는 건 아니다. 오트 쿠튀르가 메종의 상징적인 자산이기 때문에 유지할 뿐이다. 이 메종이 최고의 완성도를 갖추고 있다는 상징. 패션위크에

공식 멤버	아들렌 안드레Adeline Andre 안느 발레리 하쉬Anne Valerie Hash 샤넬Chanel 크리스찬 디오르Christian Dior 도미니크 시롭Dominique Sirop 프랑크 소르비에Franck Sorbier 지방시Givenchy 장 폴 고티에Jean Paul Gaultier 모리지오 갈란테Maurizio Galante 스테판 롤랑Stephane Rolland
해외 멤버Foreign Members	엘리 사브Elie Saab 조르지오 아르마니Giorgio Armani 메종 마르틴 마르지엘라Maison Martin Margiela 발렌티노Valentino
초청 멤버Invited Members	아담 존스Adam Jones 알렉시스 마빌Alexis Mabille 아틀리에 구스타보 린스Atelier Gustavo Lins 부크라 자르Bouchra Jarrar 크리스토프 조세Christophe Josse 조세푸스 티미스터Josephus Thimister 르프랑 페랑Lefranc, Ferrant 메종 라비 케이루즈Maison Rabih Kayrouz

서 프레타 포르테에만 참여하는 브랜드들이 팔리기는 어려울 난해한 옷을 쇼 무대에 올리는 이유도 비슷하다.

럭셔리 브랜드들은 완벽한 세계의 한 조각을 당신이 입게 된다는 '판타지'를 판매한다. 그래서 쇼에 올라가는 옷들은 우리가 매장 혹은 거리에서 만나는 옷들과 매우 다르지만 그들은 팔리지 않을 옷을 비싼 값을 들여 제작하고 무대에 올린다. 디오르의 수석 디자이너인 스페인 지브롤터 출신의 영국 디자이너 존 갈리아노John Galliano는 명확하게 이렇게 말했다.

"내 역할은 매혹시키는 것이다."

우리들의 소비는 점점 더 물질의 세계에서 멀어지고 환상, 황홀함, 차별화 되는 가치 등 상징의 세계로 진입하고 있다.

현실을 인정해야 사치도 사치답게 할 수 있다

상징도 좋다지만 하이퍼리얼리티에서 내려와 이성적인 판단을 해보자. 청바지가 아무리 섹시한 이미지를 호소하는 멋진 옷이더라도 최소한 기장은 맞아야 비싼 값을 받을 기본이 될 것이다. 그런데 참 이상하게도 우리나라에서 파는 브랜드 청바지는 전지현이 아니면 모두 다 수선집에 가서 기장을 잘라내야 한다. 아무리 비싼 럭셔리 청바지라도 마찬가지다. 여고생 평균 신장이 161센티미터도 안 되는데 백화점에서 파는 청바지의 기장은 죄다 170센티미터에 맞춰져 있다면? 이건 돈 내는 사람더러 키가 작다고 밸런스도 맞지 않는 옷을 아무렇게나 입으라는 말과 똑같다. 161 센티미터는 작은 키가 아니고 평균 신장이다. 같은 돈을 지불하면 같은 권리를 주는 게 자본주의의 원칙이다. 같은 값을 지불하는데 신장이 평균보다 훨씬 크면 몸에 맞게 예쁘게 입을 수 있고, 신장이 평균이거나 그보다 작으면 잘 맞든 말든 아무렇게나 입어야 한다니. 이건 만드는 쪽이나 사는 쪽 모두 문제가 있다. 만드는 사람은 대다수의 평균적인 소비자들을 감히 '열등아' 취급하고 있는 것이고, 사는 사람은 비싼 돈을 주면서 바보처럼 정당한 자기 권리도 주장하지 못하고 있는 것이다.

럭셔리를 구매하는 건 개인의 선택이다. 거기에서 즐거움을 느끼기에 살 것이다. 신의 영역에 있던 럭셔리가 대중의 품으로 들어간다고 해서 비난받을 필요는 없다. 대중들이 귀하고 값진 걸 소유하고 싶다는 것 자체가 비난의 대상이 될 이유야 없으니 말이다. 하지만 내 지갑에서 돈을 꺼낼 때는 내가 원래 갖는 권리도 당연히 알아야 하고 그 권리를 행사할 줄 알아야 한다. 내 돈을 주면서도 내 권리를 모르면 자본주의 사회에서 정상적인 성인의 삶을 무사히 살아가기 어렵다.

만약에 키 큰 사람들만을 위해서 지하철 개찰대가 높거나 버스 승강대가 높다면 사람들은 분명 항의할 것이다. 그리고 아마도 시청에선 이 요구대로 개찰대가 평균적인 성인들에게 전혀 불편하지 않을 높이로 조정할 게 분명하다. 자기 체형에 맞지 않게 높은 의자를 사거나 키 큰 사람들을 위한 높은 싱크대를 단순히 멋지다는 이유로 사는 사람도 없을 것이나. 그런데 몸에 더 잘 맞아야 할 옷은 왜 자기 치수를 만들지 않는다고 항의하지 않고 키 크지 않다고 주눅 들면서 할 말을 못할까?

그리도 또 하나. 환상을 구입하고 만족을 느낄 수 있다. 하지만 돈이 빠져나간 내 계좌는 환상으로 채워 넣을 수 없다. 돈은 없으면 없는 것이고 있는 셈 판타지를 가질 수 없다. 내 계좌는 비루할지언정 지독한 내 현실 자체니까.

샤넬 넘버 파이브 &
러시아식 애티튜드

나는 너의 여린
경악을 사랑한다
연인 냄새를
약간만 풍기고

-폴 발레리

향수의 보이지 않는 힘

연인 냄새를 약간만 풍기라니. 약간보다 조금 더 풍기면 어떻다는 뜻일까. 이렇게 향기에 민감했던 시인 폴 발레리Paul Valéry는 "잘못된 향수를 쓰는 여성에겐 미래가 없다Une femme mal parfumee n'a pas d'avenir"고 했다. 엘리베이터에서 너무 강한 향수 냄새가 날 땐, 이 말에 진심으로 동의하게 된다. 짙은 향기로 그 좁고 닫힌 공간을 지배하는 사람은 괜히 공공의 적이 된다. 샤넬은 발레리의 이 시구를 강조하면서 한마디 덧붙였다.

"향수가 제일 중요하다."

왜 하필 향수일까? 특별한 시간을 위해 치장을 끝낸 여인이 가장 마지막에 뿌리는 게 향수이기 때문일까? 향수는 입이 맛이라는 즐거움을 누릴 때 코가 누리는 호사다. 오감이 모두 만족되는 순간이 황홀의 절정이라면, 이때 향기는 절대로 빠질 수 없다. 게다가 향기란 꽤나 원초적이어서 개미나 벌 같은 곤충들의 섹스에서 향기는 빠질 수 없는 유혹의 도구다. 개미는 페로몬으로 수컷들을 유혹한다. 페로몬이 없었다면 아마 지금 이 세상엔 개미가 없을 것이다.

인류에게도 향수의 첫발은 원초적이고 아주 노골적인 동기에서 시작되었다. 신라의 여인들도 차고 다녔다는 '사향주머니'의 사향은 원래 사향노루의 생식기 옆에 달려있는 작은 주머니이다. 아마 드라마 〈선덕여왕〉의 '미실' 같은 여인들도 사향주머니를 작고 예쁜 비단 주머니에 싸서 몸에 지녔을 것이다. 사향이라는 이 달걀만 한 주머니는 발정기에만 커져서 이성을 유혹하는 향기를 뿜었다. 이 냄새에 인간 남성들도 무언가 알싸한 유혹에 빠졌던 모양이다. 그래서 이 사향을 얻기 위해 인류는 얼마나 많은 사향노루, 사향고양이, 사향뒤쥐, 사향소들을 사냥했던가! 사향에 대한 사랑은 동서가 없었고 고금이 다 똑같았다. 머스크향. 아버지들의 애프터 쉐이브 스킨에 제일 많이 쓰이는 머스크향이 바로 사향이다. 그리고 많은 향수들이 아직도 머스크향을 기본으로 쓰고 있다.

향기는 눈에 보이지 않는다. 맛도 눈에 보이지는 않지만 입에 물고 있는 음식이 있기 때문에 내 혀가 어디에서 맛을 느끼는지 뇌는 아주 정확하게 알고 있다. 하지만 향기는 눈에 보이지 않는다. 게다가 어디에서 이 향기가 전해오는지 알 수 없다면 향기는 흔적만을 남기고 존재를 찾을 수 없는 신비로운 분위기를 자아낸다.

마치 장미 그림을 보면 장미향이 떠오르듯 어떤 사람은 그 얼굴을 떠올리면 같이 떠오르는 향기가 있다. 이런 사람, 이유를 알 수 없지만 왠지 매혹적이다. 아니, 이유를 알 수 없기에 더욱 매력적이다. 사람들이 향수에 돈을 쓰는 이유는 '신비로운 매력'이라는 데 있다.

향수의 환상

향수는 아주 사치스럽게 만들어진다. 장미에서 에센스 오일 한 방울을 추출하려면 장미꽃 수백 송이가 필요하다. 아마 몇 백 평의 꽃밭이 있대봤자 저녁 외출을 위해서 그저 향수 몇 병이 필요한 우아한 여성 한 사람을 만족시킬 수 없을 것이다. 하지만 장미 꽃밭이 몇 백 평씩 있는 사람이 어디 흔한가. 보통 사람은 장미꽃 화분 하나도 없다.

그래서 모든 길이 돈으로 통하고 돈이 되면 무어든 만들어내는 자본주의 사회에서는 석유를 이용해 향기가 나는 화합물들을 만들어 냈다. 화학 시간에 배운 '방향족 원소'라는 이름이 혹시 기억나는지 모르겠다. 방향족 원소들이 바로 다양한 향기를 갖는 원소들이다. 뭐든 돈이 되면 다 만들 수 있는 인간이라는 생물은 새로운 향기를 위해 새로운 물질을 만들어냈다. 화학자들은 바닐라향, 딸기향, 아몬드향, 머스크향, 장미향 등 끝도 없이 다양한 향기들을 놀랍게도 시커먼 원유에서 추출한 물질로 만들어냈다. 조향사는 이제 정원 대신 실험실에 앉아서 향수를 만드는 화학자다.

이제는 자연 재료만으로 향기를 만드는 향수가 거의 없다. 대부분의 럭셔리 브랜드들이 자연 재료 약간과 방향족 화합물들을 섞어 가격을 낮춘 향수를 시장에 내놓는다. 합리적인 소비자들을 위해 가격을 낮추려는 합리적인 전략이겠지만 어쩐지 맥이 빠진다. 속았다고 할 수는 없지만 적극적으로 알려주지 않았던 것도 사실 아닌가? 음료수나 과자처럼 향수병에 성분표시라도 하는 게 알 권리가 있는 소비자들을 위한 최소한이라는 생각이 든다.

그런데 더 놀라운 사실이 있다. 럭셔리 브랜드들은 해마다 새로운 향수를 시장에 선보인다. 새로 만든 향수를 알리기 위해 브랜드들은 광고 캠페인에 공도 참 많이 들인다. 그런데 이 새로 탄생한 다양한 향수들이 사실은 같은 회사 같은 연구실에서 만들어진다. 나는 이 사실을 알고 또 한번 향수에 대한 환상에 금이 가는 걸 느꼈다.

화장품을 만드는 과정도 마찬가지이긴 하다. 과정을 단순하게 말하자면 이렇다. 새로운 브랜드를 만들고 싶은 어떤 의뢰인이 화장품 공장 겸 연구소에 화장품을 의뢰한다. 이를테면 콘셉트는 '메트로섹슈얼을 추구하는 세련된 남성을 위한 긴깅하고 색시하면서도 낭만적인 분위기'나. 여기에 성분과 강조하고 싶은 기능도 요구한다. 의뢰인의 주문이 정리되면 연구팀은 시제품을 만든다. 이 연구팀의 옆 방 다른 연구팀에서는 다른 화장품 회사가 주문한 제품을 만드는 중이다. 그리고 테스트를 거치고 판매 전략이 완성되면 화장품들은 사실 같은 회사에서 만들었지만 각각 다른 브랜드를 달고 소비자에게 전달된다. 소비자들의 환상과는 전혀 다른

장면이다. 왠지 화장품만은 고유의 노하우와 비밀스런 조합법을 갖고 만
들 것 같은데, 그게 아니라 사실은 같은 공장에서 만드는 것이었다니!

　향수도 만드는 과정이 같다. 브랜드들 각각은 자기 회사와 브랜드 이
미지에 맞춰 '젊고 스포티한 향', '우아하고 성숙한 여인의 느낌', '발랄하
고 경쾌하며 자연스러운 향' 등을 주문하면 향수 실험실 겸 공장의 조향
사들이 원료들을 조합해 주문자의 마음에 들 향기를 만든다. 시제품을
만들고 주문자가 시험을 해 합격하면 각각 다른 브랜드와 상표를 달고 시
장에 나간다. 비밀스런 향기 조합법이 있다면, 그건 브랜드에 있는 게 아
니라 의뢰받은 향수를 만드는 회사에 있을 뿐이다.

　향수를 품평하는 언어는 와인의 그것과 놀랍도록 닮았다. 이를테면
어떤 향수를 품평할 때 '첫 향기는 자극적이지만 점차 옅어지고 주변으
로 흩어지는데, 그러면서도 여운도 길게 남는다'고 표현한다. 이건 좋다는
뜻이다. 또 이렇게도 말한다. '첫 향기는 달콤한데 향기에 힘이 없어서 끝
향은 개성이 없다'. 이건 실패라는 뜻이다. 사실 이렇게만 들으면 뭘 평가
했는지도 아리송하다. 조향사들끼리라도 이런 평가를 들으면 뭘 어떻게
수정하라는 말인지 알 수 있을까 싶다. 와인을 음미하는 표현도 놀라웠
는데, 시적이다 싶기도 하고 저렇게 말하면 얼마나 좋은지 알 수 있을지
신기하기도 했다. 직장인 세계를 강타한 《신의 물방울》이란 만화가 있다.
이 만화를 보면 와인을 음미하는 첫 맛에 포도를 재배한 부르고뉴의 숲
이 보인다는 둥 옹달샘이 떠오르고 그 옆에 나무가 보인다는 둥의 표현
을 하는데, 이 정도면 그 과장법의 스케일에 입이 다물어지질 않는다. 향

수도 포도주도 프랑스에서 성공시켰으니 프랑스어는 좋을 때 엄청난 과장법을 쓰거나 모호한 형용사로 감각을 표현하는 전통이 있는 건 아닌지 싶을 정도다. 하기는 영국과 독일이 힘을 쓰는 하이엔드High-end 기계인 오디오도 청음감 표현이 모호하기는 매한가지다. 소리는 고음, 중간음, 저음으로 나눌 수 있기 때문에 좋은 스피커란 '고음은 명확하고 중간음은 감정이 풍부하고 저음은 짱짱'한 기계다. 이렇게 모호한 언어로 말하면 객관적인 평가는 사실 거의 불가능하다. 기계가 어떤 소리를 내면 감정이 풍부하단 평가를 들을 수 있을까?

만약 향수를 표현하는 언어가 컴퓨터나 텔레비전이나 디지털 카메라를 말할 때처럼 정확해지면 세상은 어떻게 달라질까? 우리는 "1200만 화소 이상에 1초에 16컷을 찍을 수 있고 흔들림 방지 장치가 달려있습니다"라고 말하면 어떤 사진기인지 어떤 사진을 찍을 수 있는지 대강은 감을 잡을 수 있다. 요즘은 화장품도 이런 식으로 설명하는데 예를 들면 콜라겐 함량이 얼마라든지 FDA 인증으로 안전검사를 마쳤다든지 하며 제품을 호소한다. 만약 에센스에 '바르면 여왕님'이라고만 붙여놓으면 소비자들은 근거가 부속하다며 믿지 않을 게 분명하다. 그런데 왜 향수는 그렇지 않을까? 소비자가 더 깐깐하게 기술적인 세계를 물어보면, 물론 낭만의 색은 조금 옅어지겠다만 예전보다 더 좋은 향수를 만들게 되지 않을까? 하지만 향수 세계의 전통은 다행인지 불행인지 디지털 카메라와는 길이 다르다. 그래서 향수가 아직까지도 기술이 아닌 예술의 영역에 남아있는지도 모른다.

샤넬을 만든 네 개의 혁명

샤넬이 '세계적인 샤넬'이 되도록 만든 주인공은 '샤넬 넘버 파이브 Chanel No. 5'다. 1921년에 발표되었지만 여전히 세계에서 가장 많이 팔리는 향수이자 샤넬에서 이후에 발표한 모든 향수를 제치고 매종 샤넬 매출의 큰 자락을 책임지고 있다.

샤넬도 넘버 파이브를 실험실에 앉아 직접 만들지는 않았다. 넘버 파이브는 아버지가 러시아 황실 가문의 조향사였던 에르네스트 보Ernest Beaux의 걸작이다. 에르네스트 보는 '알데히드'라는 새로운 화합물을 실험하고 있었고 그는 처음으로 여러 가지 향을 조합한 향수를 만드는 데 성공한다. 샤넬은 세상을 뒤흔들 이 조향사를 당시 연인이던 로마노프 왕가의 망명객 드미트리 대공으로부터 소개받는다. 드미트리 대공은 러시아의 마지막 차르 니콜라이 2세의 사촌이었다. 그는 어려서부터 왕가의 비극 속에서 자랐고 커서는 영원히 망명객으로 살아야 했던, 개인적으로는 불행한 운명의 남자였다. 하지만 그가 프랑스로 망명을 했던 덕택에 샤넬은 신비한 베일에 싸인 러시아 황실이라는 배경과 알데히드라는 신기술이 짝을 이룬 향수 넘버 파이브로 엄청난 성공을 누릴 수 있게 되었다. 이런 일을 보고 있으면 역시 역사는 우연이 만드는 게 아닐까 싶다.

샤넬은 그 누구보다도 살아서 큰 영광을 누렸던 세기의 디자이너였다. 하지만 샤넬이 쌓은 성은 어떤 영웅적인 여인 혼자 만든 것이 아니다. 그녀가 전설적인 성공을 거둘 수 있었던 배경을 조금만 유심히 바라보면 그 뒤에는 서양사회를 흔들었던 네 개의 혁명이 있다.

우선 무엇보다도 1789년에 있었던 프랑스혁명이 중요하다. 프랑스혁명이 없었다면 여성이면서 평민인 샤넬이 기업가가 되기도 불가능했을 것이고 그녀의 고객인 '부유한 시민계급'도 탄생하지 못했을 것이다.

그리고 두 번째로는 18세기 말에 있었던 산업혁명이 있다. 그런데 산업혁명이라는 게 말로는 혁명이라고 하지만 어느 군대가 들어와 산업혁명을 선포한 것도 아니고 어느 날 '짠' 하고 '오늘부터 산업혁명이다!'라고 선언한 날도 없다. 산업혁명은 몇 월 며칠에 있었다고 말하기는 어렵지만 18세기 후반 놀라운 경제변화로 인류를 뒤흔든 엄청난 사건이 시작되었던 것만은 사실이라서 우리는 이 시절 언제인가를 산업혁명이라고 부른다. 산업혁명은 영국의 섬유산업에서 제일 먼저 시작되었다. 만약 섬유산업으로 불을 댕긴 산업혁명이 없었다면 섬유는 초절정 고가품으로 남아서 패션은 '산업'이 될 수조차 없었을 것이다.

세 번째는 1783년에 종전한 미국의 독립전쟁이다. 영국으로부터 독립한 이 나라는 샤넬을 할리우드로 불렀고 미국인은 샤넬의 옷을 '메이드 인 프랑스' 옷 중에서 가장 사랑했다. 미국 덕분에 메종 샤넬의 시장은 세계적으로 커지기 시작했을 뿐 아니라 샤넬 개인적으로는 새기에 성공할 수 있었다. 그리고 화장품 브랜드 '부르주아'를 소유하고 있었고, '샤넬 향수'에 투자하면서 넘버 파이브를 세상에 내놓았으며, 현재는 메종 샤넬을 소유하고 있는 베르트하이머 가문은 제2차 세계대전 이후 미국에서 살고 있다.

샤넬을 있게 한 네 개 혁명 중 마지막은 러시아의 볼셰비키혁명인데,

1917년에 일어난 이 레닌의 혁명이 성공해서 샤넬은 덕을 좀 봤다. 하지만 볼셰비키혁명의 경우 샤넬은 반혁명 쪽이다. 소비에트 연방을 세운 볼셰비키혁명 쪽이 아니라 차르의 편인 '백군' 쪽인 셈이다. 만약 러시아혁명이 없었다면 차르의 사촌인 드미트리 대공이 힘든 망명 생활을 하다 샤넬과 연인이 될 가능성은 신데렐라가 왕자님과 결혼할 가능성보다 낮았을 것이고, 러시아 왕실에서 일하던 에르네스트 보가 파리의 기업가인 샤넬과 손잡게 될 일도 없었을 것이다. 게다가 파리로 망명 온 러시아 귀족 여인들은 생활을 위해 자수 아틀리에를 많이 열었는데, 샤넬만큼 러시아 여인들의 섬세한 자수를 이브닝드레스에 더해서 성공한 디자이너는 없었다. 샤넬은 드미트리 대공의 여동생을 메종 샤넬의 자수 담당 최고 책임자로 채용할 정도였다.

넘버 파이브는 이름만큼이나 추상적인 향기로 세상에 첫 등장을 알렸다. 넘버 파이브는 알데히드라는 새로운 물질을 이용한 최첨단 향수 조제기술로 완성되었지만, 그 향기는 묘하게 복고적인데다 탄생에 얽힌 이야기를 들은 소비자들은 왠지 사라진 왕조를 동정하고 덧없이 화려했던 왕궁의 한 자락에 노스탤지어를 품었다. 마치 원래 깊고 깊은 모스크바의 왕궁에서 사용했어야 할 향수가 세상에 공개된 듯, 비밀스럽고 슬픈 러시아의 속마음이 한 꺼풀 드러난 듯.

에르네스트 보는 1번부터 5번으로 번호를 매긴 시향과 20번부터 24번을 매긴 시향을 만들어서 샤넬에게 고르게 했다. 여기에서 샤넬은 5번을 골랐다. 그리고 이름 자체를 넘버 파이브로 붙여버렸다. 이 시절에 나온 다른 향수들은 '파리의 저녁' 같이 낭만적인 이름이 많았다. 요즘 나오는 향수들도 많이 다르진 않다. 인기 있는 향수 중에도 이름이 '젊은 이슬'(에스테 로더), '숲의 여인'(시세이도), '나일 강의 정원'(에르메스), '이기주의자'(샤넬)같은 낭만파들이 많다. 하지만 넘버 파이브는 어떤 심상도 연결시키지 않고 단호하게 그 추상성을 지킨다.

게다가 병조차 시약을 담는 실험실 병 디자인으로 골라버렸다. 향수병은 정성스럽게 꽃·여인·새·천사를 새기거나, 빛을 받으면 반사각이 아름답도록 크리스털을 조각한 화려한 디자인이게 마련이었는데 샤넬은 그런 흐름도 깨버렸다. 추상화와 초현실주의 그림을 그리는 친구들과 매일 저녁을 같이 보내는 샤넬이 나팔을 불고 있는 통통한 아기천사 모양의 향수병을 만든다면, 그보다 어색한 일도 없을 것이다. 샤넬로서는 모더니스트인 자기 정체성에 백 퍼센트 충실한 선택을 했다.

결과는 대성공이었다. 제2차 세계대전 때 독일이 점령했던 파리를 탈환한 연합군 병사들이 고향에서 기다리는 아내나 연인에게 줄 선물로 넘버 파이브를 사려고 메종 샤넬 앞에 줄을 설 정도였다. 넘버 파이브를 찾기 위해 메종 샤넬을 '털었다'는 풍문이 있을 성노나.

하지만 샤넬이 연합군에게 어떤 존재인가. 그녀는 파리가 독일군 점령지이던 시절에도 독일 장교인 애인과 최고급 리츠 호텔에 묵었고 나치가 세운 '가짜 정부'에 '부역'을 했던 것 같다. 그녀는 처칠과 개인적으로 친분이 있던 덕분에 간신히 처형을 면했지만 지하에서 레지스탕스를 결성해 저항운동을 하던 파리 전체가 샤넬이 전쟁 중에 어떻게 살았는지 알고 있었다. 연합군도 당연히 알았을 것이다. 전쟁이 끝난 후 샤넬은 거의 20년 동안 파리에 돌아오지 않고 망명객처럼 스위스에 머물러야 했을 만큼 파리 시민들의 정서는 냉정하고 적대적이었다.

그럼에도 연합군 병사들은 귀향을 축하하고 승전을 기념하고픈 선물로 넘버 파이브를 제일 먼저 집었다. "여보, 넘버 파이브 사와!" 이런 말이 귓전에 울렸을까? 아니면, 역시 한번 만들어진 환상의 궁전은 버티는 관성이 점점 강해지는 걸까.

향수로 더 큰 변화가 시작되다

향수들을 소개하는 책 루카 튜린Luca Turin의 《향의 비밀*Parfums, le guide*》에서 넘버 파이브는 이렇게 소개된다.

"빛나고 조화로운 이 유명한 향수는 수많은 모방작들과 넘버 파이브의 독창성을 침범하는 해석 작품들의 위대한 선구자가 되었다. 넘버 파이브는 성숙하고 금빛 찬란한 후광을 받으며 향수들의 기준이 되었다. 호사스럽고, 흠 없이, 깔끔한 이 아름다운 물질은 연상 작용을 일으키는 능력을 조금 잃었다. 하지만 친숙하면서도 또 이방인처럼 느껴지는 그런 존재다.

누구를 위해: 젊은 여성들과, 다른 건 절대 입을 수 없는 당신
언제: 저녁"

넘버 파이브는 향수의 고전이 되었고 그래서 이 향기에서 굳어진 것 말고는 다른 이미지는 잘 떠오르지 않을 만큼 향수가 자극하는 심상도 고정되어 식상하지만 여전히 개성을 잃지 않고 있다는 뜻이다. 정확히 맞는 말이다. 넘버 파이브가 성공하면서 메종들은 오트 쿠튀르가 사양의 길로 접어든 난국에 새로운 '돈 버는 길', '살아남는 길'에 눈을 뜬다. 그리고 무려 여든세 가지나 되는 원료들과 알데히드를 조합한 넘버 파이브의 향기에서 현대 향수가 가야 할 새로운 길도 발견한다. 이때부터 메종들은 장미·아카시아·재스민 등 한 가지 자연향만으로 향수를 만드는 대신 추상적인 심상을 찾아 유리관에 향을 모으고 새로운 향기를 만드는 비밀스러운 조합을 시작한다.

돈도 많이 벌었다. 옷 한 벌을 사는데 비록 1,000만 원을 쓸 수는 없더라도 샤넬의 세계, 디오르의 세계에 입성했다는 자부심과 오트 쿠튀르가 만드는 화려한 판타지의 한 조각을 10만 원쯤에 소유할 수 있는 데 만족하는 중산층 여성들이 기꺼이 향수를 샀다. 이렇게 새로운 소비자들이 향수라는 문을 열고 고급 패션세계에 들어오기 시작했다. 그리고 이제는 비밀 아닌 비밀이지만 메종들은 본업인 옷보나노 향수, 구두, 백 능 액세서리로 훨씬 더 큰돈을 벌고 있다. 우리는 향기와 판타지와 낭만을 사고 그들은 매상을 올린다. 적당히만 돈이 오간다면 이 게임에 불행한 사람은 없다.

그런데, 조금만 더 생각해보자. 우리는 언제까지 이 게임을 즐길 수 있을까? 낙관적인 미래가 있어 우리가 가난해지는 일이 없다면 메종들은 향수를 계속 만들 수 있을까? 이론적으로는 예스다. 단, 조건이 이렇게 걸린다면 어떨까? 언제나 그 향기와 그 느낌을 똑같이 유지하는 향수일 것. 이런 조건을 지키면서도 계속 향수를 만들 수 있을까.

밥맛이 바뀌고 김치 맛이 변하면 잘 되던 식당도 갑자기 손님들이 발길을 끊는다. 익숙하고 좋아하던 같은 맛이 아니기 때문이다. 아주 오래된 이야기지만 김유신은 자기 집 앞을 지나가다 간장 한 모금 맛보고 '우리 집에 별 일 없구나' 하고 지나갔다고 하잖나. 우리는 김유신 같은 영웅은 아니지만 맛을 볼 줄 알고 향기를 맡을 줄은 안다. 넘버 파이브의 애용자들이 넘버 파이브의 향기가 달라진다면 넘버 파이브를 계속 쓸까? 분명 바뀐 넘버 파이브를 사지 않는 사람이 훨씬 많을 것이다. 차라리 향수를 바꿀지언정 같은 이름을 달고 다른 물건이 나온다면 뭔가 속는다는 느낌을 지울 수가 없기 때문이다. 메종 샤넬도 이 사실을 알고 있을 터, 80년 넘게 같은 향을 유지하기 위해 공을 들였을 것이다. 상상해보라. 무려 여든세 가지가 넘는 공정을 세심하게 챙겨야 한다!

열정적인 소년 요리사가 독자들의 가슴을 뛰게 하는 만화《미스터 초밥왕》을 보면 최고의 밥을 짓기 위해 최고의 쌀과 그 벼가 먹고 자란 그 지역의 깨끗한 물이 필요하다. 그래서 개울이 흐르는 옆에 아파트 단지가 들어선다거나 상류에 댐이 생기면 더 이상 같은 밥맛을 낼 수 없다. 향수도 똑같다. 만약 원료를 만들기 위해 꽃을 키우는 장미농장 옆에 산을 관통하는 도로가 뚫린다면 지하수가 줄어들고 오염될 것이다. 골프장이 들어서는 날엔 정말 재앙이다. 생태계는 목숨이 왔다 갔다 한다. 조금이라도 주변 생태계 환경이 나빠지면 장미도 나빠지고 이 꽃으로 만든

연합군
넘버 파이브를 사기 위해 줄을 선 파리의 연합군 병사들.
막 전쟁을 끝낸 순박하고 거친 병사들과 최신 유행의 고급 부티크는 어딘지 어색하지만
그들도 역시 넘버 파이브를 원했다.

장미향 역시 조금이라도 달라질 게 분명하다.

그래도 비슷하지 않겠냐고? 우리는 살기 위해 먹어야 하는 밥이 아니라 굳이 쓰지 않더라도 생활엔 지장 없지만 내 감각을 만족시키기 위한 사치품, 최고급 향수에 대해 얘기하는 중이다. 그 비싼 돈을 들이면서 대충 사고 싶은 사람은 없다. 무언가가 달라졌다면 더 이상 같지 않다. 그러니 사람들이 같은 물건이라고 하면서 품질을 조금씩 떨어트리는 회사에 화도 내고 소비자의 권리를 요구하는 것 아닌가? 그런 일을 저지르는 회사에는 정부가 벌금도 매기고 심하면 사기로 처벌하기도 한다. 향수라고 다를 리가 없다. 흙이 달라지고, 물이 달라지면 꽃과 열매도 같이 달라진다. 멸종될 위기에 있는 아마존의 어떤 열매를 너무 많이 채취해서 그해에 다 써버리면 다음해부터는 아무 것도 없다. 원료가 바뀌고 중요한 성분이 빠지면 더 이상 같은 향수는 만들 수 없다.

그러니 굳이 숭고한 도덕을 들먹이며 착한 척하기 위해서도 아니고, 환경보호론자에게 미안하지 않기 위해서도 아니고, 남들보다 생태계의 공존을 잘 이해하기 때문이 아니라도, 내가 누릴 호사와 내가 지닌 독특한 취향을 지키기 위해서 우리는 생태를 잘 알 필요가 있다. 그리고 좋아하는 향수가 어디에서 재배한 꽃들로 만드는지, 잘 자라고 있는지, 천연 원료들은 어떻게 채집하는지 관심을 가져보면 좋을 것이다. 즐거움도 호사도, 두 눈 시퍼렇게 뜨고 까다롭게 굴지 않으면 즐길 수 없는 세상이 자본주의 세상이다. 고혹적인 향기를 사랑하는 '나'는 좋은 향수를 즐기기 위해 충분히 까다롭게 굴어도 될 권리가 있다. 나는 돈을 지불하는 향수 소비자다.

스포츠웨어

이렇게 말하니 사자의 신인 아르고스의 살육자 헤르메스도 이내 알아듣고 얼른 발 밑에 예쁜 신을 신었다. 황금으로 지은 거룩한 것이어서 물 위며 또 끝없는 뭍 위거나 휙 부는 바람 따라 신(神)을 나르는 신이다. 게다가 또 지팡이를 들었는데 이것은 버릇없는 인간의 눈을 어지럽혀 잠자게 하고 또 거꾸로 잠자고 있는 것을 깨우기도 하는 연모였다.

- 호메로스, 《일리아드》 중에서

날렵한 몸이 아름답다

신들의 전령이자 장사꾼들의 수호신인 헤르메스는 누구보다도 빠른 신이다. 헤르메스에게는 날개달린 샌들이 있는데 이 신을 신으면 바다를 건널 때도 물에 젖지 않고 깃털처럼 가볍게 지나갈 수 있다. 그리스 테베의 영웅 페르세우스는 메두사를 물리치고 에티오피아의 공주 안드로메다를 구출할 때 헤르메스의 이 신을 요긴하게 써먹었다. 페르세우스는 신 중의 신 제우스와 인간 사이에서 태어난 아들이다. 이렇게 신을 아버지로 둔 페르세우스 같은 영웅일지라도 초인적인 모험에서 성공하기 위해서는 신들의 도구가 필요했다. 헤르메스의 신발이나 아테나 여신의 방패 같은 무기 말이다. 헤르메스의 신발이 필요하다고 귀엽게 투덜거렸던 걸 보면, 그리스 시대 사람들도 우리랑 별반 다르지 않았던 모양이다.

초등학교 6학년 운동회 때였는데, 친구 한 명이 이 날을 위해 스파이크 운동화를 신었다. 처음 본 스파이크 화는 놀라웠다. 팍팍 소리를 내면서 등 뒤로 흙을 날리며 결승점으로 달려오는 그 당당한 모습! 그 친구는 미모로 눈에 띄는 스타일은 아니었지만 그날만큼은 진정 아름다웠다.

운동을 잘하는 몸은 참 아름답다. 성경에는 키가 3미터쯤 된다는 거인 골리앗이 나온다. 그런데 사람들이 기억하는 진정한 영웅은 이 골리앗을 자갈 다섯 개로 쓰러트린 작은 다윗이었다. 이탈리아 예술가들이 표현한 소년 다윗의 아름다움은 조각상에서 노골적으로 드러난다. 페르세우스가 선물한 메두사의 머리를 꽂은 방패를 든 아테나 여신은 또 얼마나 늠름하고 아름다운가.

인류가 고대문명을 빛내던 시절에 선진국이었던 그리스의 사람들이 유목민족으로 살면서 부족 중심으로 거칠게 살았던 라인 강의 게르만족과 그 여성들에게 느끼는 매력은 아주 다양했다. 그리스인들은 미의 여신 아프로디테를 가장 아름다운 여신으로 숭배하면서도 날렵한 몸으로 숲을 뛰어다니고 능숙하게 무겁고 팽팽한 활을 다루는 달과 사냥의 여신 아르테미스에게서도 완벽한 아름다움을 찾았다. 때로 교활하기도 한 지혜의 여신이자 전투의 신이기도 한 아테나 여신은 투구를 쓰고 방패를 들고 전쟁을 지휘하지만 그녀도 너무나 아름답다.

일찍이 헤라, 아테나, 아프로디테는 트로이를 멸망시키게 될 왕자 파리스에게 셋 중 누가 가장 아름답냐고 물으며 경쟁하지 않았던가! 고대인들은 이 세 여신의 아름다움은 누가 누구를 압도한다고 도저히 정할 수 없었나보다. 그런데 멍청한 게 죄인 트로이 왕자 파리스는 예쁜 아내를 얻어준다는 말에 넘어가 세 여신 중 한 사람인 아프로디테를 골라버렸다. 결국 여신들 사이의 평형은 무너지고 아테나와 헤라는 그리스 편을 들어버리니 트로이는 망할 도리 밖에 없다. 자고로 현명한 사람은 여인들의 아름다움을 둔 질투심을 부채질하지 않는 법이다.

스포츠와 스펙터클, 궁합이 맞는다

1896년 프랑스의 쿠베르텡 남작을 비롯한 여러 사람들의 노력으로 고대 그리스가 평화와 화합을 위해 열었던 체전 올림픽이 부활한다. 운이 좋았는지 올림픽을 둘러싼 모든 상황이 맞아떨어졌다. 제국주의와 민족주의가 국가주의를 부추기던 이 시대에 스포츠는 국가들이 한판 경쟁을 붙기에 딱 좋은 빌미였다. 게다가 처음으로 일터에서 일을 마치고 집에 돌아와 쉴 수 있는 '여유'란 걸 누리게 된 대중들은 스펙터클을 원했다. '볼거리를 내놔!' 마치 폭군 네로 황제가 로마 시민의 여흥을 위해서 콜로세움에서 전차 경기도 하고 사자와 죄수들의 싸움도 만들었던 것처럼 20세기에 들어온 이 시절 정부들도 시민들에게 뭔가 커다란 볼거리를 보여주어야 했다.

전쟁은 그만하고 서로 얼굴을 맞대고 땀도 같이 흘리면서 친해져보자는 평화주의자들도 올림픽을 지지했다. 원래 얼굴 한번이라도 보고 아는 사이에는 말싸움은 해도 죽여버리겠단 결심은 잘 안 하게 된다. 모르는 사람을 죽여야 하는 병사와 아는 사람을 죽여야 하는 병사가 느낄 죄책감을 상상해보면 이해할 수 있을 것이다. 평화주의자들은 올림픽을 기회로 전쟁을 막아볼 수 있으리라 내심 기대했다. 어느 정도는 평화주의자들의 기대감도 충족이 되었을 것이다. 우리도 한창 분위기 좋을 땐 남북 탁구 단일팀도 만들고, 한반도 기를 들고 동시 입장도 했었으니까.

20세기는 '스포츠에 세계인이 열광'하는 시대로 출발했다.

스포츠는 일단 몸에 좋다. 의사들은 공기 나쁘고 물 나쁘면 병나고, 좋은 음식 먹고 좋은 공기 마시며 적당히 운동하면 환자들이 호전된다는 걸 알았다. 운동의 효과가 과학적으로 입증되자 국가는 국민들에게 운동을 권유하고 지원하기 시작한다. 덴마크에서는 '핫 둘 셋 넷 둘둘 셋 넷'하며 줄 맞춰 따라하는 맨손체조를 만들었는데, 모든 학교 체육시간은 맨손체조로 시작하게 되었을 만큼 반응이 좋았다.

우리나라 역시 정부가 돈을 들여 공원도 만들고 초등학교에 지역주민들이 함께 이용할 수 있는 수영장도 만든다. 유럽의 국가들은 이보다 훨씬 비싼 운동에 드는 비용도 나라에서 다 지원해준다. 왜 나랏돈을 들여서 개인이 운동하도록 도울까? 건강을 유지하는 데 들이는 돈이 병이 나서 치료하는 데 들이는 돈보다 저렴하기 때문이다. 나라 전체로 보면 아픈 사람이 적어지고 건강한 사람이 많아질수록 써야 할 돈이 줄어든다.

일단 정부는 그런 생각을 하고, 사람들은 건강에도 좋고 재미도 있

으니까 스포츠를 좋아한다. 원래 인간이란 유희적 존재라고 하지 않았던
가! 인간은 본성이 밖에서 노는 걸 좋아한다. 인간이 지닌 좋은 점이다.
게다가 인간들은 승부도 즐긴다.《오디세이아》에는 이런 장면이 나온다.

이렇게 그들은 유쾌하게 경기를 마친 다음 알키누스 왕의 아들 라오
다마스가 입을 열었다. "자, 여러분, 손님께서는 어떤 경기에 능하시
고 경험이 있으신지 여쭈어봅시다. 체격이 아주 좋으십니다. 넓적다
리며 장딴지, 양팔, 그리고 튼튼한 목덜미, 모두 상당히 힘에 차 있으
십니다. 또한 아직 젊으십니다. 단지 고생에 너무 지쳐 있을 뿐입니
다. 인간이 아무리 고생을 한다 해도 바다보다 더 인간을 못 쓰게 만
드는 것은 없나봅니다." 이에 대해 에우리알로스가 말했다. "라오다
마스여, 그대 말이 옳소이다. 자, 그대가 한번 가서 그분과 겨루어보
시오. 어디 시합을 걸어보시오."

지혜롭고 교활하기로 유명한 그리스의 영웅 오디세우스는 신들의 노
여움을 사 바다에서 괴물을 만나기도 하고 님프에게 사로잡히기도 한다.
그러던 오디세우스가 드디어 너그러운 이웃나라 왕의 도움으로 고향으
로 돌아가게 되었을 때, 그곳 왕은 오디세우스를 위해 연회를 열어주면서
흥이 오르자 달리기 시합도 하고 레슬링과 역도 시합도 연다. 위에 나오
는 장면은 함께 있던 사람들이 아직 슬픔에서 빠져나오지 못하고 앉아있
는 오디세우스에게 승부를 하자며 살살 꼬이는 대목이다. 결국 오디세우
스는 누군가 그가 별 볼 일 없는 사기꾼일거라며 자극하자 댓바람에 일

어나 힘자랑을 하고 의기양양하게 덤벼보라고 큰소리를 낸다. 고대 그리스 사람들은 운동시합을 신들의 이름을 걸고 하는 신성한 행위라고 여겼다고 한다. 《오디세이아》를 읽는 사람들은 오디세우스 역시 신들의 사랑을 받는 최고의 영웅이었던 만큼 그가 운동 승부에서도 최고여야 한다고 생각했던 모양이다. 우리가 스포츠에 목숨을 걸고 도박사들이 생명을 담보로 큰 도박에 운을 맡기는 건, 인간이 지닌 본성일지도 모르겠다.

스포츠는 결국 피겨 스케이트 같은 기록경기 아니면 야구나 배구 같은 일대일 승부경기다. 어느 쪽이건 경기의 규칙이 정해지고 공정한 심판이 있으면 사람들은 승부에 도전한다. 때로 우리나라는 온 나라가 경기 결과 하나에 목숨을 걸기도 한다. 우리나라는 올림픽이나 월드컵이 있으면 다 같이 전쟁 나가듯 응원을 하는데, 이런 정신 나간 짓을 우리만 하는 게 아니라고 하면 좀 덜 창피할까? 1994년 월드컵에서 자살골을 넣은 콜롬비아 축구 선수 에스코바르는 광분한 팬들에게 피살당했고 온두라스와 엘살바도르는 축구 경기를 핑계로 전쟁도 서슴지 않았다.

살인이나 전쟁하고 비교할 수 없는 귀여운 사건이지만 메달에 목숨 걸기는 일본도 마찬가지였다. 1964년 도쿄올림픽을 앞두고 일본은 유도복에 엄청난 변화를 주었다. 일본의 유도 선수들은 아주 두껍고 까끌까끌한 천으로 만든 유도복을 입고 경기에 나갔다. 유도란 스포츠는 일단 옷깃을 잡아야 엎어치기건 등배지기건 기술을 걸 수가 있다. 일본 선수들이 이렇게 두껍고 까끌까끌한 옷을 입고 나가자 외국 선수들은 일본 선수들의 유도복을 잡았다가 깜짝 놀랐다고 한다. 외국 선수들은 손가락이 아려서 제대로 일본 선수들의 도복을 잡을 수가 없었다. 이 대회에서 일본은 유도에 걸린 금메달 네 개 중 세 개를 따냈다. 반칙 같아 보이지만 규정엔 그렇지 않았나보다. 재미있는 사실은 1964년 올림픽 이후 유도복이 모두 일본식으로 바뀌어버렸다는 점이다. 이 옷이 규칙상 반칙이 아니라면 안 입는 쪽이 치명적으로 불리하다. 보통 경기복은 '나'의 경기력 향상을 위해 디자인되어있는데, 이 옷은 '너'의 경기력 방해를 위해 입는다고 해야 할까.

경기장에 큼직하게 달린 시계의 0.01초를 보며 넘버원을 확인하는 박태환의 수영 경기든, 골대에 시원하게 공을 꽂아 넣는 농구 경기든, 관중은 암만 봐야 채점은 엄두도 낼 수 없는 김연아의 피겨 스케이트 경기든, 규칙이 정해지면 향연은 시작되고 보는 사람들은 선수들의 입김 하나 손끝 하나에도 가슴 졸이며 경기에 빠져든다. 승부가 빽빽한 안개 속의 시소처럼 잘 보이지 않을수록 지켜보는 사람들의 흥분은 높아만 간다. 기술이 숙련된 선수들이 선보이는 경기는 지켜보는 것만으로도 쾌감을 준다.

하지만 현대사회가 스포츠와 착 달라붙어 살아가게 된 것은 여러모로 '국가' 경영에 도움이 되었기 때문이었다. 예전 동독의 경기나 구소련 연방의 경기를 보면 그 사실은 더욱 생생한데, 스포츠를 좋아하기는 우리 같은 자본주의 나라들이나 옛날 사회주의 나라들이나 다 마찬가지였다. 굳이 비교하자면 자본주의 국가에서 스포츠는 더 필요하다.

놀면 돈을 더 잘 번다

우리나라가 한창 일제 강점기 하에서 신음하던 1930년대, 프랑스에서는 노동자들이 일주일에 35시간만 일하자는 요구를 하며 들고 일어났다. 휴가 때도 급여를 받을 수 있는 유급휴가와 고용안정의 권리도 요구했다. 프랑스 정부는 이 요구가 워낙 호응이 크고 거셌기 때문에 받아들이지 않을 수 없었다. 주 40시간 노동이 법으로 규정된 지도 얼마 안 된 데다가 그나마도 잘 안 지켜지는, 선진국이 모인 오이시디OECD 회원국 가운데 노동시간이 제일 긴 우리나라에선 이게 도통 뭔 말인지 감도 잘 안 오는 꿈같은 얘기다. 하지만 지금부터 80여 년 전에 서유럽의 노동자들은 벌써 이런 조건을 기업과 정부에 요구하고 있었다.

프랑스 정부는 왜 이런 조건을 들어줬을까? 우리나라 정부보다 순진하고 착해서? 그럴 리는 없다. 프랑스도 나라 밖으로 나가면 혹독한 식민지 경영도 많이 하던 나라다. 민주국가라서? 그렇지도 않다. 민주주의는 민중이 살살 요구해서 되는 시스템이 아니다. 우리가 살아봐서 잘 알지 않나.

정답은, 그렇게 하면 모두에게 이득이 생기기 때문이다. 사람은 기계가 아니기 때문에 일을 하면 할수록 지쳐서 하루 종일 하다보면 저녁때는 아침보다 훨씬 능률이 떨어진다. 이를테면 과수원에서 사과를 딴다고 하면 처음 한 시간 동안은 서른 개쯤 따던 일꾼이 여덟 시간째가 되면 스무 개 따기도 버거워한다. 이런 현상을 경제학에서는 '생산성 체감의 법칙'이라고 하는데, 아무튼 일을 계속 오래하면 막판 한두 시간은 일을 하나 안 하나 별로 티도 안 난다. 그런데 몸은 무리하면 크게 상해버릴 수 있다. 그러니 집에 좀 일찍 돌아가서 쉬게 해주는 편이 내일 다시 쌩쌩하게 일하는 데 더 도움이 되고 장기적으로도 고용주 입장에서 이익이 된다. 마치 월드베이스볼클래식wbc에서 등판한 투수가 던질 수 있는 투구 수를 100개로 제한하는 것과 마찬가지다. 인간은 기름 넣으면 또 달리는 기계가 아니므로 무리하면 탈난다. 그렇기 때문에 노동자들이 일하는 사람들에게 여가가 반드시 주어져야 한다고 요구했을 때 사회는 법으로 쉬고 놀 권리를 인정하게 된 것이다.

게다가 여가가 있어서 생기는 좋은 점은 더 있다. 자본주의 사회는 누군가는 열심히 만들고 또 누군가는 즐겁게 돈을 써야 돌아간다. 누군 만들기만 하고 팔리지 않으면 회사에 새로 들어가는 돈이 없으니 회사도 문을 닫게 되고 사람들은 실업자가 된다. 회사나 회사에 고용된 사람들이 돈 번 게 없어 세금을 못 내면 정부도 살림이 궁색해진다. 그러므로 정부는 돈이 잘 돌게 하기 위해 열심히 돈을 쓸 거리도, 돈을 쓸 공간도, 놀 시간도 확보해 주어야 할 의무가 있다.

그렇다면 여가문화에서 제일 중요한 게 무얼까? 선상노 좋아지고 볼거리도 있는 스포츠!

조선의 어느 고리타분한 문관 나리는 테니스를 보며 힘든 건 '아랫것들' 시키라고 했다지만 영국 귀족들은 스포츠를 즐겼고 폴로며 럭비 같은 운동은 특히 귀족다운 스포츠로 여겨져 잘 해야 한다고 생각했다. 하지만 육체를 쓰는 노동자들은 귀족들과는 비교도 되지 않을 정도로 스포츠를 좋아했다. 세계에서 공장지대가 제일 처음 생긴 영국 맨체스터의 노동자들은 축구를 너무 좋아했고, 다른 공장들과 경쟁하는 재미에 푹 빠졌다. 그래서 일은 안 하고 축구만 해도 되는 노동자들을 모아서 축구 클럽을 만들었다. '명문구단' 맨체스터 유나이티드는 이렇게 시작되었다. '세기의 아이콘' 데이비드 베컴은 처음에는 영국 노동자들의 '자랑' 같은 존재였다는데 그가 축구를 시작한 맨체스터에서 레알 마드리드로 팀을 옮길 때 상심한 팬들이 많았다고 한다. 그렇지 않아도 노동자들의 클럽을 떠나 마음이 상하는데 '왕실'이라는 뜻의 '레알' 클럽으로 옮기자 상처를 많이 받은 것은 아닌지.

미국에서는 포드 자동차와 뒤뜰이 있는 집을 갖고 주말엔 아들과 캐치볼을 할 수 있는 아버지가 되는 게 '아메리칸 드림'의 대표적인 이미지였다. 그리고 20세기 초반 미국에서도 다른 일 안 하고 운동만 해도 되는 프로 선수들이 야구 종목에서 생겼다. 시민들이 자기 동네 팀을 열광적으로 응원하고 경기장에도 자주 놀러갔기 때문이었다.

원래 귀족들이야 폴로며 럭비, 요트도 타며 운동을 즐겼지만 이제 스포츠는 더 이상 귀족들만 즐길 수 있는 특권은 아니다. 이제 학교에서는 여학생들도 맨손체조를 하고 체육 수업도 받는다. 공장에서 일하는 노동자들도 주말이면 모여서 스포츠를 즐긴다. 이제 스포츠가 없는 일상은 상상도 못 할 사람들이 많아졌다. 그 정도로 스포츠는 우리 안에 깊숙이 들어왔다. 그만큼 스포츠웨어에도 점점 익숙해졌다.

스포츠웨어는 스포츠를 위해 존재해야 한다

스포츠웨어는 스포츠를 신나게 즐기고 잘 하기 위해 입는 옷이다. 그래서 우선은 다른 종류의 옷보다 기능이 중요하게 여겨진다. 수영복은 물에 젖지 않고 속살이 비치지 않을지 걱정하지 않으며 수영을 즐기기 위해서 입는 옷이다. 게다가 선수라면 수영복이 기록에 도움이 되어야 한다. 등산복은 높은 산에 올라갈 때 바람을 막아 체온도 보호하면서 땀에 젖거나 비를 맞게 되면 빨리 말라서 감기에 걸리지 않기 위해 위해서 입는다. 등산이라고 하면 가벼운 느낌이지만 산악이라고 할 땐 이것 역시 경쟁이라서 등산복이나 등산 도구들 역시 산악을 위해 계속 발전해야 한다. 성적이나 기록에 결정적인 영향을 주지 않는 스포츠웨어들도 기본적으로 기능이 중요하다. 이를테면 농구복이나 배구복은 경기 중에 땀을 많이 흘려도 옷이 몸에 붙지 않고 축축 늘어지지 않기 위해 입는 옷이고 태권도복, 유도복, 검도복은 팔다리를 크게 휘두르는 특유의 동작이 불편하지 않도록 만든 옷이다.

하지만 스포츠웨어는 스포츠에서 느껴지는 경쾌함과 활기, 젊음의 이미지가 있어 요즘은 점점 많은 사람들이 일상복으로도 입고 있나. 백화점 여성매장에 가면 브랜드 뒤에 '스포츠'가 붙어있는 브랜드들을 볼 수 있다. 이런 옷들은 대부분 방수처리가 되고 움직임이 편한 옷감으로, 정식 정장은 아니지만 일상생활에서 예의 없다는 소리는 듣지 않을 디자인으로 제작된다. 샤넬이 활동하던 시절에 새롭게 등장한 여성들은 역사상 처음으로 사회생활을 시작한 여성들이었다. 사람들이 '신여성'으로 부르던 그들은 남성들만 독점권을 갖고 있던 '스포츠를 할 권리'도 조금씩 쟁취했다. 그녀들은 '남자 운동'이라고 하던 스포츠들에도 하나하나 도 전해서 벽을 허물었고 일상에서도 그 경쾌한 느낌을 이어가기를 바랐다. 일상복이 된 스포츠웨어는 여성들이 쟁취한 일종의 '자유'를 표현하는 수단이기도 했다.

샤넬은 여성복 스포츠웨어도 처음으로 만들었다. 샤넬은 바닷가에 서 수영하기를 즐겼던 사람이었고, 자기가 수영을 즐기는 데 필요한 옷을 만들었던 것이다. 그녀는 아마도 승마 역사상 프랑스에서 처음으로 승마 바지와 조끼를 입고 말에 오른 여성 기수였을 것이다. 그녀의 승마바지는 승마 성적에 상관없이 그 자체로 멋진 사건이었다. 그녀는 '여성 승마복' 을 입음으로써 경마장 주변의 여인들과 다르다는 걸 보여주었고 에티엔 발장이란 장교의 그저 그런 애인이라는 지위에서 벗어나 '기수'라는 경 마장 안에 있는 인물로 존재감 있는 지위를 얻을 수 있었다. 수영복이나 승마바지 모두 샤넬이 진짜로 그 스포츠를 즐기는 사람이었기 때문에 남 자 옷을 흉내 낸 옷이 아니라 진짜 여성복으로 성장할 수 있었다. 그저 모 양만 흉내 내고 정신은 이해하지 못했다면 얼핏 보기엔 비슷해 보이지만 실은 우스꽝스러운 옷이 되고 말았을 것이다.

몇 년 전에 유행한 트레이닝복 중 발목이 나팔바지처럼 펄럭거리고 재킷은 엉덩이 위로 짧게 올라가는 스타일이 있었다. 오랫동안 프로 운동 선수들을 많이 보았지만 어떤 아름다운 여자 선수도 이런 스타일의 트레 이닝복은 입지 않는다. 트레이닝복을 입는 이유는 일단 몸을 풀면서 체온을 높이고 편안한 자세로 스트레칭을 하려 하기 때문이다. 그렇게 몸을 잘 풀어야 부상 위험도 줄이고 연습도 잘 할 수 있다. 그런데 발목이 펄럭거리는 바지는 일단 조깅할 때 거치적거린다. 그리고 발을 높이 올리는 동작을 하려면 발목에 고정되지 않은 바지가 무릎까지 흉하게 올라갈 수도 있다. 그리고 재킷이 상체에 짧게 올라붙으면 체온을 조절하는데 영 불리하다. 운동하는 사람들은 몸이 덜 풀린 상태에서 쌀쌀한 날씨에 추운 체육관이나 야외에서 운동을 시작해야 할 수도 있다. 이런 사람들은 절대 짧은 재킷이 달린 트레이닝복은 고르지 않는다. 추운 빙상장에서 경기하는 피겨 스케이트 선수의 재킷도 절대로 짧지 않다. 차가운 물에 들어가야 하는 수영 선수들은 좀 크다 싶을 만큼 긴 재킷을 입고 경기장에 들어온다. 보온이 중요하단 건 운동을 하다보면 당연히 알게 되는 상식이다.

그런데 어떻게 이런 비상식적인 트레이닝복이 만들어졌을까. 일단 바짓단이 밑에서 넓게 퍼지는 이유는 머슴들이 대님으로 꽁꽁 묶은 것 같은 고무줄로 발목을 잡는 바지보다 다리가 훨씬 길어 보이기 때문이다. 그리고 재킷이 짧아진 건 허리를 잘록히게 강조하고 탄력 있는 엉덩이를 매력적으로 강조할 수 있기 때문이다. 이런 트레이닝복은 진짜 운동할 때 입는 옷이 아니고 젊은 남자들이 많은 실내 운동장을 슬슬 걸어 다닐 때에나 입을 이유가 있다. 이런 옷을 입은 여성은 정말이지 생각이 없어 보인다. 운동은 좋아하지도 않으면서 유행이라니까 그저 입었을 뿐이라고 이마에 붙이고 다니는 셈이다.

운동장에선 예쁘고 날씬하지만 뻣뻣한 사람보다 외모는 평범해도 잘 움직이는 사람이 훨씬 매력 있다. 테니스 선수 샤라포바가 인기를 끌었던 이유는 아름다운 외모 때문이기도 하지만 그녀가 우승까진 못할 실력이더라도 8강까지는 올라가는 세계 최고급 선수였기 때문이다. 100위권 아래에 그녀보다 더 예쁜 선수들이 있을지 모르지만, 그녀들은 테니스라는 장에선 샤라포바보다 매력이 덜할 수밖에 없다. 장대높이뛰기 선수 이신바예바는 아름답기도 하지만 금메달을 따는 세계 최고 육상선수이기도 하다. 그녀 역시 멋지게 장대를 들고 높은 장애물을 넘기 때문에 매력이 있다. 스포츠웨어는 그 스포츠를 좋아하는 사람이 입을 때 매력이 돋보인다.

샤넬은 연인들로부터 스포츠를 배우고 즐겼고 그 스포츠에서 새로운 스타일의 영감도 얻었다. 샤넬은 발장의 무리들과 어울리면서 승마를 배우고 이때 처음 겉옷으로 바지를 입었다. 샤넬의 전기를 보면 경주마를 키우는 데 인생의 모든 열정을 바치는 듯 살아가는 발장이 샤넬에게 승마를 가르치면서 이런 말을 했다고 한다.

"비가 올 땐 눈을 한쪽만 뜨고 타도록 해. 그래야 흙탕물이 튀길 때 다른 쪽 눈으로 볼 수 있거든."

이 말이 진짜 그가 한 얘기라면 에티엔 발장은 '승부'를 아는 사람이었을 뿐만 아니라 승마의 정신도 알고 있던 것 같다. 그래서 승마에 훨씬 편하다는 걸 알기에 샤넬의 바지라는 과감한 도전을 수용했을 것이다.

샤넬 스포츠

지금 입어도 손색이 없을 '원조 리조트 룩'.

역시 놀 때도 멋있어야 한다. 놀 때 제일 멋있어야 한다.

샤넬에게 가장 중요한 연인이었던 아서 카펠과는 수영을 즐겼다. 그녀는 카펠의 조언으로 파리 사람들이 휴양지로 즐겨 찾던 대서양 연안의 도시 '도빌'에 매장을 열었고 제1차 세계대전 중에도 카펠의 조언대로 가게 문을 닫지 않고 도빌에서 지내 소득도 많이 올렸다. 그녀는 바닷물에 들어가 수영을 즐길 수 있도록 베이딩 슈트Bathing Suit를 만들었다. 물론 그녀가 만든 다른 옷들이 그랬던 것처럼 우선 그녀가 입기 위해서, 그녀가 수영을 즐기기 위해서 만들었다. 도빌에서 샤넬은 베이딩 슈트를 만들었을 뿐 아니라 바닷가의 거친 남자들이 입는 옷들을 여성의 우아한 옷으로 차곡차곡 바꿔나갔다. 샤넬의 손에서 세일러 슈트, 해군후보생들이 입는 더블재킷과 베레모, 기계공들의 노동복과 석공들이 매는 스카프가 여성들의 옷이 되고 액세서리가 되었다. 이렇게 샤넬이 여성복으로 해석한 옷들은 스포티하게 보이고 싶은 여성들에게 아주 큰 인기를 끌었다.

샤넬은 "내가 평생 한 일이라곤 남성복을 여성복으로 바꾼 일 밖에 없다"고 겸손하게 말한 적이 있다. 하지만 샤넬에게 남자들만 입을 것 같은 옷들에서도 여성의 모습을 찾아내는 섬세한 눈이 있었다고 말하는 편이 진실 쪽에 가깝다. 샤넬이 만진 남성복들 가운데 작업복을 여성복으로 만든 경우에도 전혀 실루엣이 어색하지 않았다. 남성복 안에 교묘히 감춰져 있던 여성성을 발견하는 그녀의 안목을 보여주는 사례다.

샤넬은 영국인 웨스트민스터 공작과 연인이 되자 그로부터 요트와 사냥을 즐기는 법을 배웠다. 영국에서 손꼽힐 만큼 부유했던 공작은 그 자신이 직접 조종대를 잡고 거친 북해에서 낭만적인 지중해까지 항해하는 좋은 요트가 있었다. 영국 북부인 스코틀랜드에 있는 영지에서는 친구들과 사냥을 즐겼다. 처음으로 요트를 타본 샤넬은 곧 차가운 바닷바람을 막고 추위에 떨지 않아도 될 두꺼운 바지와 따뜻한 니트를 입고 스카프에 항해 모자를 썼다. 현대식 크루즈패션의 시작을 알리는 옷들이었다. 스코틀랜드 영지에서는 지역 주민들이 전통적으로 사냥복으로 사용했던 모직 트위드와 운명적으로 만난다. 그녀는 사냥터에서 입는 이 거칠고 오랜 역사를 지닌 옷감을 파리 패션쇼에 오르는 최고급 슈트의 옷감으로 세상에 내보냈다. 샤넬은 이 시절에 웨스트민스터 공작의 친구들인 영국의 귀족 그룹과 어울리면서 영국 신사복에 흠뻑 빠졌던 것 같다. 그녀는 '그 무리들의 옷차림'에서 영감을 많이 얻었다고 실토했으니까.

그녀가 만든 스포츠웨어들이 입고 싶어지는 옷들이었다면 아마도 그녀 자신이 진짜 좋아하던 스포츠를 위해서 만들었기 때문일 것이다. 스포츠웨어는 누구나 아름답게 보이도록 하는 옷은 분명히 아니다. 하지만 그 스포츠를 잘 하는 사람이 입었을 땐 벙벙한 트레이닝복을 입어도 그 누구보다도 잘 어울리고 멋져 보인다. 우리는 여성도 스포츠를 즐겨도 될 권리가 인정되는 운 좋은 시절을 살고 있다. 어렵게 얻은 자유를 즐겁게 누려보자.

섹스 앤 더 시티

캐리: 와우, 음, 심각한 작품이네요.

알렉산드로브스키: (시집을 덮으며) 좀 질리나요?

캐리: 아니요, 아니요, 아주 아름다워요.

　　음, 내가 좋아하는 시도 읽어줄까요?

알렉산드로브스키: 그래요.

캐리:(《보그》의 한 페이지를 펼친다)

　　티파니의 '칵테일드레스'는 고전적인 매력을 발산한다.

　　'오스카 드 라 렌타'의 고상하고 넓게 퍼지는 분홍색 슬리브리스 실크드레스

　　와 블랙 패턴의 가죽리본벨트······.

　　(가슴에 《보그》를 꼭 끌어안으며) 자, 이런 게 진정한 시예요.

알렉산드로브스키: 오스카가 내 친구에요. 당신이 그 옷 좋아한다고 전해줄게요.

캐리: (흥분을 감추지 못하며)오스카요? 그렇게 '오스카'라고 이름을 부르나요?

알렉산드로브스키: 그게 그 친구 이름이니까요

-〈섹스 앤 더 시티〉 시즌6, '캣치38' 편에서

섹스 앤 더 시티가 제공하는 뉴욕 판타지

옷 이름 중에서 유일하게 술 이름이 붙은 드레스인 칵테일드레스는

칵테일파티에 입는 옷이다. 칵테일드레스는 스커트 자락이 무릎 위로 올라가기도 하고 소매의 스타일도 비교적 자유롭다. 럭셔리 브랜드의 아름다운 옷을 무엇보다 사랑하는 캐리에겐 여인들의 로망인 '티파니'에서 그 유명한 디자이너 오스카 드 라 렌타Oscar de la Renta가 최고급 옷감으로 만든 드레스라면 그 어떤 아름다운 시구보다도 더 풍부한 심상과 감동을 전했을 것 같다. 게다가 따뜻한 벽난로에서 활활 타오르는 빨간 불꽃을 바라보며 시를 읽어주는 이 낭만적인 연인이 대 디자이너의 친밀한 친구라니! 그녀는 더 없는 낭만적인 기분에 빠져든다.

캐리 브래드쇼. 이 장면에서 그녀는 서른여덟의 섹스 칼럼니스트이고, 싱글이며, 뉴욕의 중심 맨해튼에 산다. 홍보회사를 경영하는 사만다, 변호사이며 엄마인 미란다, 전직 큐레이터였던 유복한 코네티컷 출신 샬롯이 친구다. 캐리와 그 친구들은 주말이면 뉴욕에서 제일 잘나가는 바에 가고 토요일 오전엔 유명한 레스토랑에서 브런치를 즐긴다. 구찌, 프라다Prada, 돌체 앤 가바나Dolce & Gabbana, 샤넬, 펜디Fendi를 사랑하고 남자 대신 구두 브랜드 지미추Jimmy Choo와 마놀로 블라닉Manolo Blahnik과 결혼했다. 물론 요즘 찍었다면 크리스찬 루부댕Christian Louboutin과 결혼했을 것이다.

아주 유명한 이 네 여인은 1998년부터 2004년까지 미국의 케이블 방송 에이치비오HBO에서 방영한 드라마 〈섹스 앤 더 시티Sex and the City〉의 주인공들이다. 〈섹스 앤 더 시티〉는 여섯 번째 시즌까지 제작될 정도로 반응이 뜨거웠고 옷을 좋아하고 옷 입는 센스가 좋은 캐리가 드라마에서 입고 나온 옷, 들었던 가방, 신발은 다음날 뉴욕·로스앤젤레스·시카고·도쿄·서울에서 모두 불티나게 팔렸다. 캐리는 그녀를 신도처럼 따르는 아름다운 젊은 여성들을 전 세계에 무수히 거느리고 있었다.

대중들이 선호하는 얼굴형이 워낙 한 종류로 통일된 우리나라 같았다면 기다란 얼굴이 걸림돌이 되었을 사라 제시카 파커Sarah Jessica Parker. 하지만 그녀가 연기한 캐리 브래드쇼는 국적도 나이도 스타일도 다른 수많은 여성들의 '워너비'로 사랑받았다.

이 드라마에서 얻은 인기의 힘으로 사라 제시카 파커는 자기 이름을 단 향수를 팔 수 있었고 '오직 섹스!Just Sex!'만을 외치며 프리섹스의 심벌로 분한 사만다 역의 킴 캐트럴Kim Cattrall은 2003년에《만족Satisfaction》이란 책을 당시의 남편과 함께 펴냈다. 그녀의 남편은 오디오 마니아라면 누구나 알 만큼 유명한 세계적인 오디오 디자이너, 마크 레빈슨Mark Levinson이었다.

그녀들에겐 〈섹스 앤 더 시티〉가 '돈과 인기'였을 것이다. 드라마는 공식적으로 2004년에 종영했지만 우리나라를 포함해서 호주와 남미와 동유럽 국가에서도 여전히 케이블 채널 인기 프로그램으로 방영되고 있고 2008년에는 극장판도 걸렸다. 2010년에도 〈섹스 앤 더 시티2〉가 극장에 걸렸을 만큼 이 드라마가 창조한 세계에 대한 사랑과 열기는 식을 줄을 모른다. 종영하고 6년이 지나도록 충성도가 떨어질 줄 모르는 미국 드라마는 역대로 〈스타 트렉Star Trek〉 정도를 빼면 아마 맞수가 없을 것 같다.

이 드라마가 창조한 무엇이, 여성들을 그토록 오래 열광하게 만들고 있을까? 드라마는 다른 모든 문학이 그러하듯 허구를 만든다. 그리고 패션은 환상을 만든다. 드라마나 패션이나 하나의 새로운 세계를 만든다는 점에서, 그리고 호소력이 높은 세계일수록 부와 명성이 커진다는 점에서 둘은 쌍둥이처럼 닮았다. 현대를 살아가는 여성들에겐 환상이 하나있다. '경제적으로 독립하고 싶고, 성적으로는 자유롭고 싶고, 럭셔리 브랜드로 마음껏 멋지게 꾸미고 싶고, 세계 최고의 도시 뉴욕에서 세련된 삶을 살고 싶다'는 환상. 그리고 〈섹스 앤 더 시티〉는 이 환상을 촉촉하게 적셔준다. 드라마를 보는 사람들이 현실과 허구의 세계를 헷갈려 드라마의 충성스러운 팬이 되는 게 절대로 아니다. 대중도 알고 있다. '드라마는 드라마일 뿐!'이라고. 하지만 대중은 그들의 환상을 멋진 화면과 스토리로 충족시켜주길 바라고, 이 수요를 만족시켜주는 드라마와 거래를 한다. 〈섹스 앤 더 시티〉는 뉴욕, 패션, 따라할만한 워너비Wannabe를 제안했다. 그리고 대중은 이 제안을 받아들였다.

이 드라마의 스토리는 여느 연애 드라마처럼 단순할지언정 구조는 대단히 치밀하고 아주 작은 부분까지도 철저히 계산적이다. 겉으로만 보면 〈섹스 앤 더 시티〉는 복잡한 정치적인 얘기들은 싫고, 인생을 즐기고, 사랑과 우정과 패션 센스를 중요하게 생각하는 평범한 칼럼니스트가 주인공인 이야기로만 보인다. 그녀가 평범하다는 건, 아이비리그 출신도 아니고, 부유한 집안 출신도, 잘 나가는 직업이 있는 것도, 쭉쭉빵빵한 아가씨도 아니라는 뜻이다. 그래서 그녀는 센스가 뛰어나고 매력적인 성격의 여인이란 특징이 있지만 우리 주변에 있을 법하고 '나'도 닮은 점을 쉽게 찾을 수 있어 친근하게 느껴진다. 하지만 이 모든 설정은 계산된 모습이다. 캐리와 같은 삶은 현실에선, 특히나 뉴욕이 아닌 곳이라면 더욱 불가능하다.

현실적으로 따져보는 캐리의 가계부

자, 여기서 잠깐만 '독신녀 캐리의 화려한 삶'이 경제적으로 가능한지 어떤지 계산기를 꺼내 두드려보자. 〈섹스 앤 더 시티〉 시즌4의 '옷 갈아입기' 편에서 드디어 캐리의 금융 상태가 공개된다. 그녀의 당좌예금엔 700달러, 보통예금엔 957달러가 있다. 합쳐서 1,657달러이고 우리나라 돈 200만 원도 안 되는 금액이 그녀의 전 재산이다. 미국엔 전세가 없기 때문에 그녀는 달랑 200만 원을 빼면 더 이상은 약에 쓸래도 없다. 맨해튼에 그런 집이 있을 것 같진 않지만 그녀가 한 달 집세 750달러를 내는 아파트는 구입하려면 3만 달러인데, 캐리는 이 집을 사지 않으면 길거리로 나앉아야 하지만 그녀의 신용으로는 은행에서 조금도 대출을 받을 수 없다. 우리나라 같으면 카드빚을 지거나 '○○캐쉬'나 '○○론' 같은 무서운 손을 잡아야 했을 것이나, 캐리는 그녀의 금융위기를 부유한 샬롯이 전 남편에게 예물로 받은 티파니 다이아몬드 반지를 빌려 간신히 벗어날 수 있었다. 뭐라고 멋지게 포장해도 주인공 캐리는 '얼마 전 이혼한 친구가 전 남편에게 받았던 예물반지'를 받아왔다. 게다가 그 반지는 캐리가 샬롯의 집까지 찾아가 한바탕 화를 낸 다음에 내준 것이라 친구의 '기꺼운' 우정이라고 하기에도 찜찜하다. 물론 그녀에게도 구두는 있다. 하지만 한 켤레에 400달러(50만 원)가 넘는 구두는 백 켤레도 넘지만 구두를 담보로 은행이 돈을 빌려주지는 않는다.

한편 캐리의 소득은 일주일에 한 번 〈뉴욕 스타〉에 쓰는 칼럼으로 버는 게 전부이고, 시즌4에서 유명한 패션잡지 〈보그〉에서 새 일거리를 맡기 시작했다. 〈보그〉는 평균적으로는 한 단어에 2달러를 주지만 캐리에겐 한 단어에 4달러라는 파격적인 조건으로 원고료를 지급한다. 칼럼 하나가 500단어라고 치면, 캐리는 〈보그〉에서 월 2,000달러를 벌 수 있다. 일반적으로 신문이 칼럼에 지불하는 고료는 패션지의 그것보다 훨씬 적다. 그러므로 아무리 캐리가 '섹스 앤 더 시티'를 연재하는 〈뉴욕 스타〉가 넉넉하게 고료를 지급하더라도 한 원고당 200달러를 많이 넘기기는 어려울 것이다.

캐리는 아주 넉넉하게 셈을 쳐서 추정해보더라도 〈보그〉에 기사를 싣기 전 연 소득은 4만 달러 이하였을 것이다. 이 중에서 집세만 연간 9,000달러다. 전기세, 수도세, 식료품, 교통비로 아주 최소한을 잡아 한 달에 1,000달러 정도가 들어간다고 치면 이 두 가지로도 이미 그녀 소득의 절반이 훌쩍 넘는 돈이 빠져나갔다. 이제 남은 돈은 월 1,000달러 밖에 안 남았다. 이 돈으로 세금도 내야 하고 의료보험도 내야 하고 친구들 결혼이나 돌잔치 선물도 사야 하고 세 명의 친구들과 외식도 해야 한다. 그런데 이 정도 잔고에서 400달러짜리 지미추의 구두와 800달러짜리 프라다 셔츠를 살만한 여유가 나올까? 불가능하단 답은 금방 나온다. 전 국민 의료보험이 되는 우리나라에서도 직장 없이 지역의료보험에 가입하면 매월 10만 원쯤 되는 돈을 내야한다. 20만 원 넘게 내야 하는 경우도 많다. 캐리의 계좌는 친구들과 30~40달러 하는 브런치를 먹을 때쯤 바닥 나고, 사실은 50달러짜리 셔츠도 사기 어려울 것이다. 의료보험도 없을지 모른다. 미국의 다큐멘터리 〈식코*Sicko*〉를 보면 의료보험이 없는 어떤 사람 이 손가락이 잘렸는데 병원에선 몇 백 달러를 내라고 한다. 이 사람은 돈 이 부족해서 손가락을 붙이지 못했다. 그리고 현실 속 맨해튼에서는 방 하나인 작은 스튜디오의 임대료도 월 1,000달러가 넘는다. 캐리는 이런 위기 속에 사는 사람들하고 사정이 다르지 않다.

물론 캐리의 친구들 사정은 다르다. 미란다는 하버드 출신 변호사 다. 그녀는 경력 5년은 족히 넘기 때문에 연봉은 10만 달러를 가뿐히 넘 는다. 사만다는 별 다섯 개짜리 호텔의 홍보행사를 맡을 만큼 영업 실력 이 좋다. 샬롯은 집안이 유복할뿐더러 뉴욕의 유력한 미술관 정규직이다. 그녀의 연봉도 8만 달러는 넘는다. 친구들은 가능하지만 캐리의 소득으 로는 맨해튼에서 캐리와 같은 삶을 사는 건 안타깝지만 불가능하다. 캐 리는 저축도 하지 않는다. 앞으로 이 정도는 계속 벌 수 있으리라 기대하 고 있는 것일까.

드라마 제작자들은 이러한 '캐리 브래드쇼식 삶의 불가능성 정리'를 모르지 않았다. 오히려 캐리의 삶이 '경제는 몰라요, 내 잔고도 몰라요'라 고 외칠수록 드라마가 더 잘 팔릴 거란 점을 아주 잘 알고 있었다. 마돈나 가 노래한 '머터리얼 걸*Material Girl*'의 가사처럼 우리가 사는 이 물질세계 에서 대부분의 사람들은 변변찮은 소득으로 살아간다. 하지만 모두들 풍 족한 삶을 꿈꾼다. 찬송가 가사 중에 '내일 일은 잘 몰라요 하루하루 살아요'라는 구절이 있는데, 우리가 딱 그렇다. 패션 브랜드 자체를 주인공으로 건 이 드라마는, 캐리를 통해서 대중들에게 카르페 디엠(오늘을 즐겨라)을 은근히 유혹한다. 비록 내일은 잔고가 없고 모레는 파산하고 글피엔 신용불량자가 될지라도. 이쯤 계산을 끝내면 아마 어떤 독자는 이렇게 의심할지 모른다.

'아니, 이렇게 계산이 안 나오는데 사람들이 따라한다고? 그렇게 사람들이 비현실적일까?'

답은 예스다. 사람들은 알던 것만 배우고 믿고 싶은 것만 믿는다.

〈섹스 앤 더 시티〉는 미국이 한창 세계를 지휘하고 실리콘밸리와 닷컴 회사들이 연일 폭죽을 터트리고 월스트리트가 세계 금융을 주무르던 시절의 뉴욕이 배경이다. 지금도 그렇지만 뉴욕은 '제국의 심장'이다.

1998년 우리는 금융위기로 아이엠에프IMF의 가혹한 구조조정과 정리해고의 피바람이 부는 고통스러운 시간을 보내고 있었지만 미국은 승승장구했다. 우수한 대학 졸업생은 이제 포스코, 현대, 삼성보다 여의도 증권가에 입사해야 현명하다고들 믿었고, 금융가는 당연하다는 듯 제조업에서는 꿈도 못 꿀 임금을 주었다. 참, 10년이 지나 '공기업 최고'를 외치는 세상과 비교하면 격세지감은 격세지감이다.

뉴욕은 머나먼 극동의 어느 도시가 동경해 마지않는 아우라를 뿜어냈다. 세계를 움직일 만한 돈이 거래되는 뉴욕은 월스트리트 덕에 온 도시에 윤기가 돌았다. 연봉 높은 금융인들을 위한 최고급 변호사, 그들의 고상함을 만족시킬 최고급 식당, 이들을 위한 세련된 파티, 세련된 인테리어를 위한 홍보회사와 인테리어 디자이너, 이 모든 이들이 소비의 기쁨을 누릴 수 있는 쇼핑공간과 상품, 그들이 읽을 신문과 가십. 이 모든 것들이 뉴욕이 뿜는 호사스러운 공기를 함께 마셨다.

세계경제의 파생상품인 금융산업과 금융 거래가 이뤄지는 절정의 도시 뉴욕에서 사람들의 주머니는 넉넉했고, 다음 달에도 풍족한 돈이 계좌에 있을 게 분명해 보였으므로 아낌없이 카드를 긁었다. 그들은 '승자'처럼 보였다. 〈섹스 앤 더 시티〉의 사람들은 바로 이런 시절의 뉴욕에 살고 있다.

한편 뉴욕 밖의 대중들은 이런 '승자'들의 대열에 합류할 수 있기를 간절히 소망했다. 〈섹스 앤 더 시티〉의 주인공들은 사치스럽게 프라다와 샤넬과 돌체 앤 가바나를 사지만, 그들은 물려받은 영지나 유서 깊은 보석이 있는 귀족이 아니다. 그들은 그저 '뉴요커'일 뿐이었다. 이 점도 사람들의 마음에 들었다. 어려서부터 엄격한 예절 교육을 받은 교양 있는 깐깐한 노부인이 물건을 고르는 것보다는 집안 배경이나 특별히 연마된 안목에 구애받지 않고 럭셔리를 소비하는 사람에게 감정이입이 쉬운 법이다. 캐리 브래드쇼나 미란다 홉스는 내 친구일 수 있지만 몽블랑 백작부인이나 레이디 맥베스는 아무래도 우리를 포함한 평범한 사람들에겐 거리감이 있으니까.

게다가 캐리는 매력적이긴 하지만 어마어마한 미인도, 키가 훌쩍 큰 늘씬한 몸매도 아니다. 그래서 숭배해야 할 것만 같은 여신이라기보다는 옷 입는 센스가 좋았던 고등학교 동창 같은 느낌이 든다. 그녀는 좋은 '따라하기 모델'이다. 드라마가 패션산업을 위해서 여주인공 캐리를 이런 인물로 설정했다는 건 당연하다.

그리고 주인공들은 남자가 벌어온 돈을 가져다 쓰는 수동성은 다 털어냈다. 부유해진 뉴욕과 미국의 여성들과, 그들과 같은 삶을 지향하는 여성들은 이 점이 특히 마음에 들었다. 내가 일해서 번 돈으로 나를 위해 쓸 때 느끼는 이 승리감, 이 특별하다는 느낌!

하지만 능청스럽게, 드라마는 숨긴다. 뉴욕 안에서도 맨해튼에서만 이렇게 풍족하게 돈을 벌고 쓸 수 있다는 사실은 절대로 귀띔도 하지 않는다. 〈섹스 앤 더 시티〉가 고의로 그랬을까? 물론이다! 뉴욕에서만 이들처럼 살 수 있다는 사실은 '특급비밀'이다. 그래서 드라마 속 그 누구도 몇 년 안에 세계경제를 위기에 몰아넣을 서브 프라임이나 파생상품 문제, 미국 정부는 빚이 어마어마하고 미국 국민들은 저축이 없고 빚더미 위에 있다는 이야기는 절대로 해서는 안 된다.

뉴욕이라는 도시도 절대 비판해서는 안 된다. 해군들이 뉴욕 항을 찾는 '해군주간' 에피소드에서 루이지애나 출신의 한 해병이 캐리에게 이렇게 말한다. "뉴욕이 싫어요. 소음도 심하고 거리는 더럽고……." 캐리는 이 얘기를 듣자마자 자리를 박차고 떠난다. 뉴욕은 내 남자친구이므로 남자친구를 욕하는 건 절대로 참을 수 없다고 혼잣말을 하며. 하지만 루이지애나 출신의 그 젊고 순박한 해군 청년은 뉴욕을 욕하지 않았다. 월스트리트가 세계경제를 위협한다고 말하지도 않았고 뉴욕 월스트리트와 워싱턴 정가의 검은 커넥션을 비판하지도 않았다. 인권이나 가난, 부패 같은 심각한 얘기를 하지도 않았다. 그저 보통 대도시들이 다 그렇듯 거리가 시끄럽고 더럽다고 했을 뿐인데도, 〈섹스 앤 더 시티〉의 뉴욕은 작은 비판도 용납하지 않는다.

아마도 대중적인 특별함을 의미하는 매스티지Masstige를 원하던 대중들은, 매스티지의 꿈을 실현시켜주는 드라마에 만족하면서 이런 뉴욕식 '승자주의'에 너그럽게 눈을 감았을 것이다. 우리의 '작은 뉴요커'들에게 적은 따로 있기 때문이다.

하지만 서울은 절대로 뉴욕이 될 수 없다

〈섹스 앤 더 시티〉를 꿈꾸는 여성들의 적은 자기를 숭배하라고 요구하는 뉴욕이 아니다. 그녀들의 적은 자신들을 '된장녀'라고 몰아세우며 모든 경기불황의 원인으로 몰아 희생양으로 만들려는 정신적으로 억압된 또래 남성들이다.

할부로 겁 없이 비싼 가방을 사든, 월세에 쩔쩔매면서도 백화점 쇼핑에 열을 올리든, 그러다가 카드빚을 지고 그 빚을 막으려 돌려 막기를 하고 급기야 제2금융권에 사채까지 쓰게 되어 한 개인의 삶이 죽도록 비참해질 수는 있을지라도 이 사람들이 나라경제를 무너뜨리지는 않았다.

그들 남성들은 과장된 기대와 현실 사이의 가파른 틈에 위태롭게 서 있는 자신들의 스트레스를 해소할 대상으로 권력은 없어서 만만하면서 자기들보다 약한 상대를 희생양으로 찾았을 뿐이다. 이 남성들은 자기를 힘들게 만드는 진짜 원인을 차마 가리키지 못했으므로 비겁하다. 게다가 남성들도 여성들 못지않게 자기 소득을 생각하지 않는 소비를 하고 있다. 남성들이 호기로 즐기는 하룻밤 술값이 얼마인지만 생각해도 금방 알 수 있다.

이런 억압된 남성들에게 '검약론'이나 '자기분수론'으로 공격받는 여성들에게 〈섹스 앤 더 시티〉는 든든한 버팀목 역할도 해준다. 그녀들은 드라마에서 학습한 '자기만족론'으로 남성들의 공격을 방어한다. 누구에게 보이기 위해서가 아니라 내가 좋아서, 나를 위해서 럭셔리를 사는 것뿐이라고. 그녀들도 〈섹스 앤 더 시티〉의 삶이 환상이라는 걸 알고 있다. 하지만 드라마의 그녀들처럼 현실의 그녀들도 지친 삶에서 위로받기 위해, '나 자신을 보상하기 위해' 내가 번 돈으로 소비하는 가방, 구두, 스커트가 필요하다. 게다가 드라마를 보는 '나'는 캐리보다는 돈을 더 번다. 그런데 캐리보단 덜 쓰지 않나. 사람들은 '캐리' 같은 인물을 보며 나는 저 정도는 아니라고 쉽게 위로받는다. 사람들은 누가 정도에 넘치는 일을 했다고 하면 나는 그 정도는 아니라고 합리화를 하게 마련이다. 이런 감정을 느끼도록 주인공 캐리를 '뉴욕에서 살지만 넉넉지 않은 수입에도 소비성이 좋은 여자'로 설정했나? 바로 그렇다!

럭셔리는 프랑스와 이탈리아 사람들이 주로 만들고 전통적으로는 미국 사람들이 소비했다. 럭셔리는 본래 소수의 귀족들을 위해 특별히 만들어졌다. 하지만 미국은 귀족이 없는 나라다. 귀족이 없는 나라를 만든 미국인들에겐 귀족에 대한 큰 환상이 있었고, 그 환상을 좇아 럭셔리

섹스 앤 더 시티

팬들도 그녀들과 함께 나이를 먹어간다. 이제 싱글이 아닌 여성들은 리조트와 인테리어가 관심.

를 소비했던 것이다. 이렇게 유럽은 판타지를 만드는 '판타스타'가 되고 미국, 아시아, 남미, 인도는 만들어진 판타지를 좇는 '판타스티'가 된다.

뉴욕은 모든 돈과 권력이 모이는 세계 최강의 미국이라는 제국의 심장이다. 그러므로 뉴욕은 유럽이 만든 판타지의 판타스티가 되어도 자기의 힘과 우월감을 잃지 않고 즐겁게 환상을 즐길 수 있다. 어차피 내일도 부유할 것이고 설령 어려워진다고 해도 다른 나라에서 버거운 금융개혁을 요구하지도 못 할 것이므로.

안타깝지만 미국을 뺀 나머지 판타스티들은 환상을 계속 소비할 힘이 없다. 서울은 제국의 심장이 아니다. 브라질의 부유한 도시 상파울루도 마찬가지고 인구 10억의 심장 뉴델리도 마찬가지다. 경기가 어려워지면 뉴욕의 캐리들은 정부에 돈 좀 더 찍으라고 할 수 있지만 힘없는 '원화'란 돈을 쓰는 한국의 서울은 그럴 수 없다. 서울에서도 나를 위해 기꺼이 지갑을 열고 잠깐은 환상을 즐길 수 있지만 그러거나 말거나 집세는 오르고 고용은 불안하고 취업은 쉽지 않다. 어지간해선 깨지 않아도 될 꿈을 꾸는 뉴욕의 판타스티와는 다르다. 서울, 상하이, 상파울루, 도쿄의 판타스티에겐 냉엄한 현실로 돌아가야만 하는 시간이 결국 다가온다. 은행 잔고라는 게 원래 냉정하다.

빅토리아 베컴 vs. 샤넬 정신

편하지 않으면 옷이라고 할 수 없어요.
팔을 드러내면 늙어 보이니까 가려야 해요.
단추가 있으면 단춧구멍도 있어야 하고 주머니를 달 때 진짜 쓸 수 있게 바른 위치
에 있어야 해요.
팔을 잘 움직일 수 없다면 소매를 잘 못 만들었다는 뜻이에요.
옷이 우아하다는 건, 편하게 움직일 수 있는 자유를 의미하지요.
–샤넬, 1954년 2월 15일 미국판 〈보그〉와의 인터뷰에서

실용적인 패션엔 뒷심이 있다

샤넬은 1939년에 메종 샤넬의 문을 닫았고 그로부터 25년 만에 현
업에 복귀한다. 무려 일흔한 살이었다. 그녀의 첫 복귀무대를 미국의 패
션지들은 환영했고 유럽 언론에선 너무 낡은 쇼였다고 평가했다. 유럽이
더 냉정했던 이유는 내심 배신감을 느끼게 한 제2차 세계대전 때의 샤넬
을 기억했기 때문이었을 수도 있다. 하지만 그녀가 전성기 때나 돌아왔을
때나 누구보다 '실용성'을 강조하는 디자이너라는 점은 인정하지 않을
수 없었고, 그녀가 돌아옴으로써 패션계가 샤넬의 강점인 '단순하고 편

안하고 우아한 옷'이라는 경향을 무시할 수 없게 되리란 점은 명확했다.

샤넬이 복귀한 1950년대 초반 패션계의 판도는 어땠던가. 당대 최고의 인기 디자이너는 뤼시앙 르롱이라는 디자이너 밑에서 일했던 젊은이, 크리스찬 디오르Christian Dior였는데 디오르는 1945년 제2차 세계대전이 끝나고 세계가 새로운 평화의 희망을 찾던 1947년, 여성성을 극도로 강조한 스타일로 패션쇼에 등장했다. 디오르와 함께 가슴을 강조하는 '뷔스티에Bustier'라는 스타일의 상의, 꼭 맞는 실루엣의 원피스를 위해 코르셋이 슬금슬금 부활했고, 풍성한 치맛자락을 살릴 덩치 큰 속치마 '페티코트'도 돌아왔다.

디오르가 세상에 내놓은 스타일은 가슴은 조여서 부풀어 보이고, 어깨는 동그랗게, 허리는 가늘게, 엉덩이는 부풀게 보였다. 디오르가 패션계를 충격에 던진 이 쇼가 끝나자 천을 사선으로 재단하는 '바이어스' 방식의 드레스로 유명한 마들렌 비오네는 "이런 미남을 보는 게 얼마만이야!"하며 반겼고 패션잡지 〈바자〉의 편집장 카멜 스노우는 "대단한 뉴룩New Look이에요!"하며 최고의 찬사를 보냈다고 전해진다. 카멜 스노우 때문에 디오르의 스타일은 '뉴룩'이라는 애칭을 얻었다.

디오르가 새롭게 내놓은 스타일의 슈트 '바Le Bar'는 특히 인기가 있었다. '바'는 허리를 조이고 아래로 내려갈수록 스커트가 넓게 퍼지는 코롤라인Corolle Line을 썼다. '바'를 입기 위해선 코르셋을 입어야 한다. 코르셋을 입어 모래시계처럼 잘록해진 허리에서 퍼져 내린 스커트의 끝선은 바닥에서 9인치(약 22센티미터)쯤 올라가서 무릎을 살짝 가린다. 스커트 위에 귀엽게 입는 흰색 재킷은 숨도 쉴 수 없을 만큼 상체에 착 달라붙는다. '바' 의 스커트에는 무려 옷감이 20야드(약 18미터)나 들어갔다고 한다.

디오르는 재활용 옷감을 쓰고 군복같이 딱딱한 디자인의 옷만 입던 전쟁 분위기와는 극적인 반전을 이루는 낭만적이고 낭비적인 스타일을 제안했다. '허리띠를 조여 매던' 전쟁 시절을 잊지 말고 절약해야 한다고 생각하는 사람들은 디오르를 비난했다. 영국의 상업 장관과 재무 장관 을 역임했던 리처드 크립스Richard Stafford Cripps는 디오르처럼 옷감을 마구 쓰는 재단에 '법이 있어야 한다'고 주장할 정도였고 영국 재단사들도 디 오르에게 스커트 길이가 너무 길다고 항의했다고 한다. 디오르의 이브닝 드레스는 스커트 자락을 웨딩드레스처럼 뒤로 끝도 없이 길게 늘어뜨렸 기 때문이었다. 하지만 이런 비판은 일부분이었고 패션계의 대세는 디오 르에게 완전히 기울었다.

존 갈리아노가 수석 디자이너인 메종 디오르는 지금도 여전히 디오 르식의 환상과 낭만이 있는 이브닝드레스와 특유의 재단을 강조한다. 코 르셋과 뷔스티에를 입는 스커트도 여전히 새로 발표한다.

디오르는 샤넬이 등장하기 전 유행했던 '벨 에포크' 시대의 스타일 을 지향했고 샤넬의 패션 철학과는 완전히 반대였다. 샤넬이 디오르의 옷 을 좋게 봐주었을 리가 없다. 샤넬은 애초부터 남성 디자이너를 싫어했 다. 그래서 "여자들에게 옷 입히는 일은 남자가 할 직업이 아니다. 남자들 은 여자 옷을 무시하기 때문에 옷을 이상하게 만든다"라고 말할 정도였 다. 그녀는 디오르에 대해 누군가 의견을 물어보자 "디오르는 여자들에게 옷을 입히는 게 아니라 아예 도배를 한다"며 머릿속 생각을 가감 없이 말해버렸다.

디오르의 스타일이 대세였던 1954년, 샤넬이 패션계에 복귀한 이유는 금전적으로 메종 샤넬의 향수 판매가 영 부진했기 때문이다. 1939년 이후 샤넬의 오트 쿠튀르 매장은 문을 닫고 있었지만 이 기간에도 '향수 샤넬'의 영업은 계속 됐고, 새로운 향수도 시장에 내놓고 있었다. 하지만 샤넬 자신이 활동을 하지 않았기 때문에 사람들은 점점 샤넬을 '옛날 브랜드'로 여기기 시작했고 디오르가 등장한 다음부터는 샤넬 스타일 자체가 구식이라고 보기 시작했다.

'향수 샤넬'은 독립된 기업인데, 이 회사의 대주주는 베르트하이머가의 형제였다. 이 형제는 화장품 회사 '부르주아'의 소유주이기도 한데, 넘버 파이브를 시작으로 '향수 샤넬'을 세울 때부터 샤넬과 같이 '메종 샤넬'을 경영했다. 샤넬과 베르트하이머 가문은 경영 문제로 여러 재판을 몇 년에 걸쳐 진행할 정도로 법정에서 늘 싸우고 있었지만 '향수 샤넬'이 활기를 얻으려면 샤넬이 복귀해야 한다는 점에선 생각이 일치했다. 진짜로 장사하는 사람들은 어제까지 싸우던 적과도 기꺼이 오늘 손을 잡는다. 샤넬은 오랫동안 닫혀있던 캉봉 가 31번지 메종 샤넬의 문을 다시 열면서 베르트하이머 가문과 여러 가지 금전적인 갈등들을 깔끔하게 정리해버린다. 평생을 '마드모아젤'이라 불렸지만 완연한 노부인이었던 일흔의 샤넬은 인터뷰에서 이렇게 선언한다.

"다시 한번 여성을 귀엽고, 젊어 보이게 하고 패션에서 과장을 없애겠다고 약속합니다. 편안하고 기능적인 옷을 만들 거예요.”

이렇게 열린 1954년의 쇼. 앞에서 말했듯 미국판 〈보그〉와 〈바자〉 같은 미국 패션지들은 호평을 했다. 하지만 영국의 〈데일리 익스프레스 *Daily Express*〉, 〈데일리 헤럴드 *Daily Herald*〉, 프랑스의 〈르피가로 *Le Figaro*〉, 〈프랑스 스와 *La France Soir*〉 같은 유럽 언론들은 그녀의 복귀 시도가 실패했다고 판단했다. 그러나 샤넬은 한번에 성공하지 못했다고 좌절하지 않았다. 샤넬은 포기하지 않고 계속 쇼를 발표한다. 드디어 1959년, 그녀의 나이 일흔여섯에 그 전설적인 트위드 투피스를 발표하여 그녀의 복귀가 성공했음을 만인에게 공증 받는다. 패션지들이 이 투피스를 ‘올해의 옷’으로 선정했기 때문이다. 대중 패션지에서 ‘올해의 옷’으로 인정받았다는 것은 샤넬의 ‘실용성’ 철학이 현재형으로 유용하다고 인정받은 셈이다. 그녀의 옷은 낡지 않았다.

샤넬은 전성기인 1930년대와 같은 철학을 고수하여 ‘변하지 않음’이라는 샤넬의 본래 스타일을 흔들지 않으면서도 ‘투피스’라는 새로운 여성 슈트를 제시해 가장 진보적인 패션을 만들었다. 그런 샤넬 슈트는 고전, 클래식이란 지위를 차지한다. 이 대단한 노익장의 승리에 브라보! 이로써 여성들도 위엄을 잃지 않고 일터에 임하는 슈트를 얻었다.

남성 디자이너들을 싸잡아 욕하는 샤넬은 오만하다. 그녀의 오만함에 혀를 내두르는 사람들은 산처럼 많았다. 물론 실용성을 추구한다는 샤넬 역시 디오르를 포함한 다른 디자이너들과 마찬가지로 패션으로 환상을 만드는 판타스타다. 하지만 샤넬이 만든 환상에는 남성들의 눈으로 투시된 여성상인 '콜라병 같은 몸매' 따윈 없다. 여성이 원하는 환상인가, 아니면 남성이 원하는 환상인가. 누가 원하는 환상을 좇느냐는 그저 둘 중 하나를 고르는 선택의 문제가 아니다. 여성들의 신체는 환상이 아니라 엄연한 현실이기 때문이다. 몸은 어떻게 입고 신느냐에 따라서 아플 수도 있고 즐거울 수도 있고 건강할 수도 있다. 샤넬의 실용주의 미학은 남성들의 만족을 위해 신체를 학대하기를 거부하는 여성들의 자의식을 지지한다. 그래서 샤넬식 슈트에는 진정한 힘이 있다.

돈으로도 자신을 지킬 수 없을 때

움직임과 편안함을 강조하는 샤넬 정신은 패션계가 물려받은 공동의 유산이지만 과장과 환상이라는 자산 역시 다른 선배들에게서 물려받았다. 패션계는 완벽한 몸매의 여자들이 완벽한 집에서 완벽한 옷을 입고 살아가는 '완벽한 세계'란 환상을 판매한다. 여성들은 아름다운 옷을 보며 그런 삶을 꿈꾼다. 하지만 내가 그렇게 살 수는 없다는 걸 알기 때문에 나는 안 될지언정 다른 누군가는 동화처럼 살고 있기를 꿈꾼다. 연예인들은 환상 실현의 대행자들이다. 대중은 연예인들이 길거리에서 커피 한 잔을 마실 때도 영화 같은 모습이기를 바라고 영화제의 붉은 카펫 위에 오를 때는 꿈의 한 조각처럼 완벽하게 차려입고 있기를 바란다. 연예인들은 이런 기대를 충족시키는 대가로 인기와 높은 영화 출연료, 광고 소득을 얻는다.

결혼하기 전엔 아이돌 그룹 '스파이스 걸스'의 멤버 빅토리아 아담스 였고, 미남 축구선수 데이비드 베컴David Beckam과 결혼한 이후 빅토리아 베컴Victoria Beckam이 된 그녀는 늘 미디어와 파파라치가 주목하고 따라다 닌다. 그래서인지 빅토리아 베컴은 가수로 활동하던 시절의 밝은 모습보 다도 파파라치에게 찍힌 커다란 선글라스 차림의 사진이 대중들에게 더 익숙하다.

그녀가 입는 옷, 헤어스타일, 가방, 신발은 언제나 대중의 관심사가 된다. 그녀는 패션 센스가 좋다고 인정받았기 때문에 더욱 그렇다. 공항, 축구장, 백화점, 자녀들을 학교에 데려다줄 때, 심지어 동네 산보를 나갈 때 그녀가 어떻게 입는지 온 관심이 다 모인다.

그런 대중의 관심 덕에 빅토리아 베컴은 스스로 디자이너가 되었고, 의류 사업도 할 수 있었고, 남편과 함께 아르마니 향수의 모델도 할 수 있 었다. 하지만 잘생기고 돈 잘 버는 남편, 요정처럼 아름다운 아이들, 시중 드는 하인들이 있고, 아름다운 성에서 살아가는 그녀가 대중들이 꿈꾸 는 이 '완벽한 세계'에 사는 대가는 만만치 않다.

남편의 성추문이 문제가 아니다. 언제나 완벽한 '올 드레스 업'으로 나타나길 기대하는 대중들의 바람에 부응하기 위해 그녀는 눈물겹게 최 선을 다하고 있다. 자신이 추구하는 '룩'을 위해 언제나 10센티미터가 넘 는 '킬힐'을 고수하던 그녀는 결국 발이 심각하게 변형되어 수술이 불가 피한 상황이 됐다. 가문의 고귀함과 전통을 위해 전족이란 끔찍한 희생을 당해야 했던 중국 여인도 아닌데, 영국에서도 손꼽히는 부자 빅토리아 베

마놀로 블라닉
마놀로 블라닉은 구두를 신고 보여줄 수 있는 발의 최대치 영역을 구두에 구현했다.
섹시한 발을 보여주기 위한 구두.

컴은 최신형 킬힐은 고사하고 변변한 하이힐 하나 살 여유가 없을 가난한 여성들도 걸리지 않을 고통스런 생병을 얻었다.

자본주의 사회에선 어지간한 문제는 돈으로 해결할 수 있다. 건강도 탱탱한 피부도 낭만적인 추억도 돈이 있으면 얻을 수 있다. 하지만 가련한 빅토리아 베컴은 그 많은 돈으로도 자기 몸을 지키지 못했다.

2007년 세계 관절학지에는 〈비싼 구두의 비싼 대가〉라는 제목의 논문이 발표되었다. 일반적으로 사람들은 비싼 구두는 아무래도 신경을 더 많이 써서 만들기 때문에 발에도 무리가 덜할 것이라고 여긴다. 시장에서 3만 원이면 살 구두를 40~50만 워을 주고 사는데 그 정도를 기대하는 게 당연할 것이다. 하지만 세상은 그렇게 논리적이지 않아서 '예쁘고 비싼 구두=인체공학도 더 잘 이해한 편한 구두'라는 등식은 성립하지 않는다.

힐을 신으면 발목과 발가락뼈, 무릎에 계속 무리가 가고 발에 변형이 시작된다. 무게중심을 적절하게 나누는 자세가 아니라 힐에 적응해야 하는 자세를 긴 시간 지속하다보니 몸이 변형되는 것이다. 그나마 신체가 건강한 20대엔 잘 모른다. 하지만 노화가 눈에 띄게 시작되는 30대 중반이 되면 힐을 신은 대가는 몸에서 확연히 드러난다. 7센티미터가 넘는 힐, 힐이면서 뒤축도 없어 슬리퍼 같은 구두인 '뮬Mule'은 발에겐 가혹한 고문이다.

샤넬은 베이지색 가죽에 앞코를 검은색으로 댄 낮은 구두, 투톤 펌프스(구두굽이 납작하고 넓은 구두)를 만들었다. 정확히는 구두의 명인 레이몽 마사로Ramond Massaro가 샤넬의 주문으로 이 유명한 구두를 만들었다. 언제나 패션은 실용적이고 편해야 한다고 생각한 샤넬은 구두 역시 일하는 여성들이 지하철을 타고 울퉁불퉁한 거리를 걷고 계단을 오르내리며 직장에서 일하는 데 편해야 하고, 구두를 진열장에 모시고 살 게 아니므로 좀 긁혀도 티가 안 나게 만들어야 한다고 생각했다. 샤넬이 만든 구두의 앞코가 검정 가죽인 이유는 긁힘이 눈에 띄지 않게 하기 위해서다. 계단을 오르다보면 자기도 모르게 앞코로 계단을 차는 일은 자주 있는 법이니까. 이 펌프스는 굽도 5센티미터 정도로 발목에 무리가 가지 않고, 발목에 끈을 한 번 감게 되어있어 신발 무게가 발등과 발목에 분산된다. 구두에 대한 샤넬의 생각은 빅토리아 베컴을 수술실로 보낸 킬힐의 정신하곤 참 다르다.

무시무시한 킬힐 얘기를 하다 보니 유리 구두로 인생을 바꾼 신데렐라가 생각난다. 그런데 신데렐라는 운명의 왕자님을 만난 그 파티에 어떤 구두를 신고 갔을까? 우리는 워낙 디즈니 만화에 익숙해 신데렐라가 유리로 만든 힐을 신었다고 상상하는데, 다른 버전의 신데렐라 이야기에선 그녀가 화려하게 보석으로 수를 놓은 비단으로 만든 뮬을 신고 파티에 간다. 뮬은 굽이 높은 슬리퍼다. 안 그래도 잘 벗겨지는 신발이 슬리퍼다. 슬리퍼는 원래 미끄러지는 신발이란 뜻이다. 그런데 일부러 불편하라고 굽까지 높인 뮬을 신고 춤을 춘 신데렐라는 그날 파티에서 신발이 벗겨지는 바람에 여러 번 신경이 쓰였을 것이다. 그래서 정신없이 뛰다보니 뒤축 없는 뮬이 금방 벗겨졌을 수밖에. 이게 다 신발 찾는 인연으로 남편감 얻으라는 요술할머니의 작전이었다.

　　디오르의 '바' 슈트나 빅토리아 베컴이 사랑한 킬힐은 현실 대신 남성의 환상을 만족시키는 쪽을 선택했다. 하지만 꿈에서 아무리 맛있는 식사를 해도 배는 고프듯, 뒤틀린 발가락은 환상으로 펴질 수 없고 밸런스를 잃은 발바닥과 통증이 오는 무릎에 내 몸은 고통을 느낄 수밖에 없다. 우리의 육체는 현실 위에 단단히 서 있다. 비록 천천히 진행되도록 노력할 수 있더라도 모든 여성과 남성은 늙어간다. 젊음이란 건강함에서 표현되는 한 줄기 빛이다. 진정으로 매혹적인 옷차림은 이 빛을 가리지 않는다. 제발 어리석음이 내 몸을 파괴하지 않기를.

영리함

똑똑한 보석, 코스튬 쥬얼리

프랑스인은 사랑을 위해 기꺼이 죽는다지
손등에 하는 키스는 대단히 유럽적이지만
하지만 여자의 제일 좋은 친구는 다이아몬드예요
키스는 우아하지만 당신의 초라한 방세로도 못 내고
당신이 키우는 불쌍한 고양이 먹이 값도 댈 수 없어요
여자들이 나이 들면 남자들은 냉정해져요
그리고 우린 모두 결국 매력을 잃어요
하지만 사각컷이든 물방울 모양이든
그 돌들만은 모양이 변치 않아요
여자의 제일 좋은 친구는 다이아몬드예요
티파니!
까르띠에!
우린 모두 돈이 필요한 세상에 살고
난 돈을 좋아하는 여자니까요

-영화 〈물랑루즈〉의 '반짝이는 다이아몬드'

영리한 여자라면 파산하지 않는다

물질세계에서 속물로 살아가는 남자들과 여자들. 여자들은 솔직하게 돈과 '자그맣고 반짝이는 예쁜 돌'을 좋아한다고 말하고 나를 사랑하면 저 돌과 가방을 사 달라고 당당히 요구한다. 당당한 여자는 아름답고 솔직하다. 그리고 속물처럼 비싼 선물을 요구한다고 꼭 창피해야 하는 건 아니다. 하지만 한 가지엔 솔직하지 못하다. 바로 '내가 돈이 없다'는 사실이다.

여자들은 같은 일을 해도 남자들보다 임금이 적고 조건 좋은 일자리를 구할 기회도 적다. 여러 가지 불합리한 이유로 여자들은 돈을 많이 못 번다. 고등학교를 졸업하고 사회생활을 시작한 경력 5년쯤 된 직장여성들, 그러니까 20대 중반쯤 된 여성들의 평균 연봉이 1,200만 원이 안 된다. 세금과 보험금을 떼면 진짜로 손에 쥐는 돈은 한 달에 90만 원이 채 안 된다. 대학을 졸업했어도 경력 5년차, 서른을 바라보거나 조금 넘은 여성들 평균 연봉은 2,000만 원을 넘지 않는다. 역시 한 달에 손에 쥐는 돈은 140만 원을 넘기 어렵다. 나만 적게 받고 친구들이 나보단 많이 버는 줄 알았던 사람들은 위로가 좀 될 듯하다.

게다가 우리나라만 유난히 열악해서 임금 수준이 낮은 것도 아니다. 많은 여성 대학생들은 국제기구에서 일하는 사람들을 부러워한다. 외국어도 능통하고, 우아한 사람들과 보람 있는 일을 하고, 때때로 멋진 자선 파티에도 갈 것 같은 이미지 때문인지 설문조사를 하면 여대생 직업 선호 1순위다. 하지만 대학원까지 졸업하고 유엔UN의 정직원이 되어도 연봉은 3만 달러에서 4만 달러 수준이다. 우리나라 돈 3,000~4,000만 원쯤 되는 셈이다. 우리나라 평균보다 많지 않느냐고? 천만의 말씀이다. 이 돈으로 뉴욕이나 파리에서 집세 내고 세금 내고 살아가려면 우리나라에서 연봉 2,000만 원 받는 생활보다 훨씬 생활은 쪼들린다. 화려할 것 같은 직업들도 들여다보면 별 다르지 않다는 말이다.

서른이 넘어 직장에서 버티고 있어도 마찬가지다. 여성들이 많이 활동하고 승진도 잘 되는 출판계에서 이름 있는 출판사의 경력 10년차 편집자라고해도 연봉은 4,000만 원에서 크게 올라가지 않는다. 통장에 매월 진짜 찍히는 돈은 270만 원쯤이다. 물론 이렇게 그럴듯한 직장에서 일하고 업계에서 10년을 버티려면 그동안 결혼이며 육아, 전세자금 마련 같은 험난한 장애물들과 맞서 싸우느라 세 배 농축 에스프레소보다도 더 독한 성격으로 변하기 마련이라 보통은 이렇게까지 남아있지 못한다고들 한다.

정말로 연봉을 6,000만 원 이상씩 받는 사람들은 여의도 증권가나 서초동 변호사 사무실, 소수의 회계사, 1년에 다 해야 1만 명도 안 뽑고 그중 여자들은 콩알밖에 안 뽑는 대기업 일부에 밖에 없다. 매년 스물다섯이 되는 젊은이가 80만 명이고 그중 절반이 여자라면, 10년 뒤에 연봉 6,000만 원 이상이 될 사람은 1퍼센트도 되지 않는다. 그런데도 여자들은 왠지 나 말고 다른 사람들은 모두 많이 번다고 생각하면서 움츠린다. 다들 미디어에 속았다.

그 나이 사람들의 평균적인 임금 수준이란 건 국가기밀이 아니다. 노동부에서 매년 만드는 통계에 다 나오는 공개된 정보다. 그런데 사람들은 희한하게도 내 월급만 적다고 믿는다. 그러니 텔레비전에서 개그맨이 "아니 표정들이 왜 그래요? 집에 가면 다들 10억씩은 있잖아요?" 하는 말에 겸연쩍게 웃을 수밖에.

광고와 백화점 판매원들은 당연히 연봉 5,000만 원은 받을 사람에게나 권할 비싼 옷, 가방, 화장품을 권하고 당신은 '꿀리기 싫어서' 차마 돈이 없어 그렇게 비싼 건 못 산다는 말을 꺼내지 못한다. 사실 그들은 여자들의 이 '꿀리기 싫은 마음'을 공략하고 있다. 오, 이 결정적인 약점! 백화점에서 돈에 크게 구애받지 않고 30만 원짜리 로션, 100만 원짜리 원피스, 500만 원짜리 가방을 사는 여성들은 자기가 번 돈도, 남편이 번 돈도 아닌 '아버님'이 주신 돈을 쓰고 있을 가능성이 99.9퍼센트다. 하지만 똑똑한 여자라면 경제적으로 독립해야 진정한 자유를 누릴 수 있다는 걸 잘 안다. 살림이 넉넉해도 '아버님'이 경제권을 쥐고 있으면 힘든 생활을 버티는 나에게 어떤 압박을 해도, 잠깐 쉬는 토요일에 손님들을 모시고 상을 두 번씩 차리라고 해도 '아니오'를 말하지 못한다. 영리한 여자는 자기가 번 돈으로 쇼핑하고, 절대로 파산할 만큼 카드를 꺼내지 않는다.

여자들이 빚지지 않고 살 수 있는 보석, 코스튬 쥬얼리

샤넬은 자신이 루아얄리외의 에티엔 발장의 저택에 살던 무렵을 떠올리게 하는 여자들을 아주 싫어했다. 마로 남자들의 돈으로 한껏 화려하게 치장한 여자들, 아무것도 하지 않고 남자들에게 붙어사는 여자들을 샤넬은 싫어했다.

애인에게 붙어 사치하는 여자들은 영화 〈물랑루즈〉의 주인공 새틴이 노래하듯 언젠간 마음이 식을 남자들이 더 늙기 전에 한몫 건져야 했다. 그래서 값나가는 선물을 사오도록 하고 애인을 파산하게 만드는 여자가 오히려 장안의 팜므파탈로 이름을 날릴 수 있었다. 마치 베르디의 오페라 〈춘희〉의 여주인공이 그 남자를 만나기 전에 살았던 삶처럼.

그런데 작고 값나가기로는 보석만한 게 없다. 집을 사달라고 하면 더 좋겠지만 집을 얻어주면 그 관계는 더 이상 연애 관계가 아니다. 집을 사는 건 목걸이 고르는 것보다 훨씬 법적으로 복잡하다. 끈끈하게 삶을 함께 한다는 현실적인 약속이 되기도 하고, 부인에게 덜미를 잡혀 이혼당할 위험도 커지는 데다가, 정치인이라면 세기의 스캔들이 될 수도 있다. 그래서 받는 여자 쪽이나 주는 남자 쪽이나 집보다는 보석 쪽을 더 마음에 들어 했다.

게다가 보석은 들고 나가면 바로 현금과 마찬가지다. 애인이 변심하거나 만만한 남자 하날 '물어' 다이아몬드 반지를 건졌다면, 반지를 돌려달라고 하기 전에 여자는 바로 보석상에 달려간다.

돈을 벌지 않는 여자가 화려한 보석을 달고 있다면, 그건 애인과 모종의 거래를 해서 얻어냈다는 뜻이고 보석의 값어치만큼 그녀가 매여 있다는 걸 알려준다. 부잣집 여인이어도 마찬가지다. 아버지나 남편이 주었더라도 스스로 번 돈으로 사지 않았다는 점에서는 정부들의 보석이나 귀족의 딸이 걸고 있는 유서 깊은 목걸이나 마찬가지다.

값비싼 보석은 샤넬에게 여성의 구속과 경제적인 굴복을 의미했다. 그래서 이렇게 말했다.

"돈이 너무 많아도 사치가 빛을 잃는다"

하지만 그녀도 장신구는 토털룩을 위해 중요하다고 인정했다. 그리고 슈트에는 꼭 장신구를 하라고 강조했다. 단순한 디자인의 샤넬 슈트에 장신구는 근사하게 잘 어울렸다. 그래서 샤넬은 슈트와 함께 할 장신구를 메종 샤넬에서 직접 만들게 했는데, 단 비싼 보석은 사용하지 않게 했다. 이렇게 인조보석을 이용한 장신구 코스튬 쥬얼리Costume Jewellery가 만들어진다.

푸아레와 샤넬의 미묘한 관계는 코스튬 쥬얼리를 사이에 두고 또 한 번 반복된다. 패션쇼에 코스튬 쥬얼리를 처음 선보인 사람은 사실 푸아레였기 때문이다. 하지만 사업 감각이 뛰어났던 샤넬은 향수와 코르셋 없이 입는 의상을 그렇게 했던 것처럼, 푸아레가 발명한 코스튬 쥬얼리의 패션계 '시민권'을 따낸다. 사람들은 코스튬 쥬얼리를 창안한 사람이 샤넬이라고 믿게 됐다.

샤넬이 만든 코스튬 쥬얼리는 싸구려 모조품 취급을 받지 않고 당당히 오트 쿠튀르가 제안하는 토털룩 패션의 한 조각으로 인정받았다. 아마 샤넬이 의도적으로 비싸게 가격을 붙였기 때문일 수도 있다. 인조 진주나 토파즈처럼 비싸지 않은 '준보석'들을 쓴 장신구치고는 값이 상당했다. 하지만 그녀는 획기적 디자인의 쥬얼리를 만드는 데 많은 공을 들였다.

샤넬의 장신구 중에서 제일 유명한 스타일은 진주목걸이를 허리까지 길게 늘어뜨리거나, 여러 줄의 체인을 진주목걸이를 섞어서 거는 방식일 듯하다. 샤넬이 이런 스타일을 만들기 전에 진주목걸이는 목에 딱 붙게 몇 겹을 만들어 걸거나 굵은 진주알을 엮어 한 줄로 거는 식이었다. 샤넬의 늘어뜨린 기다란 진주목걸이는 검은색 샤넬룩과 블랙 앤 화이트의 강렬한 대비를 이루면서 멋지게 어울렸다. 그리고 몇 겹의 체인을 같이 거는 목걸이를 통해 드디어 목걸이는 비로소 '보석'이 아니라 옷과 사람의 매력을 돋보이도록 착용하는 물건이 됐다. 장신구의 역사가 새로 쓰이기 시작한 것이다.

샤넬의 코스튬 쥬얼리에서 제일 중요한 점은 무엇보다도 가격이었다. 샤넬의 코스튬 쥬얼리는 '인조'라고 생각하면 비싸지만 초호화 다이아몬드보다는 훨씬 저렴하고, 무엇보다 일하는 여성이 자기 수입으로 살 수 있는 가격이었다. 샤넬의 브로치는 몇 십만 원 이상이다. 비싸지만 부자 애인을 등쳐야 얻어낼 수 있는 정도의 가격이 아닌 것도 분명하다. 게다가 값나가는 보석이 아니라서 보석상에 갖고 가도 현금으로 바꿀 수 없다. 코스튬 쥬얼리는 자기가 번 돈으로 사서 나 자신을 아름답고 우아하게 꾸미기 위해서는 더할 나위 없이 좋지만, 보석상에게는 녹여봐야 의미 없는 싸구려 금속덩어리와 돈이 되지 않는 반짝이는 돌멩이 몇 조각일 뿐이다. 아름다움이 현금으로 바뀌지 않는다.

샤넬은 코스튬 쥬얼리를 자주 발표했다. 인디언 스타일, 르네상스 스타일, 러시아 스타일, 아시아 스타일을 다양하게 시도하고 재능 있는 예술가들을 코스튬 쥬얼리를 생산하는 책임자로 고용했다. 얼마나 비싼 보석으로 만드는가보다 디자인으로 승부한다는 게 샤넬의 전략이었던 셈이다. 메종 샤넬에서 쥬얼리를 책임지는 사람들은 모두 개성이 넘쳤다. 메종 샤넬의 장신구 부 책임자였던 베르두라 Fulco di Verdura 공작은 영지가 있는 귀족 출신이었지만 보석 디자이너의 꿈을 위해 이탈리아에서 프랑스로 건너와 메종 샤넬에서 대단히 독창적인 상품들을 발표한다. 십자가 모양의 브로치가 붙어있는 팔찌, 르네상스 시대의 귀족들이 착용했을 것 같은 목걸이들이 베르두라 공작이 발표했던 것들이다. 베르두라 공작은 훗날 미국으로 건너가 보석 디자이너로 대단한 성공을 거두기도 했다.

하지만 샤넬이 일관되게 코스튬 쥬얼리만 만든 건 아니었고, '검소한 사치'만을 추구하지도 않았다. 샤넬은 보석 디자이너이자 예술가인 폴 이리베Paul Iribe와 함께 다이아몬드 라인을 발표하기도 한다. 이 전시를 열며 샤넬은 "다이아몬드는 사치가 아니고, 대공황 시대의 발명품이기에 장신구로 만들어보게 되었다"고 말하는데, 변명처럼 들리기도 하고 말의 의미 자체가 모호하다. 어떤 전기 작가는 샤넬이 연인이었던 이리베의 의견을 따랐던 거라 설명하기도 하는데, 성공한 사업가 샤넬이 단순히 그런 이유로만 전시를 기획한다는 건 충분하지 못하다. 어찌됐든 현재 메종 샤넬은 진짜 보석으로 파인 쥬얼리Fine Jewellery를 만들고 있다.

샤넬은 값비싼 파인 쥬얼리를 두툼한 모피와 함께 걸치는 옷차림도 처음으로 쇼에 올렸다. 모피와 파인 쥬얼리는 사치의 선형처럼 인식되는 옷차림이다. 샤넬이 코스튬 쥬얼리의 철학을 끝까지 고수했다고 하기엔 조금 모자라다. 아쉬움이 남는 부분이다.

똑똑한 패션을 시작하자

보석과 모피는 '부'의 상징이지만 이 판타지 뒤의 현실 세계는 아름담기는커녕 피로 얼룩진 전쟁과 폭력이 난무하는 무법천지다.

결혼식의 가장 인기있는 예물은 다이아몬드다. 다이아몬드는 '변하지 않는 사랑'의 상징이다. 사랑이 변하지 않는지는 모르지만 다이아몬드 값이 변하지 않는다는 것만은 사실이다. 이 아름답고 귀한 보석은 전 세계에 다이아몬드를 공급하는 상인들이 '길드'를 만들어서 다이아몬드 공급을 독점하기 때문에 언제나 비싼 값이 유지된다. '다이아몬드 길드'는 서로 믿음도 강하고 새로운 멤버가 아무런 연고 없이 진입하기는 불가능에 가깝다고 알려져 있다.

만약 다이아몬드가 비싸서 매력적이라고 솔직히 말하는 사람들이 있다면 다이아몬드 목걸이보다는 골드바를 사라고 추천하고 싶다. 아무리 티파니나 까르띠에라고 해도 '중고'로 팔면 처음 샀던 값을 다 받지 못한다. 하지만 변하지 않고 가격도 계속 오르는 금을 1킬로그램 단위씩 육면체 모양으로 굳혀 만든 골드바는 투자가치가 있다. 최소한 시장에서 거래되는 값이 유지되는 상품을 구입하는 게 모름지기 '투자'의 기본이다. 골드바는 진짜 투자다.

게다가 다이아몬드 원석은 아주 슬픈 피를 흘리고 내 손에서 빛나는 반지에 올라앉았을 수도 있다. 전 세계 다이아몬드의 15퍼센트는 아프리카 분쟁 지역에서 채굴된다. 열다섯 살도 안 된 소년병에게 총을 들리고 마약에 취하게 하고, 평화롭게 살던 건장한 청년들을 포로로 잡아 다이아몬드 채굴장의 노예로 부려 채굴한 다이아몬드가 시장에 들어온다. 그리고 전쟁광들은 이 돈으로 무기를 사고 전쟁자금을 마련한다. 이렇게 생산된 다이아몬드를 살수록 참혹한 전쟁은 길어지고 더 많은 죄 없는 사람들이 끝없는 나락에 떨어진다.

이런 다이아몬드 생산은 멈춰야 한다. 그래서 다이아몬드를 둘러싼 이런 악의 고리를 끊기 위해 미국, 영국, 벨기에 등 주요 다이아몬드 수입 국가들은 분쟁 지역의 다이아몬드는 사지 않겠다는 '킴벌리 협약'도 체결했다. 아름다운 다이아몬드 뒤의 숨은 슬픈 사연이 더 궁금하다면 레오나르도 디카프리오와 제니퍼 코넬리가 주연한 영화 〈블러드 다이아몬드〉를 추천한다.

아름다운 보석을 좋아하는 것 자체는 절대로 죄가 될 수 없다. 하지만 우리가 누군가를 좋아하면 그 사람이 어디에 살며, 무얼 좋아하는지, 힘들지는 않은지 알고 싶듯 보석을 사랑한다면 내가 사랑하는 보석을 어디서 어떻게 살아가는 사람들이 어떻게 만들었는지 알았으면 좋겠다. 샤넬 시대에는 다이아몬드가 그저 '남자에게 속박된 여자' 정도의 의미에 그쳤을지 모르지만 우리가 사는 시대엔 전쟁에 노예사냥까지 얽혀있으니 조심해야 한다. 어느 날엔가는 다이아몬드가 '극악과 잔인함'의 상징이 될 수도 있다.

모피도 마찬가지다. '탐스러운 모피' 뒤에도 몸서리쳐질 잔인함과 이성을 잃은 생태파괴의 슬픈 이야기가 숨어있다.

혹시 '그린피스'라는 이름을 들어본 적 있을지 모르겠다. 그린피스는 1971년에 캐나다 밴쿠버에서 결성된 환경운동단체인데, 미국과 프랑스의 해상 핵실험을 맨몸으로 막아서 무산시키기도 했고 포경을 막기 위해 포경선의 작살 총 앞에 고무보트 하나로 나서기도 한 국제적으로 아주 유명한 환경단체다. 프랑스 정부가 남태평양의 산호섬인 모루로아 앞바다에서 계획하던 핵실험을 막는 활동을 하던 중에 프랑스 정보기관이 그린피스의 배에 폭탄을 설치해서 회원으로 활동하던 스페인 출신 사진작가가 사망하는 안타까운 일도 있었다. 그린피스 회원들은 '과학적인 근거'와 '목숨을 건' 현장 활동으로 유명하다.

그린피스는 핵실험 반대와 함께 바다표범과 관련된 활동으로 유명해졌다. 그린피스는 북극과 가까운 캐나다 북쪽과 그린란드에서 모피코트를 만들기 위해 벌이는 바다표범 사냥을 반대하는 운동을 하면서 시민들의 폭넓은 공감을 얻었다.

바다표범 가죽은 최고급 모피 소재로 인기라 사냥꾼들은 한 살도 안 된 새끼까지 잡으려 안달이었고 몇 천 년을 살아남은 바다표범이 20세기에 멸종 직전의 동물이 되어버렸다. 그린피스는 생태학자와 사진기자들과 함께 바다표범을 사냥하는 장면을 찍고 이 장면들을 어렵사리 공개할 수 있었다. 총을 쏘면 배나 등에 흔적이 남기 때문에 사냥꾼들이 시장에 내다 팔 '가죽'을 손상시키지 않기 위해 돌멩이로 머리를 깨어 죽인 어린 바다표범의 사진에 사람들은 경악을 멈출 수 없었다.

슬픔이나 애달픔은 아무 설명 없이 단 한 장의 이미지만으로도 직관적으로 전달되는 법이다. 많은 이성적이고 지적인 여성들이 모피코트를 입지 않겠다고 공식적으로 선언했다. 마땅히 그래야 한다. 배고픔을 해결하기 위해 하는 사냥과 패션에 대한 변화무쌍한 기호를 충족시키기 위해

코스튬 쥬얼리
팔찌 장식도 되고 목걸이 펜던트도 되는 비잔틴 십자가 장식.
이 멋진 장식에 박힌 돌은 모두 '저렴한 원석'이다.

하는 사냥의 의미는 결코 같을 수 없다. 19세기 영국의 부인들은 모자에 달 아름다운 깃털을 얻기 위해 새를 죽인다는 걸 알고 모자에 깃털을 달지 않았다. 이런 여성들의 모자는 지성과 교양으로 더 아름답게 보인다.

몇 년 전 겨울 부산 광안리 해변에서 모피코트를 입고 안엔 짧은 바지를 입은 여성들을 본 적이 있다. 서울도 겨울에 모피를 입을 만큼 추운 날은 없다. 하물며 따뜻한 부산은 모피가 전혀 필요 없는 곳이다. 이 날 광안리 거리의 다른 사람들은 두꺼운 코트를 입은 사람들도 별로 없었다. 우리나라에서 모피엔 현실적인 필요는 없고 '부유함'이란 상징만 있다. 그저 취향이 다를 뿐이라고 주장하는 사람이 있을지 모르겠다. 하지만 모피를 취향대로 입고 싶다면 진짜 제 값을 치러야 한다.

샤넬의 전성기였던 70~80년 전과 지금은 생태계 사정이 확연히 다르다. 이제 대부분의 몸집 큰 포유류들은 멸종 직전이다. 인간들이 모피 코트와 사냥에 열을 올린 덕분에 코끼리, 아메리카 흑곰, 사자, 얼룩말, 사슴, 여우, 늑대, 표범, 시라소니, 북극곰, 바다표범, 고래, 하마, 독수리, 오랑우탄 어느 것 하나 다음 세대까지 번식이 잘 이뤄질 만큼 개체수가 온전한 동물이 없다. 예전엔 그렇지 않았다. 사람 이외의 다른 포유류는 모두 지구에서 사라질 지경이 된 이 비극은 인간이 만들었다. 세계야생동물기금WWF에 따르면 사람들에게 친숙한 동물 가운데 전 세계에 몇 백 마리밖에 남지 않은 종이 아주 많다. 이런 속도라면 우리는 몇 십 년 안에 마치 지리산 반달곰처럼 야생동물은 동물원이나 박제원에서만 볼 수 있는 세상에 살게 된다.

누군가 토끼털 조끼 한 벌을 사려고 지갑을 여는 순간, 버마와 케냐의 뒷골목엔 야생토끼 백 마리가 줄에 걸린다. 내가 몇 마리의 가죽을 얻고 싶다는 마음은 사냥꾼들에게 몇 백 마리가 팔릴 기대감으로 다가가기 때문이다. 모피코트 한 벌은, 어떤 동물을 멸종시키고 얻은 대가일 수 있다. 그러므로 전 인류와 생태계의 다른 동식물들에게 멸종을 보상할 만큼 충분히 비싼 값이 매겨져 있어야 한다. 밀렵이 아니라는 증거도 있어야 한다. 제발 '난 패션을 추구했을 뿐'이란 무책임한 말은 하지 말자. 그 말 한마디로 어떤 생물 전체를 지구상에서 사라지게 만들 수도 있다.

모피를 입는다고 '동물애호가'에게 미안할 필요는 없다. 동물을 사랑하지 않더라도 어떤 동물이 멸종할 위험에 빠진다면 모피를 입지 않는 사람들과 동식물은 피해를 보상받을 권리가 있을 뿐이다. '립 서비스'로는 실제로 일어나는 비극을 보상할 수 없다. 미안하다면 충분한 돈으로 보상해야 한다. 충분한 보상이 되려면 50만 원 정도로 파는 토끼털 조끼 하나에 1억 원도 부족하다. 멸종할 위기가 클수록 가격은 훨씬 높아진다. 바다표범이나 시라소니 가죽이라면 100억 원도 비싸지 않다. 디자이너 스텔라 매카트니Stella Nina McCartney Willis가 모피를 반대하는 긴 그녀가 '동물 애호가'여서가 아니라 모피코트 때문에 지구와 지구 생태계에 사는 우리들에게 문제가 생기기 때문이다.

이제 샤넬에게서 영리한 패션을 배워야 한다.

영리한 여자라면 남자의 지갑을 열어 꾸미지 않는다.

영리한 여자라면 파산하지 않는다.

영리한 여자라면 내 외투와 내 목걸이와 내 구두를 설명할 수 있어
야 한다.

비록 판타스타가 아닌 판타스티가 될지언정 내가 판타스티라는 걸
알고, 파산도 하지 않고, 도덕적으로도 성숙할 때 바로 스마트 패션은 시
작된다.

핸드백 2.55와 지독한 실용주의

어느 한적한 오후의 뉴욕 뒷골목
골목 저편에서 한 젊은 라틴계 남자가 걸어온다.

캐리: 저기, 실례해요. 선생님 저기, 좀 이상하게 들리시겠지만
　　　음, 웨스트브로드웨이가 어느 쪽이죠?
남자: (갑자기 총을 꺼낸다) 가방 내놔!
캐리: 네에?
남자: 네 가방 말이야!
캐리: (겁에 질려 가방을 내밀며) 이, 이건 '바게트'예요.
남자: 반지랑 다 내놔! 그리고 마놀로 블라닉도 벗어!
캐리: (애처롭게 호소한다) 안 돼요…….
남자: 당장 그 망할 블라닉 벗어!
캐리: 제발요 선생님, 제가 제일 아끼는 거예요.

－〈섹스 앤 더 시티〉 시즌3 '인과응보' 편에서

　　옛 연인인 미스터 빅이 자기와 바람을 피웠던 일로 결국 부인과 이혼한다는 충격적인 소식에 정신을 잃기 일보 직전인 캐리는 그만 뉴욕 뒷골목에서 길을 잃고 노상강도를 만난다. 하지만 강도라지만 이 남자는 특

이하다. 강도 주제에 뭐가 값나가는 최신유행인지 잘 알고 있다. 그래서 캐리에게 돈만 빼앗지 않고 그녀에게 이렇게 말한다. "그 마놀로 블라닉 벗어!" 마놀로 블라닉은 이 시절에 제일 인기 있는 브랜드였다. 그런데 이 강도가 그만 캐리에게 "그 백 내놔!"라고 하는 실수를 했다. 지조 있는 패션 피플인 캐리는 강도를 당하는 중에도 이건 아니라는 생각이 들었는지 조심스럽게 항의한다. "선생님, 이건 그냥 백이 아니라 바게트예요!" 캐리가 어렵게 장만한 최신 유행 '바게트 백'을 그저 백으로 보는 사람에게는 강도를 당해줄 수 없다는 듯이 말이다. 뭐라고 말하건 강도는 캐리가 신던 신발과 가방을 들고 유유히 사라진다. 캐리는 그 뒷모습을 보며 이런 독백을 남긴다.

'그들은 그저 돈을 좇는 게 아니었다. 그들은 패션을 좇고 있었다.'

캐리가 강도 당한 그 핸드백은 1998년, 전 세계 여성들의 옆구리를 강탈한 전설의 '잇백It Bag', 펜디가 내놓은 '바게트'라는 이름의 작은 핸드백이었다. 캐리는 아무리 강도일지언정 '바게트'의 가치를 몰라보아서는 안 된다고 외치는 것이다. 그녀가 "이건 바게트예요!" 소리칠 때 드라마를 보는 수많은 여성들은 고개를 끄덕이며 마음 속 깊이 감명을 받았다. 모름지기 진정한 패셔니스타라면 어떠한 위협에도 패션의 자존심을 지켜야 하는 법이다.

펜디의 '바게트'는 펜디 창업주의 손녀인 디자이너 실비아 펜디Silvia Venturini Fendi가 만들었다. 이 가방에 '바게트'라는 이름이 붙게 된 건 프랑스 주부들이 저녁에 먹을 바게트를 옆구리 끼고 집으로 돌아가듯 무심하고 편안하게 끼고 가는 가방이라는 의미를 주고 싶었기 때문이라고 한다. 가장 비싼 핸드백에 가장 서민적인 바게트라. '진짜 비싼 거긴 한데, 촌스럽게 비싼 티 내지 말고 들자'는 고도의 뉘앙스가 느껴진다. 하지만 프랑스인들의 주식인 바게트는 값이 올라서 밥을 굶는 사람이 없게끔 프랑스 정부가 보조금을 줘서 싼 값을 유지하지만 무심하게 들고 다니는 펜디의 바게트는 '무심하게' 100만 원을 훌쩍 넘는다. 바야흐로 우리는 핸드백이 자존심이 되는 시대에 살고 있다.

바게트는 시작에 불과했다. 바게트가 나오던 시절만 해도 주로 옷을 만드는 럭셔리 브랜드들이 핸드백을 만드는 데 그렇게 공을 들이진 않았다. 하지만 지금은 패션쇼에 올라가는 모델들 손에 핸드백을 몇 개씩 들리는 일도 흔하다. 옷보다도 가방이 훨씬 잘 팔리는 시대다. 그 비싸다는 루이비통 가방은 한때 '지영이 백'으로 불렸다. 강남역에서 '지영아'하고 부르면 돌아보는 사람 수만큼 길거리에 많이 들고 있대서 붙은 별명이다. 이 백의 또 다른 별명은 '3초 백'이었다. 강남에서 3초마다 한 명씩 들고 지나산다고 해서 붙은 별명이다. 낙하산 전으로 만드는 프라다의 백팩은 어땠고 처음으로 가죽으로 책가방을 만든 엠씨엠MCM 백팩은 또 얼마나 대학가와 거리를 휩쓸었던가. 주문하면 4년을 기다려야 한다는 에르메스의 켈리백은 모나코의 왕비였던 배우 그레이스 켈리Grace Patricia Kelly에서 따온 이름이다. 새로운 디자인은 아니지만 브랜드 후광에 왕비의 후광까지 붙어 부유하고 고급스런 이미지로는 여전히 경쟁자가 없는 백이다. 엄청 고가이기도 하지만 워낙 오래 기다려야 하는 탓에 켈리백을 들고 있다는 것 자체에서 어떤 사람들은 '선택받은 존재'나 '특별한 사람'이라는 만족감을 느끼기도 한다. 서울시장 선거에 남편이 후보로 출마한 탓에 투표장에 온 사진이 실린 배우 심은하는 에르메스에서 켈리백만큼 유명한 버킨백을 들고 있었다.

옷이 제일 중요하던 시절도 있었지만 이제는 백화점도 공항 면세점도 모두 '가방'이 공간의 주인 행세를 한다. 전 세계가 다 그렇지는 않은 듯하고 특히 우리나라와 일본, 중국에서 그런 것 같다. 브랜드 매출을 보면 백화점이나 단독점포 매상도 크지만 면세점에서 팔리는 액수가 정말 크다. 면세점에선 가방, 향수, 스카프가 특히 잘 팔리는데 사이즈와 상관이 없어서 특별히 반품할 일이 없기 때문이다. 하지만 아무리 반품할 일이 없더라도 여행가는 길에 공항에서 몇 백만 원이 넘는 가방을 어떻게 살 수 있는지 신기한 사람들이 있을 것이다. 분명 가방을 산 사람들도 비싼 물건이기 때문에 긁히거나 공항과 여행지에서 잃어버리진 않을까 신경이 많이 쓰일 것이다. 하지만 그런 불편함을 기꺼이 감수하는 데는 이유가 있다. 세금이다. 원래 3,000달러 이상 물건을 사면 공항에 신고하고 세금을 내야 한다. 해외에서 들어오는 물건들은 공항이나 항구라는 관문을 통과하면서 '관세'라는 세금을 내야 한다. 그런데 쓰던 물건은 공항에 반입할 때 세금을 내지 않아도 된다. 보통 비싼 가방은 면세점에서도 가볍게 300만 원을 넘긴다. 이런 가방을 면세점에서 사면 국내에서 살 때보다 훨씬 싸게 살 수 있고, 포장을 뜯고 며칠 들다가 국내로 다시 들고 들어올 때는 쓰던 물건이라고 세금을 안 낼 수 있는 것이다. 물론 교양 있고 점잖은 사람이라면 이런 행동을 하면 안 되고 이는 엄연한 편법이다.

하지만 국내에는 이렇게 들어온 가방들이 돌고 돈다. 강남 어떤 모임에선 자기 친구가 들고 있는 가방을 사기도 하고 팔기도 하는데, 파는 사람은 자기가 새로 샀을 때보다 더 비싸게 판다. 보통 중고는 돌고 돌수록 가격이 떨어지는데 신기한 시장이다. 쓰던 가방인 줄 알면서도 더 비싸게 사는 이유에는 희소성이 있어 들고 다닐 때 남들과 차별화되는 즐거움도 있을 것이고, 그 가방이 더 비싸질 거라 생각하면서 나름 투자라고 여기기 때문일 것이다. 가방에 자존심을 투영하고 가방 값이 오르기를 바라는 이 마음은 진정 아파트의 그것과 많이 닮았다. 내가 사는 아파트로 나를 설명하고, 내가 사는 아파트의 값이 더 오를 것이라 여겨 쓰던 아파트에 값을 더 주고도 기꺼이 사는 모습과 정말 많이 닮았다. 그래서 가방의 인기도 아파트만큼이나 불안한 버블 위에 서 있는 것이다.

누가 뭐래도 지금은 가방의 전성시대다. 그런데 그 어떤 시절보다 큰 인기를 누리는 핸드백이라는 물건도 거슬러 올라가면 샤넬과 만난다. 과하기도 하지만 언제나 아이디어가 넘쳤던 샤넬의 라이벌 푸아레는 오트쿠튀르에서 옷뿐만이 아니라 옷에 맞춰 신을 구두, 장신구, 향수까지 제공해 토털패션을 추구해야 한다고 생각했다. 그렇지만 푸아레가 생각해낸 토털패션도 결국 사업을 아는 샤넬의 손에서 현실이 되었다.

일흔이 넘어 패션계로 복귀한 샤넬은 1955년 가죽에 사선으로 박음질을 한 다이아몬드 무늬의 퀼팅백을 사람들에게 보였다. '2.55'란 별명이 붙은 핸드백이다. 이 이름은 1955년 2월에 출시했기 때문에 붙었다. 어린 시절부터 샤넬은 숫자 '5'를 행운을 불러오는 숫자로 생각했었다나? 어찌 이름이 붙었든 1955년에 태어난 이 핸드백은 몇 가지 면에서 아주 혁신적이었다.

우선은 체인 끈이 달려있어서 어깨에 걸 수 있었다. 두 번째는 통가죽을 그대로 사용하지 않고 표면을 퀼팅 처리를 했다는 점이다. '퀼팅'이란 옷감 위에 바느질로 박음질을 해서 무늬를 만드는 기법을 말하는데 예전에 우리 할머니들이 입던 누비솜옷이나 스님들이 겨울에 입는 솜을 넣은 승복도 퀼팅을 한 옷들이다. 승복은 옷감 사이에 솜을 넣고 가로로 길게 바느질을 해 솜을 사이사이에 잡아둔다. 옛날 누비솜옷들은 바둑판 무늬가 많았다. 이렇게 퀼팅을 하면 옷감 사이에 솜 같은 걸 단단히 넣을 수도 있고 따로 무얼 넣지 않더라도 천 자체의 내구성이 좋아진다. 2.55백은 여러 줄의 사선을 겹쳐 박아서 다이아몬드 무늬가 이어진 것 같은 퀼팅을 했는데, 이렇게 하고 나니 가죽에 생긴 약간의 흠집은 별로 눈에 띄지 않았다. 샤넬이 가죽에 퀼팅을 한 실용적인 이유였다.

샤넬은 "핸드백을 잃어버리는 게 지겨워서"라고 가방에 체인을 단 이유를 설명했지만 누가 가방을 들어주며 기다리지 않고, 들고 다니다가 양손을 다 써야 하는 상황에 종종 있게 되는 '일하는 여성'들에게 2.55백은 딱 원하던 실용적인 가방이었다. 고전이라는 고상한 지위를 얻은 데다 이제는 400만 원이 넘는, 풍족한 집의 결혼에선 혼수 1순위가 된 이 상징적인 핸드백에 붙은 '실용적'이라는 형용사에는 피식 웃음이 나온다.

하지만 이 가방을 처음 만든 샤넬이 강조한 컬러는 실용주의였다. 일상복, 구두, 핸드백 모두에서 샤넬이 무엇보다 강조하는 게 실용성이다. 실용적일 것! 샤넬에게 실용성이란 하나의 존재를 설명하는 이론이다. 모든 옷과 구두와 가방은 모서리 하나, 소매 끝, 깃 하나조차도 왜 그런 생김을 하고 있는지 그 존재가 설명되어야 한다는 것. 재킷의 깃도 스커트의 끝자락도 '쓸모'를 증명할 수 있어야 한다. 아무리 럭셔리라고 해도 쓸모를 증명할 수 없으면 마치 빵을 얹은 듯 부풀린 모자처럼 멍청해 보인다고 그녀는 말했지 않나.

샤넬은 영리하다. 그녀는 비싼 물건이 비싸야 하는 이유를 설명하지 못하면 '돈은 없으면서 머리만 좋고 혀에는 독설을 단' 지식인들이 졸부들을 쉽게 놀림감으로 만들 수 있다는 걸 잘 알고 있었던 것이다. 샤넬 가방을 들고 나갔다가 어느 고상한 자리에서 그런 놀림을 받는다면 아마 다시는 여성들이 샤넬을 들고 나갈 수 없을 테니 샤넬은 미리 그런 일을 예방했다. '이건 그냥 비싼 게 아니고 비싼 이유가 있어. 그리고 비싸지만 실용적이지'라고 미리 그녀는 모범답안을 마련해 두었다.

하지만 여기에 멈춰서는 사람들을 놀라게 할 수 없다. 탄성이 들려야 비로소 지갑은 열린다. 샤넬은 지독할 정도의 실용주의로 사는 사람들을 감동시키고 기어이 지갑을 열게 만들었다. 이를테면 작은 가방 하나에도 구두 한 켤레에도 작은 단추나 나사 하나에도 실용적인 이유를 부여했고 슈트 한 벌을 만들 때면 움직임이 조금도 거슬리지 않도록 열 번 넘게 가봉을 거듭했다. 샤넬이 옷을 만드는 과정을 보며 어찌나 끈질기게 반복하고 오랜 시간을 정성을 들이던지 당시 영국 수상까지도 혀를 내둘렀다고 한다. 이런 테일러링은 일종의 샤넬식 '차력 쇼'다.

완전한 승리를 이루려면 누구에게나 차력 쇼가 필요하다. 예술가들뿐만 아니라 학자들도 마찬가지다. 열 개 이상의 언어를 구사하고 중세철학부터 현대 언어학과 기호학까지 모르는 게 없다는 움베르토 에코의 소설이 펼치는 지성과 지식의 놀라운 차력 쇼에 우리는 얼마나 환호하는가! 샤넬의 쇼에서 언제나 주제는 실용성이었고 그녀의 차력에 사람들은 브라보를 외쳤다. 그리고 그녀의 스타일은 단순함의 미학으로 완벽하게 완성되었다. 그래서 샤넬이 만든 핸드백도 날카로운 비판들을 이겨내며 살아남을 수 있었던 것이다.

하지만 시대는 샤넬이 핸드백을 만들던 시절과는 참 많이 달라졌다. 그 어떤 시절보다도 핸드백에 열광하고 핸드백으로 나의 존재 이유를 설명하고픈 사람들이 많지만, 이 시대는 샤넬의 실용성보다는 핸드백을 들 때 남들에게 보이는 상징과 패션쇼 무대 위의 환상을 백에서 추구한다. 소비자들은 그 어떤 시대보다도 핸드백에서 이런 아름다움을 발견한다.

핸드백 시장은 어떤 패션 시장보다도 판타스타들의 힘이 판타스티들을 강렬한 마력으로 끌어당긴다. 옷을 만드는 럭셔리 브랜드들은 핸드백에서 제일 큰돈을 번다. 한마디로 핸드백 팔아서 버는 돈이 장사에서 제일 중요하다. 오트 쿠튀르에서 시작한 럭셔리 브랜드들이다. 정석대로라면 맞춤복이 회사 경영의 중심이 되어야하겠지만, 이미 말했듯이 벌써 1950년대부터 고급 맞춤복은 기울기 시작했고 황금기는 돌아오지 않았

2.55

한때는 '일하는 여성을 위한 가방'이었으나 이제는 '가방을 위해 일하는 여성'을 만든 가방.

다. 그러자 지방시Givenchy의 '리브 고쉬(Rive Gauche : 센 강의 왼편이라는 뜻)'라는 브랜드를 시작으로 오트 쿠튀르들은 고급 기성복 프레타 포르테를 시작 했지만, 한참 전부터 기성복으로도 큰돈은 벌지 못하고 있다. 맞춤복도 기성복도 경영은 모두 어렵다.

하지만 그들은 액세서리로 돈을 벌었다. 액세서리는 우리말로는 '부속품'이다. 패션에서는 옷이 주인공이니 향수, 목걸이, 구두, 핸드백, 화장품 같은 것들이 액세서리다. 기성복이 맞춤복보다야 저렴하다지만 슈트 한 벌에 몇 백만 원씩 하는 옷들을 살 수 있는 사람은 세상에 별로 없다. 하지만 고국으로 돌아가는 연합군 병사들이 넘버 파이브를 사기 위해 메종 샤넬 앞에서 줄을 서며 증명했듯, 액세서리는 조금은 고가이더라도 많은 사람들이 기꺼이 지갑을 열고 살 수 있다. 향수 한 병에 10만 원을 쓰는 게 지나치다고 느껴지더라도 그 정도는 살 수 있는 사람이 많다. 몇만 원이면 살 수 있지만 10만 원을 쓰는 낭비. 역설적이지만 이것이 럭셔리를 쓰면서 사람들이 만족을 느끼게 되는 점이다.

핸드백은 향수보다는 훨씬 비싼 액세서리다. 그렇더라도 한 벌에 1,000만 원이 넘는 맞춤복보다는 훨씬 저렴하고 몇 백만 원 하는 기성복보다도 평균적으로는 더 싼 사치재다. 게다가 핸드백은 옷처럼 치수가 있지 않기 때문에 만드는 사람 입장에서는 재고관리도 아주 쉽다. 매력이 넘치는 상품이다.

그리고 핸드백은 어떤 옷을 입더라도 언제나 들고 다니면서 가방에 박힌 로고로 어떤 브랜드를 들고 있는지 보여줄 수 있다. 많은 여성들이 핸드백으로 자기가 이 정도 가방을 들고 다닐 수 있는 신분이라는 걸 보여주고 싶어 했다. 뉴욕 경제가 한창 좋던 1998년, 프라다가 가죽이 아니라 낙하산천으로 만든 백팩, 일명 '프라다백'을 내놓았다. 이후 펜디의 바게트, 루이비통의 전설적인 다미에 모노그램, 베르니 컬렉션으로 계속 이어지는 '잇백'의 시대가 지금까지 계속되고 있다. 잇백 하나가 뜨면 회사 하나가 빠르게 성장할 수도 있었다. 엠씨엠에서 만든 백팩도 그랬다. 1990년대 중후반 우리나라 대학가의 여대생은 엠씨엠 백팩을 맨 사람과 그렇지 않은 학생으로 나뉠 만큼 엠씨엠의 백팩은 한 시대를 풍미했다. 한국 엠씨엠은 이 성공을 발판으로 일어서서 오히려 독일의 본사를 인수할 수 있을 만큼의 자금력을 모았다.

핸드백 시장은 잇달아 이어지는 잇백들로 리그의 인기를 키워간다. 하지만 시즌을 달구고 다시 사라지는 잇백들은 더 이상 전설로 영원히 남지 못한다. 아무리 비싼 럭셔리 핸드백도 더 이상 '엄마가 딸에게 물려주는 가방'은 되지 못하고 다음 시즌이면 한물 간 퇴물로 취급된다.

핸드백이 뿜는 판타지의 힘은 점점 강해진다. 당분간 이 힘이 줄어들 것 같지는 않다. 하지만 누가 알 수 있을까? 판타스티들이 새로운 잇백을 찾아 옮겨가는 그날이 어느 날 갑자기 찾아올지도.

유행은
거리에서 태어나 거리에서 죽는다

한번은 우리가 생 제르망 레 시장 가까이로 차를 지나칠 때 한 행상이 이렇게 소리
치고 있었다.
"메 프티 샤넬을 샀다 샀어! 메 프티 샤넬이 단돈 100프랑!"
샤넬은 운전수를 멈추게 하고 그 행상인에게 키스를 해준 후 만족스러운 표정으로
돌아왔다.
"내 인생은 성공이야! 내 옷을 단 돈 100프랑에 살 수 있으니까."

– 야마다 도요코,
《Made in 브랜드 : 루이비통, 에르메스, 샤넬은 어떻게 팔리는가》 중에서

샤넬에게 유행이란

샤넬은 '유행'이라는 소재로 연극을 올리는 무대에 선 그 어떤 디자
이너보다도 관점이 대중적이었다.

보통 디자이너들은 예술가적인 기질이 있기 때문에 자기가 만든 스
타일이 흔하게 모방되며 소비되고 사라지길 바라지 않는다. 하지만 유행
의 본질은 수많은 사람들이 비슷한 시기에 비슷한 걸 따라하는 것이다.

그러니 디자이너들은 상업적으로 성공하길 바라면서도 또 유행을 만들기를 바라지 않는 묘한 상태에 놓인다. 하지만 샤넬은 그렇지 않았다. 그녀는 자신이 유행이 되고 대중들이 따라하는 것을 전혀 개의치 않았다. 게다가 그녀에겐 자신만의 독특한 '유행론'이랄까, 독특한 이론도 있었다. 경구 만들기를 좋아하는 샤넬은 먼저 이런 말을 했다.

"유행은 본디 태어난 적이 없으니 사라질 것도 없다."

유행이 따로 오지도 가지도 않는다는 뜻이다.

"치마는 옷장이 아니라 거리에서 태어난다."

굳이 치마가 아니라 어떤 다른 옷이라도 마찬가지다. 옷은 옷장에 걸어두기 위한 것이 아니다. 그러니 옷장에만 걸려있는 옷은 옷이라고 부를 수도 없다. 옷이란 거리, 그 시대의 모든 사람들이 함께하는 곳에 있어야 비로소 옷이라고 할 수 있다. 결국 옷이란 한 시대의 모든 사람들이 함께 해야 한다는 철학이다.

이런 샤넬은 심지어 다른 디자이너들이 자기 디자인을 베끼는 데에도 아무런 거부감이 없었을 뿐만 아니라 사람들이 샤넬 스타일을 따라하는 유행을 즐겁게 생각했다.

오트 쿠튀르 시대를 열었다는 디자이너 1세대 프레데릭 워스 이후 유명 디자이너들이 예술성과 독창성을 강조하고 다른 디자이너들이 자신의 디자인을 복제하면 자기 사업에 위협이 된다고 판단했던 것과 비교하면 참 많이 다르다.

샤넬은 처음으로 모더니즘을 구현한 패션 디자이너였지만 옷을 만든다는 자기 직업 자체에 대해선 아주 전통적인 사람이기도 했다. 샤넬은 옷을 만드는 작업은 예술이기보다는 기술이라고 강조했다. 마치 장인정신을 소중히 하던 중세의 기술자들을 연상시키는 말이다.

그리고 샤넬은 자기 회사가 왕실 보석상이었던 까르띠에나 왕실 전담 가방 기술자였던 루이비통처럼 '왕실'의 후광이 없다는 점을 잘 알고 있었다. 샤넬은 화려하고 귀족적인 매력으로 호소하는 기업이 아니었다. 샤넬의 지지자는 예전보다 부유해진 시민들이었다. 그녀는 '살롱'이 아니라 '거리'의 사람들이 사랑해서 유행이 되어야 새로 또 옷을 팔 수 있다는 점도 진작 알았던 사업가였다. 하긴 살아생전에 샤넬만큼 유행을 많이 만든 디자이너도 없다.

패션에 관심이 많은 사람들은 유명 디자이너들의 이번 시즌 새 작품이 어떨지 다른 사람들보다 빨리 알고 싶다. 그래야 남들보다 먼저 거리의 유행을 선도할 수 있기 때문이다. 그래서 패션잡지와 패션 채널은 시대를 끌고 가는 디자이너들이 내년에 출시할 패션을 선보이는 패션위크를 취재하는 데 공을 많이 들인다. 가장 오래되고 가장 영향력이 큰 파리의 패션위크를 비롯해 파리의 오랜 경쟁자인 밀라노, 최근에 더 힘을 받고 있는 뉴욕, 그리고 재능 있는 젊은 디자이너가 많이 등장하기로 유명한 런던 패션위크의 소식은 어떤 패션 기사에서도 절대로 빠지는 법이 없다.

서울에서도 1990년부터 서울컬렉션이 시작되었고 지금은 서울 패션위크라는 이름으로 매년 쇼를 연다. 이웃나라 일본의 도쿄에서도 다양한 패션위크가 열린다. 서울이나 도쿄만이 아니라 세계의 많은 주요 도시들은 자기만의 개성을 내세운 패션위크를 갖고 있다. 이를테면 미국에서 환경 문제에 관심이 많기로 유명한 태평양 연안의 오리건 주는 주의 최대 도시 포틀랜드 시에서 에코 스타일만을 선보이는 패션위크를 성공적으로 열고 있다.

이런 행사들은 그 지역에서 활동하는 디자이너들과 패션계의 기술과 실력을 보여주기 때문에 패션산업 경기에 영향을 많이 준다. 그래서 정부에서도 지원금을 주면서 행사를 장려한다. 하지만 트렌드를 맨 앞에서 이끄는 사람은 마크 제이콥스나 존 갈리아노 같은 현역 최고의 디자이너들도 아니고 프랑스 상공부 장관이나 우리나라 지식경제부 장관이나 일본 상무성 장관도 아니다. LVMH 그룹 회장 베르나르 아르노Bernard Arnault나 구찌 그룹의 회장 로버트 폴렛Robert Polet 같은 사람도 아니다.

'다음 시즌 트렌드는 ○○○입니다'를 만드는 사람들은 세상 사람들이 다 쳐다보는 그곳, 화려한 무대 위에 있지 않다.

진정한 유행의 창조자는 누구인가

유행을 만드는 사람은 바로 직물을 만드는 사람들이다. 프랑스에서 두 번째로 크고 한때는 유럽 어떤 도시보다도 돈이 많았다는 리옹 시는 옛날부터 상업도 발달했고 화려한 옷감을 생산하는 도시로도 유명했다. 1973년 리옹의 직물 생산자들 열다섯 명이 모여서 그해 생산할 옷감을 먼저 선보이는 전시회를 파리에서 열기 시작했다. 그 전시회의 이름은 '첫 선을 보인다'는 뜻의 '프리미에르 비종Premiere Vision'이었다. 이 전시회에는 보통 소비자들이 아나라 옷을 생산할 사람들이 모인다.

1975년부터는 '프리미에르 비종' 전시회에 참여하는 직물 생산자들이 행사 전에 미리 만나 어떤 옷감을 제안할 것인지 같이 의논하기 시작했다. 그들은 경쟁자이기도 하지만 옷감을 만드는 동업자이므로 서로 정보를 나눌수록 시장에서 더 좋은 반응을 끌어낼 수 있기 때문이었다.

역시 예상했던 대로 '프리미에르 비종'은 미리 유행할 좋은 옷을 만들고 싶어 하는 생산자들에게 뜨거운 반응을 얻었다. '프리미에르 비종'이 성공하자 1980년부터는 프랑스만이 아니라 다른 유럽국가의 직물 생산자들도 이 행사의 일원이 되었다. 이 전시회에 참여하게 되면 한번에 여러 '바이어'들에게 자기네 옷감을 선보일 수 있는 기회를 얻는다. 당연히 이 자리에선 수많은 계약이 오고간다. 직물 생산자들은 이 전시회 기간에 예약 받은 물량을 계획대로 생산한다. 이제 '프리미에르 비종'은 유럽의 직물 생산자들뿐 아니라 아시아와 미국의 직물 생산자들도 참여해 유럽을 넘어선 세계 최대의 직물 전시회가 되었다.

누군가는 이렇게 생각할지도 모르겠다. 이렇게 참여하는 나라가 많아지면 상대적으로 처음 이 전시회를 시작한 프랑스의 비중은 작아지는 게 아닐까 하고 말이다. 하지만 참여하는 나라가 다양해질수록 프랑스의 힘은 줄어들기는커녕 오히려 점점 커졌다. 거래가 열리는 '시장'을 제공하기 때문에 프랑스는 전 세계 섬유산업의 흐름을 제일 먼저 파악하고 좋은 정보를 누구보다도 먼저 확보하게 된다. 좋은 흐름을 같이 타고 가면 직물 생산자들은 말 그대로 섬유의 미래를 만들 수 있다. 그래서 점점 더 많은 생산자들이 '프리미에르 비종'에 합류하게 된다.

전통적으로 섬유 생산은 유럽에서 프랑스보다는 이탈리아가 유명했다. 이탈리아는 그 이름도 유명한 로마제국의 후손이니 신기할 일도 아니다. 머나먼 중국에서 비단이 전파된 최초의 유럽 국가도 로마였고, 유럽에서 제일 먼저 도자기를 만든 나라도, 아라비아 나라들로부터 고급 유리제품을 들여온 나라도 모두 로마다. 이탈리아가 좋은 옷감 만들기로 유명한 건 너무나 당연하다.

이탈리아 북부에 있는 전통 있고 부유한 도시 밀라노에서도 파리의 '프리미에르 비종' 같은 섬유 전시가 열린다. 하지만 최근 지역에 있던 생산자들이 해외로 많이 빠져나가면서 힘이 많이 빠졌다고 한다. 이러다 보니 가능성이 있는 회사들은 사람들이 별로 모이지 않는 밀라노 시장보다는 파리 쪽으로 합류하고 있다고 한다. '프리미에르 비종'이 시장을 선도하는 힘은 더욱 커졌다.

'프리미에르 비종'을 통해 식물 생산자들이 유행을 만드는 과정은 이렇다. '프리미에르 비종'에 참여하는 직물 회사의 사람들이 먼저 만나서 앞으로 어떤 섬유가 등장하게 될지 얘기를 나눈다. 이 때 사회 전반적인 흐름이며 세계경제 이야기도 함께 할 것이다. 아마 요즘 같다면 애플이 과연 내년에는 어떤 신기술을 내놓을지, 유럽 경제는 언제쯤 좋아질지, 아프가니스탄 전쟁은 언제쯤 끝날지에 대해 열띤 토론을 하고 있을지도 모른다. 아마 세계 영부인들의 패션에 대해서도 얘기하고 있을 것이다. 사람들이 어떤 새로움을 원하는지 해답을 찾기 위해서 말이다.

이렇게 몇 달 동안 시제품을 만들면서 아이디어를 발전시키고 마지막으로 '프리미에르 비종'을 통해서 다음 시즌에 생산할 수 있는 새로운 섬유들을 내놓는다. 같은 섬유업체이니 경쟁관계라 서로들 보안을 유지할 것 같지만 그렇지 않다. 오히려 이 사람들은 정보를 나눔으로써 전체 힘을 키우는 전략을 쓴다. 사람들은 보통 경쟁이 살아남는 최고의 방법이라고 생각하지만 사실은 협동이 경쟁보다 훨씬 좋은 전략이다. 최고의 전략가는 싸우지 않고 이기는 사람이라는 말도 있지 않나.

이렇게 긴 준비 끝에 드디어 '프리미에르 비종'이 열리면, 세계 각국에서 몰려든 디자이너들이 새로운 작업에 쓸 수 있는 옷감들을 보고 고른다. 이때 고른 옷감이 다음 시즌 매출에 절대적인 영향을 주기 때문에 디자이너들은 목숨을 걸고 유행할 좋은 옷감을 고르려고 할 것이다. 디자이너들은 신중하게 옷감을 고르고 일단 소재를 선택하면 어떤 옷이 나올지 감을 잡기 시작한다. 전시회를 여는 자리는 직물업체와 의류업체들이 거래를 하는 장소이기도 하다. 아마 서로 의견을 주고받으면서 다음 시즌의 유행, 그야말로 대세가 무엇인지 예감도 하게 될 것이다.

그리고 몇 달 후, 디자이너들은 새로운 옷감을 이용해서 새 유행이 될 옷을 쇼에 선보인다. 바로 유수한 패션위크들이 그 쇼들의 경연장이다. 이 주간에 지역 브랜드들은 쇼를 보고 내년 트렌드를 예측하면서 옷을 제작한다. 그리고 이렇게 만든 옷들이 백화점에 걸리면 발 빠른 길거리 디자이너들이 카피 옷을 만들거나 약간의 아이디어를 보태서 새로운 스타일의 옷을 내놓는다. 그때쯤이 되면 우리는 거리에서 발맹Balmain 스타일의 각진 어깨 재킷과 루이비통 스타일의 낭만적인 러플이 가득한 원피스, 스톤워싱 스키니 진이 가득하다는 걸 알게 된다. 서울, 도쿄, 뉴욕 할 것 없이 패션 트렌드만큼은 '지구촌 한 가족'이다.

이렇게 '프리미에르 비종'을 준비하면서 태어난 아이디어가 거리에서 트렌드로 구현되기까지는 보통 1년 반이나 2년이 걸린다. '프리미에르 비종'에서 옷감을 고른 디자이너가 가을 패션위크에서 내년 봄/여름 시즌을 예측하니 대충 어느 정도 시간이 걸리는 지 알 수 있을 것이다.

그러니 '프리미에르 비종'에 직물을 내놓는 사람들은 앞으로 2년 후에 사람들이 어떤 옷을 원할지 예측해야 한다. 놀라운 능력이다! 이 거대한 트렌드 물결은 파리의 어느 작은 사무실에서 에스프레소 한 잔과 크루아상을 들고 수다를 떠는 한 무리의 유쾌한 사람들에게서 시작되었을 것이다. 그리고 그들이 예측한 트렌드는 어김없이 맞아 떨어진다. 그들 자신이 예측하고 또 그들 자신이 직접 그런 옷감을 만듦으로써 실현시키는 예언이기 때문이다. 이런 걸 '자기실현적 예언'이라고 힌다. 이를테면 이떤 주부가 아침에 '왠지 오늘 저녁엔 아마도 우리 집에선 불고기를 먹을 것 같다'고 예측하고 오후에 불고기감을 준비하곤 저녁 식탁에 내놓는 것과 같은 식이다.

오트 쿠튀르, 럭셔리, 트렌드에 대해서 남보다 먼저 알고 제대로 알고 싶다면 '프리미에르 비종'을 둘러싼 네트워크와 그들이 어떻게 움직이고 있는지 알아야 한다.

한 가지 알아야 할 것은 이렇게 매년 새로운 소재를 개발하고 혁신적인 옷감을 만들고 세계의 유행을 끌고 다니는 이 회사들이 규모가 큰 조직들이 아니라는 점이다. 덩치가 크면 혁신을 하기에는 불리한 법이라 그렇다. '프리미에르 비종'은 작고 강한 네트워크에서 만들어진다.

물론 직물을 거래하는 상인들은 큰손들이다. 우리나라도 그렇다. 동대문 상인들 중에서도 거래하는 돈의 단위가 제일 큰 사람들은 직접 옷을 만드는 사람도 그 옷을 도매 거래하는 사람도 아니고 옷감을 파는 사람이다. 옛날식으로 말하자면 '포목점 주인'들이다. 사실인지는 알 수 없지만 동대문 포목 시장의 '큰손' 김 할머니, 박 할머니한테 옷감을 사려고 대기업 섬유회사의 간부들도 무릎을 꿇고 조아린다고도 하니.

프랑스의 어떤 창조적인 네트워크에서 시작해서 동대문 소매상의 시즌 아웃과 아웃렛에서 끝나는 여정. 트렌드는 이렇게 시작하고 그렇게 끝난다.

화려한 패션쇼, 그 판타지의 무대 뒤를 보자

'프리미에르 비종'의 네트워크들은 트렌드를 예측할 때 과학기술도 살피고 사람들의 생활과 경향도 살피기 때문에, 유행은 거리에서 태어나 거리에서 죽는다는 샤넬의 말은 잘 맞는다.

하지만 이 긴 생멸의 한 주기에서, 트렌드의 꽃은 디자이너의 손이 빚는다. 복제가 넘쳐나면 최초로 그 스타일을 만든 메종은 매출에 나쁜 영향을 받을 수 있다. 비싼 오리지널보다 값싼 모방에 사람들의 지갑이 더 쉽게 열릴 것이기 때문이다. 게다가 패션디자인은 창작활동이므로 모방에서 보호되어야 마땅하다.

푸아레는 미국에 갔다가 거리에서 자신을 모방한 옷들이 버젓이 돌아다니는 현실에 분노했다. 파리로 돌아온 푸아레는 미국 상인들이 라이선스 비용조차 내지 않고 파리의 복제품을 만든다고 성토하고 오트 쿠튀르들이 모여야 한다고 힘주어 말했다. 푸아레의 열정으로 '오트 쿠튀르 협회Chambre Syndicale de la Haute Couture'가 만들어졌다. 그리고 오트 쿠튀르 협회는 후에 파리 패션위크를 주최하고 미래 오트 쿠튀르 산업을 책임질 소중한 기술자들을 키우는 재봉학교Ecole de la Chambre Syndicale de la Couture Parisienne를 운영하는 프랑스 패션협회Fédération Française de la Couture를 만드는 디딤돌이 된다. 그랑 쿠튀리에들은 샤넬을 제외하곤 푸아레와 생각이 비슷했다. 바이어스 재단의 우아한 드레스로 유명한 마들렌 비오네도 복제가 범죄라고 생각했고 자기 디자인이 유출되지 않도록 하는 데 신경을 많이 썼다.

샤넬이 복제에 관대했던 이유는 그녀는 착하고 다른 디자이너들은 너그럽지 않아서가 아니었다. 시장에서 착하고 못되고는 없다. 그녀는 소수에게 비싸게 파는 오트 쿠튀르보다 시장을 더 키워서 상대적으로 저렴한 가격으로 더 많은 사람에게 옷을 파는 편이 더 돈을 많이 버는 길이란 걸 알았을 뿐이다. 그녀는 일찍이 1925년에 웨스트민스터 공작의 연인이던 시절 그의 도움으로 영국의 섬유회사들과 돈독한 관계를 맺었다. 이

때 샤넬은 영국 상인들을 불러 패션쇼를 열고 얼마든지 스케치를 해도 좋다고 하기도 했다.

그리고 샤넬은 모조품이 있어야 진품이 더 빛난다는 걸 알고 있었다. 모조품이 조악할수록 왜 비싼 돈을 들여서 진품을 입어야 하는지 설득하기가 쉬워진다. 게다가 샤넬의 전략은 '보이지 않는 럭셔리'가 아니던가. 겉으로 보아 모양이 비슷해도 싸게 만든 모조품 재킷엔 끝선에 금색 체인을 달지 않는다. 설사 진품과 같은 옷감을 구한다고 해도 작은 디테일들을 따라할 수 없다.

샤넬은 차라리 모조품들을 허가해주고 라이선스 비용을 받는 쪽에 서고 싶었다. 결국 샤넬의 예상대로 파리의 브랜드들은 미국의 메이시나 삭스 핍스 애비뉴와 같은 고급 백화점, 일본의 다이마루 백화점 등에 라이선스 비용을 받고 복제를 허가해준다. 한때는 루이비통과 지방시도 피에르 가르뎅처럼 라이선스 생산이 있었다. 흐름은 다시 바뀌어서 10여 년 전부터는 라이선스 계약을 더 이상 하지 않는 게 럭셔리 브랜드들의 추세다.

샤넬은 고급 옷을 입고 싶은 새로운 대중 소비자들이 패션 시장에 엄청난 영향을 줄 거라 예상했다. 1950년대에 패션계에 복귀했을 때 샤넬은 패션쇼 장에 예전에 없던 관객들이 앉아 있다는 걸 발견했다.

샤넬 전성기인 1930~40년대엔 그 디자이너의 옷을 진짜 살 생각이 있는 귀족 부인들과 부르주아들만 앉았다. 그런데 1950년대 쇼 장에는 샤넬이나 디오르를 자기 돈으로 살 수 없을 숙녀들이 뒷자리에 호기심

가득한 눈으로 앉아 있었다. 대중이 고급 패션에 관심을 갖기 시작했기 때문이었다. 샤넬을 당장 '패션은 그들을 만족시켜야 한다'고 말한다. 물론 샤넬도 당장 그렇게 하지는 못했지만 결국 패션산업은 그렇게 됐다.

오트 쿠튀르의 소비자들은 줄고 있지만 예전과 비교하면 소비할 능력이 좋아진 대중은 점점 늘었다. 게다가 국가가 교육을 책임지면서 고등학교나 대학교를 졸업한 고등교육을 받은 대중도 늘어났다. '중산층'이라고 불리는 사람들이 사회의 허리가 되는 게 눈에 보였다. 이 사람들은 문화나 교양 수준이 높았기 때문에, 그들의 어머니들은 그다지 갈망하지 않았던 '멋진 스타일'에 대한 열망이 있었다. 그리고 비싸서 옷을 구입하지는 못하더라도 패션쇼를 일종의 '쇼'로 생각하고 좋은 옷을 관람하며 재미를 느꼈다. 그런 사람들을 위해 패션쇼는 점점 '쇼'로 발전하고 있다. 샤넬의 시대에 패션쇼는 그저 옷을 선보이는 자리일 뿐이어서 음악조차도 쓰지 않았다. 하지만 지금은 한번의 쇼를 위해 100억 원씩 들이며 스펙터클을 만드는 데 엄청난 공을 들인다.

지금도 우리는 '높아진 눈'과 '현실적인 지갑'을 재빠르게 인식하고 옷을 파는 상인들을 보고 있다. 샤넬의 칼 라거펠트, 니트웨어로 유명한 소니아 리키엘Sonia Rykiel이 만드는 에이치앤엠H&M, 구찌 그룹의 스텔라 매카트니가 만드는 갭Gap, 질 샌더Jil Sander가 만드는 유니클로Uniqlo. 당대 제일 유명한 디자이너와 스파SPA:Speciality retailer of Private label Appare의 '콜라보레이션'에 대중은 얼마나 열광하는가! 파리 최고급 부티크 거리인 오페라가에 입점한 유니클로 앞에 줄을 선 시민들, 유니클로 표 질 샌더를 사기

이세탄 백화점
2010년 봄, 도쿄 신주쿠의 이세탄 백화점 쇼윈도 안에는 크리스찬 디오르의
오트 쿠튀르 드레스가 걸렸다. 기모노를 입은 이 소녀도 디오르의 드레스를 입고 싶을까?

위해 명동과 압구정동에 모인 서울 시민들 모두 마찬가지다. 최고 디자이너의 높은 감각과 스파가 맞춘 가격에 열광하는 이들이 바로 우리가 사는 시대의 소비자 대중들이다.

물론 유럽과 아시아는 같은 소비자 대중이라고 해도 상황이 많이 다르다. 진즉에 시민혁명과 노동자 운동이 시작된 유럽엔 '계급의식'이란 게 있다. 노동자의 자녀는 노동자가 되고, 또 그 자녀도 노동자가 된다. 이렇게 삼대를 넘은 노동자 가문은 부르주아에게 열등감을 갖거나 그들을 선망하기보다 오히려 노동자 가문이라는 자부심을 갖는다. 그들은 개인이 노동자에서 부르주아가 되는 길보다는 자기가 속한 계급의 권익이 커지는 방향으로 힘을 모은다. 보수적으로 움직이기는 노동자 가문이나 부르주아적 가문이나 마찬가지인데, 다들 한번 지지하는 정당은 잘 바꾸지 않고 대를 이어가면서 지지 정당을 유지한다. 이를테면 미국에서는 부모가 민주당을 지지하면 자녀들도 자연스럽게 민주당을 지지하는 사람들로 자라고 공화당을 지지하는 집안에서는 자녀들도 그렇게 성장한다. 이런 풍경은 전혀 낯설지 않다. 영국이라면 노동당과 보수당이, 프랑스라면 사회당과 드골 파 정당이 그렇다.

보통 유럽에서는 시민들이 예전에 귀족이 입던 옷, 그들이 쓰는 그릇을 소비하고 싶다는 열망이 오히려 작다. 하지만 아시아는 다르다. 한국에서는 월급을 받고 그 돈으로 생활을 하면서도 임금노동자인 자신을 노동자라고 생각하는 사람 자체가 거의 없다. 간단히 말하면 아무리 고상한 직업을 갖고 높은 임금을 받더라도 자기가 몸으로 일해 돈을 버는 사람은 노동을 공급하는 노동자라고 하고, 자본 즉 돈을 투자하고 거기에서 돈을 버는 사람을 자본가라고 정의하는데, 우리는 '노동자'라는 말 자체를 무섭게 여기고 아예 그런 생각은 안 하려는 사람들이 많다. 그래서 우리나라 사람들은 '계급'에 따라 움직이기보다는 자기가 속한 나이의 '또래집단'들과 동류의식을 더 많이 느낀다. 그러니 당연히 트렌드에 민감하고, 고가의 물건을 구입하며 선택받았다는 만족감을 주는 매스티지 전략도 아시아에서 훨씬 잘 먹힌다.

미국이나 동아시아에선 트렌드 세터Trend-setter를 앞세운 마케팅이나 할리우드 스타의 파파라치 샷 전략이 효과적이다. 하지만 이왕에 패션에 관심을 갖게 되었고 남들보다 빨리 패션정보를 업데이트하기로 마음먹은 사람들이 있다면, 판타스타들이 미디어의 카메라 앞에 들이민 이미지와 스토리를 앞질러버리는 게 어떨까?

판타스타들의 파이프를 따라 패션 정보가 흘러나오는 수도꼭지를 거슬러 올라가면 상수원엔 패션위크와 패션산업이 있다. 그리고 거기에서 더 올라가면 '프리미에르 비종'과 직물 생산자들이 있다. 그들의 손에 창의적인 패션 세계가 있다.

트렌드를 만들고 있는 전통 있는 작은 섬유회사의 오래된 할머니 기술자, 깔끔하지만 화려하지 않은 작업실의 재봉틀 앞에 앉은 경력 20년의 대머리 아저씨, 이제 막 구두굽 수선을 시작한 구두 아틀리에의 열다섯 견습 청년. 그들을 상상해보자. 그들의 손끝에서 시작하는 유행의 한 자락. 그 실크처럼 아름답고 방탄조끼처럼 꼼꼼한 작업을 말이다.

샤넬, 할리우드에 가다

거의 비슷한 벨트 두 개를 놓고 에디터와 편집장 미란다가 고민하는 모습을 보며
앤디가 비웃듯 키득거린다.

미란다: 뭐가 우습지?
앤디: 아니요, 아니요, 별거 아니에요. 저, 제 눈엔 두 개가 똑같이 보여서요. 아시잖
　　　아요. 제가 아직 이런 것들에 익숙지가 않아서요.
미란다: 이런 '것'들? 아, 그렇구나. 넌 지금 우리가 하는 일하고 네가 상관없다고 생
　　　각하는군. 넌 옷장 문을 열고 하날 골랐지, 뭐 지금 입은 보풀투성이 파란
　　　스웨터든 뭐든. 아마 그런 옷을 고른 이유는 너는 너무 심각하기 때문에 네
　　　등에 뭐가 붙었든 상관 안 하고 산다고 세상에 외치고 싶었기 때문이겠지.
　　　근데 말이야, 넌 하나도 모르거든. 그 스웨터는 그냥 파란색이 아니야. 그건
　　　터퀴즈도 래피도 아니고 정확히는 셀로런이거든. 넌 아마 2002년에 오스카
　　　드 라 렌타가 셀로런 드레스를 컬렉션에 발표했던 것도 당연히 모르겠지.
　　　그리고 이브 생 로랑이었지 그렇지? 이브 생 로랑이 밀리터리 재킷을 발표
　　　했어.

　　　(에디터들에게 분홍 원피스를 들어 보이며) 여기 재킷이 있어야겠어.

　　　그러자마자 여덟 명의 디자이너가 셀러론을 컬렉션에 사용했던 거야.
　　　그리고는 백화점을 돌고 또 네가 뭐 하나 건지려고 돌아다니는 할인매장
　　　같은 델 전전해댄 거야. 그런데 그 파란색이 수백 만 달러를 벌어들이고 일
　　　자리도 만들었단다. 좀 우습지 않니? 넌 네가 고른 물건이 패션산업하고 상
　　　관없다고 생각하다니 말이야. 사실은, 이 방에 있는 사람들이 '이것들' 중
　　　에서 고른 스웨터를 네가 입고 있거든.
　　　　　　　　　　　　　　　－영화 〈악마는 프라다를 입는다〉 중에서

패션의 문화 권력이 커지다

이제 패션산업이 내놓는 새로운 스타일의 상징은 1990년대를 풍미한 클라우디아 쉬퍼나 린다 에반젤리스타 같은 슈퍼모델도 아니고, 2000년대 초·중반의 린제이 로한이나 사라 제시카 파커 같은 할리우드 스타가 아니다.

이제 미국판 〈보그〉 편집장 안나 윈투어Anna Wintour나 루이비통의 수석 디자이너 마크 제이콥스Marc Jacobs처럼 '펜대 좀 굴리는' 부류의 사람들이 앞으로 나섰다. 패션은 전통적으로 백 마디 말이 필요 없는 이미지 한 장으로 승부를 걸었지만, 이제 이미지 동네에선 경쟁자가 거의 없는 이들은 '말'의 세계까지도 야금야금 먹어들어 오고 있다.

2003년에 발표된 소설《악마는 프라다를 입는다》는 2006년에 같은 이름의 영화로 만들어졌다. 이 소설은 '칙릿'이라는 장르소설의 붐을 일으켰다. 칙릿은 소녀를 의미하는 '칙Chick'과 문학Literature를 합친 말인데, 우리나라에서도《달콤한 나의 도시》같은 소설이 인기를 많이 얻고 드라마로 만들어지기도 했다. 보통 칙릿은 자기 일을 가진 경제적으로 능력 있는 20~30대 여성이 스타일리쉬한 연애, 일에서의 성취, 우정을 추구하는 과정을 다룬다. 소설 속 여주인공들은 모두 공통적으로 패션과 브랜드에 '고급스러운 취향'이 있다.

소설도 소설이지만《악마는 프라다를 입는다》가 영화계에 미친 영향도 적지 않았다. 이 영화가 나온 이후로 패션 자체가 주인공이 되는 영화들이 만들어지기 시작했다는 점에 주목해야 한다.

1940~50년대 영화에서도 패션은 중요했고 영화가 인기를 끄는 데 큰 힘을 더했다. 제2차 세계대전을 배경으로 하는 〈카사블랑카〉에서 험프리 보가트가 입던 트렌치코트나 나치에 반대해서 독일에서 미국으로 망명한 여배우 마를렌 디트리히가 입은 턱시도 슈트, 〈로마의 휴일〉에서 오드리 헵번이 입은 플리츠스커트와 앞머리를 내린 뱅 헤어, 역시 오드리 헵번이 〈티파니에서 아침을〉에서 입은 블랙 미니드레스는 진정 한 시대를 풍미한 영화 주인공들이었다. 그리고 이 시절에 오드리 헵번은 〈퍼니 페이스〉에서 유명 패션잡지의 화보를 찍는 모델 역을 연기했고 험프리 보가트의 아내였던 매력적인 허스키 보이스의 로렌 바콜은 〈디자이닝 우먼〉에서 뉴욕 최고의 인기 디자이너로 출연했다. 하지만 패션은 영화의 줄거리를 위해 봉사했을 뿐이고 영화가 만든 허구의 세계가 더욱 아름답고 매력적으로 보이도록 하는 장치였을 뿐이다.

하지만 이제는 다르다. 《악마는 프라다를 입는다》가 안나 윈투어를 실제 주인공으로 했다는 사실이 알려지면서 패션계에서 스타를 발굴하고 소개하는 걸 업으로 하던 안나 윈투어 본인이 스타가 되었다. 선댄스 영화제에는 안나 윈투어가 주인공이 된 다큐멘터리 영화 〈셉템버 이슈〉가 걸렸다.

프랑스와 독일 정부가 온 정성을 쏟으며 함께 만드는 '아르테Arte'라는 예술전문 방송 채널이 있다. 좋은 다큐멘터리를 방영하고 또 제작을 지원하기도 하는데 이런 채널은 워낙 상업성이 떨어진다. 하지만 사회적으로 의미 있는 영상물을 제작해야 한다는 사회적인 합의가 있는지라 두

나라가 공통으로 운영하고 있다. 이 '아르테'에서 로익 프리정이라는 감독의 다큐멘터리 〈마크 제이콥스와 루이비통〉의 제작을 지원했다. 우리나라에서도 다큐멘터리는 아니지만 한국판 〈보그〉가 실명으로 등장하는 영화 〈여배우들〉이 개봉됐다.

패션이 아니라 패션을 만드는 사람들이 주인공이 되는 영화와 다큐멘터리가 계속 등장하고 있다. 이런 도도한 흐름엔 무슨 뜻이 있을까? 우리는 최소한 하나의 사실은 알아챌 수 있다. 패션 권력이 예전과는 비교도 안 될 만큼의 문화 권력을 갖게 되었다는 사실이다.

지적이고 예술적인 충무로의 감독과 스태프, 배우들에 비하면 영향력이 작다고 여겨졌던 청담동의 패션 피플들은 영화를 만들면 스타일리스트나 의상감독이란 이름의 자리를 차지했다. 하지만 이제 그들은 패션은 영화의 액세서리가 아니고 청담동 자체가 주인공이라고 〈여배우들〉을 통해 당당하게 외치고 있지 않은가!

패션 권력은 이제 패션에 관심 있는 소수의 여성들에게만 영향력이 있는 존재가 아니다. 패션에 관심이 전혀 없던 사람들도 이제 〈보그〉라는 패션잡지과 그 편집장이 유명하다는 걸 알게 되었다. 지금 영화는 패션이 대중들을 지배하고 있다고 말한다. 그리고 패션 영화를 통해서 패션계의 미디어 권력은 더욱 성장한다.

디자이너와 할리우드 영화의 공생관계

샤넬도 패션 권력이 이렇게까지 커지리라고는 아마 가늠하지 못했을 것이다. 하지만 샤넬은 할리우드가 원해서 미국에 간 파리의 첫 번째 디자이너였다. 할리우드의 메이저 영화사인 엠지엠MGM, 파라마운트, 20 세기 폭스, 뉴 라인 시네마, 디즈니 등 가운데 엠지엠, 파라마운트, 20세기 폭스는 할리우드가 무성 영화를 만들던 호랑이 담배 먹던 시절에도 영화를 만들었다. 이런 전통의 메이저 영화사 중에서 엠지엠은 샤넬이 활동하던 시절 사무엘 골드윈과 동업자들의 소유였다. 영화계의 풍운아 사무엘 골드윈은 잇따라 흥행에 성공하면서 무성영화가 유성영화로 넘어가던 시대에도 완벽하게 적응했다. 그런데 그는 시대가 낳은 대중예술인 영화를 제작하면서 한 가지가 안타까웠다. 영화는 보통 영화관에 걸리기까지 1년쯤이 걸리고 상황에 따라서는 더 걸리기도 한다. 그러다 보니 영화 속 배우들의 스타일과 영화가 관객에게 선보일 때 거리에서 유행하는 스타일이 다를 수 있었던 것이다. 이렇게 되면 관객들은 '옛날 영환가?' 하며 갸우뚱한다. 그렇지 않더라도 유행에 대한 감각이 없는 배우들이 나오는 영화라고 생각할 수도 있고 어느 쪽으로 오해를 하건 대중의 최첨단에 서야 하는 영화 입장에선 흥행에 도움이 안 된다. 그래서 골드윈은 직섭 디자이너를 고용해 영화가 패션 스타일을 장조하고 유행을 앞지를 계산을 세웠다.

이리하여 샤넬은 할리우드에 가게 된다. 무려 연간 100만 달러는 받는 조건이었다. 1930년대였으니까 지금 돈으로는 100억 원도 넘는 엄청난 금액이었다. 샤넬은 여배우들이 영화에서 입을 옷뿐 아니라 현실생활에서 파티에 참석하거나 외출을 할 때 입을 옷을 만들어주기로 계약한다. 골드윈은 영화가 만들어내는 환상이 여배우들이 일상에서 파티에서 입는 옷을 통해 계속 연장되기를 바랐던 것 같다. 하지만 이 프로젝트는 실패했다.

당대의 패션 디자이너와 할리우드의 영웅이 함께 만든 기획이었지만 샤넬은 〈더 그릭스 해드 어 워드 포 뎀*The Greeks Had a Word for Them*〉, 〈오늘 저녁, 아니 영원히*Tonight or Never*〉, 〈영광의 나날*Palmy days*〉 이렇게 단 세 편의 영화에서만 의상을 맡았다. 에이미 드 라 헤이와 셸리 토빈이 쓴 《샤넬: 일하는 디자이너*Chanel:The Couturiere at Work*》를 보면 영화가 별로 흥행에 성공하지 못했고 흥행에 성공한 영화도 의상을 만든 샤넬에는 주목하지 않았다. 과연 '천하의 샤넬'인데 그랬을까 싶지만 정말이었다고 한다.

단순한 디자인에 부드러운 옷감을 쓰는 샤넬 스타일은 디테일이 특징인데 영화에서 이런 디테일들이 눈에 잘 띄지 않았던 게 제일 큰 이유였다. 만약 컬러영화 시대였다면, 그리고 피부의 땀구멍까지 또렷하게 보이는 에이치디 텔레비전 시대라면 샤넬 스타일의 우아한 아름다움이 드러났겠지만 당시는 흑백영화의 시대였다.

샤넬은 이렇게 세 편의 영화를 끝으로 할리우드에서 철수했지만 그 이후로도 프랑스 감독인 장 르누아르와 장 콕토, 크리스티앙 베라르의 영화에서 의상을 맡았다.

샤넬의 첫 시도는 불발 비슷하게 끝났지만 샤넬 이후에 할리우드에 진출한 디자이너들은 영화와 패션이 얼마나 찰떡궁합인지 계속 보여줬다. 배우와 디자이너가 모두 스타가 되었던 행복한 만남 오드리 헵번과

티파니

지방시가 영화 〈티파니에서 아침을〉을 위해 만든 블랙 드레스의 전설.
지방시는 처음에 '캐서린 헵번'이 온다는 줄 알고 들떠있었다고 한다.
그러나 그의 앞에 나타난 배우는 신인 '오드리 헵번'이었다.

지방시. 이 콤비는 〈사브리나〉에서 발목이 드러나는 딱 붙는 사브리나 팬츠를, 〈퍼니 페이스〉에서는 호사스러운 이브닝드레스들을, 〈티파니에서 아침을〉에서는 블랙드레스를 유행시켰다. 잘 알 듯 '헵번 스타일'은 고상하고 우아한 스타일의 고전이자 실패하지 않는 패션 스타일로 여전히 많은 추종자들을 거느리고 있다. 그리고 수려한 외모로 자신이 광고 캠페인 모델이 되기도 했던 이브 생 로랑 역시 영화에서 성공했고 1970년대에도 디자이너와 영화의 동반자 관계는 계속 이어졌다.

아르마니 전략

그런데 새로운 가능성을 읽은 어느 영리한 이탈리아인이 있었다. 바로 조르지오 아르마니Giorgio Armani다. 의대를 중퇴한 아르마니는 물 흐르듯 부드러운 슈트로 아주 빠른 시간에 지금의 명성을 얻었다. 아르마니는 할리우드 영화가 지닌 영향력이 사람들이 생각하는 것보다 훨씬 더 크다는 걸 알았고 더 많은 가능성을 읽었다.

샤넬에게 남성복을 여성복으로 만들었다는 이미지가 있다면 아르마니에게는 여성복의 우아함을 남성복으로 끌어들였다는 이미지가 있다. 하지만 이 이탈리아 브랜드는 1980년대에는 럭셔리를 좋아하는 미국에서 별로 알려지지 않았었다. 그래서 미국에 진출한 아르마니는 영화를 이용한 독창적인 전략을 짜냈다. 아르마니는 영화의상을 만들어서 아르마니 슈트를 입으면 얼마나 섹시해 보일 수 있는지, 아르마니의 테일러링이 얼마나 아름다운지 보여주기로 한다.

당시 거의 신인이었던 리처드 기어는 제비족으로 나오는 〈아메리칸 지골로〉에서 아르마니를 입었다. 지금은 나이가 많이 들어서 할아버지 같지만 한때 리처드 기어는 '슈트가 잘 어울리는 섹시한 남자'의 대명사였다. 브라이언 드 팔마 감독의 〈언터쳐블〉에서도 아르마니는 배우들에게 멋지고 편해 보이는 아르마니의 슈트들을 입혔다. 군살 하나 없이 늘씬한 재무성 관리로 분한 케빈 코스트너의 몸에 꼭 맞던 조끼와 셔츠는 얼마나 예뻤던가! 젊은 앤디 가르시아와 중후한 숀 코네리의 슈트도 그들이 총을 쏠 때도 함께 식사를 할 때도 서류를 뒤적일 때도 늘 멋지게 어울렸다.

아르마니의 전략은 100퍼센트 성공했다. 미국인들은 아르마니를 입기 시작했다. 아마도 디자이너들은 이때 영화가 지닌 힘을 제대로 보았을 것이다. 배우들에게 시상식에 입을 옷을 협찬하면서 브랜드를 처음 홍보한 사람이 아르마니다. 그리고 그때 아르마니가 고용한 사람이 '스타일리스트 1호'라는 레이첼 조Rachel Zoe다.

이제는 패션계가 영화에 손짓을 한다. 영화라는 장르는 아주 대중적이고 또 한 편을 제작하는 비용이 다른 예술과는 비교도 되지 않게 많이 든다. 상업성도 강하고 자본투입이 많은 만큼 영향력도 막강하다. 무엇보다 패션계가 스타를 만들고 대중들에게 스타를 따라하고 싶다는 느낌을 주기에 영화만큼 좋은 매체가 없다. 사람들은 예전부터 할리우드 스타들을 좋아했다. 하지만 지금은 옷 입는 센스가 좋은 스타들은 연기가 좀 부족해도 대중에게 스타일링을 보여주는 것만으로도 사랑받을 수 있는 시대가 되었다. 사람들은 도저히 따라하고 싶어도 비슷한 구석이 없는 완벽한 슈퍼모델 대신에 할리우드 스타들이 어떻게 옷을 갖춰 입고 생활하는지에 관심이 엄청 많기 때문이다.

데이나 토마스는 《럭셔리: 그 유혹과 사치의 비밀》에서 스타들이 영화 시상식에 어떤 브랜드의 드레스, 구두, 장신구를 걸칠지 브랜드들과 거래하면서 만만치 않은 현금도 받고 있다는 놀라운 이야기를 들려준다. 단지 몇 시간 '입어 주는' 대가로 우리 돈으로 치면 1억 원 정도인 10만 달러 이상을 받는다는 현실이 놀라울 뿐이지만 브랜드들은 홍보 효과를 계산해 손해가 아니라고 판단한 모양이다.

하지만 브랜드가 스타에게 지불한 어마어마한 브랜드 홍보비는 모두 제품 가격에 도로 다 들어가기 때문에 그 돈은 인심 좋고 통 큰 기업주가 주는 돈이 아니라 소비자가 주는 돈이라는 건 아는 편이 좋겠다.

쇼퍼홀릭에게 면죄부를 주는 그들

'리얼리티 쇼'라는 게 유행하면서 새로운 유형의 스타들도 등장했다. 리얼리티 쇼란 직업 연예인이 짜여진 극을 하는 대신 일반인을 포함해 자기가 생활하는 과정을 보여주는 형식의 프로그램이다. 이를테면 요리사 지망생이 최고 요리사들에게 수업을 받는 과정이라든지 길 잃은 강아지와 함께 살게 된 사람의 생활 등의 소재가 리얼리티 쇼에서 인기다. 요즘은 케이블 채널에서 리얼리티 쇼가 없다면 과연 편성의 몇 퍼센트나 채울 수 있을까 싶을 정도로 인기가 하늘을 찌른다.

하지만 리얼리티 쇼에서 인기를 얻은 사람들은 패션모델도 영화배우도 아니다. 그래서 이들을 부를만한 이름도 별로 마땅치가 않다. 그래서 무슨 이유로든 유명해지고 패션 아이콘이 된 사람들을 패션계는 셀러브리티Celebrity, 즉 유명인이라고 부른다. 왜 유명한지는 묻지 마라, 하여간 유명하니까 유명인이다.

셀러브리티라는 명명법은 참으로 영악하다. 이 이름을 만든 사람에게 그저 감탄할 뿐이다. 우리나라에서 그대로 쓰면 일단 영어로 부르기 때문에 뜻이 한번에 안 들어와서 신비스럽다. 그리고 셀러브리티는 '유명인'일 뿐이기 때문에 연기를 못 해도 노래를 못 불러도 춤을 못 춰도 상관없다. 사람이 유명해지는 이유는 여러 가지니 영화배우나 가수를 평가하는 잣대는 이 사람들에게 댈 수가 없다. 연기를 못 하는 배우나 노래를 못 하는 가수는 비웃음을 사고 결국 일도 얻지 못한다. 하지만 셀러브리티라면 그런 이유로 비난받을 필요가 없다.

지금은 셀러브리티가 마케팅의 첨병이다. 그들은 시도 때도 없이 포털 메인에 떠오르고 유행이 몇 달 이상 지속되면 너나없이 의류나 향수 사업을 시작한다. 호텔 상속녀 패리스 힐튼, 유명한 가수였던 빅토리아 베컴, 리얼리티 쇼로 유명해진 킴 카사드럴 같은 사람들이 모두 유명세를 업고 사업을 시작했다. 유명세를 현금으로 만드는 것이다. 미국과 패션계의 합작품인 셀러브리티들은 미국만이 아니라 아시아, 남미, 인도 할 것 없이 인터넷과 케이블 채널이 있는 곳이라면 세계 어디에서나 영향력이 있다. 요즘 같은 시대엔 일단 얼굴이 알려진다는 것 자체가 큰 힘이니 말이다.

이런 셀러브리티의 영향력의 뿌리는 일단은 할리우드 영화의 영향력이다. 우리나라에 살고 있으니 당연한 듯 느끼지만 사실 우리나라처럼 자국 영화를 만들고 그 영화의 시장점유율이 어느 정도 되는 나라가 그렇게 많지 않다. 우리처럼 스타 감독에 스타 배우가 꽤 있는 나라에서도 당장 스크린쿼터 제도가 폐지되면 할리우드 영화가 영화관의 대부분을 점유할 거라고 예상할 정도니 말이다. 다른 나라에서는 자국 영화들이 다들 간신히 버티는 수준이라고 보면 맞다.

다른 나라의 사람들은 영화관에 가면 할리우드 배우들의 얼굴을 보고 나온다. 할리우드는 우리 생활과 아주 친근한 거리에 있다. 이렇게 많은 나라에서 사람들의 생활에 착 달라붙은 할리우드 영화라는 배에 패션이라는 색을 칠하면 세계인은 모두 동시에 같은 유행을 만나게 된다. 그러니 패션이 영화를 사랑하지 않을 수가 없다.

요즘 사람들은 전보다 분명히 소득이 많다. 그리고 소득이 늘어나면서 패션에 관심을 갖는 사람들이 많아졌다. 패션 자체를 좋아하는 대중들이 늘어나면서 패션이 영화의 주인공 자신이 되고 있고 패션과 럭셔리는 소수의 부자들이 아닌 대중들에게 적극적으로 말을 걸기 시작한다.

〈악마는 프라다를 입는다〉 이후 패션 영화들은 탄탄한 팬 층을 거느리게 되었고 '쇼퍼홀릭'들은 오히려 격려를 받고 있다. 그리고 패션에 대해서 지적인 분석도 하고 의견도 내고 지식인들과 논쟁도 할 수 있는 안나 윈투어 같은 패션계 파워 피플이 스타가 되었다. 안나 윈투어를 패션

잡지들은 앞 다투어서 '전설의 편집장'이라고 부른다. 사람들은 또 당연히 그러려니 한다.

하지만 거꾸로 질문해보자. 보통 사람들이 안나 윈투어를 알아야 하나? 그녀가 다른 언론계 인사들보다 더 많이 알려지고 더 매력적인 사람으로 부각될 수 있는 이유는 딱히 찾으려면 별로 없다. 언론이 갖는 영향력으로 비교한다면 프랑스 〈르몽드_Le Monde_〉의 편집장이나 미국의 〈뉴욕타임스_The New York Times_〉, 〈월스트리트저널_The Wall Street Journal_〉, 영국의 〈가디언_Guardian_〉, 일본의 〈아사히〉, 우리나라의 〈조선일보〉나 〈한겨레〉 편집장이 지닌 힘이 적지 않을 테다. 하지만 매일 아침에 들고 나오는 신문의 편집장 이름도 얼굴도 모르는 내가 안나 윈투어의 금발 단발머리와 갸름한 얼굴을 알고 있다.

왜일까? 패션계는 그녀를 패션계를 성장시킬 '스타'로 밀고 있기 때문이다. 그녀가 유명해질수록, 워너비 윈투어 붐이 만들어질수록, 그녀의 카리스마가 꼬장꼬장한 'B사감'처럼 다가오지 않고 매력으로 흡수될수록 패션계는 더 시장을 키울 수 있다.

영화는 패션계가 만드는 초대형 판타스터 프로젝트다. 미디어가 더 많은 광고를 욕심낼수록 패션이 갖는 영향력은 더 커질 것이고 영화는 새로운 패션 스타일의 아이콘들을 계속 데뷔시키며 패션의 판타지를 아름답게 그려줄 것이다. 패션계는 어제보다 더 큰 시장을 갈망하므로, 영화와 패션의 결혼생활을 우리는 아마도 한참 동안 볼 수 있을 것이다.

파리 캉봉 가 31번지와 19번지, 메종 샤넬의 두 입구

그녀는 부인 신문 〈꼬르베이유〉와 〈살롱의 요정〉을 구독했다.

연극, 경마, 야회 등에 관한 기사는 한줄도 빠트리지 않고 읽고, 여가수가 처음으로 등장하는 무대나 새로 문을 여는 잡화상은 모조리 훑어보았다.

또 최신 유행이며 유명한 양복점의 주소, 브와의 날이며 오페라 좌에 사교계 사람들이 언제 모이는가를 알아두었다.

……사실 샤를르가 서명한 두 장의 차용증서 중, 엠마는 지금까지 한 장 밖에 지불하지 못했다. 게다가 그 남은 서류도 그녀의 간청에 따라 다른 두 장과 교환하고 그 두 장조차 지불기한을 훨씬 연기하여 놓았던 것이다.

다음 그는 외상으로 돼 있는 상품의 목록을 주머니에서 꺼냈다. 그 상품들이란 커튼, 양탄자, 소파용 천, 몇 벌의 옷, 그리고 여러 가지 화장품들로 그것들의 대금은 무려 2,000프랑이나 되었다. 엠마는 고개를 떨어뜨렸다.

- 플로베르, 《보바리 부인》 중에서

파리를 사랑할 때

플로베르Gustave Flaubert는 파리 토박이였고 그래서 파리의 모순이라면 한 손에 꿰고 있었다. 그는 지독할 정도로 현실의 아리고 우스꽝스러운 모습들에 봐주는 것 없이 거침없이 다가갔다. 그의 소설 《보바리 부인》은 마치 D. H. 로랜스의 《채털리 부인의 연인》 같은 어느 부인의 낭만적인 프랑스풍 사랑 이야기일 것 같은 느낌이 들지만 사실은 정반대다. 플로베르는 마치 이건 소설이 아니라 파리 유력 일간지 사회면에 실린 기사를 들려준다는 식이다.

보바리 부인인 엠마는 아름답고, 아름다운 물건을 좋아하고, 낭만적인 방식으로 애인을 사랑했으며, 이 모든 것인 아름다운 파리를 동경했다. 하지만 엠마는 파리의 여느 멋쟁이들처럼 살고 싶은 그녀의 허영심을 노린 빚쟁이의 간교와 애인의 냉정한 변심을 견디지 못하고 자살하고 말았다. 물려받은 유산도 있고 시골의사로 성실한 수입도 있는 남편을 둔 유복한 여인이었던 엠마. 그녀의 '파리 지향'은 그렇게 비극으로 끝나고 만다.

파리. 도대체 얼마나 치명적인 유혹이었기에 아름답고 넉넉하게 생을 누리며 살 수 있던 어느 풍족한 시민계급 여인과 그녀의 가족을 비참하게 끝내게 만들었을까?

지금도 세계 몇 백만 여성들이 예술과 철학과 패션과 낭만의 도시 파리를 동경한다. 헤밍웨이조차 젊어서 파리에서 살아볼 수 있다면 엄청난 행운이라고 할 정도였다. 파리를 동경하는 마음은 꿈에 들뜬 장밋빛 볼이 발그레한 젊은 아가씨나, 잿빛이 머리에 희끗한 나이 느긋한 부인에게나 모두 낭만이라는 색을 칠하며 빛난다. 그리고 여성들은 한번쯤 센 강변을 거닐다 어느 노천카페에서 차를 마시고 오페라며 미술을 관람하는 세련된 파리 문화를 누리는 파리 여행을 꿈꾼다. 하지만 그 누구보다도 패션이나 예술을 전공한 사람들에게 그 꿈은 절실할 것이다.

거꾸로 질문을 던져보자. 도대체 그동안 파리에 어떤 사람들이 살고 있었기에 파리는 지금 같은 매력을 지니게 되었을까?

파리는 누구 덕에 '패션의 수도'가 되었을까

파리에는 소설 《노트르담의 꼽추》로 유명한 노트르담 성당이 있는데, 이 성당은 '시테'라고 부르는 작은 섬 안에 있다. 센 강은 한강처럼 넓은 강이 아니기 때문에 시테 섬은 시민들이 걸어서 다리를 건너 쉽게 오고갈 수 있다. 이 섬 안에는 몇 백 년 된 파리 시청도 있고 그보다 더 오랜 건물들도 있다. 이 작은 섬은 파리가 시작한 곳이다.

시테 섬은 아주 옛날 프랑스가 프랑스라는 이름을 갖기 한참 전 로마 영웅 시저가 이곳을 지배하던 시절에도 있었다고 한다. 그 시절엔 프랑스 사람들이 '갈리아 사람'이라고 불렸다. 《아스테릭스》라는 만화를 보면 이때 시테 섬에 살던 사람들, 그러니까 파리 시민들의 아주아주 오래전 할머니 할아버지들은 툭하면 잔치를 벌이는 놀기 좋아하는 부족이었단다. 그런데 이들에게는 한 모금 마시면 한동안 힘이 엄청 세지는 마법의 물약이 있어서 나는 새도 떨어뜨리는 유럽 최강 카이사르와 그가 이끄는 로마군도 쉽게 물리치고 독립을 지키면서 행복하게 살았다고 한다.

아무튼 파리에 '파리지앵'이 살았던 역사는 족히 2,000년은 될 것이다. 하지만 파리가 유럽, 아니 세계의 모든 유행을 주도하고 예술가들이 자신의 작품을 인정받고 싶은 무대가 되고 철학자들이 철학을 이야기하는 도시가 된 건 '태양왕'이란 엄청난 별명이 있던 루이 14세 때부터다.

용모도 매력적인데다가, 콜베르라는 이탈리아 출신 재상과 함께 프랑스를 '부유한 나라'로 만들기도 했던 이 왕은 의도적으로 화려함을 즐겼다. 프랑스제 옷감, 프랑스제 식기, 프랑스식 화장법, 프랑스식 머리손질, 프랑스식 파티 예절, 프랑스제 장신구가 없으면 촌스럽고 유행에 뒤져서 못 견딜 것만 같은 마음을 유럽 모든 귀부인들에게 지피기 위해서 연출한 작전이었다. 심지어 우아하게 보이도록 프랑스어 발음까지 왕이 직접 감독하는 위원회에서 고치도록 했다. 왕이 세운 작전은 완벽하게 성공했다. 이때부터 파리는 유행을 만드는 도시, 사치의 도시, 귀부인들이 제대로 용모를 뽐낼 수 있는 도시가 될 수 있었다.

부유한 파리 시민들로도 오트 쿠튀르를 먹여 살릴 수 없다

사치는 돈이 있어야 누릴 수 있고 돈 많은 사람이 많이 살아야 값비싼 물건들을 팔 상점이 들어설 수 있다. 그렇다면 돈이 얼마나 많아야 사치를 누릴 수 있게 될까? 남들보다 훨씬 많아야 한다! 부란 늘 상대적이다.

우리나라도 서울과 그 주변에 사람이며 돈이 모두 몰려 문제가 심각한데 프랑스도 이런 점에선 좀 비슷하다. 프랑스도 파리 중심이 강하다.

지금 파리는 스무 개 구로 구성된 파리 시에 약 200만 명이 살고 우리식으로 치면 '수도권'쯤 될 '파리권'에 약 1,100만 명 정도가 살고 있다. 파리권은 '프랑스 섬ils de France'이라고 불린다. 프랑스 1인당 국민소득은 2008년에 약 4만 6,000달러 정도였으니 우리나라보다 한 사람당 두 배

반 정도 잘 산다. 그런데 파리권만 따지면 1인당 소득은 대략 6만 9,000달러가 넘는다. 우리나라보다 파리권 사람들은 세 배 반쯤 잘 사는 사람들이다. 서울 시민들의 1인당 소득은 2만 달러정도다.

하지만 그렇다고 해서 파리 사람들이 다들 럭셔리를 살 수준이 되지는 않는다. 럭셔리는 보통쯤 되는 사람들이 소비하는 물건이 아니다. 럭셔리는 부자들이 많아야 장사가 된다.

파리권의 지역 GDRP(Gross Regional Domestic Product)와 프랑스의 소득분배 같은 몇 가지 통계들을 놓고 계산해보았다. 파리에서 잘 살기로 상위 1퍼센트에 들어가는 사람들은 평균적으로 1인당 57만 달러쯤 번다. 우리 돈으로 치면 6억 원이 넘는 돈이다. 프랑스가 우리보다 소득분배가 평등한 편인데도 그렇다.

우리나라에서는 상위 1퍼센트쯤 되면 1인당 소득이 4만 달러가 조금 넘는다. 프랑스에서 상위 1퍼센트에 들어가는 부자는 우리나라 1퍼센트인 부자들보다 열두 배쯤 부자라고 생각하면 된다. 그런데 이렇게 '돈이라면 꽤 있지'라고 으스댈 만한 부자들이 많고, 전체적으로도 파리 시민들은 서울 시민들보다 훨씬 부유하지만 파리 시민들만을 상대해서는 오트 쿠튀르가 살아남지 못한다. 장신구나 향수 같은 잡화도 마찬가지다.

왜일까? 아마 두 가지 중 하나일 것이다. 오트 쿠튀르나 다른 럭셔리 상품들이 워낙 비싸서 부유한 파리 시민들에게조차 너무 비싸거나, 아니면 파리 시민들은 돈이 많은 듯하지만 사실은 별로 돈이 없거나.

우리는 보통 현실에서 소비자이지만 지금은 한번쯤 럭셔리 브랜드를 만드는 생산자라고 상상해보자. 내가 메종 샤넬 직원이거나 에르메스 경영진이거나 아니면 고급 자수공방을 하고 있거나 향수 원액을 만드는 고급 기술자라고 상상해보자. 그렇다면 파리에 돈 많은 사람들이 얼마나 되는지 상당히 정확하게 알고 있어야 한다. 이건 기업의 사활이 걸린 문제다. 정작 파리 시민들은 사치에 쓸 돈이 없는데도 파리 취향에 맞는 물건만 잔뜩 만들었다간 은행 빚만 쌓이고 가게가 문을 닫을 수도 있다.

보수적인 19번지, 현대적인 31번지

파리는 중심지부터 달팽이처럼 뱅글뱅글 돌며 숫자를 붙여 '구'에 번호를 매긴다. 그래서 서울로 치면 종로구나 중구쯤인 센 강 위쪽 가운데에 '1구'가 있고, 센 강 아래 소르본 대학이 있는 곳에 '4구', 다시 강 위로 올라가 루브르 궁전쯤에 '7구'와 '8구'가 있다.

서울에서는 강남구와 서초구 주민들이 특히 잘 살듯 파리에도 그런 지역이 있다. 서울로 치면 종로구나 중구에 해당되는 1, 2구나 7, 8구는 전통적인 파리의 옛 귀족이나 부르주아들이 살고 유서 깊은 럭셔리 메종들도 여기에 있다. 아서 카펠이 샤넬에게 '장사는 여기서 해야 한다'며 집어준 캉봉 거리도 여기에 있다. 파리에서 서울의 강남에 해당하는 15구와 16구는 나프NAP라는 별명으로 불린다. 뇌이유 쉬르 센Neuilly-sur-Seine, 오퇴이유Auteuil, 파시Passy라는 세 동네의 앞 글자를 따 지은 이름이다.

샤넬은 귀족들이 드나드는 부티크 거리이자 세계에서 제일 호화스런 호텔 중 하나인 리츠 호텔이 있고 프랑스 법무부가 있는 방돔 광장 주

변에 자리를 잡았다. 그녀의 작업장과 메종 샤넬 본점이 있는 캉봉 가 31
번지는 정사각형 꼴인 방돔 광장을 둘러싼 건물들의 왼편 길 건너에 있
다. 방돔 광장은 가운데에 아주 오래된 승전 기념탑이 있고 승전 기념탑
을 중심으로 디귿자 모양 건물 두 동이 [ ]모양으로 마주보고 있다. 기념
탑 왼쪽 동에는 샤넬이 친구들을 불러 저녁을 먹고 그녀가 죽을 때까지
머물던 리츠 호텔과 법무부가 있고 마주 보이는 건물에는 샤넬 보석매장
이 있는 캉봉 가 19번지와 까르띠에 같은 왕정 시대부터 이어온 다른 럭
셔리 매장들이 있다.

　　샤넬은 리츠 호텔에서 머물면서 방돔 광장 쪽으로는 캉봉 가 19번지
매장을 바라보고 길 쪽 창으로는 캉봉 가 31번지 매장을 볼 수 있었을 것
이다. 나는 파리를 방문해 리츠 호텔에서 탑을 가로질러 샤넬 보석매장까
지 걸으며 샤넬의 아침 출근길을 상상했다. 아마도 샤넬은 오전에 느지
막이 일어나 화장을 하고 호텔을 나서 광장을 가로질러 19번지에 들렀을
것이다. 다 해야 200걸음 남짓한 길이라 2~3분밖에 걸리지 않았을 테지
만 파리 사교계를 흔드는 주요 인물들이 쉴 새 없이 오고갔을 이 광장에
서 샤넬은 친구나 유력 인사를 만나 인사를 나누거나 밀담을 주고받았을
지도 모른다. 때로 누군가는 우연을 가장해서 샤넬을 만나기 위해 광장
어디에선가 기다리고 있었을지도 모른다. 31번지 매장으로 바로 가는 날
들이 더 많았을 텐데, 이런 날은 방돔 광장 쪽으로 가지 않고 건물을 돌
아서 유명한 부티크들이 즐비한 캉봉 거리를 걸었을 것이다. 생각보다 파
리는 추운 편이고 날씨도 화창하지 않은 쪽이기 때문에 샤넬도 출근길에

낭만에 빠지진 않았을 것 같다. 그리고 이렇게 걸어도 채 500걸음이 되지 않는다. 그녀는 '직주근접' 신봉자였을까?

나는 먼저 리츠 호텔과 광장을 끼고 마주 보는 19번지 보석 매장으로 들어갔다. 메종 샤넬은 코스튬 쥬얼리로 유명하지만 진짜 다이아몬드로 만든 장신구 전시회를 열기도 했고 비싼 보석들로도 장신구를 만들었다. 19번지 매장은 파인 쥬얼리 보석매장이다. 매장은 2층인데 1층과 2층이 계단으로 연결되어 있다. 정면엔 샤넬이 아꼈다는 칠보 병풍을 둘렀고 메종 샤넬 장신구 시리즈의 대표 격인 유성 고리에 별이 달려 마치 옷걸이처럼 보이는 목걸이, 그 문양을 이용한 펜던트, 동백꽃 무늬, 십자가 모양의 팔찌와 목걸이 시리즈 등이 전시되어 있다. 매장은 마치 편안한 살롱처럼 여러 방으로 나뉘어있고 차를 마실 수 있도록 준비되어 있었다.

조용하고 은은하게 깔리는 클래식 음악에, 두드러지지 않게 낮게 웃으며 대화를 나누는 손님들은 다른 손님 혹은 메종 직원들과 대화를 나누고 있었다. 손님들은 늘 오고가다 들려 차를 마시고 새로 나온 상품을 구경하고 가는 듯 했다.

나는 친절한 매니저가 안내해 준 테이블에 앉아 샤넬에 대한 책들을 몇 권 보며 주변을 둘러보았다. 여유로운 음악, 친한 친구처럼 차를 나누며 환담을 나누는 손님과 점원들. 그들은 마치 '우리는 물건을 사고파는 관계가 아니랍니다'라고 말하는 듯 보였다. 그리고 손님들은 대부분 내국인이었다. 영어나 다른 언어로 대화를 나누는 테이블이 없었다.

고가인 보석류를 여행하다 덥석 사는 사람은 거의 없다. 사람들은 일반적으로 비싼 물건을 살수록 신중하고 오래 시간을 들여 생각하는 법이다. 그러니 자녀를 결혼시키며 목걸이와 반지를 고르건 아니면 특별한 기념일을 위해서 고르건 보석을 사는 사람들은 여러 가지 멋진 물건들을 비교하면서 어떤 쪽이 좋을지 여유를 갖고 비교하고 싶을 것이고 그 시간 자체를 즐기고 싶은 마음일 것이다. 고가인 물건을 고르는 만큼 후회하지 않기 위해 적절한 조언도 받고 싶을 것이다.

물건을 파는 입장에서도 하나하나가 고가인 만큼 매매를 성사시키는 것 자체가 중요하다. 그렇기 때문에 손님이 흡족할 물건들을 가능한 여럿 선보이며 만족스러운 선택을 할 때까지 시간을 넉넉히게 갖도록 한다. 그러니 서둘러서 일어나지 않도록 차도 준비하고 여유롭게 대화할 공간도 마련한다. 그리고 이렇게 비싼 보석은 파리 안에서도 살 수 있는 사람이 많지 않고, 살 수 있어도 보석을 좋아해서 직접 사는 사람은 한정되어 있다. 매장과 손님은 친구처럼 돈독해 보일 수밖에 없다.

이런 이유인지 19번지 매장 점원들은 매니저를 제외하면 프랑스어가 아닌 언어에는 익숙지 않은 듯 보였다. 캉봉 가 19번지 점원들은 늘 오는 손님들이 자국인이기 때문에 굳이 영어를 구사할 필요가 없는 것이다.

다시 31번지의 메종 샤넬 본점을 향했다. 샤넬은 리츠 호텔에 묵는 손님들이 내려다볼 수 있는 이 거리에서 2층에 모자 가게를 열었다. 아서 카펠의 도움으로 처음 파리에 열었던 바로 그 매장이다. 모자 가게는 캉봉 가 21번지였지만 1920년대 이후로 본점은 늘 31번지에 있다.

파리는 제2차 세계대전 중 독일군에 점령된 적이 있다. 이 시절 샤넬의 행보는 프랑스의 애국심과 자존심을 상하게 한 듯하다. 하지만 연합군은 파리를 되찾는다. 파리의 봄이 돌아오자 연합군의 꽃다운 젊은 병사들이 캉봉 거리에 길게 줄을 서기도 했다. 고향의 연인이나 아내에게 줄 샤넬 넘버 파이브 향수를 사기 위해서였다.

1954년에 일흔이 넘은 샤넬이 다시 패션계로 복귀해 이 가게의 문을 다시 열고, 다시 세계경제가 좋아져 파리가 여행객으로 붐비면서 매장 문은 얌전히 닫혀있을 틈이 없었다. 샤넬이 만든 패션 세계에서 낭만의 한 조각을 갖고픈 수많은 여인들이 이 가게에 들어와 작은 향수 한 병, 지갑, 브로치를 기념으로 구입해 가곤 했다.

쇼윈도에는 길게 땋은 금발머리를 둥글게 머리에 얹은 스타일의 마네킹들이 새로운 시즌의 의상을 입고 있다. 마네킹들은 아름답기로 유명한 우크라이나의 율리아 티모첸코 전 수상과 놀랍도록 닮았다. 마네킹 옆에 쌓인 건초더미는 마치 샤넬이 전성기에 러시아 농촌 전통의상 루바시카풍 스타일을 유행시켰던 걸 아느냐고 물어보는 듯 했다.

본점인 31번지 매장은 오트 쿠튀르 의상부터 향수와 화장품까지 모두 모여 있다. 입구부터 향수와 액세서리를 사러 온 관광객들로 발 디닐 틈 없이 사람으로 붐비고 있었다. 휴가철도 아닌 어중간한 11월인데다 평일 낮인데도 이렇게 붐빈다면 크리스마스 같은 특별한 날엔 정말로 밖에 줄을 설 것 같다.

31번지 매장에서 흐르는 음악은 19번지와 전혀 다르게 현대적이다. 왠지 가벼운 마음으로 행동할 수 있을 것만 같다. 그런 기분을 느낄 때 매장 점원이 친절히 다가와 "May I help you?"하고 말을 건넨다. 그중 한 점원은 만면에 웃음을 띠고 다가와 내게 한국어로 말을 건넸다. "안녕?" 말이 뒤가 좀 짧은 듯해서 당황했지만 같이 인사를 하는 수밖에 없다.

비슷한 일은 일본에서도 있었다. 나리타 공항에서 입국심사를 받는 중이었다. 친절한 출입국 직원은 한국어로 '손을 올려 주세요', '(단추를)눌러 주세요'하고 말했다. 그런데 간단한 절차를 마치고 공항 안으로 들어가려는데 그가 남긴 말이 인상적이었다. 그는 한국말로 "고마워"라고 말했다.

존댓말과 반말이 분명한 한국어 사용자로서 이런 상황을 맞으면 종종 당황하게 된다. 뭐라고 대꾸를 해야 할까. 같이 반말을 해야 할까, 아니면 정중하게 경어를 써야 할까?

아무튼 파리 중심가의 파리 본점의 직원이나 나리타 공항 출입국 직원들이 한국말을 한두 마디쯤 가볍게 할 줄 알게 되었다는 건 지난 몇 년간 일어난 작은 변화다. 한국은 우리 스스로가 자각하는 것보다 훨씬 비중 있고 영향력 있는 여행과 패션 소비국이다.

그러고 보니 31번지 매장은 여행객으로 가득했다. 부유해 보이는 중국인, 일본인, 간간히 들리는 한국어. 언뜻 보아도 매장 손님들은 60~70퍼센트는 아시아계 같다. 오히려 내국인 손님이 드물어 보인다. 19번지에선 쉽게 볼 수 있던 나이 느긋한 손님은 그나마 더 보기 어렵다. 31번지는 프랑스의 젊은이와 외국인 관광객이 중요한 손님들이다. 본점인 31번지는 액세서리, 가방, 화장품, 슈트, 이브닝드레스까지 샤넬이 만드는 모든 물건을 진열하고 있지만 매상은 주로 액세서리와 향수 쪽에서 올리고 있는 게 분명했다.

옷을 만들 때 메종 샤넬이 보여주는 전략은 샤넬이 생전에 추구하던 단순하고 우아한 스타일과 여성 슈트의 고전이 된 기본형들을 살리면서도 시대가 추구하는 유행을 반영한다는 것이다. 1987년부터 메종 샤넬에서 수석 디자이너 자리에 있는 칼 라거펠트와 메종 샤넬의 구성원들은 이 전략을 줄곧 고수하고 있다.

이 전략의 핵심은 젊은 층이 샤넬을 '늙은 옷'이라고 생각하지 않도록 하는 것이다. 샤넬 옷은 우아하지만 50~60대 부유한 사모님들이 입는 옷이라는 이미지에서 벗어나지 못하면 구매력이 좋은 젊은 여성들이 찾지 않는다. 그리고 사람들은 젊었을 때 입던 스타일을 고수하는 경향이 있기 때문에 예전엔 입지 않았는데 갑자기 50~60대가 되었다고 안 입던 옷을 입지도 않는다. 그러니 고전적이고 슈트의 교본 같은 스타일을 확실하게 보여주면서도 젊고 유행을 선도하는 느낌이 나야한다는, 아주 모순적이고 까다로운 좁은 길을 메종 샤넬의 사람들은 걸어왔을 것이다.

해서 캉봉 가 31번지에서는 젊고 개방적인 분위기가 흐르고, 최고 부유층이 아닌 사람들도 구매할 수 있는 여러 가지 향수며 액세서리, 화장품이 매출에서 더 중요할 것이다. 새로운 소비자들이 메종 샤넬이나 다른 오트 쿠튀르 메종들이 자랑스럽게 여기는 전통들을 잘 모르더라도 패션과 유행에 민감하고 구매력이 있다면 쉽게 문을 열고 들어오게 되는 분위기여야 한다.

반면에 어차피 오래된 프랑스 손님들이 주 소비자인 19번지 매장은

캉봉 가 31번지

샤넬 생전에는 옷을 만들고 판매하던 이곳에서 패션쇼를 열었다. 당시엔 음악도 없었고
번호표를 든 모델들의 구두 소리만이 객석과 매장 안에 울렸다.

샤넬 특유의 분위기인 '바뀌지 않는 곳'이라는 이미지를 주고 전통과 권위를 지키려고 노력한다는 느낌을 유지하는 게 중요하다. 그래서 오히려 매장은 조용하고 친밀한 소수가 모이는 클럽 같다.

하지만 캉봉 가 31번지 매장이 젊고 개방적인 분위기로 흐르는 이유는 단순히 '새로운 젊은 손님'들을 모으려는 데에만 있는 게 아니다. 파리 시민들, 넓게는 프랑스 사람들만으로는 오트 쿠튀르나 고급 기성복 사업을 계속 이어갈 수 없기 때문이다.

샤넬을 비롯한 다른 오트 쿠튀르 메종들은 이익이 별로 나지 않는데도 오트 쿠튀르 사업을 포기하지 않고 계속 이어간다. 일단 메종들 자체도 오트 쿠튀르가 자신들이 지닌 정체성이자 전통이라고 여기고 최고급 기술과 개성을 이어간다는 자부심을 갖기 때문이다. 그리고 몇몇 메종은 슬그머니 오트 쿠튀르 협회에서 나와 기성복인 프레타 포르테 패션쇼에만 참여하면서도 사람들에게 이 사실을 굳이 알리지 않는다. 대중들은 오트 쿠튀르라는 완벽한 옷감과 재단, 바느질을 할 수 있는 전통의 메종이 창조한 환상 한 자락을 사려한다. 때문에 더 이상 오트 쿠튀르라는 완벽한 세계가 없다고 하면 메종 전체가 지닌 환상도 풀이 죽고 주저앉은 케이크처럼 매력을 잃는다.

럭셔리를 즐길 수 있는 부의 크기는?

오트 쿠튀르 의상을 즐기려면 돈이 얼마나 있어야할지 간단하게 계산해보자.

　샤넬 투피스 슈트의 가격은 1,000~1,500만 원가량이고 오트 쿠튀르 드레스라면 1억 원에 가깝다. 어떤 부인이 한 메종의 '단골' 소리를 들으려면 일 년에 슈트 두 벌 정도는 산다. 그렇다면 이 부인은 최소한 일 년에 3,000만 원 정도를 자기 의상비로 지출할 여유가 있다는 뜻이다. 부인이 이 정도 비용을 의상비로 쓰고 있다면 남편 역시 비슷한 수준으로 의상비를 지불하고 있다고 가정할 수 있다. 자녀들 역시 어머니가 오트 쿠튀르 슈트를 입고 나가는 자리에 동반할 수 있는 고급 의상을 입을 테니, 이 가족은 연간 의상비로 1억 원 정도는 쓸 수 있어야 한다. 드레스를 산다고는 아직 가정하지 않았다. 그런데 이 정도로 좋은 옷을 사는 사람은 그만큼 다른 영역에서도 돈을 쓰게 된다. 자선파티도 열어야 할 테고 기부도 해야 할 테고 고급 크루즈 여행이나 리조트 여행도 가게 될 것이다. 이렇게 대략 잡아서 자신에게 2억 원 정도는 쓸 수 있어야 오트 쿠튀르급 메종 소비자가 된다.

　그렇다면 이 정도 돈을 소비할 수 있을 만큼 돈을 버는 사람들이 파리에 몇 명이나 살고 있을까? 앞에서 언급했던 것처럼 파리권에 사는 시민 중 상위 1퍼센트정도는 일 년에 6억 원 가까이 되는 수입이 있다. 프랑스는 우리보다 조세부담율도 높고 소득이 높을수록 세율이 높아지는 누진율도 높다. 아마도 6억 원 소득이면 대략 3억 5,000만 원 정도가 세금을 제한 실제 소득이 될 것이다. 상위 1퍼센트 인구의 절반인 여성은 5,000명 정도니까, 파리권에서 5,000명 정도의 여성만이 자신이 원할 때 오트 쿠튀르 의상을 입을 정도의 소비 수준이 높은 삶을 살 여력이 된다.

값비싼 오트 쿠튀르 옷을 직접 사 입을 만한 여력이 있는 사람들은 세계
적으로 부유한 도시인 파리에도 그다지 많지 않다.

그런데 프랑스에는 우리나라와는 다르게 계급문화라는 게 있다. 영
국, 독일 등 다른 유럽 국가들에도 계급문화가 있지만 프랑스도 그 나라
들 못지않게 계급문화가 강하다. 1789년에 프랑스는 국왕 루이 16세까지
처형하며 혁명에 성공했다. 그것도 의회에서 시민대표가 의결해서 왕을
단두대에 보낸 나라다. 프랑스대혁명 이후로도 19세기에 여러 번 왕정을
회복하려는 시도들이 있었지만 시민혁명이 막았다.

프랑스의 역대 대통령 중에서 7년 임기를 두 번이나 마친 고故 미테
랑 대통령은 좌파당인 사회당 출신이었다. 우리나라에서는 겪지 못한 일
이지만 이 나라는 노동자들이 모여 만든 정당인 좌파 정당이 유력한 야
당이 되는 일은 물론 집권하는 일이 일상이다. 어떤 일을 하건 일을 하는
사람을 '노동자'라고 부르는 데 파리 시민들은 부담스러움이 없다.

그래서인지 비록 자기 능력으로 돈을 많이 벌었다고 해도 그 옛날
왕이나 귀족들이 만든 문화를 흉내 내는 건 자존심이 상한다고 여기는
듯하다. 5,000명쯤 되는 잠재적인 오드 쿠튀르 손님들 중에서 귀족 출신
이 아니고, 그런 문화에 끼고 싶은 욕망도 별로 없는 사람들이 또 얼마간
있다. 그런 사람들이 빠지고 남은 인구 정도로는 오트 쿠튀르 메종에서
일하는 고급 기술자들과 사치스러운 최고급 원자재들을 감당할 수 없다.
이런 이유로 파리가 자랑하는 오트 쿠튀르 메종들은 파리권에 사는 시
민들만으로는 이 자부심 넘치는 사업을 유지할 수 없다.

캉봉 가 31번지가 오트 쿠튀르로 유명한 그 샤넬의 본점이면서도 서울이나 도쿄의 샤넬 매장보다도 귀족적인 분위기를 내세우지 않고 오히려 젊고 개방적인 분위기를 내는 이유는 여기에 있다.

파리 시민들은 오트 쿠튀르 드레스나 기성복 슈트와 비교하면 훨씬 저렴한 가방조차도 잘 들고 다니지 않는다. 서울 시민보다 세 배쯤 부유한 파리 시민이지만 그들이 새 시대를 열기 위해 목숨 걸고 싸운 구시대 귀족들의 문화는 별로 원하지 않는다. 적어도 일반 시민들이 별 비판 없이 갖고 싶어하는 분위기는 아니다.

서울이라면 압구정동이나 청담동에서 럭셔리 브랜드 가방은 거리에서 아주 흔하게 볼 수 있다. 하지만 파리에서는 부유층이 모여 사는 16구나 귀족적인 분위기로 가득한 오페라 거리, 고급 부티크가 즐비한 생토노레를 걸어도 거의 보기 어렵다.

파리는 샤넬이 여성 슈트의 오리지널을 탄생시킨 곳이지만, 공교롭게도 이 도시는 분에 넘치는 소비를 하지 않는다. 어쩌면 150여 년 전에 플로베르가 냉정한 눈으로 관찰했던, 무리해서 파리 귀족사회를 동경하던 많은 여성들이 겪은 비극이 사람들에게 경험과 지혜를 주었기 때문일지도 모른다.

패션은 유행과 동의어고, 유행은 꼭 필요하지 않아도 취향에 맞춰 무언가를 더 사는 소비를 말한다. 하지만 못 사면 죽을 것 같은 기분이 든다고 자기 지갑이 직면한 현실을 무시하면 정말로 죽을 수도 있는 빚이 쌓일 수 있다. 플로베르의 엠마처럼!

샤넬의 수장 칼 라거펠트, 스파와 만나다

"넌 어쩜 그런 드레스를 다 입고 있니, 루?" 하고 눈까풀이 좀 부석부석한 눈에 귀여운 냉소를 띠고 낸시는 눈에 거슬리는 루의 드레스를 훑어보았다.
"악취미가 드러나 보여, 얘."
"내 드레스가!"
화가 나서 눈이 둥그래진 루는 소리쳤다.
"아니, 이 드레스는 16달러나 준거야. 25달러나 하는 물건이라구. 어떤 여자가 세탁하라고 맡겨 놓곤 찾아가지 않아서 내가 주인한테서 산거야. 몇 야드나 촘촘하게 수놓은 것이 달려있어. 그보단, 네가 입고 있는 그 보기 흉한 싸구려 옷 얘기나 해."
"이 보기 흉한 싸구려 옷은 말야"하고 낸시는 조용히 말했다.
"밴 울스타인 피셔 부인이 입고 있는 옷을 본떠서 만든 거야. 점원들 얘기로는, 부인은 작년 한 해에 우리 백화점에 지불한 돈이 1만 2,000달러나 된대. 이건 내 손으로 만든 거야. 1달러 50센트를 들여서 말야. 10피트 떨어진 곳에서 보면, 그 부인 옷과 어느 것이 진짠지 분간도 못 해"

- 오 헨리, 〈손질 잘 한 램프〉 중에서

'서울 사람' 만들어주는 학교, 백화점

루는 세탁소에서, 낸시는 백화점에서 일하는 고향 친구 사이다. 낸시는 루를 세련되지 못하다고 나무라고, 루는 낸시를 백화점에 오는 귀부인들의 옷이나 조잡하게 흉내 낸다고 나무라는 사이다. 낸시는 비록 급료는 루보다 적게 벌지만 백화점을 마치 학교처럼 다닌다. 그곳에서 낸시는 교양을 쌓고, 백화점 단골손님인 밴 올스타인 피셔 부인을 숭배한다. 낸시는 부인이 옷 입는 스타일부터 악수하는 법까지 모든 걸 따라한다. 그렇게 낸시는 비록 가난하지만 안목만큼은 귀부인 못지않게 우아하게 가꾸며 살아간다.

얼핏 보면 이 소설에서 낸시는 허영을 키우고 루는 성실한 삶을 사는 듯 보인다. 하지만 친절한 작가인 오 헨리O Henry는 낸시가 백화점에서 교양과 안목만이 아니라 허영심과 진실을 구분하는 분별심까지 배우게 해준다. 결국 낸시가 루의 연인이었던 성실한 전기 기사 댄과 맺어지도록 소설을 끝맺음한다. 정작 루가 부유한 남자를 선택해 댄을 떠나갔기 때문에 생긴 행운이었다. 낸시는 어떻게 '좋은 남자'를 분별할 수 있었을까? 백화점에 오는 허다한 부자들을 보며 단지 '부'를 내세우는 남자들에겐 환상을 갖지 않게 된 것일까?

어쨌든 낸시가 다닌 백화점은 오 헨리가 보기에는 여성들을 위한 학교였다. 안목이건 예절이건, 시골에서 막 올라온 가난한 여성들도 백화점에 다니면 귀부인 못지않게 화려하고 좋은 것들을 얼마든지 볼 수 있다.

1954년, 일흔이 넘은 나이에 패션계에 복귀한 샤넬은 패션쇼 장에 앉은 젊은 부인들을 보며 새로운 시대가 왔음을 한번에 알아챘다. 젊은 부인들은 오트 쿠튀르를 살 수 있는 재력은 갖추지 않았지만 먹고사는 문제 정도는 해결했다. 고등교육을 받았기 때문에 신문과 잡지를 읽었고, 무엇보다도 패션에 관심이 많았다. 그들은 세련된 스타일을 좋아했고 오트 쿠튀르를 만드는 그랑 쿠튀리에들이 갖춘 창의성을 존중했다. 그리고 새로운 패션 흐름을 남보다 먼저 알길 원했다.

패션계에 새로 나타난 손님들. 그들의 이름은 대중이었다. 대중이 시대를 끌고 있었다. 그들은 사회가 생산한 부를 독차지하던 옛 시절 귀족들만큼 돈이 많지는 않다. 그 시절 귀족들은 발에 채일 만큼 부를 끌어모았으니 평범한 시민들에겐 정당한 몫이 가지 않았지만 지금은 다르다. 부유하지 않더라도 구두라면 여러 켤레가 있다. 유행이 바뀌면 스커트나 재킷도 새로 사 입을 여유는 충분하다. 그리고 무엇보다 할머니, 할아버지 세대처럼 아무렇게나 같은 옷을 입고 다닐 생각은 없다.

동서 할 것 없이 우리 할머니, 할아버지들의 패션은 비슷한 수준이었다. 집안 살림이 넉넉하거나 명절에 운이 좋으면 새 옷감을 끊어다 지어 입을 뿐이지 결혼한 부인은 옥색 저고리에 남색 치마, 결혼 선 넘기어리 처녀는 다홍치마, 어린이는 색동 저고리를 입는 건 늘 같았다. 그러다 '유행'이란 게 개화기에 들어오고 서양식으로 '외출복'이 생기면서 어머니들은 특별한 날 양장을 맞추게 되었고 공장에서 일하는 노동자건 농부건, 가난하건 부자건 결혼식장에 갈 때는 양복을 입게 되었다.

하지만 어머니들보다 훨씬 많이 배운 딸들은 이제 양장 한 벌이 있다는 데 만족하진 않는다. 초일류 디자이너가 제안한 세련된 최신 스타일을 입지 않으면 어딘지 불편한 사람이 된 것이다. 오트 쿠튀르까지 입진 못하더라도 낸시가 피셔 부인의 옷을 흉내 내 만든 옷처럼 몇 미터 떨어져서 보면 뭐가 진짜인지 구분 못하게 비슷한 스타일로 만든 옷을 입는다.

대중이 새로운 소비 시대를 열고 한 시대를 풍미하는 거친 물결이 되리란 걸 샤넬은 알았다. 20세기 최고의 소비자는 누가 뭐래도 귀족이 아니라 대중이었다.

패션이 진화하는 법

패션은 우리가 짐작하는 범위보다 우리가 살고 있는 이 '물질문명'과 '산업사회'에서 훨씬 중요하다.

우주로 쏘아 올리는 발사체 기술이며 심해를 조사하는 탐사로봇 같은 첨단 기술과 비교하면 별 것 아닌 것 같고, 어떤 남성은 머리가 가벼운 여성이나 좋아하는 것처럼 패션을 매도할지 모른다. 그런데 실은 패션산업에서 제일 먼저 기계가 등장했고, 공장도 지어졌고, 자본도 모았다. 시골의 농부들을 도시의 공장노동자로 만든 산업사회의 할아버지다.

한때 영국은 지금 미국보다 더 힘이 셌고, 다른 나라들보다 훨씬 잘 먹고 잘 살았다. 산업사회도 영국에서 제일 먼저 발달했다. 그때 가장 처음으로 사람들이 만들었던 기계가 바로 방적기다. 옷감 짜는 기계 말이다! 영국의 공장에서 모직 옷감을 만들어대면서 전 세계 역사가 지금처럼 만들어졌다.

그런데 뭐든 잘 되면 경쟁이 붙고, 그러면 이윤도 떨어지게 마련이다. 삼겹살 가게가 잘 되면 너도나도 그 거리에 삼겹살 가게를 열고, 그러면 처음 시작한 사람의 매출이 줄고 다른 가게들도 처음만 한 돈벌이를 못 하게 되는 것과 이치가 똑같다.

패션도 마찬가지다. 영국에서 질 좋은 옷감을 그 전과 비교하면 상상도 할 수 없게 싼 가격으로 만들자 패션의 시대가 열렸다. 귀족들은 더 여러 벌 옷을 맞추게 되고 부유한 시민들도 몇 벌쯤은 귀족들이 입는 화려한 외출복을 지어 입었다. 구두장이나 빵 장수도 일요일 교회에 갈 땐 여느 신사들과 구분되지 않을 좋은 외출복을 갖추었고, 옷차림에 별로 신경 쓰지 않는 농부들조차 결혼할 땐 신사용 슈트를 지어 입을 정도로 세상이 달라졌다.

그래서 샤넬이니 푸아레니 스키아파렐리Elsa Schiaparelli니 하는 사람들이 오트 쿠튀르의 황금시대를 마음껏 누릴 수 있었다. 하지만 사치하던 귀족들의 시대는 역사의 뒷장으로 사라졌고 화려한 파티도 퇴장했다. 대신 샤넬이 '슈트가 필요하겠어'라고 생각하게 만들었던 커리어 우먼들과 슈트를 출근복으로 입는 비즈니스맨들의 시대가 왔다. 일하면서 입기엔 불편한 쪽에 가까운 오트 쿠튀르 의상들의 전성기가 지나고 이브 생 로랑이 첫 문을 연 '리브 고쉬' 같은 고급 기성복 시대가 시작된다.

하지만 시대는 또 바뀌었다. 젊은이들은 기성질서를 거부하며 반항하는 의미로 아예 청바지를 입어버렸다. 프랑스에서는 청바지를 입는 고등학생과 대학생들이 중심이 되어 68혁명을 이끌었다. 68혁명을 계기로 대학들의 서열이 없어졌고, 귀족들이 주로 가던 사립대학들도 모두 국립대학이 되었다. 이 시절 우리나라는 정치적으로는 암울한 독재시대가 계속되고 있었고, 송창식·양희은·김민기 같은 가수들이 청바지를 입고 통기타를 메고 나와 젊음과 저항을 노래했다.

한 오트 쿠튀르 디자이너는 상류층 여성의 옷을 만들면서 그 집 딸들이 커서 자기 메종 단골이 되겠지 하고 생각했다. 그런데 그 집 딸이 청바지를 입고 거리 집회에 나가는 걸 보며, '이제 오트 쿠튀르 메종이 문 닫을 때가 곧 오겠구나' 하고 깨달았다고 한다.

청바지를 입고 거리로 나온 '딸'들은 오트 쿠튀르에 가지 않았지만 패션에 대한 욕구가 없는 건 아니었다. 메종 대신 거리에 나온 유행에 더 민감했을 뿐이다. 메종들과 럭셔리 회사들의 경영이 어려워지기 시작했다. 그렇게 1970년대가 지나고 1980년대가 흐르던 그 때, 칼 라거펠트라는 젊은 독일계 디자이너가 메종 샤넬의 수석 디자이너가 된다.

메종 샤넬은 베르트하이머 집안 소유다. 베르트하이머는 '부르주아'라는 화장품 회사를 갖고 있었는데 샤넬이 조향사 에르네스트 보와 함께 향수 샤넬 넘버 파이브를 시장에 내놓을 때부터 '향수 샤넬'의 지분을 갖기 시작했다. 샤넬에겐 넘버 파이브를 생산할 시설을 만들 만한 자본이 없었고 베르트하이머에겐 있었다. 이후로 아주 오랫동안 샤넬과 베르트하이머는 경영권을 두고 법정 전쟁을 치르기도 하는데, 1950년대에 샤넬이 복귀할 무렵 샤넬은 경영권을 베르트하이머에게 넘긴다. 대신 베르트하이머는 샤넬 몫으로 돌아가는 수익 외에 세계 최고급 리츠 호텔에서 생활하는 샤넬의 개인 경비는 물론이고 심지어 세금과 우표 값까지 부담하기로 했다.

하지만 샤넬이 1971년 사망한 이후 메종 샤넬은 한동안 고전했다. 메종 샤넬의 옷이 나이 느긋한 부유한 부인들이 입는 옷의 느낌이 강했던 것도 매출이 나빴던 이유였다. 이런 고민을 하던 중 베르트하이머 집안이 선택한 사람이 칼 라거펠트였다. 라거펠트는 1987년부터 지금까지 무려 30년이 넘는 동안 메종 샤넬에서 수석 디자이너 자리를 지키고 있다.

칼 라거펠트, 샤넬을 다시 여왕의 자리로 올리다

유행에 민감해서 몇 시즌만 지나도 디자이너가 뜨고 지는 패션 세계에서 30년 넘게 자기 자리를 지킨다는 것 자체가 보기 드문 일이다. 라거펠트가 선택한 이미지는 한마디로 말하면 '원조 샤넬, 젊은 샤넬'이었다. 그는 샤넬이 여성 슈트를 만든 원조라는 점과 메종 샤넬이 가장 오래된 오트 쿠튀르 중 하나라는 점을 강조하면서, 매 시즌마다 샤넬이 만들었던 여러 스타일들을 변주하며 샤넬은 변치 않았다고 강조한다. 특히나 샤넬이 유행시킨 카디건 슈트나 트위드 슈트는 거의 매 시즌 새롭게 발표한다. 샤넬 자신도 비슷하면서도 한번도 만들지 않았던 슈트를 매 시즌마다 내놓곤 했다. 하지만 라거펠트는 동시에 그 시즌의 유행에 맞게 숏 팬츠나 킬힐 같은 상품도 같이 내놓는다.

실용성과 편안함을 강조했던 샤넬이라면 반대했을지도 모를 선택이다. 샤넬은 무릎을 드러내면 몸이 밉다고 미니스커트도 반대했던 사람이니까. 하지만 메종 샤넬이 유행을 무시하지 않고, 젊은 여성들이 샤넬을 입으면서 동시에 유행 스타일도 입을 수 있다는 메시지는 전달할 수 있었을 것이다.

라거펠트는 좁은 길을 선택했지만 메종 샤넬은 지금까지 버티고 있다. 무수한 오트 쿠튀르들이 대기업으로 합병되고 오트 쿠튀르 사업을 포기하고 기성복만을 만들게 되었지만 메종 샤넬은 아직까지 독립된 메종이고 패션산업 전체에 미치는 영향도 대단하다. 매 시즌 패션계는 라거펠트가 무얼 유행시키려 하는지 촉각을 세우고 따라간다.

라거펠트, 스파의 손을 들어주다

라거펠트라는 인물은 패션산업에서 상징적이고 독보적이다. 그런 라거펠트가 스웨덴 스파 브랜드인 에이치앤엠과 협업작품을 내놓았다. 패션산업의 피라미드에서 최상층부에 있는 그와 오트 쿠튀르와 프레타 포르테가 만든 파생시장이라고 할 수 있는 패스트 패션 회사의 '콜라보레이션'이라니! 대형사건이 벌어졌다.

일단 몇 가지 용어부터 설명한 다음에 이 일이 얼마나 놀라운 사건인지 계속 얘기해보기로 하자.

스파SPA는 'Specialized Private Label Apparel'이라는 '자체 브랜드 전문 의류업체'의 약자다. 스파는 브랜드를 내건 회사가 생산부터 유통까지 옷을 만드는 전체 과정을 직접 다룬다. 샤넬이 전성기를 누리던 시절엔 메종들이 자신들이 쓸 옷감까지 직접 생산하는 경우도 많았다. 샤넬도 '샤넬 섬유TIssue Chanel'라는 섬유 회사를 두어 독창적인 옷감을 만들었고, 샤넬을 대표하는 섬유가 된 트위드의 경우에도 그녀의 연인이던 웨스트민스터 공작이 원산지인 스코틀랜드에 있는 트위드 제조 공장을 사주었다는 기록도 있다.

하지만 옷감을 많이 생산하지도 않으면서 공장을 운영하면 만드는 돈은 많이 들고 옷감 가격도 비싸질 수밖에 없다. 오트 쿠튀르들은 점차 옷감 생산을 접는다. 그리고 고급 섬유가 아닌 보통 섬유의 생산은 점차 노동비용이 적게 들고 환경오염 규제도 약한 아시아, 남미, 아프리카 등 제3세계 국가로 옮겨간다. 우리나라도 막 산업화가 시작되던 1970년대부터 1980년대까지는 세계에서 섬유 수출이 몇 손가락 안에 드는 섬유 강국이었다. 지금은 중국, 터키, 모로코 같은 나라들이 이 자리에 있다.

섬유 가격도 그렇고 기성복의 품질이 좋아지면서 오트 쿠튀르 메종들은 가격경쟁에서 많이 밀릴 수밖에 없었고, 오트 쿠튀르를 포기하고 프레타 포르테만 생산하는 메종들이 늘었다. 그리고 그 아래 수준의 기성복 브랜드들은 옷감뿐 아니라 옷 만드는 작업 자체를 외부 공장에 맡겨 비용을 낮춘다. 영어로는 '아웃소싱Outsourcing'이라고 하는데, 요즘 대부분의 의류브랜드의 생산방식은 다 마찬가지다. 회사는 머리만 남아있고 공장이나 원자재 생산은 대부분 외부에 맡긴다. 생산한 옷들도 직접 유통하지 않는 편이다. '세계화'가 진행되면서부터는 이런 흐름이 워낙 당연해졌다.

그런데 상식처럼 자리 잡은 관행을 뒤집은 신진 세력이 스파 브랜드들이다. 이미 우리나라에도 들어온 스페인의 자라Zara, 망고Mango, 스웨덴의 에이치앤엠H&M, 미국의 갭Gap, 이탈리아의 베네통Benetton, 일본의 유니클로Uniqlo는 벌써 도시 일상에 자기 자리를 잡은 것처럼 보인다. 스파 브랜드들은 독창적인 디자인으로 승부하는 편은 아니다. 유행을 선도한다기보다는 럭셔리 브랜드가 패션쇼로 제시한 스타일 가운데 미디어와 거리에서 유행하기 시작한 스타일을 빠른 시간에 생산해서 유통하는 속도전으로 이윤을 남긴다. 자라나 베네통은 공장도 자국에서 직접 경영한다. 저렴한데다 '메이드 인 유럽'이란 환상까지 만족시킨다. 어쨌든 스파 브랜드의 특징은 거리 유행에 아주 민감하고 대단히 빠른 시간에 기획·생산·유통을 끝낸다는 점이다.

보통 유행이 만들어지는 과정은 이렇다. 섬유 회사들이 패션 경향과 사회적인 변화를 예상해 새로운 옷감을 내놓는다. 디자이너들은 옷감을 고르며 시대를 해석하고 자기 개성이 드러나는 새로운 스타일을 내놓는다. 디자인이 공개되는 시점은 반 년쯤 앞이다. 이를테면 내년 가을에 유행할 옷은 올 겨울 패션쇼에 처음 선을 보인다. 유행을 만드는 첫 고리인 섬유 회사 입장에서 본다면 한 2년 쯤 후에 있을 유행을 읽어야 하고 패션쇼를 준비하는 디자이너들도 1년쯤 전에는 시장에서 유행을 이끌 무언가 혁신적인 아이디어를 짜내지 않으면 안 된다.

스파 브랜드들은 디자인으로 고심하지 않는다. 대신에 트렌드를 민감하게 읽고 거리에서 유행하는 스타일들을 단시간에 생산해서 내놓는다. 그리고 한 가지를 대량으로 생산하지 않는 대신 자주 새 상품을 내놓아 팔리지 않는 옷들이 창고에 쌓이는 문제를 풀었다. 그래서 스파는 디자인으로 보면 패션계 1시장이라고 할 수 있는 럭셔리 브랜드 스타일을 많이 따라간다. 소비자들은 잡지에서 보았지만 비싸서 엄두를 못 내던 옷들을 구경하다 그 옆집에서 스타일은 비슷하고 가격은 훨씬 싼 옷을 사게 된다. 스파가 바로 옆집에 있던 가게다.

이름만으로도 빛이 나는 브랜드에서 일하는 디자이너들은 자신들은 고유한 창작자고 스파는 자신들을 흉내나 낸다고 여겼을지도 모른다. 2000년대 초까지 스파와 럭셔리 브랜드 사이의 관계는 이랬다.

그런 럭셔리 브랜드에서도 원조급이며 여성 슈트가 자신들에게서 출발했다는 자부심이 가득한 샤넬의 수석 디자이너가 에이치앤엠과 손을 잡고 자기 이름을 건 옷을 만들었으니 형식파괴도 이런 형식파괴가 없다.

라거펠트는 왜 이런 파격적인 작업을 하게 되었을까? 라거펠트는 패션계에 수십 년을 현역으로 있었고 아주 긴 시간동안 큰 영향력을 가지고 있었다. 그는 패션계가 겪는 흥망성쇠나 희로애락, 그리고 변화에 대해서도 아주 자세하게 알고 있을 것이고 냉정한 판단력도 갖고 있을 것이다. 그는 패션계에 불었던 아웃소싱 바람도, 1980년대 말부터 쇠락해 가던 럭셔리 브랜드 바람이 전 세계에 몰아치는 과정도 직접 겪었다. 오트 쿠튀르와 상관없는 평범한 사람들도 패션의 유행을 꼼꼼히 알고, 향수나 화장품이나 스카프 하나라도 유럽산 럭셔리를 갖고 있다는 걸 잘 알고 있는 사람이기도 하다. 그리고 오 헨리가 그린 백화점 판매원 낸시처럼 취향만은 고급이고 싶은 사람들이 점점 많아진다는 것도 잘 알고 있을 것이다. 어쩌면 스파 브랜드를 통해서 라거펠트를 산 사람들은 나중에라도 구매력이 생기면 다른 브랜드가 아닌 샤넬을 사게 되리라 판단했을지도 모른다. 일종의 팬서비스인 셈.

비슷한 일이 자동차 업계에도 있었다. 예전에 유명한 독일 자동차와 비슷한 국산 중형차 모델의 차 주인들 사이에 그 독일 차의 로고를 붙이고 다니는 유행이 돌았다. 그 독일 차를 생산했던 회사는 상표권 침해로 소송을 걸까 검토했다가 결국 아무런 항의도 하지 않기로 했는데, 자기 회사 로고를 붙이는 소비자들은 잠재적인 자신의 고객들이라고 결론지었기 때문이었단다. 자기 브랜드의 팬들인 셈이고, 이 사람은 나중에 기회가 된다면 경쟁 브랜드가 아니라 자신을 선택할 가능성이 높은 사람들이라는 말이다.

라거펠트도 이런 판단을 했을 것이다. '언젠가 샤넬을 살지도 모른다.' 하지만 그의 선택은 미래에만 구현되는 종류의 이익은 아니다. 경제적으로 보면 이 협력 작업으로 직접 벌어들인 이윤도 만만치 않게 컸을 것이다. 가격이 저렴하면 또 그만큼 매출도 많이 올릴 수 있다. 1,000만 원짜리 옷을 열 벌 팔아도 1억 원이지만 10만 원짜리 옷을 1,000벌 팔아도 1억 원이다. 때로는 10만 원짜리 옷 1,000벌을 팔아 1억 원을 버는 속도가 더 빠를 수도 있다.

스파와 스타 디자이너들이 손을 잡으면 엄청난 영향력이 있는 모양이다. 라거펠트가 에이치앤엠과 함께 내놓은 상품들이 센세이션을 일으

명동

스파도 프레타 포르테 카피를 팔고, 가판대도 샤넬과 디오르를 판다. 샤넬 타월이 2만 원!

키자 후폭풍이 거세다. 니트 옷으로 유명한 프랑스 디자이너 소니아 리키엘은 에이치앤엠에서 속옷 컬렉션을 성공시켰고, 이후에는 그녀의 본래 장기인 니트 옷들을 다시 내놓았다. 물건이 매장에 들어온 날 발 디딜 틈도 없이 사람이 가득했다. 단순하고 세련된 '미니멀리즘'을 추구하는 디자이너 질 샌더는 일본의 스파 브랜드 유니클로에서 '+J'라는 라벨을 단 상품을 내놓았는데, 이 옷을 사기 위해 사람들이 매장 문을 열기도 전에 줄을 설 정도였다.

스파는 대단히 빠른 시간에 생산에서 유통까지 끝내기 때문에 패스트 패션Fast Fashion이라고도 부른다. 사실 스파의 인기는 럭셔리 브랜드의 인기와 영향력과 한 몸처럼 붙어있다. 시장에서 더 많은 사람들이 최신 유행을 원할수록 스파는 인기를 얻는다. 그러던 중 인기 정점에 있는 디자이너들과 손을 잡았다. 이 작업으로 스파는 썩 괜찮은 질을 구현할 뿐만 아니라 디자인에서도 흉내가 아닌 '진짜'라는 타이틀도 따냈다.

가장 비싼 옷을 만드는 초호화 디자이너들이 가장 저렴한 유통업체와 손잡는 패션계 유행은 앞으로도 당분간 계속될 것 같다. 하지만 그 다음엔 어떻게 될까? 사실 스파가 서 있는 자리는 그다지 넓지 않다. 일단 스파는 생태적인 측면에서 약점이 있다. 스파 브랜드들은 전 세계에 매장을 두고 무서운 속도로 성장하는 큰 기업들이지만 생산과정에선 가격을 낮추기 위해 오염 배출이 많은 편이고 옷을 만드는 노동자들의 노동조건에서도 보건 문제 등이 있다고 보고되고 있다. 그리고 옷이 갖는 물리적인 수명과 상관없이 유행하는 한 시즌 만에 옷의 수명이 다하는 철학 역시 비판 대상이다. 값이 싸기만 하면 소비는 아무래도 상관없나? 그저 소비란 기업 입장에서 많기만 하면 좋은 것인가? 규모가 큰 기업은 사회가 던지는 질문에도 성실하게 대답할 책임이 있다. 스파가 만드는 소비 철학은 생태적인 면에서 치명적인 약점들이 있다.

19세기에 영국 귀부인들은 모자에 달 화려한 깃털 하나 때문에 새를 죽인다는 걸 알고 나서는 모자에 깃털을 달지 않는 걸 귀부인다운 미덕으로 여겼다. 지적인 소양이 있는 귀부인이라면 마땅히 그렇게 해야 한다. 대중이 이런 문제점을 깨달을수록 지금처럼 환경부하가 많이 얹혀 생산되는 옷의 입지는 점점 좁아진다. 이제 ‘생태’는 옷을 만드는 소재에서나 디자인에서나 패션에서 절대로 무시할 수 없는 중요한 흐름이다. 식품이나 농업 부문에서는 생태적이어야 한다는 주장이 더 이상 소수만의 주장이 아니라 상식이 되고 있다.

스파들은 럭셔리들과 손을 잡으면서 ‘진짜’를 만들고 가격도 ‘합리적’이라는 평을 얻을 수 있었다. 요즘 스파가 마케팅을 하는 요점도 그렇다. 그렇다면 스파의 생산자와 소비자들은 생태적인 합리성도 만족시켜야 하지 않을까. 답하지 않을 수 없는 문제다.

괴짜 경제학자 베블런,
상류층 여성들의 심리를 꿰뚫어 보다

지출이 어떤 사람의 '명성'을 떨치는 데 공헌하기 위해서는 일반적으로 '쓸데없는 물건'에 쓰여야 하고, 쓸데없는 데에 돈을 쓴다는 사실 자체가 바로 명성의 원인이 된다.

-소스타인 베블런, 《유한계급론》 중에서

유행에 민감한 미국의 '시골 처녀'들

아주 오래 전에 국내에서 방영된 〈초원의 집〉이라는 미국 드라마가 있다. 미국 중서부 초원지대에 정착한 첫 세대들이 어떻게 살아갔는지, 전원이 얼마나 낭만적인지 매력 있게 보여주었던 드라마라 소녀들이 아주 좋아했다. 물론 인디언 부족의 비극 같은 얘기는 나오지 않는다.

이 드라마는 주인공 잉걸스 농부의 둘째 딸 로라 잉걸스가 훗날 작가가 되어 쓴 소설이 원작이다. 지금은 발간되지 않는 '에이브'라는 전집 시리즈에는 로라 잉걸스가 쓴 《초원의 집》과 《우리 읍내》라는 책이 있다. 《우리 읍내》는 잉걸스네 자매들이 좀 더 자라 10대 후반이 되었을 때를 담담하게 그린다. 여기에서 로라는 첫 사랑에 눈을 뜨고, 로라의 언니 메리는 안타깝게 시력을 잃었지만 읍내의 어떤 처녀보다도 우아하고 아름답게 자란다.

《우리 읍내》에는 언니 메리를 동부 큰 도시에 있는 좋은 맹인학교로 보내기로 하고 어머니와 로라가 메리를 위해 옷을 마련하는 장면이 있다. 어머니와 로라는 파리에서 최신 유행하는 옷본을 구하고 좋은 옷감을 사서 메리가 어느 자리에 초대받아 가게 되더라도 기죽지 않을 드레스와 외출복을 만들어준다.

정말 그랬다. 20세기도 아닌 19세기 후반에, 유럽도 아닌 미국에서, 대도시도 아닌 농촌 지대인 중부 위스콘신 주, 사우스다코타 주, 노스다코타 주에 살던 주민들이 미국 동부나 심지어 유행의 도시 파리의 평범한 시민들보다 더 유행에 신경을 썼다. 그 시절 사진을 보면 프랑스나 영국 농민들은 무뚝뚝한 표정에 남성은 챙 없는 모자를, 여성은 레이스로 짠 소박한 수건 정도를 둘렀을 뿐이다. 하지만 같은 시대 미국 중서부의 남성 농민들은 높이 솟은 실크햇을 쓰고 깨끗이 손질한 셔츠를, 여성들은 치맛지락이 풍성한 실크드레스에 부풀린 모양으로 머리손질을 하고 있다. 이 사진 주인공들은 '나를 시골에 처박힌 평범한 농민으로 보지 말라'고 말하고 있는 것만 같다.

이민자들이 세운 나라인 미국은 유럽과 이런 점에서 달랐다. 이민자들은 그 조상들이 어디서 무얼 하던 사람이었든 모두 비슷한 선에서 출발한다. 그리고 자기가 축적한 부를 통해 사회적으로 은연중에 지위가 만들어지고 거기에 맞게 행동하게 된다. 자기가 돈을 벌었고 '아메리칸 드림'을 이뤘으며 그런 의미에서 사회적으로 성공했음을 공개적으로 보여주는 가장 빠르고 확실한 방법은 무얼까? 쉽다. 돈을 잘 쓰는 모습을 보여주면 된다. 특히나 돈을 많이 벌었다면 남들하고 내가 이만큼 차이 나는 사람이라고 과시하고 싶어진다.

그래서 사치에는 이유가 생긴다. 일반적으로 사람들이 쓰는 물건은 가격이 오르면 덜 팔리고 가격이 내려가면 더 팔린다. 당연하다. 이런 현상을 '수요의 법칙'이라고 부른다. 사과 값이 떨어지면 아무래도 자주 사 먹게 되고 가격이 더 떨어지면 많이 사서 잼도 담근다. 그러다 사과가 흉년이 들어 값이 많이 오르면 사과는 덜 사고 대신 값이 오르지 않은 다른 과일을 사다 먹는다. 이게 인지상정인데, 어떤 물건들은 오히려 가격이 오를수록 많이 팔린다. 일반적인 수요에서 나타나는 현상에 역행하는 이런 물건에는 비싼 자동차, 고급 옷, 고급 술 같은 것들이 있다. 사람들이 사치하기 위해서 쓰는 물건들은 가격을 올릴수록 오히려 점점 더 잘 팔린다. 요상한 현상이다. 이런 물건들은 만드는 데 들인 비용과 가격이 별 상관이 없다. 비합리적인 것 같지만 '얼마면 사람들이 사고 싶을까'로 가격이 결정된다. 그리고 가격을 올리면 올릴수록 사람들은 경쟁적으로 그 물건을 사간다.

비쌀수록 잘 팔리는 이유는?

비쌀수록 잘 팔리고 더 갖고 싶어지는 물건이 있는데, 사치재가 바로 그런 물건이다. 이런 물건이 있다는 데 제일 먼저 주목한 경제학자는 소스타인 베블런이었다. 베블런은 개성 만점인 사람이었다. 베블런은 로라 잉걸스처럼 19세기 중반, 정확히는 1857년에 미국 중서부 농촌지역인 위스콘신에서 태어났다. 그는 열두 남매 중에서 일곱째였다고 한다. 하지만 노르웨이에서 건너온 이민자 출신인 부모님은 부지런하고 커다란 농장도 있었기 때문에 형제들이 많긴 했지만 배를 곯지는 않았다고 한다. 그 시절에 베블런네 여러 형제들은 대학교육을 받았으니 넉넉한 가정이었을 것이다.

베블런은 괴짜인데다 관심사가 다른 학자들하고 많이 달라서 학계에 자리 잡는 데 애를 많이 먹었다. 하지만 여성들의 심리를 잘 파악했고 개성이 넘쳤기 때문에 유부남인데도 아주 인기가 많았고 본인도 별로 거부하지 않았다고 한다. '나쁜 남자' 스타일이었다고나 할까? 베블런은 특히 부유한 부인들에게 인기가 대단했다고 전해진다. 그래서인지 부유한 사람들이 왜 경쟁적으로 사치를 하고, 파티를 연다며 괜한 경비를 쓰고, 여성들은 비싼 옷을 원하고 남편들은 그런 비싼 옷을 사주는지 베블런은 질 이해하고 있었다. 그가 쓴 《유한계급론*Theory of Leisure Class*》은 일하지 않아도 먹고사는 데 아무 문제없는 계급이 왜 사치를 하게 되는지 멋지게 설명한다. 그의 행실은 어땠는지 모르지만 설명은 명쾌하고 문장은 냉소적이면서도 멋지다. 베블런은 말했다.

"사람들은 유명해지기 위해 돈을 쓰고, 쓸데없는 데 쓸수록 더 유명해진다".

지금도 그렇다. 인터넷을 보면 어느 여배우가 결혼을 하는데 반지는 무얼 받았으며 그 반지는 얼마인지 아주 빠르게 퍼져나간다. 그리고 또 얼마 뒤에 다른 여배우가 결혼을 하는데 결혼예물로 받은 반지는 어디서 만든 얼마짜리인지 금방 알려진다. 대중은 이런 데 무한한 호기심이 있다. 대중은 화려한 삶을 욕하면서도 부러워하고 궁금해 한다. 대중의 심리를 알고 있는 사람들은 자기가 얼마나 화려한 결혼을 할 수 있는지, 얼마나 좋은 집에서 사는지를 두고 목숨 걸듯 경쟁한다.

베블런은 《유한계급론》에서 또 이렇게 말했다.

"모든 계급은 사회계층에서 바로 자기 위의 계층을 선망하고 경쟁하지만, 자기 아래 계층이나 자기보다 훨씬 앞선 계층과는 비교하지 않는다. 이리하여 특히 계층 구별이 모호한 사회에서는 명성과 체면을 유지하는 모든 기준과 소비기준이 최고 계급인 부유한 유한계급의 습관적 사고로 서서히 올라간다."

유한계급. 영어로는 'Leisure Class'다. 풀어보자면 한가로움을 즐길 수 있는 사람들, 즉 먹고살기 위해 일을 할 필요가 없는 계급에 속한 사람들이다. 사람들 대부분은 가진 건 몸뿐이고 일을 해야 먹고산다. 월급을 적게 받건 많이 받건 일을 해야 먹고 살 수 있다는 점에서는 마찬가지다. 그런데 돈을 아주 많이 쌓아둔 사람들은 굳이 일을 하지 않아도 생활에 문제가 없다. 유한계급은 자기가 누릴 수 있는 소비생활로 자기가 얼마나 재산이 있는지 과시한다. 물론 이렇게 살 수 있는 사람들은 그 사회에서 재산 순위로 볼 때 최상위에 있는 아주 소수다.

사람에게는 자신과 다른 사람을 비교할 때 갖게 되는 두 가지 심리가 있다. 한 가지는 남들보다 잘나 보이고 차별화되고 싶은 욕망이고, 또 하나는 그러면서도 자기가 속한 무리집단에서 이탈되지 않고 싶은 욕망이다. 자기 바로 위에 있는 사람은 부럽고 닮고 싶지만, 자기와 비슷한 사람들 중에서는 다르고 나아 보이길 원하는 법이다.

베블런이 말한 것처럼 자본주의 사회에서 사람들은 자기 위에 있는 계층을 흉내 내면서 그 안에 속하기를 바라고, 반면 자기가 속한 계층 안에서는 차이를 두고 싶어 한다. 베블런이 보았던 미국 상류사회의 여성들은 이런 심리를 잘 보여주었다. 당시 미국은 자원은 많고 사람은 적었다. 요즘 유럽 선진국처럼 '이민자들이 우리 일자리를 빼앗는다'는 적개심을 갖는 사회가 아니었다. 미국엔 '아메리칸 드림'을 꿈꾸는 이민자들이 계속 몰려왔고 또 그중에선 성공한 사람들이 있었다. 유럽과 비교해 계층 구별이 훨씬 덜한 미국 사회는 특히나 유한계급을 따라하는 사람들이 많았을 것이다. 파리 발 유행이 미국 중서부 농촌까지 재빨리 퍼졌던 이유도, 프랑스와 이탈리아에서 만든 사치품이 미국에서 더 잘 필리는 이유도 이젠 너무 쉽게 이해된다.

폭 넓은 드레스와 코르셋으로 조인 17인치 허리를 자랑하던 스칼렛 오하라를 기억할 것이다. 소설 《바람과 함께 사라지다》는 남북전쟁 무렵 남부의 농장과 그 주변 사람들을 그리는데 이 시대는 베블런이 살았던 바로 전이었다. 이 소설에 등장하는 주인공 스칼렛의 아버지와 그의 부유한 이웃들도 비슷하다. 스칼렛의 아버지는 아일랜드에서 온 이민자였다. 먼저 온 형제들의 도움을 받았지만 그도 빈털터리로 시작했다. 하지만 성공적으로 부를 축적한 다음을 보라! 딸들은 유럽 귀족 못지않게 화려하게 치장하고 파티를 즐기며 살아간다.

베블런이 해학적으로 관찰하고 설명한 미국 사회의 이런 모습은 시간이 100년이 넘게 흐르고 거리로도 멀리 떨어진 지금 우리 사회에서 비슷하게 찾아볼 수 있다. 우리나라도 서유럽 사회와 비교하면 계급 구분이 별로 없는 편이다. 게다가 의식 속에서 자기가 '노동자 계급'에 속한다고 생각하는 사람은 더더욱 없을 것이다. 매우 심리적이고 주관적인 기준이긴 하지만 많은 사람들이 '나는 중산층이야'라고 생각하면서 사는 게 우리 사회의 특징이다. 그래서 최상층 유한계급이나 누릴 수 있는 럭셔리가 금세 유행이 되고, 그 유행을 따라가야 무리에서 빠지지 않을 것 같은 불안감을 느낀다. 대중이 자신의 진짜 소득수준과는 영 동떨어진 소비취향을 지닌 사회에서 럭셔리가 잘 팔리는 현상은 베블런의 설명을 듣고 보면 너무나 당연하다.

'나쯤' 되는 남자, 여자

대중에게 럭셔리를 파는 전략을 '매스티지'라고 부른다. 대중을 뜻하는 '매스Mass'와 특권을 뜻하는 '프리스티지Prestige'를 합쳐 만든 말인데, 럭셔리를 원하는 대중을 노리고 대량생산해서 가격을 낮춘 상품을 파는 마케팅 전략이다. 대량생산했기 때문에 물건은 흔하지만 여전히 럭셔리 브랜드 로고를 달고 있는 오리지널이다.

사람들은 보통 소비능력을 보여주고 싶을 때 럭셔리에 돈을 들인다. 옷은 언제 어디서나 입고 자랑할 수 있기 때문에 자기가 어느 정도 재력이 있는지 보여줄 수 있는 제일 좋은 홍보판이 될 수 있다. 내가 좋은 집에 살거나 고려청자가 있는 건 길 가는 사람들에게 보여주면서 자랑할 수 없지만 옷은 입은 걸 보여주면 된다. 그런데 옷보다 더 좋은 홍보판은 늘 들고 다니는 가방과 구두다. 옷, 가방, 구두는 내가 얼마나 돈 있는 사람인지 열 마디 설명할 것 없이 강력하게 한번에 보여줄 수 있다. 럭셔리로서의 효용성이 더 높다고나 할까?

그런데 매스티지 전략으로 기획된 물건들은 원래 럭셔리가 갖던 특징 몇 가지는 잃어버렸다. 럭셔리는 지니고 있으면 내가 특권을 지닌 소수라는 걸 은근히 드러내면서 위세를 과시할 수 있었다. 럭셔리 브랜드들이 일부러 수공업을 통해서 조금씩 만들고, 구하기 어려운 비싼 재료를 썼던 이유는 소수를 위해서 만들었기 때문이다. 일부러 적게, 어렵게 만들었던 것이다. 그러나 매스티지 전략을 쓰면 럭셔리 브랜드를 달고 나오더라도 공장에서, 싼 재료로 만든다. 이를테면 최고급 양가죽 대신 플라스틱 계열인 피브이시PVC로 가방을 만든다. 그러나 브랜드는 잘 드러나야 하므로 로고가 큼지막이 달리거나 브랜드를 상징하는 대표적인 문양이나 디자인을 따라 만든다. 이렇게 만든 가방, 수첩, 열쇠고리는 실용적인 가치보다 상징적인 가치가 훨씬 중요하다. 마치 '나는 자본주의 사회에 성공적으로 적응한 사람이에요'라고 이름표를 달고 다니는 것 같다.

베블런 상류
럭셔리를 즐기는 20대 유한계급. 감자튀김도 맛있고 스타일도 멋지고.

어느 대학 안에 있는 카페에 들렀다가 옆자리의 대화를 우연히 듣게 되었다. 남학생은 자신감에 차 있었고 후배로 보이는 여학생에게 자기가 왜 인기가 많은지 객관적인 조건들을 들면서 설명해주고 있었다. 남학생이 분석하기로 자기가 인기가 많은 이유는 이래서였다. 일단 자기는 대학도 SKY'쯤' 되는 학교를 다니고, 키는 180센티미터'쯤' 되고, 집안도 '좀' 되고 패션센스도 중상위'쯤' 되고 노래도 '좀' 하니 소개팅을 나가면 반응이 늘 괜찮다는 거였다. 그리고 자기가 이런 조건을 갖추고 있기 때문에 소개팅을 하라는 제안도 자주 받는다고 한다.

자기 연애담을 수능 등급 매기듯 하다니, 이 남학생 참 독특하다 싶었다. 하지만 3초쯤 있다 생각해보니 그 남학생은 결코 별나지 않았다. 우리 사회에는 자기를 이런 기준으로 '객관화'해서 평가하는 사람들이 아주 많다. 집안이 좀 잘 살고, 아니면 학교가 서울의 상위권쯤 되고, 아니면 키가 좀 되고, 혹은 성격이 좀 되고, 아니면 얼굴이 좀 되고 하는 식으로 사회가 드러내놓고 요구하는 '스펙'에 내가 어디 '쯤' 되는지 가늠한다. 내 성격도 등급으로 표현하다니, 성격도 인기 있는 스타일에 따라 만들 수 있다는 건지 알 수는 없다.

이렇게 객관적인 '등급화'가 끝나면 마음속으로는 비슷한 경쟁자 누구와 나를 비교하면서 내가 나은 점을 찾아낸다.

"내가 걔보다 공부는 좀 못 했어도 대신 아버지 직업이 더 좋아."

"우리 집이 걔네보다 조금 못 살긴 하지만 대신 내가 몸매가 더 좋아."

　자기를 긍정적으로 바라보는 마음은 참 좋은데, 이 '쯤 놀이'를 하려면 끊임없이 남들이 만든 기준을 따라가야 한다. 이 기준이 사회에서 잘난 놈을 가르는 진짜 객관적인 기준이 아닌데도 말이다. 그리고 진짜 문제는 이런 '쯤 놀이'에 빠져있는 사람은 마케팅 전략 앞에 손쉬운 먹잇감이 된다는 점이다. '내가 걔보다 조건은 다 괜찮은데 얼굴만 좀 빠져'라든지, '난 조건이 좋으니까 옷만 좀 잘 입으면 연애시장에서 1등급인데'라고 괜한 탄식을 하고 있을 때 광고는 비집고 들어와 소리친다.

　'성공한 남자라면 적어도 ○○수준 되는 차는 사셔야죠'.
　'트렌드를 아는 여성이라면 가방은 ○○브랜드 정도는 들어주시고 구두는 ○○정도 신어주셔야 합니다'.

　그러고는 이 돈이 소비가 아니고 나를 위한 투자라는 둥 나 자신을 위한 선물이라는 둥 얼결에 과한 돈을 써버린 나를 합리화 시켜주는 논리까지 손에 쥐어준다.

　하지만 소비는 소비일 뿐이다. 새 차를 사도 다음 날 팔려고 시장에 가면 중고차 값밖에 받을 수 없다. 투자라면 들인 돈보다 더 큰 돈이 들어와야 한다. 신던 구두가 더 비싸지거나 들고 다닌 가방이 더 비싸지는 일은 자연계에서 일어나지 않는다. 게다가 희귀하지도 않고 대량생산한 물건이라면 오래 둬도 마찬가지다. 왠지 비싼 가방을 들고 구두를 신으면 대접받을 것 같고 신분 높은 사람들과 함께 어울릴 수 있을 것 같지만, 그건 그냥 '마음'이다. 그리고 설령 부유한 사람들과 어울린다고 해도 내가 부유해야 그 계급에 속하는 것이지 비싼 가방이 나를 부유하게 만들어 주진 못한다. 내 잔고를 바닥내고 빚을 지게 만들 수는 있다.

럭셔리는 그저 내가 유행하는 예쁘고 비싼 물건을 살 능력이 된다고 거리에서 자랑할 수 있는 상징적인 소비일 뿐이다. 하지만 심리적인 만족을 잠시 얻고, 이거 못 사면 죽을 것 같은 괴로움을 달래준다고 해서 현실의 괴로움이 사라지지는 않는다. 그게 문제다. 우리는 두 발이 땅에 붙어 현실을 살아야 하니 말이다. 내 현실은 내 잔고와 내 건강과 내 가족과 친구들이고 이건 상상으로 바꿀 수 없다.

마치 아름다운 구두를 잔뜩 갖고 있는 〈섹스 앤 더 시티〉의 캐리가 사실 빈털터리인 것처럼, 그래서 잘못하면 길거리에 나앉을 수도 있을 위기를 부유한 친구를 둔 덕분에 간신히 면하는 것처럼, 현실은 현실적이다.

돈이 정말로 많다면 사치해서 자기 소비수준을 과시하는 게 중요할 수도 있다. 그리고 사치가 자기 생활에 별로 영향을 주지 않을 수도 있다. 하지만 보통 사람은 소득이 보통이기 때문에 '보통 사람'이다. 소비를 유한계급처럼 따라한다고 유한계급이 되지는 않는다.

우리는 내 지갑을 열게 하려고 남들이 짜놓은 전략에 걸려드는 사람이 되기보다는 전략을 먼저 알아보는 사람이 되어야 한다. 그래야 이 경쟁 가득한 사회에서 살아남을 확률이 조금 높아진다.

스
타
일

가르손느 스타일

샤넬이 자신의 패션에는 짧은 머리가 어울린다고 말한 뒤로 파리 전역의 미장원들
이 호황을 맞았다.
미용사들의 가위질에 잘려나간 탐스럽고 아름다운 머리칼들이 미장원 바닥에 어
지럽게 흩어졌다.
남편과 연인들은 머리 자르는 걸 결사반대했지만 아무 소용이 없었다.

- 앙리 지델,《코코 샤넬》중에서

문체. 이 말은 굉장히 고전적인 느낌을 준다. 마치 현대미술보다는 서
예작품을 얘기할 때 어울릴 것 같고 물체에 비유하자면 짜임이 고운 옷
감을 떠올리게 한다. 문체는 글에서 풍기는 쓴 사람의 독특한 어투와 분
위기를 뜻한다.

어떤 글은 어딘지 모르게 유머러스하고, 왠지 모르지만 낭만적이고,
또 어떤 글은 감성이 촉촉이 젖어드는 느낌을 받는다. 작가의 문체를 느
꼈기 때문이다. 이를테면 소설가 조정래의 글은 호방하면서도 운율이 슬
픈 노랫가락 같고, 끝없이 이어지는 산자락 같다. 황석영은 거친 듯하지
만 자극적이고 치밀하다. 장정일에게선 세기말의 느낌이 나고 공지영의

글은 쾌활하면서 어딘지 모르게 남성적이다.

　문체는 영어로 스타일Style이다. 문학 못지않게 스타일에 예민한 분야가 패션이다. 패션에서 스타일은 옷의 실루엣이나 질감, 색으로 입은 사람의 개성을 아름답게 표현하는 방식이라고 할 수 있다. 하지만 샤넬 시대 이전에는 서유럽에서도 옷을 입을 때 '개성'을 드러낼 수 있는 방식이 별로 다양하지 않았다. 귀족들은 귀족들의 복식으로 입었고, 상인 조합에 속한 상인들은 또 그들만이 입는 식으로, 또 농민들은 농민들의 고유한 방식으로 옷을 입는 식이었다. 우리나라도 마찬가지였다.

　하지만 샤넬, 장 파투Jean Patou, 푸아레 같은 디자이너들이 세상에 등장하면서 일본식 기모노나 중국식 자수를 연상시키는 '오리엔탈 무드'나 샤넬식의 활동적이고 모던한 스타일이 다채롭게 세상에 나오기 시작했다. 가르손느 스타일은 샤넬이 센세이션을 일으킨 첫 번째 '샤넬 스타일'이다.

　가르손느라는 이름 자체가 그 시절을 생각해보면 파격적이다. 가르손Garçon은 소년이란 뜻이니 가르손의 여성형인 가르손느Garçonne는 '소년 같은 여인' 정도의 뜻이 된다. 의도적으로 '여성'과 '남성'을 섞어서 '성'에 관심을 갖지 않을 수 없게 만든다.

　묘하게 유니섹스 느낌이 물씬 풍기는 이 단어를 들으면, 사람들은 어떤 모습의 여인을 떠올릴까? 왠지 머리는 1960년대에 엄청난 인기를 누렸던 영국 모델 트위기처럼 아주 짧을 것 같다. 가슴은 봉긋하기보단 납작할 것 같고, 깡마르고 말투도 불량할 것 같다. 기성세대에 냉소적이면서도 불만과 반항이 있을 것 같고 담배도 피우고 금기된 것들-이를테면 동성애 같은-에도 구속받지 않을 것만 같다.

샤넬은 1925년쯤, 파리 사람들이 가르손느 스타일이라 부르는 일련의 새로운 스타일 옷들을 선보였다. 당시 잡지를 보면 머리는 짧게 잘라 종 모양의 펠트 모자를 푹 뒤집어쓰고 있고, 실루엣은 몸매를 드러내는 곡선이기보다는 가슴선과 허리선을 감추는 직선을 강조한다. 그리고 마치 기숙학교 남학생들처럼 상의엔 깃을 달고 재킷을 입었다. 가슴과 엉덩이를 한껏 부풀린 스타일에 익숙하던 당시 사람들에게 어떻게 다가갔을까? 게다가 남성들에게는 얼마나 충격적이었을까?

'가르손느'는 빅토르 마르그리트의 소설 《가르손느 La Garçonne》에서 따온 말이다. 《가르손느》의 여주인공은 구시대적인 결혼을 박차고 나와 자유로운 연애뿐만 아니라 퇴폐적인 유희까지 즐긴다. 그런 자유로움을 경험하면서 자아를 찾아간다는 내용이다. 그런데 마침 소설에서 묘사된 여주인공의 모습은 샤넬 자신과 그 시대를 끌고 가던 예술가들과 많이 닮았다. 소년처럼 짧은 머리에 중성적인 분위기. 이 시절 샤넬은 주저 없이 머리를 짧게 잘랐다. 샤넬이 자랑스러워하던 구불구불하고 풍성하던 긴 머리카락은 지체 없이 잘려나갔고 대신 고운 목선을 드러냈다. 물론 샤넬은 유명한 작가인 시도니 콜레트 Sidonie-Gabrielle Colette 와 그녀의 연인 벨뵈프 Marquise de Belbeuf 처럼 동성과 연애를 하지는 않았지만 샤넬은 활동적이면서 말과 행동은 도발적이었고 깡마른 몸매는 소년 같았다. '자신이 유행했다'는 그녀 자신의 자부심 가득한 선언은 괜한 말은 아니었다.

샤넬처럼 그 시대에 새로 등장한 여성들은 활발하고 당당하게 사회

가르손느 스타일

1920년대에 대 유행한 샤넬의 '저지 슈트'와 단순한 펠트 모자.
모조 진주 목걸이와 화이트 린넨 셔츠 역시 샤넬의 패션공식.

에 나서고 자기 목소리를 내기 시작했다. 과거의 규범이나 관습 따위는 가볍게 비웃는 가르손느를 선망했고, 그 스타일을 자신의 스타일로 선택했다. 확실히 20세기에 패션 스타일은 자기가 어떤 삶의 양식을 선택했는지 드러내는 방식으로 자리 잡았다.

애니메이션 〈미래소년 코난〉과 〈빨강머리 앤〉으로 유명한 미야자키 하야오 감독과 스튜디오 지브리는 1990년대에 〈붉은 돼지〉라는 낭만적이고 우수에 젖은 작품을 발표했다. 〈붉은 돼지〉는 아름다운 이탈리아의 오른쪽 바다 아드리아 해와 제1차 세계대전 직후쯤을 배경으로 한다. 낭만의 시대가 아스라이 저물어가던 그 무렵 비행정 조종사 마르코는 세상에 '사람 같지 않은 사람'들이 드러나자 얼굴이 돼지로 변한다. 그래서 그의 이름은 포르코 로소, 붉은 돼지가 되었다.

〈붉은 돼지〉에는 이런 포르코의 아픔에 공감하는 두 명의 멋진 여인이 등장한다. 비행기를 직접 설계하고 수리할 수 있는 당찬 소녀 '피오'와 '호텔 아드리아'의 주인이자 허스키한 목소리로 노래하는 가수이며 비행정 조종사인 남편을 잃은 '지나'다. 여기서 지나는 샤넬의 가르손느 스타일을 보여준다. 지나는 성숙하고 우아한 아름다움으로 빛나지만 사랑하는 사람을 위해서는 기꺼이 위험을 감수하는 용기 있는 멋진 여성이다. 그녀의 가르손느 스타일은 멋지다.

중성적인 매력을 강조하는 가르손느 스타일은 인기가 식지 않았다. 드라마 〈커피 프린스〉의 여주인공 은찬은 짧은 머리에 태권도 사범 출신답게 씩씩하고 목소리도 굵고 몸가짐은 소년 같다. 하지만 어딘지 묘하게 섹시한 느낌이 들고 순수한 분위기로 짙은 매력을 풍긴다. 역시 드라마 〈미남이시네요〉에서 남장을 하는 소녀 고미녀는 세상물정 모르는 표정을 하고 있지만 가리는 일 없이 다 할 것 같은 씩씩함과 동심을 간직한 듯 해맑은 표정이 매력적이다.

여성들은 실연을 당하거나 상처받고 결연히 마음을 다질 때 곧잘 머리 모양을 바꾼다. 그리고 보통은 이럴 때 머리를 짧게 자른다. 왜 짧은 머리는 '변신'의 상징이 되었을까?

길고 탐스러운 머리는 여성스럽고 부드러운 매력을 풍긴다. 잘록한 허리와 긴 머리카락, 풍만한 가슴 선은 남자들이 이상형으로 그리는 여성의 외모다. 현실에서는 당연히 이런 여성이 없다. 하지만 남성들의 이상형을 알기 때문에 여성들은 자기도 모르게 이런 모습에 가깝도록 외모를 가꾼다. 반대로 짧은 머리 스타일에 활동적이고 헐렁한 옷차림을 선택한 가르손느 스타일은 아직 성숙한 여성이 되지 못한 듯 일부러 자신의 여성성을 감춘다.

여성들은 남성들이 바라는 시선을 거부하고 자신의 자아와 자립을 표현하고 싶어서 가르손느 스타일을 선택했다. 그래서 역설적으로 더 섹시한 매력을 풍기고, 그래서 도발적으로 보이고, 결국 상황을 이끄는 주도권을 갖게 된다. 이런 힘 때문에 가르손느 스타일은 여전히 여성들에게 그리고 남성들에게 호소력을 지니고 있다. 20세기는 여성의 독립과 해방이 시대정신이었다. 사람들은 이것이 구현된 사회를 바랐고, 패션은 이런 바람을 가르손느 스타일로 표현했다.

토털패션

패션은 바로 써먹을 수 있는 재미있는 아이디어로 가득하다.
그리고 스타일은 영원하다.
비록 형태는 늘 달라질지라도.

–샤넬

　21세기에 들어서자 1990년대에 활동하던 연예계 '코디네이터'들은 어느 날부턴가 '스타일리스트'라는 이름을 갖게 되었다. 고급 미용실에서 예전엔 '선생님'이라 불리던 이들이 이제는 '스타일리스트'가 되었다. 물론 동네 미장원은 여전히 '미장원 아줌마'다. 스타일리스트들은 이제 패션계의 조연에 머무르지 않고 주연으로 부상했다. 그만큼 스타일리스트로 스타가 된 사람들도 늘어났고, 아마 예전보다 연봉도 많이 올랐을 것이다.

　그리고 10여 년 전과 비교하면 '스타일리쉬Stylish'의 의미도 바뀌었다. 1990년대엔 '스타일이 좋다'고 하면 예쁘거나 잘생기지는 않았지만 자기 개성을 옷차림으로 표현할 줄 안다는 뜻이었다. 이를테면 20대 꽃다운 나이에 안타깝게 의문사한 '듀스'의 고故 김성재는 바로 이런 이유로 인기가 많았다. 하지만 이 시절만 해도 럭셔리 브랜드들이 '세계로 세계로' 자기 영역을 확장해 나가기 전이다. 요즘의 '스타일리쉬하다'는 최신 유행을 잘 알고 뜨는 브랜드가 무언지 골라내는 안목이 있다는 뜻이다. 이를테면 트렌드인 어깨가 봉긋한 재킷에 상하의가 붙은 점프 슈트를 자기 체형에 어울리게 과감하게 입는 사람이 스타일리쉬하다. 여기에 구두, 시계, 액세서리까지 브랜드로 잘 걸쳐주어야 한다. 단 너무 브랜드를 강조하면 '무심'하지 못하다. 스타일링에선 브랜드를 잘 입으면서도 그런 건 신경 쓰지 않는다는 듯 '무심한 듯 시크'한 게 중요하다.

어쨌든 인류가 옷을 입기 시작한 이래 지금처럼 '스타일'이 중요했던 때는 없었다. 샤넬과 그녀의 뗄 수 없는 라이벌 푸아레는 재킷 같은 상의와 치마나 바지 같은 하의를 잘 맞춰 입고 여기에 어울리는 구두, 가방, 장신구, 여기에 더해서 향수까지 맞추는 '토털패션'을 제안했다. 여기에 필요한 모든 물건을 메종이 생산하고 손님들은 메종 상표가 달린 상품들로 그야말로 머리부터 발끝까지, 냄새까지 완벽하게 차려입을 수 있다.

이 세상에 당연한 존재는 없다. 인간이 만든 문화의 세계에서도 이 법칙은 마찬가지다. 지금은 당연히 모든 사람들이 바지도 있고 티셔츠도 있고 시계도 있다. 길거리에서 구걸을 해야 살 수 있는 삶이 아닌 이상엔 옷이 한 벌 밖에 없는 사람은 없다. 하지만 이 모든 건 우리가 운 좋게도 풍요의 세계를 살고 있기 때문이다. 20세기 이전에 살던 우리의 조상 대부분에게 갈아입는 옷 따위는 없었다. 허리띠는 당연히 없고 끈으로 대충 묶는다. 불과 100년 전에만 태어났어도 우리는 부모님이 돌아가실 때

물려받을 게 거의 없을 것이다. 운이 좋으면 평생 고이 간직한 옥비녀와 구리 화로, 저고리를 만들었다 뜯어 놓은 옷감을 한 필 정도 받을 수 있을 것이다.

샤넬과 그 시대의 디자이너들은, 노동자조차도 옷을 두 벌 가질 수 있게 된 20세기를 '옷장에 있는 옷을 바꿔 입는 시대'로 정의했다. 그리고 스타일이란 이제 두 벌이 된 옷과 두 켤레가 된 구두, 여기에 귀족들만 쓰던 귀한 향수를 손에 넣은 여성들이 어떻게 옷을 잘 섞어 입을 수 있는지 알려주는 방법이다.

그렇다면 어떻게 해야 잘 입을 수 있을까? 샤넬은 이 문제에 활동성과 편안함이라고 답을 했다. 이게 매종 샤넬의 개성, 샤넬 스타일이 되었다. 출근도 하고 전차도 타야하는 여성이 편안하고 우아하게 입을 옷, 스포츠를 즐기며 입는 튼튼하고 기능적인 옷. 푸아레는 동양식 화려함과 자연스러운 실루엣을 추구했다. 이 둘보다 뒷시대에 등장한 디오르는 19세기로 회귀한 듯한 화려함과 여성의 곡선미를 추구했다. 불편하긴 하겠지만 꽃같이 아름답고 마음껏 옷감을 써서 풍요와 부를 뽐낼 수 있는 옷.

1960년대 영국 디자이너들은 기득권과 상류사회를 비웃는 '길거리 패션'을 추구했다. 이로써 옷은 사회에 대한 생각을 반영하는 캔버스가 되었다. 1990년대 미국의 힙합 디자이너들도 마찬가지다. 그들은 과장되게 큰 옷, 지나치게 번쩍거리는 사슬 목걸이, 운동화로 '백인과 다르게 입는 흑인'이라는 하류층의 자존심과 민족적인 정체성을 표현했다.

그 사람이 입는 옷은 이 사람이 살아가는 공간과 일상을 여과 없이 보여준다. 스타일은 삶을 사는 양식을 드러낸다. 한낮에 등산복 차림으로 거리를 걷는 중년 남성들은 여전히 건강한 나이에 일터에서 물러나온 이들의 일상을 보여준다. 등산은 건강을 지키고 친구들과 교류하며 많은 돈을 들이지 않으면서 하루를 즐기는 아주 좋은 방법이다. 한때 테헤란로에 자리 잡았던 불법 다단계 회사의 젊은이들은 합숙을 하며 단벌 양복에 후줄근해진 타이를 메고 거리를 걸었다. 그들은 억압된 현실과 성공에 대한 환상과 갈망을 비즈니스 슈트로 보여준다.

중산층과 젊은이들은? 베블런이 말하길, 계급이 뚜렷이 구분되면 사람들은 바로 위의 계급이 입는 옷을 따라하고 아래 계급은 신경 쓰지 않는다. 하지만 계급이 모호한 사회에서는 모든 사람들이 최상류층이 입는 옷을 따라한다. 우리나라는 럭셔리 브랜드가 영향력을 아주 강력하게 뿜는 곳이다.

한때는 국내 패션잡지들이 주요 도시의 길거리 패션 사진을 싣곤 했다. 부산의 중심지 서면이나 광안리의 패션, 대구 동성로의 멋쟁이들, 광주 조선대 앞, 대전의 명동인 은행동 사진을 싣는 건 너무 자연스러웠다. 서울은 패션을 주도하는 도시이긴 했지만 지역은 또 지역대로 각자 추구하는 스타일이 달랐기 때문이다. 이를테면 부산은 숏팬츠를 좋아하지만 대구는 원피스를 더 좋아하기도 하고 예쁘다고 생각하는 스타일도 달랐다. 하지만 지금은 파리·런던·뉴욕·밀라노·도쿄의 거리유행이 중요하고, 다음으로 서울의 압구정동·강남역·코엑스·홍대 앞·대학로 패션이 중요할 뿐이다.

재클린

패션에 관심이 많았던 재클린 케네디는 전속 디자이너에게 자기가 원하는 스타일을
직접 스케치해서 건네주었다. 그녀가 완성시킨 자신만의 백악관식 토털패션은
'퍼스트레이디 룩'의 전형이 되었다.

우리는 럭셔리 브랜드가 만든 하이패션High Fashion의 샤워 속에 살고 있다. 추구하는 삶이 다르다면 스타일도 달라져야 한다. 유행이 하나로 몰린다면, 각자 다른 세상에 살면서도 몰개성하다는 얘기일 수 있다.

창의성을 주장하는 디자이너, 공무원, 동대문의 정열적인 상인, '기업하기 좋은 세상'을 외치는 기업은 우리를 위해서 어떤 옷을 만들고 싶을까? 우리는 우리 인생에 맞는 옷을 잘 입고 있을까?

파리 스타일

사랑해 사랑해
오, 사랑해
아니 절대로 아니야
오, 내 사랑
육체적인 사랑은 문제가 되지 않아요

-제인 버킨, '쥬 뗌므 무와 농 쁠뤼'

'68'의 아이콘, 세르쥬 갱스부르와 제인 버킨

뉴욕이라는 도시가 문화나 인종의 '다양성'을 상징하는 도시라면 파리도 못지않다. 이를테면 뉴욕이 자랑하는 음악, 힙합이 있다. 미국 사회의 비주류로 뒷골목을 살아가는 아프로-아메리칸들의 문화인 힙합은 달콤한 사랑의 약속 대신 마약과 폭력, 섹스와 욕이 난무하고 거친 비트로 가득하지만 노예로 끌려온 이민자들의 후손인 그들의 현실은 더 험난하기 때문에 아픔을 '순화'시킨 그 음악성을 인정받는다. 파리에도 비슷한 이민자 집단이 있다. 프랑스 식민지였던 알제리 출신 이민자들은 파리 교외에 빈민촌을 형성해 살고 있다. 대를 이어 물고 늘어지는 가난에 그들의 삶도 답이 없긴 마찬가지다. 몇 년 전 이곳의 빈곤 문제가 폭발해 폭동으로 번지기도 했었는데, 평소에도 살기 녹록한 곳은 아니다. 1998년 프랑스 월드컵 때는 빈민촌 중에서도 유명한 파리 교외의 '생드니' 지역이 위험하다는 이유로 이곳에 지어진 축구장에서 경기하기를 거부한 외국 선수들도 있을 정도였다. 파리의 공항인 샤를 드 골 공항에서 파리로 진입하려면 이곳을 지나게 되는데, 창밖을 보고 있자면 제발 버스가 빨간 불에 걸리지 않고 지나갔으면 싶을 정도다. 알제리계 이민자들에게도 그들만의 멋진 힙합 음악이 있다. 속사포처럼 프랑스어로 쏘아대는 랩의 가사를 읽어보면 그 사람들의 힘든 일상이 보여 눈물이 글썽거린다.

럭셔리를 주렁주렁 걸치며 있는 티를 내지 않는 '프렌치 시크' 스타일은 가난한 민중들과 함께 살아온 역사 때문은 아닐까 하는 생각도 든다. 우리나라에도 가난한 사람들은 많다. 하지만 우리 가요에는 그런 정서를 대변하는 음악이 없다. 그런 노래를 만들면 빈티 나서 촌스럽다고만 하고 음악성을 인정하면서 들어주는 사람들이 없어서는 아닐까.

파리 스타일을 말하기 위해서는 68혁명과 사르트르Jean Paul Sartre와 보봐르Simone De Beauvoir, 푸코Michel Foucault 같은 철학자들, 세르쥬 갱스부르Serge Gainsbourg와 제인 버킨Jane Mallory Birkin을 빼놓을 수 없다. 청년들에게 '실존주의'를 설명하는 학자이면서도 거리에 모인 시민들에게 '동지들이여'하고 핸드 마이크를 잡고 연설하던 사르트르와 여성들의 성역할은 생물학적인 성격이 아니라 역사적으로 주어진 것이라고 《제2의 성》을 통해 설명한 보봐르는 시민들에게 연대하라고 호소하고 억눌린 여성들이 해방되어야 한다고 외친 세기의 커플이었다. 프랑스의 유명한 철학자인 푸코는 동성애자로, 그 자신이 '성소수자'였고 중요한 집회가 있을 때는 머뭇거림 없이 맨 앞줄에 피켓을 들고 섰다. 프렌치 시크는 사르트르와 보봐르, 혁명에 대해 커피 한 잔을 시켜놓고 하루 종일 얘기할 수 있는 가난하고 상상력 풍부한 파리 젊은이들이 만든 패션 스타일이다. 그리고 세르쥬 갱스부르와 제인 버킨은 그런 파리 젊은이들이 사랑했던 음악과 패션을 보여주는 사람들이다.

세르쥬 갱스부르는 프랑스가 가장 사랑하는 뮤지션으로, 이제는 죽어 전설이 되었다. 파리 사람들이 얼마나 갱스부르를 좋아하는가 하면 커다란 레코드 가게에는 어디나 이미 죽은 지 20년도 넘은 이 사람을 위한 특별 칸이 크게 마련되어 있을 정도다. 갱스부르는 러시아계 유태인으로 68 문화의 상징 같은 존재였고, 다양한 장르의 음악을 시도했고, 여배우이자 가수인 제인 버킨과의 사랑으로 유명하다. 프랑스는 못생긴 이민자 출신의 자유분방한 이 천재 뮤지션을 자랑스러워했다. 1928년 4월 2일생인 그의 본명은 뤼시앙 갱스부르이며 양친 모두 러시아인으로 아버지는 오케스트라의 지휘자였다. 화가 지망생이었던 그는 피아노와 기타를 쳐 생활비를 벌며 음악 인생을 시작하게 된다. 1991년 3월 2일에 심장마비로 사망하기까지 항상 음악에 대한 새로운 시도와 논쟁을 계속했고, 천재적 음악성에도 불구하고 평생을 마약과 알코올 속에 살았다.

갱스부르는 파격적인 노래도 곧잘 만들었는데 어떤 노래는 너무 선정적이라고 로마 교황청에서 파문을 당할 정도였다. 당시엔 온 파리사회가 이 일로 시끌시끌했을 테다. 어쩌면 1960~70년대에 주로 활동한 제인 버킨과 세르쥬 갱스부르가 그다지 익숙하지 않을 수도 있지만 당시 멋쟁이였던 사람이라면 책장 한쪽에 반드시 그 음반이 꽂혀있었다.

중학생이던 나에게 한 친구가 해줬던 얘기가 있다. 어렸을 때 들었던 아빠의 레코드판 중에 알 수 없는 언어의 노래가 있었다. 그런데 노래 중간에 노래하던 두 남녀가 숨이 찬 소리를 내는 부분이 있었다. 그래서 친구가 "아빠, 저 사람들 왜 그래요?" 했더니, "응, 배드민턴을 치면서 노랠 부르고 있어서 그런 거야."라고 아빠가 말하셨단다. 그 노래는 바로 '쥬뗌므 무와 농 쁠뤼Je t'aime moi non plus', 우리말로 번역하자면 '당신을 사랑해 아니 천만에' 정도 된다. 때로 '미워'는 정말 사랑한다는 말의 역설이라는 뉘앙스다. 이 세기의 샹송은 세르쥬 갱스부르가 작곡하고 그보다 한참 어린 연인 제인 버킨이 불렀다. 제인 버킨은 이때 영국에서 막 건너온 배우였다. 이 노래에서 어리지만 당찬 버킨은 오르가즘을 표현하는 것 같은 야릇한 신음소리를 내고 성행위를 노골적으로 표현하는 외설적인 가사를 불렀다. 게다가 그녀 특유의 야릇하고 불안한 허스키 보이스는 외설적이지만 느끼하지 않고, 동등한 관계에서 여성이 느끼는 육체적 사랑의 낭만과 기쁨이 어떤 느낌인지 잘 표현했다. 그건 그렇고 성행위의 신음을 배드민턴으로 표현한 친구 아버지는 정말 멋쟁이시다.

세르쥬 갱스부르와 제인 버킨은 나이 차에도 불구하고 전 세계의 부러움을 산 연인이 되었고 부부가 되어 함께 영화와 음반으로 많은 작업을 했다. 이들 부부의 앨범 재킷에 실린 사진을 보면 두 사람 모두 패션을 자신들의 개성을 표현하는 캔버스로 사용한다. 제인 버킨은 몸이 다 비치는 초미니 시스루 검정 원피스를 입고 세르쥬 갱스부르는 담배를 물고 몸에 딱 붙는 재킷에 판탈롱 바지를 입고 있다. 이 사진은 그들의 시대감성이 어떠했는지 보여주고 외계인 복장처럼 번쩍거리는 은색 옷을 맞춰 입은 사진을 보면 미래주의 콘셉트의 유행을 이 사람들이 끌었겠다 싶다. 세르즈 갱스부르는 워낙 독특한 외모 탓에 패션 아이콘이 되진 않았지만 모델이기도 했던 제인 버킨은 영국의 모델 트위기와 더불어 그 시대의 패션을 온 몸으로 보여준다.

세르쥬의 패션은 음악을 표현할 때는 독특하지만 평소에는 평범하다. 그저 기본적인 셔츠와 몸에 잘 맞는 재킷을 입는 정도인데 다만 셔츠만큼은 야성미를 상징하려는지 가슴팍까지 풀어헤치고 목걸이에 반지 여러 개를 끼는 정도다. 얼굴은 그다지 뛰어나다고 말하긴 힘든데, 갱스부르의 젊은 시절 너무 못생긴 그의 얼굴에 대한 다큐멘터리가 있었을 정도라니 신은 그에게 잘생긴 얼굴까지는 허락하지 않으셨나보다. 끓어오르는 정열로 꼬불꼬불 엉켜버린 헤어스타일과 올록볼록한 그의 얼굴은 확실히 미남의 얼굴은 아니다. 하지만 아내였던 제인 버킨은 물론이고 브리짓 바르도, 까뜨린느 드뇌브와도 스캔들이 있었으니 굉장한 매력남인 것은 분명했던 모양이다.

제인 버킨은 음악보다 패션에서 더 유명했다. '쥬 뗌므 무와 농 쁠뤼' 뮤직비디오에 나왔던 제인 버킨은 정말 사랑스럽다. 그녀가 비둘기에게

먹이를 주는 장면이나 배를 타고 천진하게 웃는 장면은 소년처럼 풋풋하다. 그런 스무 살의 제인 버킨을 세기의 난봉꾼 세르쥬 갱스부르가 차지했으니 파리와 런던의 뭇 남성들이 얼마나 실망했을까.

버킨은 1960~70년대의 아이콘이었다. 전성기 시절의 그녀의 룩은 프렌치 시크를 말할 때 떠오르는 그 모습 자체다. 전체적으론 군더더기 없고 편안하며 세련되었지만 섹시하면서도 소년 같은 풋풋함이 공존한다. '버킨 스타일'이라면 먼저 머리 스타일은 앞머리를 자른 뱅 헤어와 자연스런 긴 머리다. 여기에 아이라인을 강하게 표현한 눈 화장에 립 라인이 살아있는 입술 화장을 한 그녀는 인형 같아 보인다. 1960년대는 스타킹 위에 한 벌만 입는 초미니스커트, 몸에 딱 붙는 재킷, 아래로 내려갈수록 통이 넓어지는 일명 '나팔바지' 판탈롱이 유행했다. 버킨은 지금 봐도 촌스럽지 않을 만큼 멋지게 생머리를 휘날리며 이 스타일을 소화했다. 짧은 검정 원피스와 검정 타이즈를 신은 '버킨 스타일'은 마치 1960년대를 상징하는 사진으로 박물관에 전시될 것처럼 강렬하다.

그녀는 그 유명한 '명품 중의 명품'인 에르메스의 '버킨백'의 뮤즈이기도 하다. 에르메스의 회장인 장 루이 뒤마Jean Louis Dumas Hermes는 우연히 비행기에서 버킨을 만난다. 이때 마침 버킨이 소지품이 편하게 들어가지 않는 가방을 얘기하고 있었다고도 하고, 버킨의 가방에서 소지품이 쏟아지는 광경을 뒤마가 보았다고도 한다. 아무튼 이런 인연으로 에르메스는 여성들이 소지품을 편하게 넣고 다닐 수 있는 넉넉한 가방을 만들게 되고 그 가방에 '버킨'이라는 이름을 붙여 그녀에게 헌정했다고 한다. 버킨

제인 버킨

전설의 커플 제인 버킨과 세르쥬 갱스부르. 1960년대가 사랑한 시대의 아이콘.

은 피크닉 가방 스타일의 백을 잘 들고 다녔는데 그 안에 이런저런 소지품이 마구 엉켜있었던 모양이다. 에르메스는 '버킨'이라는 프렌치 시크의 상징적인 배우의 이름도 얻고 럭셔리하면서도 '실용적인' 가방의 이미지도 얻었다.

영국인이면서도 '쥬 뗌므 무와 농 쁠뤼'의 성공으로 '영원한 샹송의 뮤즈'라는 애칭을 얻은 제인 버킨은 영화배우로, 가수로, 그리고 모델로 자신만의 매력을 펼치며 수많은 예술가들의 뮤즈가 되었다. 부유한 집안 출신인데다 유명한 배우였지만 청바지에 흰 티셔츠를 수수하면서도 멋있게 소화했던 그녀 때문에 모델 에이전트들은 모델 지망생들을 선발할 때 청바지에 흰 티셔츠를 입혀 세웠다. 모델이 되려면 이런 평범한 옷으로도 스타일이 살아있어야 한다는 걸 버킨 덕에 배웠던 것이다.

버킨은 세르쥬 갱스부르와 이혼한 이후 영화감독 장 드와이옹과 결혼해 딸 루 드와이옹Lou Doillon을 낳았고 샤를로뜨 갱스부르와 루 두와이옹은 프랑스 디자이너들이 사랑해 마지않는 모델로 성장했다. 갱스부르와 버킨의 자유롭고 저항적이며 예술성이 넘치지만, 화려함을 자랑하지 않는 세련된 매력을 프랑스는 '프렌치 시크'라고 받아들이고 있기 때문일 것이다.

버킨은 2004년에 우리나라에서 '아라베스크'란 제목으로 콘서트를 했는데 당시 기자들이 그녀에게 한국에 대해 무얼 알고 있는지 물었다. 버킨은 한국이 지상에 남은 마지막 분단국가이고 민주화에 성공한 나라로 알고 있다고 대답했다. 프랑스가 사랑하는 그녀의 매력이 한 조각쯤 느껴지는 일화다. 그녀와 나이도 비슷할 우리나라의 어떤 할머니 가수는 미국에서 살다가 때 되면 가끔 고국을 찾아와 디너쇼를 열어 돈을 벌어 돌아가곤 하는데 두 사람 중에 한국에 더 애정을 느끼는 쪽은 과연 누구일까.

지금도 왕성한 활동을 펼치고 있는 그녀는 살아있는 신화다. 유명한 패션 아이콘이 된 두 딸과 가족들에 둘러싸여 웃고 있는 그녀는 이제 1960년대를 주름잡던 관능적인 미녀는 아닐지라도 자글자글한 주름 속의 웃음은 여전히 해맑아 인간 제인 버킨의 아름다움이 느껴진다.

2010년 〈갱스부르_Gainsbourg_〉란 제목으로 갱스부르의 일대기를 다룬 영화가 개봉됐다. 담배연기를 흘리는 갱스부르의 옆 모습을 클로즈업 한 흑백의 포스터가 멋지다.

샤를로뜨 갱스부르와 파리의 날씬한 할머니들

샤를로뜨 갱스부르_Charlotte Lucy Gainsbourg_는 제인 버킨과 세르쥬 갱스부르의 딸이다. 칸에서 여우주연상을 타는 배우이고 아버지 덕에 아주 어린 나이에 데뷔한 가수이기도 한 그녀를 파리는 무척 좋아한다. 부모의 모습이 적절히 안배된 우수어린 마스크에 남자처럼 마르고 긴 몸의 그녀는 그저 스타라고 부르기보다는 문화 아이콘에 가깝다. 그녀는 〈안티 크라이스트〉로 칸 영화제에서 여우주연상을 탔고 활발히 새로운 앨범을 내놓으면서 영화와 음악으로 패션지를 장식하고 있다. 그녀는 우리나라에서도 '파리 시크'의 대명사로 알려져 패션 피플 사이에선 인지도가 상당히 높다.

미국 뉴욕의 패션학교인 파슨스 디자인스쿨의 전 학장이었고, 인기 리얼리티 쇼 〈프로젝트 런웨이〉에 출연해 일반인에게까지 잘 알려진 팀 건이 쓴 《팀 건의 우먼 스타일 북》이란 책이 있다. 그 책에서 팀 건은 제인 버킨이 버킨백을 샤를로뜨의 기저귀가방 정도로 썼을 것 같다고 한다. 이 대목에서 샤를로뜨 갱스부르 패션의 역사와 진수가 느껴진다. 기저귀가 방으로 1,500만 원짜리 백을 사용한 그 무심함! 물론 제인 버킨이 사용 했지만 샤를로뜨는 이런 환경에서 자랐다. 그렇게 '무심하게' 자란 샤를 로뜨는 미용실 근처에도 가지 않은 헝클어진 머리에 흰 셔츠에 청바지를 입고 그 유명한 샤넬 쇼를 찾는다. 그 무심한 듯한 시크함. 멋 내지 않았 으나 미묘한 매력을 풍기는 특별함. 거의 도의 경지다!

이렇듯 전혀 남의 신경을 쓰지 않을 것 같은 그녀지만, 그녀는 섹시 하기 이를 데 없다. 내가 본 그녀의 영화 중 최고는 〈레프롱테 *L'Effrontée*〉, 우 리나라에선 〈귀여운 반항아〉란 제목으로 알려진 영화다. 열네 살이었던 샤를로뜨는 이 영화로 세자르상에서 '촉망받는 여배우'라는 상을 받는 다. 당장이라도 울 것 같은 표정으로 원피스 수영복을 입고 허벅지 상처 에서 피를 흘리며 달의실에 앉아있는 장면과 더운 여름방학 대낮의 더위 에 지쳐서 낮잠을 자다가 친오빠의 키스를 받는 장면은 지금 다시 봐도 두근거릴 정도다.

샤를로뜨의 매력을 아는 패션업계에서는 그녀의 이미지를 엄청 사 랑한다. 샤넬의 쇼에서도 항상 얼굴을 볼 수 있는 그녀는 어려서부터 아 버지를 비롯한 많은 예술가들의 뮤즈였다.

샤를로뜨를 대표로 한 파리 여성들의 멋 내기는 '노력하지 않은 듯한'이다. 프렌치 시크를 확인해보려 파리에 방문했을 때 나는 길을 걷는 사람들을 보며 깜짝 놀랐다. 일단 가을에 찾아서인지는 몰라도 파리 시민들의 검정과 무채색 사랑은 대단했다. 퐁피두센터에 올라가 거리를 내려다보니 광장과 거리에는 검은색을 입은 사람들로 가득했다. 오히려 검정이 아닌 다른 색 옷을 입은 사람들을 세는 게 빠를 정도였다. 검정이 유행이라 그렇지는 않았다. 그들은 대부분 구입한 지 얼마 안 된 새 옷의 느낌이 아닌, 항상 입던 자기 옷을 막 걸치고 나온 듯 대부분 편안한 느낌이었다.

서울의 대학가나 중심가를 다니다 사람들의 옷차림을 보면 '참 열심히들 산다'는 느낌을 받는다. 머리부터 발끝까지 최선을 다해 치장한 것 같고, 제시된 패션을 공부해서 입은 듯하다. 파리엔 그런 느낌이 없다. 하지만 미국 중산층의 편하기만 한 스타일도 아니다. 일단 미국인들과 몸매가 다르다. 파리 시내엔 살 찐 사람이 거의 없다. 남녀와 노소를 불문하고 날씬한 몸에 정장의 느낌이 나는 검정이나 무채색의 아우터를 입는다. 심지어는 원색 옷을 입은 아이들도 본 적이 없다. 신발은 낮은 굽의 구두나 스니커즈 차림이다. 오직 관광객들만이 화려하게 입고 있다.

젊은이들의 옷차림에 비해 파리의 할머니들은 상당히 차려입었다고 생각을 했는데, 모두 정장을 입었기 때문이었다. 장보러 나온 할머니, 할아버지조차 모두 정장을 입었다. 게다가 할머니들은 모두 굽이 있는 구두를 신고 있었다. 항상 입는 일상복이 나름의 정장 차림이었던 것이다.

샤를로뜨
세련된 프랑스 여자 그 자체인 '샤를로뜨 갱스부르'.
목소리도 멋지고 아버지를 닮아 몽환적이기도 하고 느긋한 분위기가 있다.

그리고 나이 든 할머니일수록 치마를 더 많이 입는 것도 인상적이었는데 한마디로 우아한 차림이다. 우아한 아름다움이 최고의 여성미였던 시대의 옷들이다. 자신이 젊어서 즐겼던 우아한 룩을 꾸준히 즐기는 날씬한 파리의 할머니들은 노인이 아니라 여자로 살고 있었다.

되돌아보면 파리 시민들의 옷 입기는 '나름의 룩'이다. 트렌드를 쫓으며 자신을 거기에 맞추는 것이 아니라 나름대로의 자신의 룩을 실천하는 개성대로의 스타일이다. 파리의 일상 패션을 보고 있으면 그곳에선 패션이나 트렌드가 사람들의 삶을 지배하는 것이 아니고 파리와 프랑스를 먹여 살리는 제조업의 한 부분일 뿐이라는 생가을 하게 된다. 파리에서 패션이란 산업 그 자체일 뿐이다.

월급을 모으는 것도 모자라 카드빚을 내서 소비한 딱 떨어지는 '샤방 룩'이 아니다. 그 돈으로 문화생활을 하고 자신의 관심분야에 투자한 사람들이 흘릴 수 있는 그런 분위기, 정신이 중요한 '룩'이 파리사람들의 '룩'이다.

1986년 세자르상을 받던 14살의 샤를로뜨는 트로피를 들고 어린 배우로서 이뤄낸 자신의 자존감에 부끄러운 듯, 그러나 그야말로 로열패밀리인 자신의 가족들에 둘러싸여 행복한 웃음을 한껏 짓고 있다. 지금은 모두 나뉘었지만 그럼에도 여전히 가족인 이 사람들처럼, 자기가 생각하는 우아함을 여전히 지키고 있는 날씬한 할머니들처럼, 파리 시민들의 패션은 '나름'의 패션이고 노력해서 얻어지는 것이 아닌 삶에서 배어나는 패션이다.

뉴욕 스타일

뉴스를 알립니다. 난 오늘 떠나요
난 그 도시 일부가 되고 싶어요-. 뉴욕, 뉴욕
내 방랑하는 신은, 길을 잃고 방황하고 있어요
바로 뉴욕, 뉴욕의 심장 속에서

나는 잠들지 않는 이 도시에서 깨어나고 싶어요
그리고 내가 언덕의 왕이란 걸 확인하고 싶어요
이 작은 도시의 블루스는 녹아내리고
나는 이 오래된 도시에서 완전한 새출발을 할 거예요
만약 내가 거기에서 할 수 있다면, 어디에서든 할 수 있어요
당신에게 달려있군요-. 뉴욕, 뉴욕

-프랭크 시나트라·비욘세 놀스, '뉴욕, 뉴욕'

뉴욕의 이미지?

영화 〈섹스 앤 더 시티 2〉는 비욘세Beyonoe Knowles와 그녀의 남편 제이 지Jay-Z가 새롭게 부른 노래 '뉴욕, 뉴욕'으로 시작한다. 녹아내릴 듯 감미롭게 불렀던 프랭크 시나트라Francis Albert Sinatra의 흔적은 없다. 비욘세의

'뉴욕, 뉴욕'은 흑인 특유의 울림이 있다. 이탈리아계 이민자였던 프랭크 시나트라와 아프리카계 이민자의 후손인 비욘세가 부르는 뉴욕은 절묘하게 어울리면서 이 도시가 어떤 장점을 갖고 있는지 잘 보여준다. 뉴욕은 이민자들이 늘 새롭게 유입되며 섞이는 도시였다.

'뉴욕 스타일'이라는 말을 들으면 사람들은 제일 먼저 어떤 느낌을 떠올릴까. 어떤 도시보다도 호불호가 명확히 나뉠 것이다. 어떤 사람들에게는 선망의 대상이고 어떤 사람들에게는 소비적이고 패권적이라는 부정적인 '미국적' 문화의 상징처럼 느껴질 것이다.

아무튼 사람들은 뉴욕을 강렬하게 느낀다. 뉴욕은 세계의 중심도시고 무시할 수 없는 엄청난 권력이 있는 도시이기 때문이다. 물론 이런 느낌들은 '이미지'다. 이미지는 현실과 일치하지 않는 법이지만 뉴욕의 이미지는 분명 그 시대에 뉴욕이 보여주었던 얼굴이다.

최근 미디어를 통해서 나타나는 뉴욕의 얼굴은 월스트리트로 대표되는 세계 금융의 심장부, 세계에서 가장 힘센 국가 미국을 움직이는 자본이 있는 도시, 그만큼 소비 지향적이고 유행에 민감하며 부유한 사람들이 부유한 패션을 유행시키는 도시의 이미지다.

하지만 과거의 뉴욕은 이런 얼굴이 아니었다. 오히려 노래 '뉴욕, 뉴욕'의 가사처럼 언제나 새로운 삶을 꿈꾸는 사람들이 기회를 찾아 들어오고, 다양한 직업과 민족의 사람들이 커다란 용광로 속에서 융합되듯 역동적이면서도 진보적인 느낌이었다. 힙합과 뮤지컬, 디스코가 태어났고 화가 바스키아의 그림 같은 추상미술이 자라난 대단한 도시이기도 하다.

세계가 진보를 향해 나아가던 1970년대엔 뉴욕 하면 영화감독 우디 앨런Woody Allen과 〈대부〉의 감독 프란시스 포드 코폴라Francis Ford Coppola, 〈비열한 거리〉와 〈좋은 친구들〉의 감독 마틴 스콜세지Martin Scorsese 같은 사람들을 떠올렸다. 외모보다는 넘치는 지성미를 무기로 삼는 사람들이다. 스콜세지와 코폴라는 이탈리아계, 앨런은 유태계다. 뉴욕하면 떠오르는 여배우도 지적인 이미지의 다이안 키튼Diane Keaton 같은 사람이다. 이 시절의 뉴욕은 패션과 연결시키기도 어려울 것 같다.

어떻게 불과 30년 만에 이렇게 극적으로 이미지가 반전될 수 있을까. 이 사이에 무슨 일이 있었는지 우리가 아는 몇 가지는 있다. 뉴욕에는 '남휴스턴 공업지역South Houston Industrial District'을 줄여 부르는 '소호SoHo'라는 지역이 있다. 젊은 예술가들이 모여들어 다양하고 새로운 미술이 자라난 곳이다. 싼 집세 때문에 이곳에 모여든 예술가들은 창고 같은 건물을 멋진 주거공간으로 만들었다. '로프트'라고 하는 이 독특한 창고형 아파트는 소호의 상징이기도 했고 우리나라에도 '로프트'라는 의류브랜드가 있을 정도였다. 하지만 금융 산업으로 자본이 풍부해진 이후 뉴욕의 모든 부동산 가격이 올랐고, '로프트'도 젊고 유능한 금융인이나 성공한 예술가들이 사는 곳으로 바뀌어갔다. 제대로 된 제도가 없으면 돈은 많고 부동산은 제한된 도시에서 투기를 노리는 돈들이 부동산으로 흘러들어가는 법이다. 가난하지만 꿈을 꾸는 예술가나 외국에서 온 이민자들, 자유와 기회를 찾아 시골에서 올라온 젊은이들이 이제 이 도시에서 살 공간을 마련하고 자리를 잡는 건 불가능한 영역이 됐다.

섹스 앤 더 시티, 뉴욕이 가장 화려하던 시절

'뉴욕 스타일'을 보여주는 시대의 아이콘이었던 〈섹스 앤 더 시티〉의 캐리는 이런 면에서는 운이 좋다. 아직 뉴욕이 1970년대식 역동성과 진보를 간직했고 디스코가 유행하던 1980년대에 뉴욕에 온 덕분에 그녀는 안정적으로 살 수 있는 집도 구했고 집주인이 부동산에 안달하지 않았기에 집세도 싸서 패션에 눈을 돌릴 여유를 얻었다. 게다가 과감하고 도전적인 뉴욕이었기에 허용되는 실험적인 패션 스타일을 추구할 수 있게 되었다.

이제 '뉴욕 스타일' 패션은 드라마 〈섹스 앤 더 시티〉와 그 주인공 캐리를 떼어내고는 상상할 수도 없다. 캐리 역의 사라 제시카 파커Sarah Jessica Parker는 미인이라고 부르기엔 조금 거리가 있지만 매력 있는 사람이다. 그녀는 연기자로 아주 오래 일한, 우리나라로 치면 '선생님'이다. 파커는 1965년 생으로 1974년에 〈성냥팔이 소녀〉로 데뷔했고 〈화성침공〉 등 여러 영화에 출영하며 경력을 쌓았지만 큰 인기를 얻지는 못했다. 하지만 케이블 채널인 에이치비오HBO의 텔레비전 시리즈 〈섹스 앤 더 시티〉의 캐리 브래드 쇼로 거짓말 조금 보태 온 세상에 알려졌다. 이 드라마로 그녀는 골든 글로브상과 두 개의 영화배우 조합상, 그리고 두 개의 에미상을 받았다.

그녀가 미인은 아니지만 케네디 주니어와 연애편지를 주고받았던 시절이 있을 정도였다고 하니 분명 그 매력은 여러 사람에게 통하는 것 같다. 종종 연예인의 얼굴을 처음 대면할 때 '뭐 이런 얼굴이 다 있어?' 하다가 나중엔 꽂혀서 헤어나지 못하는 경우가 있는데 제니퍼 로페즈와 사라 제시카 파커가 그랬다. 그녀들의 특징은 너무 예쁘게 웃는다는 거다. 진짜 거침없이 원초적으로 숨이 넘어가게 웃는데 그 모습이 전혀 부담스럽지가 않다. 혹시 할리우드 스타인 그녀들에겐 웃는 모습을 만들어주는 특별 레슨을 하는 트레이너라도 있는 게 아닐까? 할리우드에 돈이 되는 것 중 없는 게 뭐가 있을까. 이 드라마를 제작한 대런 스타는 드라마 안에서 패션이 중요해지길 바랐다고 한다. 처음 기획할 때부터 줄거리만큼이나 패션이라는 소재가 중요했던 것이다. 그리고 제작한 사람들의 의도대로 이 드라마는 뉴욕이란 도시의 전형적인 이미지와 '뉴욕 스타일'이란 패션 스타일을 정리해버렸다. 이제 사람들에겐 〈섹스 앤 더 시티〉가 제시하는 패션이 바로 뉴욕 스타일의 매뉴얼이다.

사실 드라마의 첫 시즌에선 캐리를 제외한 다른 주인공들의 의상은 그리 튀는 편은 아니었다. 하지만 시즌이 진행될수록 그녀들은 브랜드 아이템을 온몸에 두르고 나타난다. 하지만 그중 캐리의 의상은 단연 돋보이는데 다른 멤버들에 비해 상당히 앞선 룩을 보여주기 때문이다. 다른 친구들에 비해 유별나게 지갑을 딜어가며 쇼핑을 즐기는 그녀가 얻은 심미안이라고나 할까? 주인공 캐리는 우유부단하면서도 사랑스러운 성격답게 디자이너 브랜드와 보세를 믹스 앤 매치한 멋쟁이의 룩을 보여준다. 그녀의 트레이드 마크인 코르사주와 병적일 정도로 집착하는 마놀로 블라닉에 대한 사랑도 '캐리 스타일'을 정의한다.

비싼 브랜드와 저렴한 옷을 함께 입으면서 어울리는 스타일을 찾는

뉴욕 스타일
이민자들의 도시. 진짜 뉴욕 스타일은 이런 것!

'믹스 앤 매치'를 완성시켰다는 캐리 스타일. 구두와 핸드백을 절대로 패션에서 떼어놓을 수 없는 캐리 스타일. 캐리 스타일은 좋고 나쁜 의미에서 뉴욕 스타일 그 자체다. 드라마가 방영되던 시즌 중에는 성공한 30대 싱글이 살아가는 방식을 보여주고 아이콘이 되었던 캐리는 영화에서는 결혼한 40대로 여유 있는 삶을 누린다. 극장판 〈섹스 앤 더 시티〉는 드라마보다 더 부유하고 화려하다. 화려한 결혼식을 보여주는 〈섹스 앤 더 시티1〉에서 그녀는 내로라하는 디자이너들의 결혼식 드레스를 선보인다. 메이킹 필름을 보면 사라 제시카 파커는 '여성들에게 모두 보여주어야 한다'면서 힘들고 지쳤으면서도 계속 새 드레스를 입어보았다고 한다. 〈섹스 앤 더 시티2〉에서는 화려한 여행이 패션의 주인공이다. 캐리와 친구들은 아랍에미리트의 아부다비를 여행하면서 사치스러운 리조트 룩을 보여준다. 한편 그녀의 '게이 친구'들 결혼식에 턱시도 차림을 선보이기도 했다. 하지만 중성적인 매력을 보여주려 했던 턱시도는 상당히 남성적으로 보였고 오히려 남편 '빅'이 더 고와 보인다는 평까지 들었다. 리조트에서는 디오르에서 만든 숫자가 박힌 '야구티'에 레이스가 몇 겹으로 펼쳐지는 공딘 드레스를 매치해서 입는데, 닐씬한 허리는 강조하고 키는 커 보여서 멋져 보였다. 굳이 점수를 매긴다면 공단 드레스에서 1승, 턱시도에서 1패다. 하지만 이 두 가지 모두 그녀가 과감하게 옷 입기를 즐긴다는 점을 증명한다. 대중도 실험적인 '캐리 스타일'을 지지한다. 캐리를 연기한 사라 제시카 파커는 자기 이름으로 출시된 브랜드에 직접 투자도 했다. '캐리'로 얻은 상징적 자본을 실제 자본으로 바꾸어가는 셈이다.

하지만 혈혈단신 뉴욕에 입성해 뉴욕의 자유롭고 진취적인 문화에 동화되어 문화의 한 축이 될 수 있었던 캐리도 이제 옛 사람이 되었다. 지금 우리가 보는 뉴욕은 아버지, 그리고 할아버지까지 부유하지 않으면 누릴 수 없는 호화로운 생활을 즐기는 뉴욕이다. 이 시스템의 특징은 외부인이 자리 잡고 성공하기가 불가능하다는 것이다. 미디어에 비친 뉴욕은 이렇게 점점 보수화되고 있다.

뉴욕 스타일은 지금껏 변해왔고 앞으로도 변해갈 것이다. 어떤 방향으로 변해갈 것인지가 문제일 텐데, 뉴욕이란 도시의 위상이 워낙 세계적으로 특수하고 독특하다보니 뉴욕 스타일은 뉴욕의 운명을 따라갈 수밖에 없을 것이다. 뉴욕에서 오피니언을 끌고 가는 집단이 어디가 되느냐에 따라 뉴욕 스타일은 달라질 것이다. 진보적인 예술가가 문화와 정치를 이끌던 1970~80년대, 금융가가 헤게모니를 잡았던 1990년대와 2000년대와 그 이후. 과연 뉴욕이 어떻게 변화할지 궁금하다.

우리는 〈섹스 앤 더 시티3〉를 앞으로 볼 수 있을까. 〈섹스 앤 더 시티2〉에서 주인공들은 지난 2년 경기도 안 좋고 너무 힘들었다고 말한다. 그래서 무대도 뉴욕을 벗어나 있었다. 영화는 다시 뉴욕을 무대로 돌아올 수 있을까.

서울 스타일

이제 너를 남겨두고 나 떠나야 해
사랑도 그리움도 잊은 채로
고운 너의 모습만은 가져가고 싶지만
널 추억하면 할수록 자꾸만 희미해져
태연한 척 웃고 있어도 너의 마음 알아
마지막으로 한번만 나의 손을 잡아주렴
지금 이대로 잠들고 싶어 가슴으로 널 느끼며
영원히 깨지 않는 꿈을 꾸고 싶어

-한석규, '8월의 크리스마스'

서울, 한국을 빨아들이는 도시

이제는 이 촉촉하고 다정했던 영화 〈8월의 크리스마스〉를 찍었던 동네도 우리 기억 속에만 남아있을지도 모른다. 숱한 재개발과 뉴타운 속에서 우리가 만들어 온 서울은 허물어졌고, 골목길은 거대한 주상복합과 브랜드 아파트로 대체되었다. 이 영화를 보며 물기 있는 감성을 위로받았던 그 많은 사람들 중에서 '주차단속원'과 '동네 사진관 주인'의 사랑이 허락되지 않는 서울이 올 걸 알았던 사람이 몇 명이나 되었을까. 나는 몰랐다. 서울의 외관은 더 화려해졌을지 모르지만 정규직이었던 사진관 주인과 주차단속원은 사라지고 사랑을 찾을 젊은 연인들이 알바와 비정규직이 된 서울이 행복해진 것 같지는 않다.

서울은 뉴욕이나 도쿄 못지않게 빠르게 커온 도시다. 겨우 100년 전엔 20만 명이 살았고, 해방되던 60여 년 전엔 30만이 조금 넘었고, 1960년대에 이미 '만원' 소리를 듣고, 이제는 1,000만 명이 살고 있는 도시다. 개성과 역사라면 세계 어느 도시에도 빠지지 않을 서울이지만 서울이 커질수록 서울 못지않게 멋졌던 지역의 수많은 도시와 농촌은 작아졌다. 나는 서울의 좋은 점들을 사랑하고 사라져가는 서울 사투리를 쓰는 서울 토박이지만 블랙홀처럼 한국을 빨아들인 서울은 별로 자랑스럽지 않다.

'서울 스타일' 패션은 무어라고 말할 수 있을까. 이 책을 쓰기 시작한 처음부터 참 고민이었다. 내가 살고 있는 '일상'이기 때문에 그만큼 다양한 모습을 알고 있어서인지 오히려 훨씬 어렵다. 너무 비관적이라고 반대하고 싶은 사람들도 있겠지만 나는 이렇게 세 단어로 정리한다. 가방, 신발, 스파SPA. 서울은 유행에 민감하고, 유행을 받아들이는 정보력 좋은 사람들도 많고, 그만큼 소비 능력이 있는 사람들도 한국에서 독보적으로 많은 도시다. 21세기를 질주하는 서울은 유명한 브랜드의 가방을 들고 역시 유명한 브랜드의 굽 높은 신발을 신기를 욕망하며 2008년에 서울로 진출한 스파에서 쇼핑하는 데 관심이 많다. 럭셔리 브랜드의 가방과 신발을 원하고 스파 브랜드에서 트렌디한 옷을 쇼핑하는 경향은 서울에만 있는 모습은 아니다. 이건 최근에 나타난 세계적인 흐름이다. 어떻게 보면 서울은 도시 고유의 패션 스타일이 있다기보다는 유행에 더 민감한 도시다. 서울은 패션에서 유독 어떤 색만을 좋아하는 경향도 별로 보이지 않는다. '백의민족'은 고릿적 얘기다.

그렇다면 서울은 고유한 패션 스타일은 없는 도시인가. 서울이라는 도시 자체는 스타일이 없지 않다. 서울은 교육열이 높고, 야구를 좋아하고, 민주주의를 위해서건 축구를 위해서건 광장으로 나서는 데 주저함이 없는 열정적이면서도 냉정한 도시다. 하지만 이런 개성이 패션에서는 별로 발휘되지 못했다. 그렇다고 '서울 스타일'을 찾는 노력을 멈출 수는 없다.

서울의 '거리'들은 개성이 있다. 미대로 유명한 홍대 앞 거리는 젊은 화가들과 1990년대에 형성된 인디 밴드들의 아지트라는 이미지에 겹쳐 젊고 아방가르드한 실험적인 패션 스타일을 찾아볼 수 있는 곳이다. 하지만 클럽들이 많다보니 퇴폐적인 느낌도 있다. 대학로는 서울대가 시내에서 데모를 주도하지 못하게 관악산 아래로 쫓겨 가기 전까지 서울대 문리대가 있었던 공간이다. 1970년대식 낭만과 엘리트주의를 느낄 수 있는 전통의 '학림다방'이 상징하듯 내학로는 문화교양이 풍부한 거리다. 아직 연극을 볼 수 있는 마지막 거리고 오래된 거리라 고전적인 느낌이 강하다. 연극이나 라이브 재즈 공연을 즐기는 사람들이 오기 때문에 패션 스타일도 예술가들의 거리인 홍대 앞과 비교하면 유행에 덜 민감하고 검소한 편이다. 제국주의 시대에 일본이 만든 명동은 '신여성'들과 '모던보이'들이 음악을 듣고 춤을 출 수 있었던 거리였고 일본 유행을 가장 빨리 접할 수 있는 곳이었다. 중국 대사관과 많은 일본 관광객들 때문인지 명동은 언제나 북적거리고 세계로 열린 느낌을 준다. 서울의 소비 중심이 강남으로 옮겨가면서 명동은 수축되는가 싶었는데 스파 브랜드들이 대거 명동으로 진출하면서 명동은 다시 '글로벌 한국'의 패션 스타일을 보여주는 가장 트렌디한 거리가 되었다. '바람 부는 날엔 압구정동에 가야한다'던 그 압구정동이 주춤하는 사이에 그 옆 골목 신사동의 가로수길이 전성기를 구가하고 있다. 가로수길은 어느 날 신문에서 '대치동은 명문 학원 거리'라고 선언하자 대치동에 학원들이 모여들었던 것처럼, '가로수길이 대세'라는 기사와 함께 유행의 첨단이 되었다. 가로수길은 청담동에 가기엔 소득이 적지만 북적거리는 압구정동보다는 돈을 좀 더 내더라도 한적하게 여유를 즐기고 싶은 사람들이 찾는 곳이다. 서울에서 지금 제일 소비력 좋고 물질적으로 여유가 있는 나이는 1970년대에 출생한 사람들이다. 신사동 가로수길은 30~40대 초반의 아지트가 되었다. 가로수와 작은 카페가 몇 개 있던 이 거리는 럭셔리 브랜드의 플래그십 매장과 아웃렛이 들어가는 공간으로 탈바꿈했다. 가로수길을 비롯한 강남의 거리들은 순수한 소비 중심의 공간들이다. 갤러리는 몇 개 있지만 신사동, 청담동, 압구정동을 다 뒤져도 극장이라고 부를 만한 공간도 변변히 없다. 이건 1970년대 이후 서울에서 권력을 잡았던 강남 세력들이 그만큼 문화적인 힘이 약하다는 뜻이기도 하다. 그래서 개성 강한 도시인 서울이 패션에선 딱히 내세울 스타일이 없는 것이다.

'서울 스타일'이라는 개성은 패션에서 두드러지지 않지만, 서울 여자

들이 제일 좋아하는 스타일은 곰곰이 따져보면 아이콘 한 사람은 꼽을
수 있다. 영화배우 심은하다. 드라마 〈마지막 승부〉로 데뷔해서 영화 〈8
월의 크리스마스〉와 〈미술관 옆 동물원〉에 출연했던 심은하는 출연작이
많은 배우는 아니다. 하지만 〈청춘의 덫〉이라는 드라마에서 "당신 부숴
버릴꺼야"라며 이글이글 타오르는 눈빛을 남겼던 배우일 만큼 연기도 좋
은 편이라 여전히 팬이 많다. 그녀는 긴 생머리를 머리띠로 넘긴 수수해
보이지만 청순하고 우아한 느낌을 풍긴다. 아마도 남성에게도 여성에게
도 적이 없는 '패션 스타일'일 것이다. 트렌드에 민감하다는 느낌은 없지
만 유명한 슈트나 가방, 머리띠를 착용하고 있는 그녀의 모습을 보면 고전
적인 스타일을 좋아하는 듯하다. 적극적이고 도시적인 스타일이 유행일
것 같은 도시 서울에서 어찌 보면 보수적인 스타일의 은퇴한 여배우가 여
전히 스타일 아이콘으로 남아있다는 건, 참 신기하다.

　　뉴욕 스타일이 뉴욕이라는 도시의 변화와 함께 움직이듯 서울 스타
일도 서울의 역동성을 닮아간다. 그리고 언제나 트렌드는 소비를 주도할
수 있는 계층이 끌어가고 소비력은 도시에서 헤게모니를 잡은 계층에게
있다. 서울 스타일도 서울에서 헤게모니를 누가 잡느냐에 따라 같이 달라
졌다.

　　1990년대 이후 서울은 뉴욕 스타일에 영향을 많이 받는 듯 보인다.
1990년대에 시작한 라이선스 패션잡지들은 미국에서 한국으로 들어와
대중들에게 '세계 패션'을 알렸다. 〈보그_Vogue_〉 〈바자_Harper's Bazaar_〉 〈엘르
Elle〉 〈코스모폴리탄_Cosmopolitan_〉 〈누메로_Numéro_〉 할 것 없이 내로라하는 패

션지들 대부분이 '코리아'판을 내고 있다.

하지만 1980년대에 우리가 〈논노〉를 보던 시절이 있었다. 일본에서 수입한 잡지였기에 당연히 일본어로 되어있고 가격도 높았다. 하지만 국내에는 월간 〈멋〉을 제외하고는 패션잡지가 거의 없었기 때문에 〈논노〉를 읽는 독자들을 꽤 많았다. 패션에 대한 갈증을 풀어주는 통로가 일본이었던 시절이었다. 일본도 미국 못지않게 우리 패션에 큰 영향을 줬다. 우리 어머니들이나 할머니들의 기억에 신세계 백화점은 '미츠코시 백화점'이다. 일제 강점기에 일본에서 가장 유명한 백화점에서 경성에 세운 백화점이 지금의 그 명동 신세계다. 1950~60년대 '서울 멋쟁이'들은 도쿄 유학생 출신들이 많았고 엘리트들은 당연히 일본어를 우리말처럼 편하게 구사했다. 이런 배경에선 패션도 일본을 따라갈 수밖에 없다.

1990년대엔 미국으로 유학 갔던 학생들이 방학에 들어와 선보인 '바나나 리퍼블릭Banana Republic'과 '갭'이 부러움의 대상이었다. 이런 브랜드가 국내에 입고되지 않았던 때라 정보도 많지 않았고, '미제'라는 후광까지 있어 고가 브랜드로 취급됐다. 여전히 서울에서 경제력과 권력을 지닌 계층은 2세들을 미국에서 공부시키는 경향이 강하다. 미국에서 공부하고 돌아온 이들이 주도하는 사회에서 스타일이 뉴욕의 영향을 많이 받는 건 당연한 현상이다.

서울은 한국 사회에서 너무 큰 헤게모니를 오랫동안 쥐고 있어 좋지 않은 영향도 많이 남겼다. 하지만 서울은 장점이 많은 도시다. 공부하고 싶고 자기 능력을 펼치고 싶은 신여성들에게 관대하고 여성들이 똑똑해

서울 스타일
서울에서 제일 화려한 청담동 거리의 엠씨엠 본사.
뮌헨에서 태어났지만 이제는 한국의 엠씨엠이 되었다.

지는 걸 좋아했던 도시가 서울이다. 새로운 문화를 잘 받아들이고 외부인들에게 폐쇄적이지 않다. 게다가 2008년에 촛불을 든 여성들이 이 도시의 광장에 나와 사회에 대해 생각하기 시작했다. 이때 광장에 나온 여성들은 우리 사회에서 소비력이 제일 좋은 계층이기도 하고 교육수준이 높은 집단이기도 하다. 이들이 질문을 던지는 소비자가 되기 시작했다. 패션과 음식, 그리고 사회에 대해서. 질문하는 사회는 진화한다. 마치 질문하는 소크라테스가 아테네를 변화시켰듯이. 서울 스타일은 현재 진화 중이다.

에코 스타일

"부해의 독에 해를 입으면서 그래도 부해와 함께 살겠다고 하는 건가?"
"당신은 불을 쓰지요.
그거야 우리도 조금씩 쓰고 있지만 불은 지나치면 아무것도 살리지 못해요.
불은 숲을 하루 만에 잿더미로 만들어버려.
물과 바람은 백 년 걸려 숲을 키우지. 우리는 물과 바람 쪽이 더 좋소."
- 미야자키 하야오, 《바람계곡의 나우시카》

생태, 평화에서 전사를 아우르는 극과 극의 이미지

'생태'라고 하면 어떤 사람들은 분리수거를 잘 하고 꽃과 나무와 새를 사랑하는 평화로운 광경을 떠올리기도 하지만, 어떤 사람들은 '과격한' 환경주의자들을 떠올리기도 한다. 환경을 전공으로 학위를 받았고 환경단체에서 활동가로 일하기도 했던 내 입장은 어떤 쪽에 가까운가 하면, 부드러운 환경운동은 녹색 칠만 했을 가능성이 높다고 의심하는 쪽이다. 대규모로 뉴타운 계획이 잡히면서 국립공원 생태조차도 제대로 보호하기 어려운 게 환경보호의 현실인데 이런 대규모 계획은 '부드럽게'

찬성하면서 아파트 사이에 작은 연못 하나 지키며 '환경 모니터링'을 한다는 사람들은 부드러워 보일지 모르지만 이미지로 먹고사는 사람일 가능성이 높다. 고래를 보호하기 위해선 위험한지 알면서도 고무보트 하나로 거대한 포경선과 해양경찰선 앞에 서야 할 순간이 있을 수도 있고, 갯벌을 지키기 위해선 날 선 토론을 피하지 않아야 한다. 하지만 옳은 일이라도 혼자 화내고 있으면 아무도 듣지 않는다. '생태' 역시 마찬가지다. 사람들과 함께 많은 대화를 해야 한다. 그런 의미에서 '에코백' 운동은 여러 사람이 쉽게 참여할 수 있으면서 그 정신도 좋은 환경운동의 '좋은 예'에 속한다.

패션계에서 에코백은 '잇백'으로 떠올랐다. 염색하지 않은 캔버스 천에 자기가 좋아하는 구호를 적은 에코백을 들고 있는 사람 옆에선 럭셔리 가죽 가방을 들고 있는 사람이 오히려 초라해 보인다. 에코백은 보통 깔끔해 보이는 캔버스 천으로 만들지만 잠깐 달았다 떼어내는 광고 현수막으로 만들기도 하고 낡은 옷가지를 붙여서 만들기도 한다. 에코백은 쇼핑센터에서 주는 비닐봉투나 쇼핑백 같은 일회용 가방을 쓰지 않기 위한 대안으로 만들기 시작했기 때문에 일부러 좋은 천을 고르지는 않았다. 내가 아는 한 남성이 가죽 가방도 에코백이 아니냐고 물었던 적이 있다. 워낙 천진하게 질문했기 때문에 곁에 있던 사람들이 모두 웃었다. 이 분은 천연 소재로 만든 가방을 에코백으로 생각했던 모양인데, 에코백은 천연 소재의 가방을 말하는 게 아니다. 생태를 보호하기 위해 일회용 가방을 덜 쓰고 동물가죽으로 만든 가방의 수요를 줄이기 위해 만든 가방이다.

　여성들은 모성이 있기 때문인지 남성들보다 생태적인 감이 좋은 것 같다. 2008년 촛불집회에 어린 아이를 둔 엄마들이 많이 참여했던 이유는 소가 그저 '고기'가 아니라 무언가를 먹고 자라는 살아있는 동물이라는 걸 느꼈고, 그 소가 잘못 되었을 때 우리집 아이 역시 만에 하나라도 잘못될 수 있다는 게 보였기 때문이다. 그녀들에게는 아토피로 고통스러워하는 자식을 보면서 발을 동동 굴렀던 기억, 아토피에 좋지 않다고 음식을 가려 먹일 때 '우리 땐 없어서 못 먹었다'며 이해하지 못하는 어른들과 아이에게 아토피나 천식이 생기면 '임신할 때 뭘 먹었느냐'며 뭐든 엄마 탓으로 돌리는 통에 눈물을 흘렸던 기억도 있다. 광우병 경고는 그런 환경 질병의 연장에 있는 사건이었다.

　엄마들은 그저 한두 번 유모차를 끌고 나왔던 게 아니고 친환경농업을 실천하는 생협(생활협동조합)에 조합원으로 가입하면서 자신들이 겪은 변화를 생활 안에서 소화시켰다. 그해 촛불집회에 앞장서 참여했던 아이쿱iCOOP생협을 비롯해 한살림, 두레생협, 전국생협 모두 조합원이 많이 늘어났다. 2008년을 겪으면서 우리나라 30대 여성들의 삶에 커다란 변화가 있었던 것 같다.

　보통 진보적인 문제제기는 시사지에서는 쉽게 찾아도 흔히 말하는 여성지나 패션지에서는 보기 힘든데 환경 문제는 오히려 그 반대다. 유럽에서 나오는 패션잡지들은 '에코' 문제를 빼면 잡지 편집 자체가 안 될 것처럼 생태 문제를 강조한다. 스타들과 인터뷰를 할 때도 하이브리드 자동차인 프리우스를 타는지, 바이오디젤을 이용하는지에 관심이 많고 직접 유기농 농장을 하는 가수 '스팅Sting' 같은 사람들의 농장을 방문하는 기사가 인기다. 우리나라에서도 이런 경향이 조금씩 나타나기 시작했다. 패션잡지들은 민감한 정치 문제나 사회 이슈는 다루지 않기 때문에 보수적일 수밖에 없는데도 환경 관련 기사는 시사지보다 자주 싣는다. 몇 년 전 〈얼루어Allure〉에서는 환경운동연합과 함께 신사동 가로수길에서 차 없는 거리를 만들어 특집기사를 실은 적도 있고 전통적인 여성지에 들어갈 〈레이디 경향〉이나 〈여성동아〉, 〈주부생활〉, 〈레몬트리〉 같은 잡지는 생협보다 한 발 더 나아간다. 농민들과 직접 얼굴을 맞대고 제천 채소를 꾸러미로 받는 '제철 꾸러미' 운동을 어디에서 할 수 있는지 소개하기도 하고 지리산이나 해남, 봉화 같은 곳에 귀농한 사람들이 어떻게 살고 있는지 소개하기도 한다. 몇 년 전엔 홍대 앞에서 '사이'라는 이름으로 활동하는 가수이면서 불교계열의 생태운동단체인 '인드라망'에서 활동가로 일하던 한 예술가가 충북 괴산으로 귀농했던 이야기가 패션지에 실리기도 했다. '유기농 펑크 포크'를 주장하며 찢어지게 힘든 가난을 노래하는 그 예술가의 이야기가 고급 패션지에 실려서 신기하기도 했지만 그런 삶을 받아들이는 변화가 우리 안에서 시작되고 있다는 걸 보여주는 일이기도 했다. 가난한 농민이 되고 싶은 사람을 따뜻한 시선으로 보는 기사는 유기농이 '오가닉 럭셔리 라이프스타일'이란 오해를 벗겨준다. 오히려 이런 기사들만큼은 대한민국에서 시사지보다 여성지와 패션지가 앞서나간다.

드디어 패션 주류에 에코 디자이너가 등장하다

유럽에선 몇 년 전에 '에코 스타일'을 내건 대형 스타 디자이너가 탄생했다. 그녀의 이름은 스텔라 매카트니Stella Nina McCartney Willis. 영국의 전설적인 팝 그룹 '비틀즈'의 그 폴 매카트니의 딸이다. 스텔라 매카트니는 이젠 아버지만큼 유명해질 수도 있겠다 싶을 만큼 성공한 스타 디자이너다. 이제 젊은 패션 피플들은 비틀즈를 잘 모르기 때문에 '매카트니'라고 하면 스텔라 매카트니를 떠올린다고도 한다.

스텔라 매카트니는 아버지 때문에 유명해진 게 아니고 새로운 소재를 사용하는 실험정신 때문에 명성을 얻기 시작했다. 패션지들은 그녀를 '동물 애호가'라고 부르는데, 여기엔 이 사람이 실천하는 새로운 시도를 '기껏해야 가죽과 모피를 쓰지 않는 정도'라고 작게 평가하고픈 의도가 조금은 들어가 있다. 매카트니의 공식 사이트를 보면 동물을 이용한 제품을 사지 말자는 얘기서부터 이 닦을 때 수돗물을 잠그자는 생활 속 환경보호 실천방법까지 얘기한다. 이 정도로 자기 생각이 분명하다면 브리짓 바르도 같은 수준의 동물 애호가와는 다른 대접이 필요하다.

매카트니의 디자인이 다른 디자이너들과 구별되는 특성은 분명 동물 가죽과 털을 의도적으로 사용하지 않는 점이다. 그럼 디자인이 불편해질까? 그녀는 이 점에서 분명한 철학이 있는 것 같다. 한 잡지 인터뷰에서 스텔라 매카트니는 "가죽이나 모피를 사용하는 것은 완전히 낡은 패션이며 중세적이고 야만적인 행위"라고 말한 적이 있다. 덧붙여서 패션은 발전해야 하는 것이며 생활양식과 식습관에 맞춰 패션도 함께 발전하고 변화해야 한다고 주장한다. 옷감 종류가 수백만 가지에 이르는 지금, 오히려 가죽을 쓰지 않는 것이 아주 모던한 콘셉트이며 가죽과 모피는 분명히 다른 소재로 대체 되어야한다는 게 그녀의 입장이다.

그녀는 스타 디자이너답게 이런 신념이 현실로도 가능하다는 걸 쇼에서 멋지게 선보였다. 식물성 소재로 만든 인조피혁으로 허벅지까지 올라가는 부츠를 만들기도 하고 모피처럼 부들부들한 느낌이 나는 섬유를 찾아 만든 겨울 코트를 선보이기도 한다. 비싸지 않느냐고? 어차피 매카트니 정도 스타 디자이너가 만든 옷은 소재와 상관없이 비싸고 디자이너란 실용적인 옷을 만드는 사람이기도 하지만 상식을 뛰어 넘는 새로운 옷들이 가능하다는 걸 보여주어야 할 사람들이 아닌가? 그래서 사람들이 디자이너에게 박수를 보내는 것이다.

매카트니가 생태적인 디자인이란 무엇인지에 대해서 아직까지 정답을 찾지는 못했을지 모르지만 그녀가 패션계에서 '에코'라는 새 바람을 끌어내는 맨 앞줄에 선 것만은 분명하고, 새로운 흐름이 생기고 있는 것도 분명하다. 최고급 럭셔리 브랜드인 구찌 그룹의 디자이너이기도 한 스텔라 매카트니의 가방을 인터넷에서는 캔버스 천에 실을 꼬아 맨 벨트를 단 쇼퍼백으로 2만 5,000원에 살 수 있다. 브라바! 이로써 우리는 단돈 몇 만 원에 매카트니를 소유할 수 있게 되었다!

누군가는 생태주의 정신이 손상된다는 의견을 가질 수도 있겠지만 그 바람에 모피를 많이 쓰는 마크 제이콥스 같은 다른 스타 디자이너들도 에코백을 만드는 붐을 함께 타게 되어 에코백이 일상생활의 일부로 자

스텔라 매카트니
아버지는 비틀즈, 직업은 패션디자이너 + 엄마, 성향은 동물보호론자,
주식은 채식, 이마는 짱구.

리 잡는다면 나쁜 일만은 아니다. 뉴욕식 웰빙과 '오가닉 라이프스타일'
은 분명 그런 게 왜 생겼는지 도통 아무것도 모르는 속물적 취향이다. 그
렇다고 생태적인 공존과 '자발적인 가난'을 강조하는 유기농의 정신 자체
를 저 바보들에게 넘겨주고 말 건가. 그건 더 바보짓이다.

요즘 미국 서부의 포틀랜드라는 작은 도시에서는 친환경적인 디자
인만으로 패션위크를 여는 '포틀랜드 패션위크'를 연다. 2003년에 처음
시작되었는데 미국 케이블 채널에서 인기를 끌었던 〈프로젝트 런웨이〉의
우승자가 참여하기도 하고 세계의 디자이너들이 참여한다. 미국 서부에
서는 가장 규모가 큰 패션위크 중 하나다. 포틀랜드가 속한 오리건 주는
기후변화 문제나 환경 문제에 대해 미국에서 가장 진보적인 지역이기도
하다.

물론 기후변화협약을 실제로 이행하자는 약속인 '교토의정서'에 가
입도 안 하는 미국 주류는 생태 문제에 진보적이지 않다. 하지만 포틀랜
드의 작은 성공은 결코 작은 울림이 아니다. 스텔라 매카트니 역시 스타
디자이너이고 구찌 그룹의 일원이지만 루이비통이나 샤넬과 같은 패션계
의 주류는 아니다. 하지만 매카트니의 새로운 시도는 에코와는 거리가 멀
었던 패션계를 흔드는 중요한 '어긋남'을 만들어낸다.

'뉴욕'이나 '스타벅스'로 상징되는 세계의 주류들이 겉모습만 생태적
인 흉내를 낸다고 씁쓸하게 여길 수도 있다. 하지만 그들이 흉내라도 내
는 건 수많은 가난한 농부들이 힘들게 유기농을 실천하고 영국의 옥스팜
과 우리나라 생협을 비롯한 엔지오NGO들이 작은 규모지만 공정무역을

시작하고 늘려가면서 세상에 '대안'이 있다는 걸 보여주었기 때문이다. 주류가 아무 요구가 없는데도 자기를 바꾸는 법은 없다. 주류가 바뀌어야 할 만큼 소수인 생태파들이 튼튼하게 성장한다면 그 길이 작은 진보를 이루는 길이다.

게다가 우리에겐 풀어야 할 문제가 눈앞에 존재한다. 21세기가 생태 위기의 시대라는 데 토를 달 수 있는 사람이 있을까? 그렇지 않다면 각자는 자기 자리에서 문제를 풀어야 하고 패션 역시 예외가 될 수 없다. 이 문제를 푸는 디자이너와 생산자들이 과연 누가 될지, 그 영광을 누가 차지할지 기다려진다.

à la mode : 우리 시대의 유행에 대하여

미실이 그녀의 두 남편과 두 아들을 두고 드디어 직접 왕이 되겠다고 선언한다.

미실: 예, 제가 직접. 나서보려 합니다.
　　　진지제, 백정왕자, 또 다시 세종공 혹은 춘추공.
　　　누군가를 내세우는 일을 안 하려 합니다.
　　　내가 하겠어요.
　　　도와주십시오.

-드라마 〈선덕여왕〉 중에서

시대를 풍미한 유행에는 이유가 있다

2009년 한국을 휩쓸었던 드라마는 〈선덕여왕〉이었다. 국민 시청률이라는 시청률 40퍼센트를 가볍게 넘겼고, 이 드라마를 보기 위해 온 가족이 텔레비전 앞에 앉았다. 사람들은 미실을 통해 현실 정치를 읽고 싶었고, 사람을 매혹시키는 힘을 느끼고 싶었고, 또 경쟁자였던 여성 '덕만'에게 결국 패하고 사라지는 모습을 지켜보고 싶었다.

시대를 풍미하는 유행들은 어떤 것이든 등장한 이유와 저물어 간 이유가 있다. 옷차림, 인사하는 법, 말을 건네는 법까지 모두가 유행이다. 누릴 수 있는 물질적 궁핍을 벗어나는 그 순간부터 유행은 시작된다.

샤넬은 20세기가 여성이 해방되고 계급 없는 평등한 사회에 필요한 '실용성'으로 통한다고 여겼고 그 생각을 옷으로 표현했다. 그녀는 옳았다. 그래서 그녀가 만든 스타일은 지금까지도 현실에서 의미를 갖고 '스타일의 원조'라는 이름을 갖고 있다.

유행이 사라지지 않고 하나의 스타일로 남기 위해서는 그 시대를 이해하고 시대가 필요한 그 무엇을 해소해 주어야만 한다. 20세기가 풀어야 할 중요한 문제 가운데서도 그간 불평등하게 억압받았던 여성들이 원래의 지위를 되찾는 일은 가장 시급한 일 중 하나였다. 19세기에는 시민들이 귀족들로부터 자신의 권리를 찾아오기 위한 혁명이 끊임없이 이어졌다. 예술가, 사상가, 과학자 모두 시민들이 사회의 주역이 되는 시대가 오기를 원했다. 패션도 이 흐름에 부응하며 패션의 전성기를 열었다.

21세기가 원하는 패션은 무엇일까

그렇다면 21세기가 풀어야 할 가장 중요한 문제는 무일까? 여기에 우리 시대의 유행이 어떤 모습일지, 그 열쇠가 숨어있다.

패션은 어떻게 변화해 갈까? 디자이너나 모델로 무대에 서서 유행을 이끌고 싶거나, 미디어에서 패션을 유통하고 싶거나, 직접 의류시장의 상인이 되어 패션계에서 일하기를 지망하는 사람들에게 이 문제는 아주 중요할 것이다. 방향을 제대로 찾아간다면 다음 세대의 리더가 될 수 있겠지만, 그렇지 않다면 변화하는 환경에 적응하지도 못할 테고 세상이 어째서 변화하는지도 이해하지 못할 것이다.

문제를 해결하는 방법은 정해져 있지 않다. 하지만 답은 이미 정해져 있을지 모른다. 시대의 고민이란 한 사람만이 갖는 문제가 아니기 때문이다. 시대의 문제는 그 시대를 함께 살아가는 모든 사람과 연결되어 있다.

패션은 두 방향의 힘으로 움직인다. 하나는 패션계 내부에서 만드는 힘이다. 만드는 사람들의 창의력과 기술의 발전, 미적인 감성, 그들이 지닌 개성이 다음 유행을 이끌어 간다. 거리를 매운 여성들이 1980년대에 유행하던 꽉 붙는 '돌청바지'에 어깨에 '뽕'이 들어간 재킷을 입는 일이 다시 일어날 줄은 전혀 몰랐다. 디자이너들은 바로 전 시즌의 흐름을 이어가면서도 과거를 재해석하거나 완전히 새로운 디자인을 꺼내든다. 소재를 만드는 사람들의 창의력도 미디어의 스포트라이트를 덜 받을 뿐 아주 중요하다. 패션산업이라는 울타리 안에 있는 사람들도 다른 산업들처럼 스스로가 앞으로 전진하는 힘을 짜낸다. 이건 패션계 내부의 힘이다.

한편 패션산업 밖의 세상은 패션산업이 변화해야만 살아남을 수 있는 외부 환경을 끊임없이 새로 만들고 있다. 패션도 적응하기 위해 바뀌어야만 한다. 패션의 진화다. 전차와 자동차가 등장하지 않았다면 치마 길이가 짧아져야 할 실용적인 이유가 없었다. 일하는 여성들이 등장하지 않았다면 여성 슈트가 발전할 이유가 없고 노동자들에게 여가와 여윳돈이 생기지 않았다면 미국식 삶의 양식을 대표하는 랄프 로렌Ralph Lauren이 잘 만드는 리조트 패션도 탄생하지 않았을 것이다.

21세기를 살아갈 사람들의 삶의 양식은 앞으로 어떻게 전개될까? 인류는 당분간 경제성장을 계속 할 테니 패션 소비자들인 산업 선진국 국민들의 소득은 더 늘어날 것이고, 휴가는 더 중요해질 것이며, 의류를 살 만한 여유도 더 늘어날 것이다. 세계 경제성장을 무서운 속도로 주도하고 있는 중국이나 인도, 말레이시아 같은 아시아의 신진 산업국들은 다른 지역보다도 경제성장이 빠를 것이다. 일본, 한국, 중국처럼 럭셔리 브랜드를 좋아하는 나라의 소득도 늘어날 테니 파리, 밀라노, 뉴욕에 근거를 둔 럭셔리 브랜드 매출에서 아시아는 앞으로 더 중요해질 것이다. 칼 라거펠트가 크루즈 여행을 위한 컬렉션을 상하이에서 열고 중국인이 좋아하는 붉은 색과 중국풍이 느껴지는 옷을 만드는 데는 이런 이유가 있다.

숙련된 기술자들의 집단처럼 남아서 생존하려는 메종들도 있지만 다국적 기업의 길을 선택한 메종들은 기업이 일반적으로 추구하는 목표를 좇아간다. 모든 기업의 행동 원칙은 이윤을 극대화하는 것이다. 기업은 많은 소비자가 원하고, 많이 팔리고, 많은 이윤이 남는 상품을 만들려고 한다. 당연하다.

그러니 한동안 럭셔리 브랜드들은 전통적인 유럽 소비자보다는 아시아의 소비자들이 원하는 것에 더 관심을 갖고 분석할 테고, 아시아인들의 욕구를 만족시키기 위해 여러 가지 시도를 할 것이다. 아시아 소비자들은 베블런이 말한 '명성'을 소비하는 경향이 강하다. 그리고 시장이 커지는 만큼 럭셔리를 처음 사보는 사람도 해마다 늘어날 테니 브랜드가 내세우는 대표적인 상품들, 로고가 뚜렷하게 인식되는 상품들, 그리고 상대적으로 가격이 낮아서 사는 데 망설임이 적은 화장품이나 지갑 같은 제품들의 수요가 늘어날 것이다.

그러나 럭셔리 브랜드들의 본래 판인 의류는 조금 다르다. 의류에서는 파리의 섬유 전시회인 '프리미에르 비종'의 영향력이 보여주듯 '소재'가 중요하다. 트위드 재킷이나 트렌치코트처럼 인기가 식지 않는 스타일들은 새로운 직물과 함께 탄생했다. 트위드는 오래 된 직물이지만 전혀 새로운 색 조합으로 재탄생되었고, 트렌치코트는 '개버딘'이란 새로운 가공법으로 제작한 면직물을 만들면서 탄생했다. 럭셔리가 럭셔리일 수 있으려면 구하기 어려워야 한다. 희소성의 법칙이 강력히 발휘되어야 럭셔리가 탄생하기 때문이다. 20세기에 사람들은 석유에서 실을 뽑아 처음으로 나일론과 폴리에스터 같은 합성섬유란 걸 만들었다. 합성섬유가 처음 등장했을 때 '장안의 멋쟁이'들은 합성섬유로 만든 옷을 어렵게 구해 입었다. 우리가 섬유 강국으로 이름을 날리던 1970~80년대의 주인공 역시 합성섬유였다. 우리나라는 괜찮은 품질에 싼 가격으로 합성섬유를 생산해서 수출했다. 이때 이미 합성섬유는 귀한 물건이라는 자리에서 내려왔다. 이제는 더 이상 석유에서 뽑은 섬유라고 해서 비싼 섬유가 되지는 않는다. 오히려 자연 소재로 만드는 면, 울, 실크 등 전통의 섬유들이 더 비싸지고 귀해질 것이다. 특히 질 좋은 섬유는 더욱 구하기 힘들어진다. 이유는 간단하다. 점점 생태계가 피폐해지는 우리 현실을 보라. 최고급 실

가로수 유행
우리시대에 유행하는 길. 서울의 왕성한 30대는 가로수길에서
친구와 커피를 마시고 간단한 쇼핑도 한다.

크를 생산하기 위해서는 오염되지 않은 울창한 뽕나무 숲과 누에, 그리고 전통을 지키는 기술자에게 충분한 일감이 있어야 한다. 울을 얻기 위해서는 넓은 풀밭과 깨끗한 물이 있어야 하고, 면도 마찬가지로 목화를 키우고 직물을 짜는 데 필요한 생태적인 제약들이 있다. 그렇게 까다롭지 않았던 조건들이 시간이 지날수록 까다로워지고 있다. 어렵사리 생산한 직물들은 가격이 올라갈 수밖에 없다.

최근 소재 시장의 트렌드는 '에코'다. 우리나라도 '친환경' 소재들을 개발하는 노력을 많이 한다고 한다. 이를테면 첨단 기술이 필요한 내구성이 아주 좋은 섬유나 타지 않는 유리섬유를 개발한다. 하지만 노하우가 많이 필요한 최고급 울이나 견직, 면직을 얻으려는 방향과는 다르다. 최고급 슈트를 만들기 위해서는 여전히 최고급 울이 필요하다. 그리고 '에코'는 '친환경'이 아니라 '생태'다. 생태계가 건강함을 잃지 않고 인간과 공존하는 조건에서 만드는 섬유. 미래 고급 섬유의 방향은 여기에 있다. 패션산업을 선도하는 1시장인 럭셔리는 이런 흐름을 놓치지 않을 것이다.

게다가 소비자와 사회적 흐름 역시 기업이 생태적인 책임을 회피하지 말라고 요구한다. 페어 트레이드Fair Trade, 우리말로 공정무역이라 부르는 제도가 있다. 농산물을 생산한 사람이 공정한 대가를 받도록 하는 것이다. 생산자들이 험악한 노동조건에서 벗어나고 생태적인 지속가능성도 지킬 수 있는 가격으로 농산물을 구매하자는 정신이 공정무역이 서 있는 출발점이다.

커피·코코아·사탕수수·바나나 같은 열대과일들과 면직물·꽃 등

제3세계 농부들이 생산하는 농산물이 주로 공정무역이 다루는 품목들이다. 특히 커피가 상징적이다. 다국적 커피 기업들이 커피를 구매할 때 가격을 '후려치는' 횡포가 심했다. 하지만 공정무역 운동이 지지를 받으며 커피 생산자들의 시장조건이 좋아졌다. 물론 여전히 농산물 시장에서는 생산한 사람에게 시장조건이 훨씬 불리하다.

공정무역 운동은 네덜란드의 가톨릭 단체와 엔지오에서 처음 시작되었다. 제3세계 생산자들이 교육을 받고 아동노동도 하지 않도록 하려는 취지였다. 물론 처음엔 소비자가 아주 소수였고 '비싼 유기농을 사 먹는 부유층 운동' 취급을 당하기도 했지만 이제 그런 오해를 받는 단계는 지났다.

예를 들면 영국에서는 공정무역이 시장에서 영향력 있는 유통자이기도 하다. 영국의 변화에는 광우병이라는 배경이 있었다. 광우병 발병은 영국 사회의 커다란 전환점이 되었다. 영국 수상이 '광우병은 없다'며 햄버거를 먹는 광고를 찍고 얼마 지나지 않아 수상의 가까운 집안의 소녀가 광우병에 걸렸다는 사실이 확인되었다. 영국은 이후 축산뿐 아니라 농산물을 키우는 생태환경과 보건이 아주 밀접하게 연결되어 있다는 교훈을 얻었다. 영국은 동물 복지에 제일 민감하고, 유기농업이 유럽에서 가장 빠른 속도로 성장하는 나라이고, 공정무역이 가장 먼저 자리 잡은 나라이기도 하다. 영국의 커피 유통에서는 공정무역 시장이 소비 시장에서 세 번째로 크다고 한다. 영국에서라면 공정무역을 하는 엔지오들을 '일부 소수의 커피 거래자'로 매도하기 어려울 것이다.

영화 〈해리 포터〉 시리즈의 여주인공인 배우 엠마 왓슨Emma Watson은 영국에서 인기가 높다. 그녀는 영국을 대표하는 의류 브랜드 버버리의 광고 모델이기도 한데 자신도 의류 브랜드를 만들었다. 이 브랜드는 공정무역으로 거래한 면직물만 사용한다고 홍보한다. 이런 브랜드를 기획할 수 있던 건 엠마 왓슨의 생태적 이해가 높기 때문이기도 하겠지만 생태주의를 선택한 그녀의 행동이 대중적인 지지를 받을 수 있고 시장에서도 성장세일 것이란 이유도 있었을 것이다.

'공정무역 면직물'이 브랜드의 개성과 경쟁력을 높여줄 수 있는 시대다. 우리나라에서도 공정무역으로 거래되는 의류들이 팔리고 있고, 해외에서 들어온 브랜드들도 생태적인 면직물 티셔츠를 내놓고 있다.

'생태적일 것'.

이 조건은 21세기 패션산업을 관통하는 열쇠가 될 수 있다. 20세기에 억압받던 여성의 해방이 가장 중요했다면, 21세기에는 수탈당한 자연의 해방이 인류가 풀어야 할 가장 시급한 문제가 되었기 때문이다.

영
원
함

도쿄, 서울, 상하이, 아시아의 샤넬

파스파루트는 태양의 자손들이 산다는 이 신기한 나라에 아무런 감흥도 없이 상륙했다. 이제는 운을 안내자로 삼아 발길 닿는 대로 거리를 헤맬 수밖에 없었다. 처음에 간 곳은 완전한 유럽풍의 동네로 베란다로 장식된 집들이 늘어서 있고, 베란다의 아래에는 멋을 부린 기둥들이 늘어서 있고, 베란다 아래에는 멋을 부린 기둥들이 이어져 있다. 거리와 광장과 계선장과 창고가 개항조약에 따라 개방된 혼마키곶과 강 사이에 가득 펼쳐져 있었다.

……여자도 몇 명 보였지만 별로 예쁘지 않았다. 눈이 가늘고, 가슴은 납작하고, 이는 유행에 따라 검게 물들이고 있었다. 하지만 이 나라의 전통 의상인 '기모노'는 우아하고 아름다웠다. 허리에 두른 비단 끈은 뒤에서 커다란 매듭으로 펼쳐져 있었다. 유행의 첨단을 걷는 파리 여인들은 이 커다란 매듭을 일본 여인들로부터 빌려온 것 같다.

- 쥘 베른, 《80일간의 세계 일주》 중에서

이미 100년도 전에 파리에선 '일본풍'이 유행했다

전 세계를 종횡무진하게 여행할 수 있다고 자신하는 19세기 빅토리아 시대의 영국 신사들은 세상이 다 제 것인 양 자신만만하다. 런던 어느 클럽에 모인 신사들이 과학문명을 찬양하다 내기를 하나 시작한다. 80일 만 있어도 세계 일주를 할 수 있다는 쪽과 80일보다는 더 걸린다는 쪽으로 편이 갈렸다. 이 승부를 위해 정의롭고 모험심 강한 신사 포그와 그의 시종 파스파루트는 용기 있게 길을 나서고, 결국 세계 일주에도 성공하고 사랑도 얻는다. 프랑스 소설가 쥘 베른Jules Verne이 쓴 걸작 공상 과학 소설 《80일간의 세계 일주》의 줄거리다.

지금은 구식일지 몰라도 130여 년 전 이 이야기는 아주 새로웠다. 신비의 나라로 생각했던 중국과 일본에 정말로 갈 수 있다니, 상상만으로도 신났을 것이다. 작가 쥘 베른이 살던 시대에 동양은 서양 사람들에게 황금이 굴러다니는 나라라는 둥 허황된 소문만 가득했다.

이 소설에서 시종인 파스파루트는 어떤 훼방꾼 때문에 주인과 헤어져 혼자 일본에 도착한다. 일본의 개항도시이자 항구도시인 요코하마에 도착한 파스파루트는 처음 보는 동아시아 도시를 헤맨다. 그의 눈에 들어온 요코하마는 어땠을까. 일단 오래 전부터 유럽과 교역을 한 도시답게 거리에는 유럽풍 건물이 가득하지만 그만큼 별로 신기하지도 않은 것 같다. 하지만 여자들이 입은 기모노는 아름답게 보였다. 파스파루트는 동아시아를 보던 19세기 서양인들의 시선을 보여준다. 요코하마는 이미 낯선 도시가 아니었다. 그리고 벌써 오래 전 파리에선 일본풍의 그림과 염색이 유행했다. 파스파루트는 '파리 유행이 요코하마에서 왔군'하며 별 감흥도 없이 유럽과 일본을 연결 짓는다.

애석하지만 쥘 베른이 세계 일주를 하기 위해 들러야 한다고 꼽은 나라에 중국과 일본은 있지만 우리는 없다. 중국은 이미 원나라 때 마르코 폴로가 다녀가 동양엔 황금이 굴러다닌다고 허풍을 쳤기 때문에 황금을 노리는 모험가들에겐 꿈의 나라였다. 일본도 조선 초기에 벌써 포르투갈과 네덜란드 상인들이 다니곤 했기 때문에 그 존재는 알려져 있었다. 하지만 조선에서는 일부 지식인들이 청나라를 통해 들어온 서양 문명에 조금 관심을 가졌을 뿐, 우리도 그들을 잘 몰랐고 그들도 우리에 대해서 잘 몰랐다.

일본, 아시아의 창

일본에는 서양에 대한 열등감 같기도 하고 자긍심 같기도 한 말이 있다. '탈아입구脫亞入口'다. 아시아를 나와서 구라파, 즉 유럽으로 들어간다는 뜻이다. 아시아에서 가장 먼저 서양 문물을 자기 것으로 만든 민족의 자신감과 정체성일까, 아시아보다는 유럽에 끼고 싶다는 의미일까. 1990년대를 휩쓸었던 보이그룹 '뉴키즈 온 더 블록'은 '탈아입구'라고 쓴 거대한 휘장을 내걸고 일본에서 공연을 한 적도 있다. 우리나라의 소녀 팬들은 일본 팬을 유럽 팬으로 '격상'해서 대접하느냐며 이 그룹의 요상한 아시아 인식에 실망했고 한국에선 인기가 뚝 떨어졌다.

하지만 아시아 대륙 가장 동쪽에 있는 일본을 통해 아시아, 특히 동아시아가 유럽과 미국의 문화를 접하게 되는 것도 사실이다. 럭셔리는 특히 그렇다. 일본은 우리가 잘 알지 못하는 유럽의 귀족문화를 동경하고 그들이 쓰는 물건을 갖고 싶어 했다. 우리는 일본을 통해서 럭셔리 브랜드들을 접했고, 일본인들이 좋아하는 브랜드들을 좋아하게 되었다. 그리고 중국은 한국과 일본을 통해 럭셔리 브랜드를 받아들이는 셈이라, 럭셔리 브랜드들 입장에서 일본 시장은 여러 가지 의미에서 중요하다. 게다가 일본 소비자들은 품질에 까다롭다. 일본에서 성공하면 아시아 시장에서 어느 정도 검증을 받는 셈이다.

아시아는 세계적으로 중요한 럭셔리 시장이다. 럭셔리 브랜드들은 일본 소비자들을 통해 경영난을 극복하고 세계화의 길을 걷기 시작했다. 2009년 LVMH 그룹의 전 세계 매출에서 일본 시장은 21퍼센트를 차지했고, 일본을 제외한 아시아 지역의 매출이 17퍼센트였다. 둘을 합치면 유럽보다 큰 시장이다. 게다가 아시아는 럭셔리를 사고 싶어 하는 신흥 부자들이 가장 많이 늘어나는 지역이기도 하다. 엄청난 인구와 빠른 경제 성장을 자랑하는 중국도 포함되어 있다.

도쿄와 서울과 상하이, 동아시아의 거대도시들이 럭셔리의 성격과 판도를 흔들고 있다. 럭셔리 브랜드들은 이 사실을 잘 알고 있다. 우리도 이 사실을 잘 알고 있어야 한다. 우리가 그들을 변화시키고 있기 때문이다.

변화가 늘 꿈틀대는 곳, 도쿄의 긴자

긴자는 일본 최고의 고급 백화점들이 모여 있는 거리다. 서울의 명동은 일본인들이 긴자처럼 개발한 곳이었고, 명동의 신세계 백화점의 원래 이름은 경성 미츠코시 백화점이었다. 미츠코시 백화점은 일본에서 제일 먼저 생긴 백화점이다. 한국인은 긴자에 가면 너무나 익숙한 풍경에 '외국'에 왔다는 느낌을 별로 받지 못한다.

세계적인 럭셔리 브랜드들에게 긴자는 브랜드의 사활이 달린 전투장이다. 이곳에서 '대세'로 인정받으면 일본 시장에서 이길 수 있을 뿐만 아니라 서울, 상하이, 뉴델리에서도 성공할 수 있다. 그리고 반드시 그렇게 되어야만 브랜드가 계속 성장하고 돈을 벌 수 있다. 럭셔리 브랜드들은 일본 시장에서 성공하기 위해 아이디어를 짜냈다. 일본 소비자들은 프랑스 소비자들보다 더 까다롭다. 품질과 마무리에 신경을 더 써야 한다. 뿐만 아니라 마니아 취향이기 때문에 수량이 제한된 독특한 제품을 내놓으면 반응이 좋다. 무엇보다 럭셔리는 '후광'을 사는 상품인 만큼 세계에서 제일 앞서 나가는 화려함을 과시하지 않으면 안 된다.

그래서 긴자에는 파리에서도 보지 못할 화려한 플래그십 매장이 들어서기 시작했다. 긴자는 3가(산쵸메)부터 럭셔리 매장이 시작된다. 일본 철도JR 유락쵸 역에서 내려 걷다 보면 먼저 이탈리아 브랜드인 보테가 베네타Bottega Veneta 매장이 보인다. 그 건너는 막스마라Max Mara 매장이다. 조금 더 내려가면 네거리가 나오는데 순간 도로의 폭이 확 넓어진다. 주말엔 차 없는 거리로 조성되어 도로 한복판에 파라솔을 놓고 쇼핑하던 시민들이 쉴 수 있다. 이 작은 사거리에 샤넬, 까르띠에, 불가리, 루이비통이 몰려있다. 아마 세계에서 면적당 고가 물건이 가장 많은 네거리일 것이다.

외관이 가장 화려한 건물은 까르띠에 매장이다. 건물 외벽 전체에 거울을 붙이고 그 위에 폭 10센티미터에 길이 1미터 정도 되는 금빛 금속판을 약간 사이를 벌려 붙여두었다. 햇빛 좋은 날은 이 건물 전체가 번쩍

거리는 금덩어리처럼 보이고, 현관을 들어갈 때면 마치 황금의 왕국을 들어가는 것 같은 환상이 느껴진다.

외관으로 힘주기는 샤넬 매장도 만만치 않다. 샤넬 매장 외벽은 샤넬의 핸드백 문양을 떠올리게 한다. 검은색 유리들이 정사각형 모양으로 죽 이어지고 네 조각이 연결되는 모서리엔 알파벳 C가 두 개 연결된 샤넬 로고가 박혀있다. 이 건물 맨 위층엔 레스토랑이 있고 그 위엔 '트위드 정원Jardin de Tweed'이라는 커피숍이 있다. 커피는 생각보다 비싸지 않다. 긴자의 샤넬 매장에 들어가면 샤넬 분위기로 하루를 즐길 수 있다. 매장에는 긴자 매장에서만 판매하는 물건도 있고 멋진 이브닝드레스도 여러 벌 있기 때문에 다른 도시에 있는 매장들과 비교하면 분명히 차별성이 있다. 그런데 쇼핑하기에도 좋을지는 잘 모르겠다. 매장 점원들은 그다지 '친절'을 중요하게 여기는 분위기는 아니었다. 일본인들의 '상냥함'을 존경하는 나로서는 일본다운 매력이 없어진 기분이 들었다.

마츠야 긴자 백화점에 있는 루이비통 매장은 박물관이나 다름없다. 왕과 귀족들이 사용했던 역사가 사실이라고 강조하듯 매장 입구에는 루이비통의 그 유명한 나무 트렁크가 전시되어 있다. 펼치면 서랍장처럼 쓸 수 있다. 펼치면 옷장이 되는 트렁크 미니어처며 깨지기 쉬운 엘피판을 정리해서 옮길 수 있는 트렁크 미니어처가 곳곳에 전시되어 있다. 매장 전체가 마치 루이비통의 정체성을 열심히 설명하고 있는 듯하다. 일본에서 통하려면 브랜드의 역사와 전설, 이게 필요하다. 신주쿠에서 만난 럭셔리 브랜드들이 강조하는 스타일은 '고전' 그 자체였다. 어떤 브랜드라고 할 때 떠오르는 이미지와 브랜드가 강조하는 역사가 매장과 하나처럼 보인다.

긴자의 럭셔리 브랜드들은 우리로 치면 서울 시청쯤에 해당할 도쿄 도청이 있는 신주쿠, 메이지 신궁이 있는 하라주쿠 등 도쿄의 부심지로 뻗어 나갔다. 우리가 거리에서 캐주얼 브랜드 매장을 보듯 도쿄의 거리 곳곳에는 럭셔리 브랜드 매장들이 스며들어 있다. 통행량이 많은 지하철 역 근처에선 아주 쉽게 브랜드 매장을 찾을 수 있다. 지하철을 타면 나이를 막론하고 여성들은 한두 개쯤의 럭셔리 제품을 지니고 있다. 일본 여성들은 확실히 유행과 대세에 민감해 보인다. 게다가 우리보다 경제력이 좋기 때문에 가죽 제품 같은 고가의 물건을 들고 있는 경우도 흔하다. 도쿄는 럭셔리가 일상화된 도시 같다. 서울도 이런 모습에 가까워질까. 평범한 부도심인 마포 역이나 이대 역에서 내려도 럭셔리 매장을 찾을 수 있게 될까. 그럴 것 같진 않다. 우리나라는 그렇게 부유하지 않고 경제 성장이 몇 년 안에 빨리 이루어지지도 않는다.

럭셔리가 일상이 된 일본에서도 최근 럭셔리 소비가 줄었다고 한다. 어떤 사람들은 일본의 장기불황 때문이라고 한다. 하지만 일본의 전체 소비는 별로 줄지 않았다. 의류 소비에 쓴 돈이 많이 줄었다는 게 문제다. 그래서 상징성 때문에 비싼 임대료를 지불하고 중심지에 진입했던 럭셔리 브랜드 매장들이 많이 사라지기도 했다. 긴자에 있던 디오르 매장도 철수했다고 한다. 다른 부도심의 상황도 비슷하다. 하지만 그 럭셔리 브랜드 매장이 있던 자리에 전자제품 매장이 들어서면 잘 버틴다. 결국 옷값

도쿄 샤넬

최첨단 유행의 거리 도쿄 긴자에는 고운 기모노를 입은 여인들이 종종 출현한다.

을 덜 쓸 뿐이라는 이야기다.

　이유는 역시 긴자에서 찾을 수 있다. 긴자 산쵸메는 300미터도 채 되지 않는 거리에 럭셔리 브랜드가 총출동한 모양새다. 서울 청담동과는 비교하기도 어려울 규모다. 하지만 여왕이 시녀를 거느리듯 럭셔리 브랜드 매장 옆으로는 세계적인 스파 매장들이 들어서있고 스파 매장은 발 디딜 틈 없이 붐빈다. 일본 소비자들은 더 적은 돈으로 그 시즌에 새로운 스타일의 옷을 여러 벌을 살 수 있는 스파에서 옷을 구매하는 쪽으로 유행을 바꾼 것이다.

아마존의 장미나무와 에콜로지

신선하고 맑은 장미여,
감은 내 눈 위에 너를 가져다 대면-,
내 따뜻한 눈꺼풀 위에
천 개의 눈꺼풀이
겹쳐진 것처럼 느껴지는구나,
나의 가짜 잠 위에 겹쳐지는 천 개의 잠,
나는 그 아래에서
향기로운 미궁 속을 배회한다.

-라이너 마리아 릴케, 〈장미〉 연작시 중에서

장미, 인간이 만든 꽃

따끔따끔한 햇살이 반사되어 오르는 6월엔 아치를 따라 올라가는 하얀 덩굴장미며, 길게 뻗어 멋진 울타리가 되는 붉은 장미가 탐스럽게 피어오른다. 선선히 노을이 내리는 초저녁 무렵에 장미 밭을 따라 걸으면, 그 알싸한 향기에 홀려 이 길에서 마주친 사람과 첫눈에 사랑에 빠질 것만 같다.

세상 모든 꽃은 다 아름답다. 수선화는 우아하고 백합은 도도하고 들국화는 소박하지만 귀엽고 팬지는 사랑스럽고 매화는 섬세하다. 아무도 알아주지 않지만 노란 애기똥풀은 쾌활한 매력이 넘친다. 하지만 장미만큼 화려하고 특별한 날에 특별한 대접을 받는 꽃도 없다.

장미가 화려한 건, 사람들이 장미를 화려하게 만들어왔기 때문이다. '성년의 날'에 주는 붉은 장미, 사랑을 고백하는 분홍 장미, 만화《베르사이유의 장미》에서 오스칼이 들고 있는 백장미, 질투를 상징하는 노란 장미는 모두 사람이 손으로 빚은 작품이다.

자연의 산물인 꽃을 사람이 만들었다니? 장미 자체는 자연이 만들었다. 하지만 지금 우리가 키우고 보는 장미는 대부분 야생장미를 오랜 시간 개량한 장미다. 꽃잎은 더 풍성해지고 꽃송이는 더 커지고 색은 더 선명하게 거듭났다. 사람들은 오래 전부터 장미를 사랑했다. 그만큼 장미 품종을 다듬는 일도 오래 되었다. 이제는 원래 있던 야생장미보다도 꽃송이가 통통하고 피보다도 짙은 색의 장미가 더 친숙할 정도다.

원예사들은 오늘도 정원 한쪽에서 더 독특하고 아름다운 장미를 만들기 위해 씨름한다. 원예사들은 파란 장미를 만드는 꿈이 있었던 모양인데, 파란 장미를 만드는 게 너무 어려워 '파란 장미'라는 말 자체가 '세상에 존재하지 않는 것, 불가능'이라는 뜻을 갖게 됐다.

붉은 장미는 성모 마리아를 상징이기도, 사랑과 아름다움을 상징하기도 하지만 프랑스, 스페인, 이탈리아, 아일랜드 사회당의 상징이기도 하다. 혁명군이여, 붉은 장미를! 한 떨기 젊음을 던지는 혁명의 낭만적 분위기는 분명 꽃과 닮았다.

릴케Rainer Maria Rilke는 19세기를 살았던 최고의 낭만파 시인이었다. 릴케는 장미로 연작시를 지을 정도로 이 꽃에 푹 빠져있었다. 어떤 매력이 릴케를 사로잡았을까? 릴케는 겹겹이 꽃잎으로 싸인 장미를 보며 천 개의 잠을 잔다고 하고, 그윽한 향기는 빠져나올 수 없는 미궁에 비유한다. 하지만 릴케는 꽃잎이 평평하게 피는 소박한 야생장미 숲도 알고 있었고, 사람이 가꾸지 않아도 아름답게 자라는 그 모습에 말할 수 없이 감동했다. 하지만 누구보다도 민감하고 사물의 본질을 직관적으로 이해하는 시인들과 달리 감성이 평범한 우리들은 야생장미보다는 크고 화려한 장미를 더 좋아한다.

그 어떤 꽃보다도 화려한 만큼 장미를 재배하는 과정은 까다롭다. 일단 장미를 키우려면 장미 가지를 다른 나무에 접붙이기 해야 한다. 접붙이기를 하는 농부의 손이 없으면 자랄 수 없으니, 천생 사람 손이 만든 꽃이다. 원예에서 접붙이기가 되는 나무를 '대목'이라고 하는데 장미를 접붙이기 위해서는 대목으로 찔레꽃이 필요하다. 찔레꽃도 장미와 같은 과의 꽃이다. 찔레꽃 쪽이 야생장미에 훨씬 가까운 모양이다. 장미는 아름답지만 스스로 대목이 되지는 못한다. 그러니 찔레꽃보다 장미가 예쁘다고 느껴도 찔레꽃이 세상에서 사라지면 장미도 우리 곁을 떠난다. 자연은 그렇다. 영리한 인간들이 모두 이해하고 통제할 수 있는 듯하지만 자연은 사람이 어떻게 해볼 수 없는 일들로 가득하다.

장미는 고급 향수를 만들 때 빠지지 않고 반드시 들어가는 원료다.

샤넬의 넘버 파이브도 마찬가지다. 고급 향수를 만들 때 장미 잎에서 짜낸 '장미유'는 빠지는 법이 없다. 그러므로 향수를 사랑한다면 그 마음 그대로 찔레꽃도 어여쁘게 보자.

'명품'은 논쟁을 가린다

우리는 지금 럭셔리를 만드는 모태인 자연을 얘기하고 있다. 그런데 럭셔리는 우리말로 뭐라고 해야 할까? 요즘은 명품이라고 하고 경제학자들은 예전부터 사치재라고 불러왔다. 어떤 말이 더 좋은 번역일까? 대부분은 '명품'이라고 말할 것이다. '사치재'라는 말에는 럭셔리 브랜드를 소비하는 게 '사치'라는 판단이 들어가 있는 것 같기 때문이다. 그러다 보니 '내 돈으로 나를 위해 쓰는데 그게 왜 사치냐', '그저 눈이 즐겁고 싶을 뿐이다'라고 주장하는 사람들과 논쟁을 해야 할 것 같은데, 논쟁은 회피하고 싶다. 그래서 사치다, 아니다 하는 골치 아픈 판단 없이 '명품'이라고 말하고 끝내고 싶다.

사치는 비난받을 일일까? 보통 사치는 비난 받게 마련이다. 아프리카와 북한의 수많은 어린이들은 기아에 허덕이는데, 아무리 돈이 많기로서니 몇 백만 원씩 하는 고가 와인을 돌리는 칵테일파티를 한다고 소문이 나면 항의 전화라도 받을지 모른다. 하지만 어떤 사람은 이렇게 반박할 수도 있다. 나는 소비도 많이 하지만 부를 축적하는 과정에서 세금도 다 냈고 도덕적인 문제도 없었고 사회적인 기여도 하는데 단지 소비수준이 높다고 비판한다면 너무한 것 아니냐고 말이다.

이렇게 '사치재'라는 단어를 사용하게 되면 사람들은 자기의 의견을 검토하게 되고, 내 돈으로 하는 소비지만 이것이 사회적으로 영향력이 크다는 것을 알게 된다. 하지만 '명품'이라는 단어는 이런 논쟁을 교묘히 가린다. 그리고 사람들의 날카로운 판단을 피해간다. 논쟁을 피하는 대신 그저 세련된 디자인 감각과 섬세한 바느질, 탁월한 명성에 감탄하자고 도시적 감성으로 말을 건다.

'명품'은 이번 시즌의 '유행', 새롭게 등장한 디자이너의 '천재성', 매혹적인 모델의 '아름다움'과 어울리는 말이다. '낭비', '파산', '개인부채'니 하는 어두컴컴한 말과는 어울리지 않는다. '명품'은 마치 가치중립적인 단어처럼 보이지만 사실은 완벽하게 한쪽 편에 서 있는 언어다. 아, 얼마나 정치적인가!

논쟁에서 이기는 제일 좋은 전략은 게임의 법칙을 내가 정하는 것이다. 럭셔리가 우리나라에서 '사치재'에서 '명품'으로 바뀌는 순간, 규칙은 바뀌었다.

하지만 럭셔리가 사치재가 되건 명품이 되건 그 본질은 희소성이며 귀한 물건이라는 점이다. 귀한 원료를 구해 한껏 솜씨를 부려 조금 생산하고 비싼 값에 파는 물건이 럭셔리다. 귀족스런 취향을 과시하기 위해서든 성공을 증명하기 위해서든 없는 살림에도 그 브랜드의 팬이 되어서든 어떤 물건을 진정 좋아한다면 내가 사는 물건이 세상에서 사라지기를 바라지는 않는다. 당연히 앞으로도 계속 쓸 수 있기를 바란다. 넘버 파이브를 좋아하는 사람이라면 이 향수가 올해로 마지막이기를 바라지는 않을

것이다. 이런 마음으로 왕실과 유력 가문은 예술가, 조향사, 장인들을 후
원했다. 시장에 팔지 않고 후원한 귀족만을 위해 만든 향수의 가격은 향
수 한 병에 들어간 재료비와 약간의 이윤으로 끝나지 않는다. 향수를 받
은 귀족은 조향사와 그 가족이 먹고사는 데 걱정 없을 돈을 셈해서 값을
쳐주었을 것이다. 그래야 앞으로도 자기 집안을 위해서 계속 일하라고 할
수 있기 때문이다. 럭셔리는 만드는 기술자도, 재료도 귀하다. 그러니 진
정 럭셔리를 좋아해서 사는 소비자라면 럭셔리를 만드는 기술, 재료, 사
람도 '지속가능'하도록 밀어줘야 하지 않겠나.

하지만 밀어준다는 게 마음만으로는 되지 않는다. 일단 자신이 아끼
는 물건에 대해서 잘 알아야 한다. 열정이 조금 필요하다. 어디에서 만드
는지, 만들 줄 아는 사람은 몇 명이나 되는지, 그 사람들이 1년에 얼마나
버는지, 만들겠다고 나서는 젊은 사람들은 있는지, 나서는 젊은 사람이
없다면 왜 없는지 럭셔리를 만드는 사람에게 관심을 가져야 한다. 재료에
대해서도 알아야 한다. 어디에서 구하는지, 얼마나 생산되는지, 구하기
어려워지고 있지는 않은지, 값은 어떤지도 알아야 한다.

럭셔리 상품들은 플라스틱이나 나일론 같은 인공 원료보다는 천연
원료를 이용해서 만드는 경우가 많다. 이유는 간단하다. 자연에서 찾는 재
료들이 더 희귀하기 때문이다. 하지만 럭셔리를 찾는 사람들은 한순간에
폭발적으로 늘었고, 지난 세기 동안 인간들은 신나게 생태계를 '써댔기'
때문에 자연에서 좋은 상태의 원료를 구하기는 점점 어려워지고 있다.

향수를 만드는 데 반드시 필요한 원료 중 장미나무Rosewood 기름이

있다. 장미나무는 카리브 해 연안의 프랑스령 기아나와 아마존 숲에서 주로 자란다. 그런데 향수 원료로 하도 베어낸 탓에 40여 년 만에 멸종 직전의 위기종이 되었다. 향수 생산자들은 프랑스령 기아나에서 더 이상 장미나무를 찾을 수 없게 되자 아마존 숲에서 장미나무를 찾아냈다. 하지만 그 울창한 아마존의 숲에서도 이제는 장미나무가 귀하다. 특별히 벌목을 중단시키지 않는 한 장미나무들은 영원히 지구에서 사라지게 될 것이다.

아마존에서 나무 한 종류 없어지는 걸 별로 대수롭지 않게 느끼는 사람이 있을지도 모르겠다. 하지만 만약 향수가 인생에서 중요하다면, 이게 심각한 위협이라는 사실을 알 필요가 있다. 장미나무가 사라지는 순간 에르네스트 보가 창조한 향수의 오리지널 향기는 더 이상 존재할 수 없다. 다른 향수도 마찬가지다. 물론 솜씨 좋은 조향사들이 장미나무를 대체할 다른 원료를 찾아내고야 말 것도 같다. 하지만 최초의 향기는 원료가 사라지면 함께 멸종한다. 아마존이 파괴될 때 혹은 모피를 입을 때 환경운동가에게 미안할 필요는 조금도 없다. 하지만 자기 취향을 만족시기고픈 이기심을 위해서라노 우리는 재료가 뇌는 식불과 농불이 살아가는 생태를 좀 더 많이 알고 잘 알 필요가 있는 것이다.

1924년 에르네스트 보는 살아있는 전설이 된 향수 하나를 만든다. 그 향수는 향수 역사에서 최초로 알데히드라는 화합물질을 사용하고 또 여러 원료를 합쳐 자연에 없는 독특한 향기를 내뿜으면서 유명해졌다. 이 향수에는 80여 가지의 천연 원료가 필요하다고 알려져 있다.

프랑스 남부에 그라스라는 지역이 있다. 이 지역은 향수의 원료가 되는 꽃을 재배해서 한때 호황을 누렸다. 지금도 몇 개의 농가는 장미나 재스민을 재배한다.

원예는 병충해 피해가 심해 농약을 많이 쓴다. 마당에 꽃나무를 키워본 적 있는 사람들은 꽃나무에서 시작한 벌레가 마당의 다른 나무까지 점령해갈 때의 절망감과 무력감을 알 것이다. 그런데 계속 농약과 화학비료에 기대어 농사를 지으면 땅의 지력이 없어지고 강은 오염된다. 그러면 예전처럼 튼튼하고 싱싱한 꽃을 기를 수 없게 된다. 그래서 그라스의 젊은 농부들은 땅도 꽃도 튼튼해지고 동네 생태계도 나빠지지 않는 유기농업을 시작했다. 말이 쉽지 손톱이 빠질 정도로 손이 많이 가는 일이다. 게다가 생산량도 줄기 때문에 가격이 올라갈 수밖에 없다. 그라스의 농부들은 어려운 결심을 했지만 이 결심은 밖에서 도와주지 않으면 지킬 수 없다. 럭셔리를 쓰는 사람들이 이 가치를 알아주어야만 한다. 아니면 유기농업을 계속할 수 없다. 농부들은 가격도 가격이지만 생태계를 지키기 위해 일부러 더 힘든 노동을 하는 자신들의 마음을 알아주길 바란다.

생태적으로 물건을 만들면 거품이 빠져 값이 내려갈 수도 있고 때로는 제 값을 치르기 때문에 마트 물건과 비교하면 꽤 비싸질 수도 있다. 하지만 생필품도 아니고 자기의 고급 취향을 위해 럭셔리를 사는 사람들이 생태적인 지속성은 무시하고 값만 따지는 건 분명 품위에 맞지 않는다.

2010년 다시 트위드 재킷 붐이 왔다. 트위드는 원래는 농부들과 사냥꾼들이 입던 저렴한 옷감이었지만 지금 '진짜 트위드'는 가장 비싼 옷감이다. 이 옷감은 영국 스코틀랜드에서도 위쪽 바다인 북해로 강이 흘러나가는 지역에서 생산한다. 그 지역에 전통으로 전해오는 고유 기술과 그 지역에서 생산한 양모로 그 지역 사람들이 만들어야 '진짜 트위드'로 인정받을 수 있다. 게다가 진짜 트위드는 이 지역에서만 자라는 이끼로 염색을 한다고 한다. 그러니 강 주변을 개발해서 이끼들의 서식처가 없어지거나, 강물이 탁해지거나, 골프장을 만든다고 양떼들이 먹을 초지를 없애고 개천에 농약이 늘거나, 마을 사람들이 먹고살기 힘들다고 마을을 떠나버리면 더 이상 트위드가 생산될 수 없다.

도대체 머나먼 스코틀랜드의 작은 마을과 작은 강의 생태계와 내 삶이 무슨 연결이 있을까 싶은데, 패션에 관심이 많다면 남의 일이 아니다. 메종 샤넬에 취직하고 싶은 사람이나 미래의 소비자라고 하더라도 트위드를 생산하는 지역의 강 생태계와 그 자연 속에서 살아가는 사람들, 그리고 그들의 내력을 잘 알고 있어야 한다. 우리가 자랑하던 결이 고운 모시와 비단, 종이는 이런 내력들을 이해하지 못했기 때문에 모두 사라졌나. '한국산 럭셔리'의 탄생을 보지 못해 아쉬울 뿐이다.

자연을 해방하는 디자인을 시작할 수 있을까?

변화는 시작되었다. 생태적인 디자인이 새로운 흐름을 끌고 있다.

우리나라에서 만든 대표적 잇백인 엠씨엠 백팩은 독일에 수출을 하게 되면서 점점 생태적 생산과정을 받아들이게 됐다. 독일은 환경 기준

장미농장

센티폴리아 장미는 5월에 약 3주 동안 1년에 한 번만 꽃을 피운다. 샤넬 넘버 파이브의 핵심인
이 장미는 향기가 육감적이고 진하며 톡 쏘는 것 같은 느낌이 난다.

이 높은 편이라 플라스틱 계열인 피브이시PVC의 수입을 금지한다고 한다. 피브이시는 재활용도 분해도 잘 안 되는 재질이기 때문이다. 제도에 적응한 엠씨엠은 가방의 재질을 천연 소재로 바꾼다. 내로라하는 가방들이 재료비가 더 들어도 안감을 캔버스 천으로 마감하는 이유는 소비자들이 생태적인 변화를 요구하기 때문이다.

우리나라 브랜드 '구호'에서도 변화를 받아들였다. 가죽을 부드럽게 만드는 과정에서는 많은 환경오염이 발생한다. 물도 많이 쓰고 독한 화학 약품도 많이 쓰기 때문이다. 그런데 최근 '식물성 기름Vegetable oil'이라고 표기한 가죽 제품들이 나오고 있다. 가죽을 부드럽게 하는 과정에서 식물성 기름을 썼다는 뜻이다. 물론 소비자 가격은 높아진다. 하지만 그 전에도 우리는 막대한 오염처리 비용을 치르고 있었다. 단지 내가 직접 지갑에서 꺼내지 않았을 뿐이다.

스텔라 매카트니는 인조 가죽으로 부츠를 만들었다. 이 부츠는 상징적이다. 동물보호를 중요하게 생각하는 디자이너는 가죽 부츠를 신고 싶은 사람들을 위해서 대안을 찾아낸다. 그녀에게 철학이 없었다면 이런 참신한 시도도 없었을 것이다. 생태적인 철학이 스텔라 매카트니에게 방해가 되진 않은 것 같다.

아디다스 출신으로 엠씨엠에서 활동하는 디자이너 마이클 미셸스키Michael Michalsky는 우리나라 잡지와 첫 인터뷰를 할 때 염색도 표백도 하지 않은 흰색 면 티셔츠를 입었다. 그가 추구하는 디자인의 방향을 티셔츠로 선언한 셈이다. 이 티셔츠는 사진으로 사람들에게 전달되면서 백 마디 말보다 더 많은 의미를 전달했다.

　　앞으로 사람들은 자연을 억압하지 않으면서도 멋진 옷을 원할 것이다. 변화에 예민하고 영민한 디자이너와 생산자들은 이미 그 길을 찾아 떠났다. 물론 어려운 길이다. 하지만 샤넬이 처음으로 바지를 입고 나타났을 때도, 헐렁하고 짧은 저지 투피스를 입고 나타났을 때도 세상은 깜짝 놀랐다. 사람들은 이것을 '혁명'이라고 불렀다. 21세기형 샤넬 혁명은 패션에서 자연해방의 길을 찾아낸 디자이너와 생산자들의 손에서 시작될 것이다.

메종을 지키거나 덩치를 키우거나

마르크스에게 혜안이 있었다

일부러 더 비싸고 조금밖에 만들지 못하는 수작업을 고수하는 장사
꾼이 아식노 우리 동네에 있다면 다들 그 사람을 두고 十식에 촌스럽고,
이 시대를 살아갈 경쟁력도 없다고들 말할 것이다. 하지만 그 시대에 뒤
떨어진 가게가 교토의 과자 가게거나 고베의 초콜릿 가게라면 얘기는 달
라진다. 고풍스런 멋이 흐르고 장인정신으로 빛나는 간판은 여행 잡지에
실리고 방문한 사람들의 감동적인 이야기가 인터넷에 오를 것이다. 더욱
이 이런 시대에 뒤떨어진 가게가 파리에 있다면 가게 주인이나 물건은 도

쿄 긴자나 서울 청담동 부티크의 가장 밝게 빛나는 위치에 놓일지도 모른다. '숨겨져 있던 파리의 진짜 럭셔리'로 포장되어 돈방석에 앉을 수도 있다. 이만큼이 지금도 승승장구하는 럭셔리들과 이미 오래 전에 역사의 흐름 속에 쓸쓸히 사라져간 소박한 동네 가게들 사이에 벌어진 간격이다.

공장은 한꺼번에 많은 재료를 사고 노동자들에게 상품을 만드는 전체 과정의 한 부분씩만을 맡긴다. 분업을 통해 물건을 만들면 전 과정을 혼자 할 수 있는 숙련된 장인 한 사람이 만든 물건보다 훨씬 싼 가격에 내놓을 수 있었다. 공장들이 늘면 늘수록 작은 공방들은 사라져갔다. 전국 팔도에 즐비하던 양조장들이 이렇게 사라졌고 집집마다 어머니들이 신주처럼 모시던 베틀도 어느 순간 모두 없어졌다. 자본을 넘지 못해 넘어지던 작은 술도가 주인이나 한지를 만들던 장인, 나전칠기를 만들던 장인들 모두 어쩔 수 없는 일이라고 체념했을 것이다.

그런데 어떤 가게들은 꿋꿋하게 공방을 고집하면서도 사라지지 않았다. 그들은 우리 물건은 만들기 어려워서 많이 못 만든다고 되레 강조하고 장인정신으로 만들기 때문에 분업은 하지 않는다고 내세운다. 마지막으로는 왕과 왕비도 우리 공방이 만든 물건을 썼노라고 은근히 덧붙인다. 세상이 모두 산업화를 향해 내달리던 시대의 흐름에 역행하듯 옛 방식을 고수하던 그들, 왕가의 후광을 내세우던 이들은 살아남아 21세기에도 영광을 보고 있다. 그들은 럭셔리라는 새 이름을 얻었다.

럭셔리를 만드는 사람들은 한결같이 말한다. '럭셔리는 영원하다'고. 이 장의 제목도 그래서 '영원함'이다. 럭셔리는 '소유'하는 것이 아니라

'소장'하는 것이라고 하고, '유행'을 강조하는 대신 '영원함'을 귀에 속삭인다.

정말 그럴까? 그 눈부신 브랜드들의 미래는 정말로 영원히 찬란할까? 진정 자본주의의 엔진이 꺼지지는 그날까지 영원할까? 하지만 카를 마르크스Karl Marx는 일찍이 자본주의 사회가 필연적으로 겪게 될 자본주의 사회의 역사과정을 예측한 바 있다. 1991년에 사회주의를 실험하던 동구권 국가들이 자본주의 국가들보다 먼저 무너지면서 마르크스의 예언 역시 힘이 쭉 빠졌지만, 우리가 지금도 매일 뼈저리게 실감하고 있는 경제위기와 공황을 제일 잘 설명한 학자는 누가 뭐래도 마르크스다.

마르크스 얘기를 꺼낸 이유는 '우린 다 망할 거다'라고 공포감을 조성하기 위해서가 아니다. 단지 호언장담하던 미국 경제에 적신호가 켜지고, 한때는 세계를 집어삼킬 듯 했던 일본이 10년 넘게 불황에 허덕거리며 몇 년 동안 마이너스 성장을 했듯, 세상에 '영원한 영광'을 지키는 건 참 어렵다는 말이다.

정말 럭셔리는 영원할까?

만약 럭셔리 회사에 투자할 생각이 있거나 취직하고 싶은 마음이 조금이라도 있다면, 이 회사가 어떻게 될지 냉정하게 전망하고 따져보아야 할 것이다. 내 인생과 돈을 걸어야 한다면 합리적인 인간은 냉정하게 따져보아야 한다. 지금부터 할 얘기는 간단한 역사 얘긴데, 딱 두 가지 경제 이념을 양념으로 곁들이겠다. 하나는 '한계이윤 체감'이고 또 하나는 '규모의 경제'다.

이윤이란 물건을 팔아 벌어들인 수입에서 물건을 만드느라 들어간 비용을 제하고 내 손에 남는 돈이다. 김밥 열 줄을 팔아 1만 원을 벌었는데, 김밥 만드는 데 든 돈이 이것저것 합쳐서 7,000원이라면 이윤은 3,000원이다.

한계이윤은 물건을 한 단위 더 팔아서 추가로 벌어들인 돈이다. 그래서 몇 개째 파는 물건이냐에 따라 한계이윤은 달라진다. 동네 호떡장수가 호떡을 팔아도 그 호떡이 스무 개째인지 스물한 개째인지에 따라 추가로 벌어들이는 이윤이 달라진다. 그런데 경제학자들이 세상을 잘 관찰해 보니 한계이윤은 점점 낮아지는 경향이 있었다. 호떡을 스무 개째 팔 때는 이윤이 200원이었는데 스물한 개째 파니까 이윤이 190원 남더라는 말이다. 이렇게 무언가 점점 낮아지는 경향을 '체감한다'고 말한다. 정리하자면 '한계이윤은 체감한다'.

물건을 팔 때마다 추가로 얻는 이윤이 점점 줄어드는 이유는 일단 물건 하나를 추가로 만드는 데 드는 돈이 점점 늘기 때문인데, 경제학자 아담 스미스Adam Smith는 경쟁이 심해지는 것도 이유가 된다고 했다. 뭐가 장사 좀 된다고 소문이 나면 사람들이 몰려들어 경쟁이 시작된다. 어느 치킨 가게에서 새로 간장 양념통닭을 내놓았는데 잘 팔린다고 소문이 나면 그 동네 치킨 집은 죄다 간장 양념통닭 메뉴를 추가한다. 이렇게 되면 처음 간장 양념통닭을 개발한 가게도 그 메뉴로 벌어들이는 이윤이 줄어들게 마련이다. 아담 스미스는 산업화가 막 기지개를 펼 때 자본주의 발전의 우등생인 영국을 관찰한 학자였다. 그 시절을 살던 학자들은 이윤율이 점점 떨어져서 미래엔 경쟁만 심하고 힘들게 살게 될 거라고 예측했다.

패션산업은 다를까? 산업화가 가장 먼저 이루어진 패션산업은 그 어떤 산업보다도 자본주의의 미래를 궁금해 하는 학자들의 눈길을 끌었고, 한계이윤이 낮아지는 과정을 생생하게 보여주었다. 어쩌면 패션산업은 제일 먼저 늙고, 다시 살아나는 모습까지 보여준 첫 번째 산업일지도 모르겠다.

럭셔리가 영원하다고?

집어삼킬 듯 하얀 거품을 뿌리는 높은 파도도 다시 물러난다.

지금은 세계 모든 여성들이 없인 못 살 듯 아끼는 럭셔리지만 1970년대엔 럭셔리 회사들이 아주 어려운 시절을 보냈다. 1930~40년대에 세계를 호령하던 오트 쿠튀르의 그랑 쿠튀리에 1세대들은 이미 물러났고, 대학생과 젊은이들은 드레스 대신 자유와 해방을 상징하는 청바지를 집어 들었다. 메종들은 보다 싼 브랜드와 경쟁하기 위해 기성복도 만들고 백화점에 라이선스도 주고 향수도 팔았지만 경영은 어려워지기만 했다. 지금 잘 나가고 있는 루이비통, 구찌, 샤넬, 버버리 모두 마찬가지였다.

하지만 사랑은 움직인다고 했던가. 세상이 바뀌기 시작했다. 1980년대가 되자 일본은 주체할 수 없을 만큼 돈이 많아졌다. 도요타는 미국에 공장을 세우고 소니뮤직은 미국의 덩치 큰 음반사들을 사들였다. 일본의 기업들이 '기업 쇼핑'에 열중하던 이 무렵, 일본 국민들도 유럽산 럭셔리 쇼핑에 원정을 나섰다. 이윤율은 떨어져만 가고 노쇠한 분위기에 고민만 많던 럭셔리들은, 처음엔 이게 웬일인가 싶었을 게다. 하지만 럭셔리들은 머나먼 동쪽에 놀랍도록 뜨거운 러브콜을 보내는 큰 시장이 있다는 걸 곧 알게 된다.

큰 시장을 향해 다가갈 것인가, 유서 깊은 파리 구시가지의 전통 있는 작은 메종으로 남을 것인가. 큰 시장을 향해 나아가려면 변신이 필요하다. 일단 회사 자본규모도 키워야 하고, 커지는 수요에 맞게끔 공장도 늘려야 하고, 장인들이 한땀 한땀 만들던 방식은 어느 정도 포기해야 한다. 이렇게 규모를 키워서 수익과 이윤율을 더 키우는 것을 ‘규모의 경제’라고 한다. 자동차는 1,000대 만들 규모로 공장을 돌리면 오히려 1만 대 만들 규모로 공장을 돌릴 때보다 차 한 대를 만드는 데 더 많은 돈이 들어가고 이윤도 더 작아진다. 반면 공장이 크면 차 한 대 만드는 돈도 줄어들고 공장 전체에서 벌어들이는 수익의 규모가 커진다. 샤방한 패션을 기름 냄새 나는 자동차에 비유하니 어색한 것 같아도, 돈 버는 이치는 비슷한 데가 있는 법이다.

럭셔리 브랜드들도 이런 경제학의 이치를 잘 알고 있었다. 그래서 이들은 ‘다국적 기업’으로 변신하기 시작한다. 그런데 이렇게 변신을 하려면 포기해야 하는 게 장인정신만은 아니다. 메종이 덩치를 키우면 예전보다 ‘경영’이 훨씬 중요해진다. 물건을 얼마나 만들어 팔지, 재고를 어떻게 관리해야 할지, 영업 전략은 어떻게 짤지가 중요해지는 것이다. 보통 럭셔리 메종들은 가족기업이다. 하지만 덩치를 키우고 나면 서로 믿을 수 있는 혈연들만으로는 감당이 되지 않는다. 남이긴 하지만 회사 살림살이에 노하우가 있는 '전문경영인'을 불러오지 않을 수 없다.

그래서 루이비통의 비통 가는 베르나르 아르노를 영입했고 구찌는 도미니코 데졸레Domenico De Sole와 디자이너 톰 포드를 영입했다. 다른 메종들도 비슷비슷한 변화를 겪었다. 물건을 만드는 사람들과 그의 가족들이 꾸리는 나름의 소박한 경영을 포기할 수밖에 없었고, '원한다면 얼마든지'라고 말할 것 같은 냉혈한들이 펼치는 피도 눈물도 없는 기업 전쟁의 포화 속으로 뛰어들 수밖에 없었다.

많은 럭셔리 브랜드들이 그렇게 1980년대와 1990년대를 거쳐 새로운 세기를 맞이할 때까지 피바람을 견뎠고, 덕분에 이들은 멈추지 않고 성장했다. 하지만 얻는 게 있으면 잃는 것도 있는 법이다. 세찬 시기를 넘기면서 자기 가족 이름을 딴 회사가 자기가 영입한 경영인 혹은 다른 사람의 손으로 넘어가는 아픔도 숱하게 겪었다. 마치 일본 영화에서 "아버지! 이제 낡은 방법으로는 변화하는 시대에 적응할 수 없어요!"라고 외치는 신식교육을 받은 아들의 모습을 보는 것만 같다.

하지만 변신도 탄력을 받는다. 일단 가족기업의 선을 넘어서자, 큰 기업이 되자고 마음먹은 럭셔리 기업들은 스스로 다른 기업을 인수하고 합병하는 데 공을 들이면서 덩치를 키운다.

럭셔리 기업들 중에서 제일 덩치가 큰 'LVMH 그룹'은 셀린느·크리스찬 디오르·펜디·지방시·도나카란 같은 디자이너 하우스들을 소유하고 있다. 디자이너가 자기 이름을 걸어 세운 회사를 보통 디자이너 하우스라고 부른다. 최고급 샴페인으로 유명한 동 페리뇽Dom Pérignon이나 코냑으로 유명한 헤네시Hennessy도 모두 LVMH 그룹의 소유다. 최고급 보석 브랜드 까르띠에가 속한 리치몬드 그룹은 패션 브랜드 끌로에Chloé와 만년필로 유명한 몽블랑Montblanc도 소유한다. 로레알L'Oréal은 중저가 이미지가 있지만 로레알 그룹은 헬레나 루빈스타인Helena Rubinstein·랑콤Lancome·슈우에무라Shu Uemura·비오템Biotherm을 소유하고 있고 화장품 용기에 신경을 안 쓰는 유태계 브랜드이자 점원들이 약사처럼 흰 가운을 입고 판매해서 눈길을 끄는 키엘Kiehl's, 한때 환경운동에 앞장서는 이미지가 강했던 더바디샵The Body Shop도 소유하고 있다. 참, 로레알 그룹은 조르지오 아르마니의 대주주이기도 하다. 구찌 그룹이나 에스테로더 그룹도 규모는 약간 작지만 디자이너 하우스를 여럿 소유하기는 마찬가지다.

물론 프랑스와 이탈리아에는 여전히 오붓한 규모로 가족기업을 이끌며 독특한 장인정신과 가풍을 지키려는 여러 메종이 있다고 한다. 하지만 찬란한 전통을 자랑하는 메종들이라도 고민이 없을 리 없다. 오히려 매일 끊임없이 스스로 질문할 것이다. '지금 같은 메종을 그대로 지켜야 할까?' 점점 작아지는 오트 쿠튀르 시장에서 경영난에 허덕대다 결국 쓰러질 수도 있다.

그렇다면 지금이라도 그야말로 환골탈태해서 덩치를 키우고 몸무게를 불려 '세계는 넓고 할 일은 많다'고 외치며 다른 디자이너 하우스들을 인수해 다국적 기업이 되는 길을 지금이라도 갈 것인가. 하지만 기업의 규모가 커질수록 물건을 만드는 사람들의 권한보다 경영인들의 권한이 커진다. 게다가 이미 여러 럭셔리 기업들은 공방을 공장으로 만들어 가고 있고, 인건비와 경영비가 저렴한 중국 같은 곳으로 공장을 옮기고 있다. 소중히 지켜온 전통이 희석될 수 있다.

럭셔리 기업들은 오트 쿠튀르 시장이 작아지면서 부도 위기까지 갔다. 그러다 세계경제의 호황기를 타고 이재에 밝은 사람들이 분위기를 반전시켜 다국적 기업이 되어 규모의 경제로 제2의 전성기를 누리고 있다. 경제학적으로 보자면, 이윤율 체감이라는 노화현상을 규모화라는 전략을 통해 극복한 셈이다.

그러나 규모를 키운다고 해서 모든 문제를 해결할 순 없다. 새로운 시대에는 새로운 문제가 생긴다. 일단 규모를 키운 기업들은 계속 성장을 이어가지 않으면 이윤율이 떨어진다. 덩치가 작을 때야 그 부침의 규모도 작지만 덩치가 크면 단 한 번의 부침도 치명적일 수 있다. 그러니 일단 덩치를 키우기로 한 럭셔리 기업들은 시장을 계속 넓혀갈 수밖에 없다. 그러자면 오래된 유럽 시장보다는 아시아와 남미의 시장이 넓어져야 한다. 아시아나 남미에는 맹렬한 속도로 성장하는 나라들이 있다.

중국이나 인도는 매년 10퍼센트 혹은 그보다도 더 빠른 속도로 성장하고 있다. 한 나라의 경제가 매년 8퍼센트씩 10년간 성장하면 소득이 딱 두 배가 된다. 1,000만 원 벌던 집은 2,000만 원을, 2,000만 원 벌던 집은 4,000만 원을 벌게 되는 속도다. 중국이나 인도가 성장하는 속도는 팽팽 돈다고 봐야한다. 한국과 일본도 한때는 그랬다. 하지만 최근 몇 년 동안 일본은 마이너스 성장을 했고 한국도 2008년과 2009년에 마이너스 성장을 했다. 동아시아에서 제일 잘 산다는 두 나라다. 그리고 아시아에서 제일 많이 럭셔리를 산다는 일본과 그에 못지않아도 상당하다는 우리나라다. 이 두 나라가 최근엔 오히려 가난해지고 있다. 그러니 아시아라고 해도 럭셔리 시장이 아무런 장애물도 없이 커지긴 어려운 게 상황이다.

게다가 럭셔리를 많이 사는 20~30대의 상황이 좋지 않다. 일본이나 우리나라나 다들 좋은 직장이 점점 줄고 있기 때문에 럭셔리를 살 수 있는 임금을 받는 사람들의 비율도 함께 줄고 있다. 앞으로 몇 년 동안 이 상황은 나아지지 않을 것 같다.

물론 산업화라는 용광로에 불을 지핀 중국, 인도, 브라질 등의 성장세는 무섭다. 베이징, 상하이, 봄베이, 뉴델리에서는 매주 어느 거리엔가 새로운 럭셔리 매장이 하나씩 늘고 있다고 할 정도로 이곳에선 럭셔리를 사고 싶은 욕구도 크다. 하지만 일본과 다른 아시아 국가들이 좋아하는 럭셔리는 조금 다르다. 일본은 처음으로 아시아에서 럭셔리에 관심을 가진 나라고 쿠튀르 의상도 사는 나라다. 하지만 다른 나라들은 다르다. 새롭게 부를 축적한 사람들은 자기가 이룬 성공을 과시하고픈 욕구가 있기 때문에 럭셔리를 산다. 하지만 옷은 여전히 자기 소득에 비하면 과하고, 입고 나갈 일도 없기 때문에 상대적으로 저렴한 가방·지갑·구두·향수 같은 잡화들을 주로 구매한다.

이미지를 얻기 위해서 손해를 감수하며 패션쇼를 열고 오트 쿠튀르 라인을 유지하는 럭셔리 기업이지만, 이렇게 계속 오트 쿠튀르에서는 적자가 쌓이고 흑자는 다른 분야에서 쌓이면 무언가 구조를 바꿔야 한다고 느낄 것이다. 그리고 그 필요를 절실하게 느낄 계기가 갑자기 올 수도

메종 덩치
버버리는 모자부터 우산, 강아지 옷에까지 버버리 체크를 이용해
'가족 모두를 위한' 제품을 내놓았다.

있다.

그런데 매스티지 전략으로 만든 로고를 박은 플라스틱 열쇠고리나 피브이시 가방 같은 상대적인 저가 제품의 매출 비중이 높아질수록 이미지의 균열은 깊어진다. '잘 만들었기 때문에 평생 쓸 수 있다', '잘 손질한 가죽이라 낡을수록 시간의 흔적이 멋스럽다' 등 '영원함'을 왕국의 이미지로 내세우던 럭셔리는 그만 모순에 빠지게 된다.

하지만 지금은 어쩔 수 없다. 자본을 키운 덕분에 주식회사가 되었지만 분기마다 주주들에게 실적을 보고해야 하는 구조에서 럭셔리 기업들이 단기에도 이윤을 내는 길을 선택하지 않을 수도 없다. 럭셔리를 사랑해 포장도 뜯지 않고 모셔 두는 여성들조차도 럭셔리 기업이 곤경에 빠진다고 모금운동을 해줄 리 없다. 회사가 자선 사업하는 게 아니듯 소비자도 회사와는 거래를 바라지 동정을 던져주지는 않는다. 어떤 브랜드가 힘이 빠져 시들고 있다는 이야기가 나오기 시작하면 소문이 돌기도 전에 매출은 급감하고 투자자들은 돈을 회수해 나갈 게 분명하다. 원래 시장이란 그런 것이니 배신이라고 할 일은 전혀 없다.

자, 영원하기 위해 메종들은 어떻게 해야 할까. 가족과 공방으로 움직이는 작은 메종을 지킬 것인가, 아니면 덩치를 키워 지금이라도 세계라는 넓은 시장으로 뛰어들 것인가.

이제 모든 권력은 유통에게 갔다

자본이 축적되기 위해서는 생산수단이 필요하고 전 지구의 노동력이 필요하다. 자본은 모든 지역에서. 나는 자연자원과 노동력이 없이는 다룰 수가 없다. 그런데 사실, 대부분의 자연자원과 노동력은 산업사회 밖에 있다. 전통사회들은 아주 오랫동안 축적해온 자원들을 보유하고 있기 때문이다. 그러니 자본은 그 자원들과 사회조직들을 얻으려고 모두 산업사회 밖으로 나갈 수밖에 없다.

— 로자 룩셈부르크, 《자본축적론》 중에서

로자 룩셈부르크, 그 아름다운 이름이여

서유럽의 변방 폴란드 사람인데다가, 여성인데다, 민족적으로는 유태인이었고, 소아마비로 걸음이 불편했던 여인 로자 룩셈부르그Rosa Luxemburg. 소수자 중에서도 소수자일 것만 같은 그녀는 유럽 전역에 단호하고 논리적인 문장으로 이름을 날린 지식인이었고 붉디붉은 혁명가였고 또 유명한 로맨티스트였다. 좌파 지식인 중에서도 또 소수파에 섰던지라 그녀는 독일 사회당과도 길이 다른 '스파르타쿠스단'의 지도자였고 마치 로마 시대 노에 검투사 스파르타쿠스가 동료의 배신으로 비극적인 최후를 맞듯, 그녀도 동지의 배신으로 독일 비밀경찰에 붙잡혀서 비참하게 세상을 떠났다.

원래 혁명은 지독히 낭만적이고 긍정적이지 않으면 하기 어려운 법이라고 하지 않던가. 로자 룩셈부르크는 그 어렵고 긴장된 상황에서도 멋과 기품을 잃지 않으려고 노력했던 대단한 여성이기도 했다. 비밀경찰을 피해 은신하던 무렵이던가, 잡히면 죽을 수도 있는 그때 한 동지가 필요한 건 없냐고 물어보았다. 그녀는 '좋은 커피'라고 했단다.

뿐만 아니라 어려운 형편에도 친구들을 초대할 때면 좋은 음식과 술을 준비하려고 신경을 많이 썼다고 한다. 넉넉해서, 과시하고 싶어서, 혹은 허황되어서가 아니었다. 로자는 그렇지 않아도 날 선 대화가 화살처럼 꽂힐 저녁상에 꽃과 음악, 여유와 우정을 얘기할 여지를 마련하고 싶었을 것이다. 우리가 추구하는 멋진 삶이란 사실 그렇지 않나. 아파트 값과 승진과 경쟁보다는 예쁘게 가꾼 꽃과 좋은 냄새가 나는 싱싱한 채소와 그 철에 나온 과일, 그리고 음악이 친구들과 나누는 대화가 되는 삶. 우정과 친절은 단순히 돈으로 해결되지 않는다.

로자 룩셈부르크는 혁명과 스타일을 동시에 추구한 최초의 여성이었을 것 같다. 로자는 멋진 라이프스타일 전에 독창적인 그녀의 이론과 글로 먼저 이름을 날렸다. 그녀는 어째서 산업이 발달하고 자본이 축적된 넉넉한 사회가 가난하고 변변한 산업도 없는 사회로 시장을 넓히고 땅도 사고 노동력도 사려고 드는지를 설명했다. 로자는 왜 19세기에 서구사회가 그토록 전 세계를 돌며 제국주의에 열을 올렸는지 경제학적으로 설명했다.

꽃처럼 우아한 어느 여성의 인생과 철학을 얘기하면서 자본이니 축적이니 노동 같은 단어들을 올려서 미안한데, 로자의 이야기는 전혀 어렵지 않다.

부자들이야 이자소득이 상당하지만 보통 사람들은 자기가 일을 해서 벌어들인 돈이 소득의 전부다. 물건을 만들어 팔아서 돈을 번다고 생각해보자. 물건을 만들 때는 노동도 필요하고 기계 같은 자본도 들어가니까 노동을 공급한 사람들에게 돌아갈 이윤도 챙겨야 하고 자본가에게 돌아갈 이윤도 챙겨야 한다. 옷을 만들어 판다면 만든 사람들에게 줄 월급도 남아야 하고 자본 투입한 사람들에게 돌아갈 이자도 남아야 한다. 그러니 살 수 있는 것보다 언제나 옷을 더 많이 생산할 수밖에 없다.

로자는 이런 이치가 모든 물건에도 해당되고, 결국 사회 전체로도 마찬가지라고 설명한다. 그러니 남은 물건은 밖에다 팔고 와야 한다. 이윤을 남기고 그걸 축적해야 자본이 점점 커지니까 되도록 더 싸게 만들고 더 많이 팔아야 한다. 그러니 자본주의는 자기들보다 훨씬 경쟁이 느슨하고 노동력과 자원이 싼 세세로 나가려 든다.

1866년에 강화도에 들어왔던 미국 배 제너럴셔먼호 역시 대포와 총을 쏘며 공격했지만 사실 장사하는 상선이었다. 우리보다 훨씬 먼저 나가사키나 고베 같은 항구를 열었던 일본도 상선들이 총을 쏘며 '장사 좀 하자'고 요구하는 바람에 무역을 시작하게 되었다. 총을 들고 무력으로 시장을 열라는 상인들. 상냥해도 모자랄 판에 장사 좀 하자며 총을 들다니!

　이런 역사는 머나먼 옛일 같지만 지금도 상황은 비슷하다. 총과 미사일을 들고 억지로 강요하거나 전쟁을 벌이며 무역을 하지 않을 뿐이다. 기업들은 예전보다도 해외에 더 많이 공장을 세우고 싼 값으로 원료를 사고 그곳 주민들에게 일을 시킨다. 경영학 용어로는 '글로벌 아웃소싱'이라고 하기도 한다.

　비누 회사나 화장품 회사들은 남태평양의 아름다운 산호초가 만든 섬에서 코코넛 오일을 만들기 위해 코코넛 나무를 플랜테이션 한다. 산호초가 만든 토양층이나 주변 환경은 그렇지 않아도 연약하다. 이런 기업들의 행태로 간신히 균형을 지키던 그 섬의 생태계가 초토화되기도 하지만 아직까지 코코넛 재배를 포기하거나 생태계를 복구시켰다는 말은 들어보지 못했다. 다국적 커피 회사들은 인도네시아, 하와이, 브라질, 콜롬비아, 에티오피아, 케냐, 탄자니아의 울창한 열대림을 작달막한 커피나무 숲으로 바꾸고 종종 사막으로 만들어버리는 엄청난 일도 저지르지만 그 동네 주민들 중에서 먹고살 만큼 임금을 받은 사람은 하나도 없다. 럭셔리 회사들은 이렇게까지는 안 하더라도 환경규제가 덜 엄하고 임금을 줄일 수 있는 생산조건을 찾아 많이들 자기 나라를 떠났다.

　한때 세계 패션 시장에서 광풍을 일으키며 이탈리아 패션 전성기를 이끌었던 밀라노는 요즘은 주춤하다. 밀라노는 작지만 기술이 좋은 유서 깊은 공방과 소규모 공장들이 촘촘히 몰려서 알찬 덩어리를 만들고 있었다. 한 지역과 그 동네의 중소기업, 지식들이 잘 융합되어 돌아가는 경제를 클러스터Cluster라고 하는데 밀라노는 클러스터 중에서도 좋은 예에 속했다. 사실 이탈리아야말로 유럽에서는 처음으로 비단을 만든 나라이기도 하고 태피터라고 부르는 걸개양탄자나 사기 찻잔처럼 공이 많이 들어가는 장인들의 수준 높은 공예기술이 전해지는 나라다.

하지만 밀라노의 기업들이 생산비용이 싼 모로코나 터키, 동유럽의 이유EU국가들로 공장을 옮기고 임금이 비싼 숙련공 대신 컴퓨터와 자동화 공정을 통해 복잡한 자수를 놓는 등 생산체계를 많이 바꿔갔다. 그래서인지 이탈리아 제품에 대한 찬사와 환상도 조금씩 잦아들고, 또 그런 이유인지 섹시한 럭셔리의 대명사와 같았던 구찌의 경영이 다시 어렵다고 한다.

럭셔리들은 장인정신과 '진짜 최고급'을 돈벌이보다 훨씬 중요하게 여기는 집단일 것만 같은 이미지가 있다. 주문하고 4년을 넘게 기다려야 받을 수 있다는 에르메스의 어떤 가방처럼, 유럽 어디에선가 고상하고 섬세한 숙련공이 만든 것 같은 이미지 말이다.

하지만 자본을 불려서 회사 덩치를 키우면 이런 섬세한 숙련공들보다 물건을 내다 파는 사람들이 훨씬 큰 권력을 갖는다. 물론 물건 파는 사람들 넉에 럭셔리 산업은 최근 20여 년 동안 엄청나게 성장했다. 장 카스타레드Jean Castarede라는 학자가《르 뤽스Le Luxe(사치재)》라는 책에서 전 세계 럭셔리 생산 규모를 계산해보니 2008년 기준으로 1800억 유로 정도였다. 우리나라 돈으로 환산하면 272조 원쯤 되는 돈이다. 2008년 전 세계 국내총생산GDP이 7경 2,120조 원쯤 되니, 그해 전 세계 사람들이 생산 중에서 럭셔리가 3.8피센트 정도 되는 셈이다. 우리나라 1년 GDP는

1,000조 원쯤 되고, 세계 15위 정도의 큰 규모다. 럭셔리 시장은 전 세계 경제에서 무척 큰 산업이다. 불과 100여 년 전에는 유럽의 일부 부유층과 귀족들만 썼고 30여 년 전에는 살아남을 것인가 없어질 것인가까지 이야기가 나왔던 산업치곤 드라마틱한 역전에 성공한 셈이다. 이렇게 럭셔리가 벌어들인 돈 중에서 물건을 만드는 데 들어간 재료비와 그 대단한 물건을 만든 장인들에게 돌아간 몫은 간접적인 것까지 쳐도 얼마 되지 않을 건 분명하다.

기자 출신인 데이나 토마스가 쓴 《럭셔리: 그 유혹과 사치의 비밀》을 보면 다국적 기업으로 변신한 덩치 큰 럭셔리 기업들은 힘들게 벌어들인 돈을 또 아낌없이 광고하는 데 쓴다. LVMH 그룹 같은 경우는 2002년에 매출의 11퍼센트를 광고비로 썼고 구찌 그룹은 2000년에 총 수입의 13퍼센트를 광고에 들였다고 한다. 이 돈은 전 세계 불특정 다수의 여성들에게 환상적인 이미지를 전달하기 위해 들이는 돈이다.

이쯤 되면 넉넉지 않은 평범한 주머니들을 털어서 미모의 부유한 톱스타들 손에 거액을 쥐어주는 꼴이다. 그것도 자진해서 말이다. 소박한 사람들이 돈을 모아 자신보다 훨씬 부유한 사람들에게 큰돈을 만들어 건네주는 이 역사적인 모순을 보라.

럭셔리 왕국의 왕자와 공주들

여기서 잠깐 말이 나온 김에 그 '럭셔리'가 뭘 가리키는지 한번 짚고 가자. 럭셔리 왕국에는 술·화장품·향수·옷·액세서리·고급 자동차·요트·비행기·리조트 여행·보석 같은 것들 중 최고급품들이 있다. 참고로 럭셔리 중에서도 술 시장이 제일 크고 다음이 화장품과 향수, 그리고 쿠튀르로 대변되는 고급패션이다. 술 시장은 4억 유로, 화장품과 향수는 3억 3,500만 유로, 옷은 3억 유로, 비행기나 요트 같은 탈것들은 1억 4,000만 유로의 규모다.

남성들은 여성들에게 쓸데없는 허영심으로 사치를 한다고 공격한다. 때론 3,000원짜리 밥을 먹고 5,000원짜리 커피를 마신다며 '된장녀'라고 비난하고 속된 말로 '다구리'도 서슴지 않는다. 하지만 남성들 역시 술과 자동차에 이에 못지않은 돈을 쓰고 있는 걸 인식하지 못하는 것 같다.

남성들은 마셔버리면 그만인 고급 술을 대부분 좋아한다. 이건 비밀도 아니다. '고등학생 혹은 대학생 시절 친구네 집에 놀러갔더니 벽장에 친구 아버지가 아껴둔 30년 된 코냑이 있었다. 친구들끼리 한 병을 다 비워버려서 그 친구 녀석이 나중에 엄청 혼났다!' 이런 경험은 아주 흔하다. 이건 낭만과 스릴이 넘치던 행복했던 기억일 뿐이다. 하지만 코냑을 한 병 마셨을 때 그 자리에서 쓴 돈은 몇 십만 원이다. 돈만 모이면 고급 양주를 마시고 싶어 하고 자동차 대회인 에프원F1이나 페라리 같은 고급 승용차, 요트, 경비행기에 열중하는 남성들은 된장녀 운운하며 누굴 비난할 자격이 있는 처지는 아니다.

다국적 패션 기업의 경영법칙

버버리Burberry는 럭셔리들이 다국적 기업으로 변모하던 그 시절에도 영국 특유의 '변하지 않기'를 고수하고 있었다. 하지만 버버리도 경영이 너무 어려워지자 드디어 1990년대 후반에 막차를 탄다.

버버리의 변신 과정은 여러 가지 면에서 흥미롭다. 경영학 교과서들은 구조조정의 성공사례이며 미래의 유통과 생산 모델로 소개하지만, 버버리는 럭셔리들이 변신하는 흐름 끝에 서 있었기 때문에 먼저 변신한 다른 회사들을 벤치마킹하고 분석하면서 따라갔다. 오히려 버버리의 변신 과정을 지켜보면, 버버리 눈에 들어온 다른 럭셔리들이 성공한 요인이 무엇이었는지 역으로 관찰할 수 있다.

일단 버버리는 만드는 것 보다 유통을 잘 해야 돈을 벌 수 있다는 걸 알고 있었다. 그래서 새로 영입한 시이오CEO는 이탈리아계 미국인인 로즈 마리 브라보Rose Marie Bravo라는 여성이었다. 그녀는 40대 중반의 힘이 넘치는 사람이었고 미국에서 가장 유명한 백화점 중 하나인 뉴욕의 '삭스 핍스 애비뉴' 시이오였다. 그녀는 럭셔리를 만들던 사람이 아니라 고급 백화점 유통으로 잔뼈가 굵은 전사였다.

물론 럭셔리로 돈을 벌기 위해서는 만들기보다 유통이 더 중요하단 걸 알았던 첫 번째 시이오가 브라보는 아니다. 루이비통 가의 사위이고 지금 LVMH 그룹의 회장이 된 베르나르 아르노를 영입한 장본인인 앙리 라카미에Henry Racamier에는 훨씬 전에 이 사실을 알았다. 그가 꼼꼼히 계산해보니 소매상이 벌어들이는 이윤이 전체 이윤의 40퍼센트였다고 한다. 매장을 직접 운영하지 않으면 열심히 땀 흘려 멋진 물건을 만들어도 남 좋은 일만 하는 꼴인 셈이었다는 것이다.

브라보는 버버리를 다른 럭셔리 회사들처럼 바꾸기 시작했다. 일단 아주 융통성 있게 주던 라이선스들을 없앴다. 그리고 생산한 물건은 회사가 직접 운영하는 직영매장이나 백화점을 통해서만 판매했다. 생산은 직접 하거나 외부에 맡길 때도 버버리 본사가 직접 관리했다. 한마디로 버버리가 만들지 않은 버버리가 없게 하고, 버버리가 파는 곳에서만 버버리를 살 수 있도록 바꿨다. 예외는 일본에만 있었는데, 일본의 몇 회사에 대해서는 계속 라이선스 제품 생산을 허락했다. 럭셔리 시장에서의 일본이 차지하는 위상을 보여주는 사례다.

브라보는 버버리의 브랜드 구조도 다른 럭셔리 회사들처럼 여러 단계로 만들었다. 일단 오트 쿠튀르급으로 런던 컬렉션 같은 패션쇼에 참가해 미디어에 노출이 큰 브랜드를 만들었다. 버버리 프로섬Burberry Prorsum이다. 그리고 이보다 저렴한 급으로는 버버리 런던Burberry London을 만든다. 요즘 말하는 '세컨드 브랜드'다. 우리말로 바꾸면 '보급판' 정도다. 그리고 액세서리 브랜드로 창립자의 이름을 딴 토마스 버버리Thomas Burberry도 띄운다. 이때부터 버버리 역시 향수 같은 상품을 만들기 시작했다.

비비리 프로섬은 다른 럭셔리 회사들의 오트 쿠튀르급 브랜드가 그렇듯 패션쇼를 통해서 브랜드 전체 이미지를 홍보하는 게 중요한 역할이고 그 자체로는 손해를 볼 수도 있다. 하지만 버버리 프로섬으로 세계 여러 나라 사람들이 동경하는 '영국 신사 스타일', '세련된 런던 스타일'을 보여줄 수 있다. 그리고 옷이 아름다우니 잡지 커버로 실리거나 패션지 인터뷰에 디자이너가 실릴 가능성도 높다.

1990년대부터 패션산업은 라이프스타일을 팔기 시작했다. 오트 쿠튀르 의상은 직접 판매되지는 않더라도 패션쇼라는 무대와 광고 사진이 만든 이미지 때문에 아주 중요했다. 미디어를 통해서 창조된 라이프스타일의 한 조각을 사는 게 사람들이 럭셔리를 소비하는 가장 중요한 이유가 되었다.

버버리는 이런 변화 속에서 버버리가 보수적인 중년 남성들이 입는 옷이라는 이미지에서 옷을 많이 사는 젊은 여성들도 입는 '유행에 민감한 옷'이라는 이미지도 새로 만들었다. 여성들이 입어야 한다. 오트 쿠튀르를 사는 부유층이나 소득이 더 많은 중년 남성보다도 기성복과 액세서리를 사는 젊은 층, 특히 젊은 여성들이 쓰는 돈이 총 소비액으로 보면 더 크기 때문에 여성들에게 호소할 수 있어야 한다.

하지만 변신의 핵심은 광고와 미디어를 각별히 챙기기 시작했다는데 있지 않았을까 싶다. 21세기는 예전처럼 부티크를 고급스럽게 가꾸고 향이 좋은 차를 준비하고 기다리면 운전수가 딸린 승용차를 타고 온 단골 귀부인들이 들러 담소를 나누고 옷을 맞추던 시대가 아니다. 지금은 돈을 많이 벌어야 거대한 기업이 된 럭셔리 회사를 지탱할 수 있다. 누가 뭐라고 해도 만든 사람과 사는 사람이 서로 만난 적 없는 대중소비시장에서 럭셔리 역시 움직인다. 매스티지 전략이 럭셔리 마케팅의 주류니 이 흐름은 눈에 선명하게 들어온다. 그러므로 대중소비시대에 맞는 매스미디어 전략으로 홍보의 무게추가 자연스럽게 이동할 수밖에 없다.

미디어를 사랑하게 된 흐름도 버버리가 처음 개척한 건 아니다. 루이비통, 구찌, 샤넬, 디오르, 이브 생 로랑 등 많은 럭셔리 기업들이 오래 전부터 광고에 공을 들이고 있었다. 동료 디자이너들의 호평이나 단골들의 입소문보다도 잡지에 한 번 실리는 게 매출엔 훨씬 중요할 테니 어떻게든 미디어와 대중들의 눈길을 사로잡아야 한다. 특히나 광고는 브랜드의 전체적인 느낌을 전달하는 데 아주 중요한 도구다. 1990년대에 구찌가 '섹시 럭셔리' 이미지로 승승장구할 때 텔레비전에 나오는 남자 연예인 가운데 삼색 줄이 들어간 구찌 로퍼를 신지 않은 사람이 있었는지 기억나지 않을 정도다. 많이 팔기 위해서는 광고로 유행을 만들어야 한다.

버버리도 그 길을 따라간다. 니콜 키드만, 스칼렛 요한슨, 마돈나, 우마 서먼이 등장하듯 버버리는 변신 초기에 영국 모델 케이트 모스Kate Moss를 광고 전체의 주인공으로 삼았다. 버버리와 마찬가지로 영국 출신이고, 대중들에게 지명도가 높고, 여느 모델들처럼 훤칠하지 않아서 오히려 그녀가 입는 대로 따라 입고 싶은 모델. 케이트 모스에게 다소 악동 이미지가 있더라도 개의치는 않았을 것이다. 일찍이 1960~70년대에 스트리트 패션으로 '영국식' 패션을 현대적으로 해석한 적 있는 영국 패션은 단정하고 말 잘 듣는 모범생 이미지는 아니다. 게다가 가십으로라도 전 세계 인터넷에 그녀 이름이 오르지 않는 날이 없을 정도였으니, 그 유명세는 부인하지 못한다. 무명보다는 차라리 악명이 낫고, 욕이라도 먹고 있어야 활동할 공간이 생긴다는 점에선 정치인이나 연예인이나 마찬가지다.

최근 버버리의 모델은 영화 〈해리 포터〉 시리즈의 여주인공이자 영국 출신이며 명문 브라운대학 학생인 엠마 왓슨이다. 그녀 역시 고분고분한 느낌과는 거리가 멀고 지적이다. 케이트 모스와 엠마 왓슨 모두 남성보다는 젊은 여성들이 좋아하고 닮고 싶은 스타일들이다. 아마도 애인이 사주는 경우보다도 자기 돈으로 사 입는 여성이 많기 때문일 것이다.

미디어가 중요해지면서 패션지가 지닌 권력도 굉장히 강해졌다. 원래도 언론은 영향력이 강하다. 게다가 패션지들은 매출에 직결되는 자리에 앉았으니 럭셔리와 패션지의 관계는 끈적끈적해질 수밖에 없다. 이제 패션지에서 나온 사람들이 패션쇼 맨 앞줄에 앉고, 스스로가 인터뷰 주인공이 되고, 칙사 대접을 받는 일은 놀랍지도 않다. 패션지들은 그 답례로 루이비통의 마크 제이콥스, 샤넬의 칼 라거펠트, 버버리의 크리스토퍼 베일리, 디오르의 존 갈리아노, 구찌의 알렉산더 맥퀸과 스텔라 매카트니를 대중스타로 띄웠다. 주인공이 있어야 드라마가 스토리로 살아나고, 스토리가 살아야 드라마는 계속 팬을 늘려가며 방영될 수 있다.

대중은 패션지를 비롯한 미디어가 소화하고 해석해주는 방식으로 럭셔리를 이해하기 시작한다. 우리나라도 1990년대 중반 〈엘르〉를 시작으로 라이선스 패션지들이 대거 들어왔고 패션지 세계의 주류가 되었다. 지금은 토종 패션지들은 찾기 어렵게 됐다.

럭셔리 브랜드의 로고가 박힌 저렴한 라이선스 물건들을 없애고, 매장을 직영하고, 쿠튀르 브랜드와 보급형 브랜드를 나누고, 액세서리 브랜드를 만들고, 매스미디어를 통해서 이미지를 만들고 유통하는 홍보 전략. 이제 럭셔리 경영에서 기본구조가 되어버린 이 전략은 럭셔리 시장에서 유통이 갖는 영향력이 점점 커지고 있음을 보여 준다.

어쩌면 소수를 위한 특별한 물건, 품질이나 희소성에서 그 이상이 없을 것만 같은 '영원함'은 이제 역사 속으로 들어갔고, 우리는 우리 기억 속의 이미지를 계속 꺼내고 있는 건지도 모른다.

실속 챙기는 쪽은 따로 있다

세상은 참 아이러니하다. 패션 시장 전체를 이끄는 럭셔리가 뿜는 기세는 식을 줄 모르고 점점 세계 끝까지 뻗어간다. 문화에서나 소비에서나 이제 경쟁자가 없을 것 같다. 그런데 또 막상 그렇지만은 않다.

어찌 보면 세상엔 돈 버는 주머니는 늘 따로 있는 것 같다.

도쿄 긴자에는 샤넬과 까르띠에를 필두로 럭셔리 브랜드들이 내세운 으리으리하고 눈부시게 사치스러운 플래그십 매장들이 빼곡하게 들어서 있다. 하지만 왕국과도 같은 플래그십 매장 바로 옆은 일본표 스파인 유니클로와 스페인산 스파 브랜드 중 제일 잘 팔리는 자라가 한 자리씩을 차지하고 있다. 일본 경기가 몇 년이 지나도록 회복되지 않으면서 철수한 플래그십 매장 자리에 스파 매장이 들어서고 있다. 우리나라도 압구정동 갤러리아 백화점 맞은편에 유니클로가 들어서 있고 명동의 롯데 백화점은 럭셔리 매장인 에비뉴엘 건물 바로 옆 영플라자 건물에 자라, 망고, 유니클로 매장을 운영하고 있다. 최고급 부티크들이 모여 있는 파리 오페라 거리에도 유니클로 매장이 들어섰고 독일에도 스웨덴계 스파 브랜드 에이치앤엠이 곳곳에 들어섰다.

유명한 도시엔 가장 화려한 매장 옆에 스파 브랜드 매장이 있고, 어느 곳이나 럭셔리 매장은 한산하고 스파 매장은 발 디딜 틈이 없다.

내가 좋아하고 갖고 싶은 브랜드 말고, 내가 자주 사는 브랜드를 생각해보자. 나는 '파리표 럭셔리 브랜드'를 좋아한다고 말하지만 사실 지갑은 스페인, 스웨덴, 일본, 미국 스파 브랜드에 열고 있지 않나? 가령 선거 때 우리나라가 발전하기 위해서는 ○번 후보가 필요하다고 생각하면서도 정작 투표소에서는 △번 후보를 찍고 나오는 행동과 비슷하지는 않을까?

패션 세계의 진정한 제왕은 누구일까? 화려함과 품질로 이미지로 미디어를 앞세운 럭셔리일까, 그 옆에 언제나 같이 찾을 수 있는 스파일까? 시장은 돈으로 투표한다. 시장은 냉정한 세계다. 우리는 간단히 답을 확인할 수 있다. 소비자들이 누구에게 돈을 더 많이 주고 있는지 확인해보면 된다.

세계 10대 럭셔리 그룹과 10대 스파 브랜드의 매출을 한번 비교해보자. 장 카스타레드가 분석한 바로는 럭셔리 산업의 규모는 2001년에 1992년과 비교하면 두 배, 1985년과 비교하면 세 배로 커졌다. 그런데 속도로 따지면 1970년대 자라를 시작으로 막 탄생한 스파 브랜드도 못지않다.

일단 세계 10대 럭셔리 그룹의 매출을 보자. 카스타레드가 조사한 바에 따르자면 2008년 기준으로 1등은 랑콤·비오템 등을 보유한 로레알 그룹, 2등은 루이비통·동 페리뇽·헤네시·디오르 같은 화려한 브랜드로 가득한 LVMH 그룹, 3등은 까르띠에가 속한 리치몬드, 4등은 미국 의류 브랜드 마이클 코어스Michael Kors와 화장품 브랜드 에스테로더Estee Lauder가 속한 에스테로더다. 다음은 구찌 그룹, 랄프 로렌, 스와치Swatch 그룹, 티파니, 프라다, 샤넬 순이다. 구찌 그룹은 스포츠 브랜드 퓨마Puma와 우리나라로 치면 교보문고와 비슷한 대형 서점 '프낙Fnac'을 소유한 프랑스의 그룹 기업 피노 프렝탕 르두트PPR에 속하기도 하니 PPR로 순위를 매긴다면 등수가 달라질지도 모른다. 그리고 샤넬의 전체 지분은 베르트하이머 집안이 지니고 있어서 기업정보를 공개하지 않기 때문에 샤넬의 매출액은 경제학자인 카스타레드가 추정한 값이라 결과가 조금 달라질 수도 있다.

세계 스파 브랜드의 매출은 어떨까? 유니클로는 스파 브랜드 세계 매출 순위를 모아 홈페이지에 정리해두었다. 이 표는 2008년이나 2009년을 기준으로 정리하고 있다. 여기에 따르면 1위는 미국 브랜드 갭, 2위는 스페인의 자라, 3위는 스웨덴의 에이치앤엠, 4위는 미국의 더 리미티드The Limited, 5위는 미국의 넥스트Next다. 다음은 유니클로가 속한 패스트 리테일링Fast Retailing, 폴로 랄프 로렌, 리즈 클레이본Liz Claiborne, 에스프리Esprit, 아베크롬비Abercrombie & Fitch, 베네통 순이다.

미국식 라이프스타일을 대표하는 랄프 로렌 그룹은 아주 내중적인 브랜드도 소유하고 있기 때문인지 럭셔리 브랜드와 스파 브랜드 양쪽 랭킹에 모두 들어 있다. 자라는 인디텍스Inditex 그룹에 속한 브랜드이기 때문에 그룹 전체로 비교하면 순위가 달라질 수 있다. 약간 독특한 상황이기는 한데, 일단 매출액 총액 규모를 비교해보자.

◎ 럭셔리 그룹과 스파 브랜드 매출액

단위: 10억 유로, 억 엔

럭셔리 그룹	매출액 (단위: 10억 유로)	스파 브랜드	매출액 (단위: 억 엔)
로레알	17.1	갭	17,237
LVMH	16.5	자라	15,175
리치몬드	4.8	에이치앤엠	13,421
에스테로더	4.2	더 리미티드	11,082
구찌	3.8	넥스트	6,662
랄프 로렌	3.4	패스트 리테일링 (유니클로)	5,865
스와치 그룹	3.12	폴로 랄프 로렌	5,360
티파니	2.94	리즈 클레어본	5,005
프라다	2.4	에스프리	4,150
샤넬	1.7	아베크롬비	4,100

　　럭셔리 그룹 가운데 매출 상위 다섯 개 그룹의 매출을 더하면 464억 유로, 우리 돈으로 70조 원쯤이다. 스파 브랜드 역시 동일하게 계산하면 63,577억 엔으로 우리 돈으로는 84조 원가량이다. 거의 엇비슷하다.

　　세상은 럭셔리 브랜드 광고로 가득하고 할리우드 여배우들은 시상식에서 값비싼 브랜드를 뽐낸다. 텔레비전을 보고 있자면 나 이외의 다른 사람들은 최고급 브랜드 옷 한두 벌쯤은 입고 있을 것만 같다. 하지만 현실세계는 그렇지 않았다. 수없이 많은 사람들이 미장원에 앉아서 패션지를 뒤적이고 〈섹스 앤 더 시티〉를 보았지만 쇼핑은 스파에서 하고 있었다.

다들 마찬가지였다!

위에 제시된 브랜드들을 넓게 보고 비교해도 규모는 비슷하다. 럭셔리 브랜드에서 상위 열 개 브랜드 매출을 더하면 601억 유로가량으로 우리 돈으로는 90조 원 정도다. 스파 브랜드 상위 열 개 브랜드의 매출이 88,033억 엔이니 우리나라 돈으로 114조 원 정도다. 이렇게 보아도 두 시장의 규모는 참 비슷하다.

고작 20여 년간 스파가 키운 덩치가 럭셔리 브랜드들이 100여 년간 키운 덩치와 비슷하다. 미국의 경제 월간지 〈하버드 비즈니스 리뷰*Harvard Business Review*〉에서 '패스트 패션'이라고 불리기 시작한 스파는 생산과 유통 속도만 빨랐던 게 아니라 자기 시장을 키우는 속도 역시 빨랐다! 이 정도면 패션 세계의 가장 화려한 곳에서 위용을 자랑하는 럭셔리와 가장 대중적으로 거리를 훑고 가는 스파 중 누가 진정한 패션계의 주류이자 주인인지 판단하기 어려울 정도다.

시장은 냉정하다. 비싸고 싸고, 고급이고 평범하고를 떠나 모든 결과를 돈으로 환산해서 평가할 뿐이다. 1만 원짜리 천 개를 팔아도 1,000만 원을 벌고, 100만 원짜리 열 개를 팔아도 1,000만 원을 버는데, 지금까지 알아본 바로는 패션 시장에서는 100만 원짜리 열 개 파는 시간에 1만 원짜리 천 개를 팔 수 있다.

이렇게 돈이라는 얼굴로 만나보니 제일 잘나간다는 세계적인 일급 디자이너들이 스파 브랜드를 통해 자기 옷을 파는 이유가 너무도 쉽게 이해된다.

럭셔리는 적자를 감수하더라도 오트 쿠튀르를 유지해야 최고급이라는 환상과 꿈을 유지할 수 있다. 아마도 조금은 비밀스럽게 자신을 감추는 전략이 같이 필요할지 모른다. 하지만 전 세계 시장에서 팔려야 하는 럭셔리는 요즘처럼 세계 경기가 좋지 않고 선진국들의 경제성장이 매우 안정되면 매출은 떨어지고 적자를 버틸 힘도 줄어든다. 그렇다고 패션쇼를 포기할 수도 없는 노릇이다.

한편 스파 브랜드들은 독창적인 디자인이 아니라 럭셔리 브랜드들이 패션쇼에 올리고 트렌드로 자리 잡은 스타일들을 재빠르고 다양하게 만들어 유통하는 전략으로 지금 이 자리까지 왔다. 독창성은 떨어질지언정 경기가 안 좋아도 매출은 별 영향이 없다. 오히려 사람들이 소득이 줄어 비싼 제품을 살 여력이 줄면 더 잘 팔릴 수도 있다.

어느 날 고급 패션을 지향하는 패션지 광고면에 럭셔리 광고보다 스파 브랜드 광고가 더 많이 등장하는 날이 올지도 모른다. 광고주는 돈을 지불할 사람일 뿐이고 패션지 경영에선 무엇보다도 광고가 중심이다. 스파 브랜드 광고가 더 많이 실리는 패션지는 우리 예상보다 훨씬 빨리 등장할 수도 있다.

스파 브랜드 광고가 더 많이 실리게 될 때 패션지 기사는 어떤 내용을 담게 될까? 창조적인 패션쇼를 연 디자이너 대신 경영을 잘 하는 스파 업계 시이오가 스타로 인터뷰를 하게 되진 않을까?

경영이 무엇보다 중요하게 된 럭셔리 브랜드들은 공장을 해외로 옮기고 있다. 버버리의 경우 오랜 전통의 웨일즈 공장을 중국으로 옮기면서

유니클로 유통

긴자에 가보니, 유니클로에서 권력이 느껴졌다. 진짜 크더라!

국민적 반감을 사기도 했다. 왕실까지 나설 정도였다. 그 때문인지 버버리의 변신을 맨 앞에서 이끌던 브라보는 2006년 쉰 중반인 한창 나이에 은퇴를 했다.

어쨌든 버버리를 시작으로 다른 브랜드들도 조금씩 '메이드 인 프랑스', '메이드 인 이탈리아'를 버리고 있다. 하지만 메이드 인 서유럽, 메이드 인 선진국, 럭셔리 전통이 있는 나라에서 만든 제품이라는 환상이 깨진 럭셔리가 그 빛을 그대로 유지할 수 있을까?

환상도 이미지도 만들어지는 과정이 절대로 단순하지 않다. 어찌되었건 대중 앞에 나서는 사람은 브랜드를 이끄는 창의성 넘치는 디자이너들이다. 사람들은 디자이너를 바라본다. 하지만 이미 권력은 한참 전에 유통을 쥐고 있는 경영자들 손에 넘어갔다.

창작, 그 놀라운 힘

초밥을 만든다는 것에 있어 가장 중요한 건, 항상 손님 쪽에서 생각해야 한다는
것. 아무리 기술이 있어도 결코, 요리사 혼자 만족해하면 소용없다는 사실이지.
쇼타의 실력은 기술적인 면에서 특별하게 우수하지는 않지만, 진실된 초밥의 마음
을 이해하고 있는 훌륭한 작품이었다고 본다.
따라서 이번 네 번째 승부는 쇼타의 승리!!!
신인 초밥 요리사 경연대회 봉 초밥 대표는, 세키구치 쇼타로 결정한다!
- 다이스케 테라사와, 《미스터 초밥왕》 중에서

창작, 학벌도 학력도 무관한 세계

만화 《미스터 초밥왕》의 주인공 쇼타는 일본 최북단의 섬인 북해도
의 오타무라는 작은 도시에서 초밥 요리사가 되기 위해 노쿄에 온 소년
요리사다. 쇼타에겐 아주 간절한 꿈이 있는데, 거대한 자본력을 앞세워
말도 안 되는 횡포를 부리는 '사사 초밥'으로부터 쇼타네 가족들이 운영
하는 작은 초밥집 '원 초밥'을 잘 지키는 것이다. 다행히 쇼타는 도쿄의
유서 깊은 명문 가게인 '봉 초밥'에 들어가 마음을 나누는 친구도 사귀고
열심히 수련해 무럭무럭 요리사로 성장해 간다. 쇼타의 제일 큰 힘은 진

심으로 요리해서 상대를 감동시키는 그의 마음이다. 10대 소년으로 기술이나 경험은 부족하지만 기술보다 먼저 손님을 생각하는 요리사의 마음을 지녔다. 그 힘으로 쇼타는 멋진 요리사로 성장할 수 있게 된다.

일본에서도 이런 장인정신을 지키기가 점점 힘들다곤 하지만 우리로선 이만큼도 그저 부러울 따름이다. 자기 집안만의 전통으로 말아내는 국수 한 그릇, 과자 하나, 그리고 그런 전통 있는 가게를 자랑으로 여기는 이웃들 말이다. 우리에게도 있었던 아름다운 고급 기술들은 오랜 일제 강점기 시절을 겪으며 허망하게 사라졌다.

우리나라에서도 쇼타 같은 소년이 자랄 수 있을까? 냉정하게 대답하자면, 거의 불가능하다. 고향 오타루에서 열린 초밥 경연대회에서 가능성을 보여주었던 소년은 열일곱 살이었고, 중학교를 졸업하자 바로 도쿄의 초밥집에 견습생으로 들어간다.

만약에 한국의 어떤 중학교 3학년 소년이 한식 요리사의 꿈을 갖고 저녁 식탁에서 이런 얘길 한다 치자.

"어머니, 아버지 저는 훌륭한 한식 요리사가 되기 위해 고등학교 진학을 포기하겠어요. 대신에 전통 있는 한식집에 들어가 견습생이 될래요."

일찌감치 진로를 정했다고 축하받는 것은 기대하기도 힘들 것이다. 부잣집이라면 앞으로 대학에 진학해 요리와 관련된 전공으로 교수를 하라고 할 테고, 평범한 집이라도 어떻게든 대학에는 보내려고 사정사정할 것이다.

이러는 동안 일본에선 쇼타가 열여덟 살이 되어 손님들 앞에 서는 정식 요리사로 당당히 성장했을 것이고, 부모의 만류로 꿈을 접은 한국의 소년이 대학을 졸업할 무렵엔 어느덧 경력 6~7년차의 능숙한 중견 요리사가 되어 있을 것이다.

쇼타는 만화에서 재능 있는 피아니스트 소녀와 풋풋한 사랑을 나누는데, 역시 한국 같아선 중졸의 요리사 견습생이 장래가 촉망되는 피아니스트 소녀와 주변 사람들의 우정과 격려 속에 연애를 할 수 있을 것 같지가 않다.

우리는 혹시 엉뚱한 선입견과 차별로 수많은 소년 소녀 요리사 쇼타, 디자이너 쇼타, 한지 염색 기술자 쇼타, 목수 쇼타, 도공 쇼타들을 억누르고 있는 건 아닐까.

한국에서 10대들을 학력 차별 없이 기와 예로 존중해주는 분야는 바둑계밖에 없어 보인다. 프로 기사인 이세돌 9단은 세계 최고수 중 한 명이지만 중학교 3학년 중퇴가 학력의 전부라고 한다. 하지만 이세돌은 초등학교를 졸업하기 전인 열두 살에 프로기사가 되었다. 이세돌이 등장하기 전에 맞수가 없던 이창호 9단도 조훈현 9단과 더불어 열한 살에 입단했다고 한다. 아무도 이들에게 학력이라는 잣대를 들이대지 않는다. 오히려 바둑이 추구하는 도와 기에서 세계 최고인 고수라고 존경할 뿐이다.

이세돌 9단은 〈경향신문〉과의 인터뷰에서 "20대 후반부터 30대 중반이 바둑에선 최고조가 아닐까"라는 이야기를 했다. 물론 체력 등 여러 가지를 따져서 한 이야기일 것이다.

과연 바둑에서만 그럴까? 예술가들도 비슷한 것 같다. 천재 소설가 장정일도 중졸이고 대체로 그 사람의 예술성은 학력이나 학벌과 거의 아무런 관련이 없다. 하늘은 참 공평하다. 그리고 보통 이세돌 9단이 말한 나이에 가장 감각이 좋은 것 같다.

그런데도 우리나라에서는 디자이너가 되기 위해 대학에서 의상학을 전공하고도 미국 뉴욕의 명문 파슨스니 영국 런던의 명문 세인트 마틴이니 벨기에의 앤트워프 왕립 예술학교에 다시 유학을 간다. 이렇게 나이 먹으면 설령 유학 과정을 무사히 마치더라도 서른이 다 되거나 서른을 넘는 나이가 된다. 쇼타는 벌써 13년차 베테랑 요리사가 되었을 나이에 현장에서 견습을 시작해야 하는 것이다. 이런 갑갑한 틀 안에서 자유로운 창작과 용기 있는 시도를 하는 멋진 디자이너가 나올 수 있을까. 혹시 우리 사회가 한창 감각의 촉수가 꿈틀거릴 나이의 디자이너들을 우리도 모르는 사이에 의자에 붙잡아 묶어놓고 억누르고 있는 건 아닐까.

앙드레 김은 고등학교를 졸업하고 패션학원에서 기술을 익힌 다음 자기 의상실을 시작했다. 그가 젊었던 시절엔 고등학교 졸업도 고등교육이긴 했지만 앙드레 김은 굳이 대학이나 외국 유학을 고집하지 않았다. 하지만 그는 40여 년간 우리나라에서 유명하고 실력을 인정받는 가장 대표적인 디자이너였으며 예술성과 지성을 의심받지 않았다. 앙드레 김이 특별히 잘난 사람이었기 때문일까? 아마도 앙드레 김이 학위 따위에 젊음을 소진하지 않고 시간을 낭비하지 않았기 때문일 것이다. 해마다 아기는 새로 태어나고 재능 있는 스무 살은 누구나 좋은 예술가가 될 수 있다. 창작은 때로 제도 교육과는 아무런 관련이 없다. 다만 모든 분야에서 학벌이란 망상에 걸린 우리가 점점 더 그런 희망을 밟고 있을 뿐이다.

사회가 투자할 땐 냉정하게

우리 사회도 패션산업에 투자를 한다. 1970년대는 섬유산업이 우리나라를 먹여 살리던 시기였고, 한창 경기가 좋던 1990년대엔 국내 브랜드도 많았다. 하지만 싸다는 걸 유일한 장점으로 내세우던 합성섬유는 중국이나 말레이시아 같은 나라들이 본격적으로 산업화를 시작하면서 자리를 잃었고 고급 섬유는 경쟁력이 없었다. 국내 브랜드는 가격은 별로 싸지 않은데 디자인은 그다지 창의적이지 않았으니 직수입 브랜드들이 들어오면서 점점 사라졌다. 별로 좋지 않은데다 점점 나빠지는 상황이다. 섬유 회사들이 모인 '섬유 협회'에 따르면 2004년에 국내에 유통되던 브랜드는 1,876개인데 이 가운데 국내 브랜드는 949개다. 국내 브랜드의 비중이 58퍼센트고 수입 브랜드가 42퍼센트로 국내브랜드가 6 대 4 정도의 비율로 높았다. 하지만 수입 브랜드가 점점 늘고 있는 중이라니 이 비중은 변했을 것이다.

패션이 뿌리박는 토양이라고 부를 수 있는 섬유와 소재는 산업 자체의 규모가 줄고 있어서 1990년엔 세계시장에서 6.8퍼센트 정도 되던 우리나라 섬유 비중이 2003년엔 3.5퍼센트로 줄었다고 한다. 완성된 옷을 만드는 의류의 비중 역시 줄어 같은 해 1.6퍼센트였다. 지금은 그때보다도 더 줄어들었을 것이다.

우리나라처럼 럭셔리 브랜드를 사랑하는 나라에서 패션에 투자를 해 국내 기반을 키워 가야 하는 건 맞다. 하지만 세금으로 모은 돈을 또 어디엔가 투자한다는 건 감정적인 문제가 아니므로 냉정하고 객관적으로 잘 판단해야 한다.

서울시는 '디자인 서울' 콘셉트에 맞춰서 동대문운동장을 동대문 디자인파크로 만드는 중이다. 그 바람에 프로야구 원년엔 프로경기도 열었고 최근까지도 고등학교 야구 대회를 열었던 동대문야구장마저 헐렸다. 이종범 선수를 비롯한 야구 선수들이 앞장서서 철거를 막고 싶어 했고 야구 팬들도 나섰지만 서울 시청 철거를 막을 수 없었던 것처럼 동대문야구장 철거도 예정대로 됐다. 지금 이 자리엔 한창 이름을 날리고 있는 건축가인 자하 하디드가 설계한 날렵하고 세련된 건물이 들어서고 있고 이 자리에서 밀려난 고등학교 선수들은 프로야구팀과 함께 목동구장을 쓴다.

2009년 프로리그 경기에 거의 600만 관중이 들어섰을 만큼 야구는 팬 층이 두텁고 우리나라에선 나름 뿌리내린 스포츠다. 그만큼 야구를 관람하면서 기쁨을 느끼는 사람들이 많다는 뜻인데, 유서 깊은 동대문야구장이 철거될 때 슬픔을 느낀 사람들이 많았을 것이다. 그렇다면 이 자리에 새로 들어서는 디자인파크는 사람들이 느끼는 아쉬움보다 더 큰 즐거움을 가져다 주어야 옳다. 서울 시민들이 모은 큰돈을 쓸 수 있는 타당한 이유가 필요하다.

서울시는 디자인파크에 디자인 산업 전문 지원시설로 다목적 전시 시설, 디자인 전문 전시관, 체험관 등을 지어 동대문 패션 산업을 지원할 거라 한다. 그러면 10년 후 국내 패션 산업의 규모는 20조 원에서 30조 원으로 늘고, 동대문 상권의 매출도 10조 원에서 15조 원으로 늘고, 국내 디자인 산업도 7조 원에서 15조 원으로 늘어날 것이라고 한다. 한마디로 일자리가 늘어난다는 걸 제일 강조한다.

그런데 앞서 여러 각도에서 살펴본 것처럼 패션은 럭셔리 브랜드가 선도해서 이끌어간다. 서울시도 이 정도는 알고 있기 때문에 '뉴욕 패션 위크'에 디자이너들이 진출하도록 지원하고 신인 디자이너를 발굴하는 케이블 채널 프로그램도 후원하는 것일 게다. 그러니까 패션에서 세계적인 브랜드라는 건 럭셔리 브랜드라는 뜻이다. 우리나라에서 럭셔리 브랜드가 성공적으로 만들어질 가능성은 얼마나 될까? 그리고 잘 된다면 얼마나 커질 수 있을까?

간단히 계산해보자. 장 카스타레드의 《르 뤽스》에 따르면 고급 술·요트·패션·액세서리·고급 도자기·고급 리조트 같은 럭셔리 산업 전체를 다 합치면 전 세계적으로 그 규모가 234조 원쯤 되는데, 이 중에서 패션은 39조 원 정도를 차지한다. 브랜드로 치면 패션 브랜드보다 럭셔리 시장에서 제일 비중이 큰 위스키, 코냑, 와인 브랜드의 힘이 더 큰 셈이다. 그리고 39조 원의 전체 럭셔리 패션 시장 규모에서 프랑스가 생산하는 비중이 60퍼센트쯤 된다. 100만 원을 쓰면 60만 원은 프랑스 제품에 들어간다는 뜻이다. 게다가 이탈리아가 차지하는 비중이 25퍼센트이니 프랑스와 이탈리아의 비중이 85퍼센트이다. 그 밖의 나라의 비중을 모두 합친 것이 15퍼센트고 돈으로 계산하면 6조 원쯤 된다. 그런데 이 '그 밖의 나라'에 스포츠웨어 강국인 미국도 들어가고, 세계에서 제일 오래된 '섬유 나라'인데다 버버리란 브랜드로 대표되는 영국도 들어가고, 섬유산업이 튼튼한 일본도 들어가고, 유명한 브랜드들을 보유한 독일이나 스페인이 들어간다. 럭셔리 패션을 사랑하는 사람들은 대부분 프랑스와 이탈리아 제품을 사랑할 뿐, 다른 나라 제품들은 아주 조금 사용한다는 걸 알 수 있다. 럭셔리 패션 브랜드를 키우는 일은 어느 나라에서나 다 잘 할 수 있는 산업이 아니란 얘기다.

당연하다. 럭셔리 브랜드는 왕실과 귀족이란 '후광효과'와 장인정신이란 '차력 이미지'로 승부하는데 이런 건 역사와 얽혀있는지라 금방 만들 수 있는 게 아니다. 게다가 도시가 뿜는 후광효과를 비교해도 서울은 유행의 중심지라는 파리, 세계를 지배한다는 뉴욕, 아시아에서 제일 부유하다는 도쿄하곤 다르다. 서울은 럭셔리 이미지와 거리가 멀다. 실제로 도시에 사는 사람들이 그렇다는 말이 아니고 럭셔리 중에서도 패션 브랜드에 붙은 이미지가 그렇다는 말이다. 게다가 서울에 이탈리아 북부 지역이나 프랑스처럼 유행을 선도하기 위해 반드시 필요한 오래된 고급 섬유 생산자나 염색 회사들이 있는 것도 아니다. 냉정한 눈으로 바라보면 앞으로 10년 동안 아무리 열심히 해도 서울에서 럭셔리 브랜드 유통의 규모를 5,000억 원 이상으로 키우기는 어려울 것이다. 하지만 여기에 들이는 세금은 계획된 금액만 4,000억 원이다. 이 4,000억 원은 한번 들이면 회수할 수 없는 돈이다.

파리나 뉴욕 같은 모델이 어려우면 이탈리아 밀라노 같은 모델은 어떨까? 이탈리아 패션 브랜드의 힘은 한 동네의 오래된 중소기업들이 소재부터 디자인까지 착 달라붙어서 만든 네트워크에서 나온다. 대기업이 끌어가는 힘이 아니라 중소기업들의 촘촘한 네트워크에서 나오는 경쟁력을 강조할 때 밀라노, 볼로냐 같은 이탈리아 북부 지역들을 곧잘 사례로 얘기하곤 한다. 지역경제나 이탈리아에 관심 있는 사람은 많이 알고 있는 얘기인데, 이 동네도 요즘 가격경쟁력 때문에 외국으로 공장들이 나가서 고민이라고 한다. 이런 네트워크는 서울에만 없는 게 아니고 이제 이탈리아에서도 흔치 않다. 서울엔 동대문으로 상징되는 봉제와 디자인 네트워크는 있을 수 있지만 주춧돌에 해당하는 소재 공장이나 소재를 만드는 숙련공들이 없어진 지 오래다. 이런 이유로 서울이 밀라노가 되기는 힘들다.

패스트 패션을 키운다면 패션디자인산업이 성장할 가능성이 높아질까? 그런데 이쪽도 역시 만만치 않다. 스파 브랜드들의 장점은 재빠르게 유행을 분석하고 디자인을 기획해서 유통과 생산을 한 번에 끝내는 것이다. 우리나라에서 스파 브랜드를 만늘 계획이 있다면 잘 할 수 있는 곳은 자본력이 큰 유통업체들이다. 하지만 대규모 유통업체에 굳이 나라 경제를 담당하는 중앙정부도 아닌 시민들의 생활을 책임지는 지방정부가 큰돈을 들여 지원해야 할 이유는 없다. 서울시에는 도움이 더욱 절실한 사람들이 많다.

기본적으로 정부에서 큰돈을 들여 사업을 할 땐 들이는 돈보다 사회 전체로 돌아오는 편익이 더 커야 한다. 그리고 행정의 기본은 '물 흐르듯 부드럽게'인데 서울시는 동대문야구장을 헐면서 최소한 600만 명의 '적극적인 반대자'들만 만들었다. 대신 디자인파크를 만들면 시장을 찾는 손님들도 늘고 외국인 관광객도 늘지 않겠냐고? 운동장을 멋지게 리모델링해도 동대문을 찾는 사람은 훨씬 많아질 수 있다. 돈벌이라는 경제적인 면에서만 보자면 '동대문 디자인파크'는 패션을 위해서도 스포츠를 위해서도 좋은 계획이 아니다. 그리고 서울시는 서울을 기업처럼 시장에 내놓고 팔 수도 없는 노릇이건만 왜 '브랜드 파워'를 키우겠다고 하는지 도통 이해가 안 된다. 기업이 브랜드 파워라는 이름으로 이름값을 돈으로 환산하는 이유는 기업이란 그 자체로 거래가 되는 상품이기 때문이다. 하지만 서울시는 내놓고 팔 수 있는 물건이 아니다. 게다가 실체도 없는 서울의 '브랜드 파워'란 게 높아진다고 해도 서울시 물가가 내려가는 것도 아니고 세금이 싸지는 것도 아니다.

패션 창작을 지원하고 싶다면 동대문 봉제 공장의 노동자, 매장 판매원, 옷을 기획하는 디자이너에게 4대 보험이 보장되고 주 5일제도 잘 지켜지는 좋은 근무환경을 제공하고 정규직으로 숙련될수록 월급도 높아져서 살 만하도록 지원하는 것이 훨씬 효율적이지 않을까. 연차가 되면 재교육을 받을 수 있고 보육까지 지원한다면 금상첨화일 것이다. 이렇게 된다면 동대문의 일자리가 좋은 직업이 될 테니 숙련공들은 동대문 의류업을 떠나지 않을 테고, 제품은 질이 좋아질 테고, 옷을 만들고 파는 노하우가 쌓여 이 사람들이 만드는 튼튼한 네트워크 효과가 생길 것이다.

 명품 판타지

창작 슈트
마드모아젤 샤넬의 최고 발명품. 샤넬 슈트!

한 사람당 1년에 100만 원씩 1만 명을 지원한다고 계산해보면 100억 원이다. 건물을 부수고 새로 짓는 4,000억 원 예산이면 무려 40년 동안 이런 지원프로그램을 운용할 수 있다. 지금 막 실업계 고등학교를 졸업한 어느 스무 살의, 앙드레 김이 될 수도 있는 재능 있는 젊은이가 동대문에 들어간다면 환갑이 될 때까지 이런 지원을 받을 수 있다. 그런데 이 귀한 돈을 몽땅 토건에 쓰고 있다니!

환상이 아니라 차력으로 승부하기

그렇다면 우리나라 패션계는 창작이 꽃 피울 수 있는 시기를 영영 맞지 못할까. 우리는 마케팅이나 이미지가 아니라 옷을 사는 사람들에게 신뢰와 인정을 받는 전략을 세워야 한다.

우리나라에서도 번역 출간된 《쇼크 독트린》과 《슈퍼 브랜드의 불편한 진실*No Logo*》을 집필한 나오미 클라인은 '클리엔틸리즘*Clientilism*'을 주장하는 학자로 주목받고 있다. 클리엔틸리즘은 '고객주의' 정도로 번역할 수 있을 것 같은데 요지는 기업의 마케팅 전략에 좌지우지되면서 단순히 물건을 사는 수동적인 소비자가 아니라 적극적으로 자기 권리를 주장하고 기업에 정당하게 항의하고 변화를 요구하는 고객 입장에서 기업의 문제를 보겠다는 얘기다. 마케팅의 대상이 될 것이냐 기업의 전략을 꿰뚫는 똑똑한 존재가 될 것이냐. 기업 입장에선 무조건 소비자들이 작전 거는 대로 걸리는 수동적인 존재로 남기를 바란다. 이미지로 물건을 파는 패션 기업들은 더더욱 그럴 수밖에 없다. 우리가 요구하지 않는 한 기업들은 먼저 변하지 않는다.

　하지만 고객이 까다로우면 기술이 좋은 창작자들은 실력을 인정받을 수 있고 능력도 더 성장할 수 있다. 까다로운 미식가들이 많이 가는 식당의 음식 맛이 점점 좋아지고 장사도 잘 되는 것과 비슷하다. 요리사들은 미식가들을 상대로 요리가 맛있다는 '환상'을 주거나 이것저것을 먹으라고 전략을 짜지 않는다. 그저 좋은 재료를 준비해서 맛있게 만들 뿐이다.

　패션의 창작자들도 마찬가지다. 가장 좋은 전략은 거대 기업들이 하듯 '환상'을 만드는 게 아니라 자기만의 '차력'을 인정해줄 수 있는 '고객주의자'들과 좋은 연대를 맺는 길이다. 그게 시장에선 힘이 없는 작은 자본이 선택할 수 있는 틈새시장이다.

패션계에 샤넬 장군이 많아지기를

이제 이 책도 마지막 종착역에 닿았다. 과연 어떤 결론을 내려야 할까? 우리나라의 패션은 어떤 모습을 가져야 할까?

미국 드라마 〈하우스〉의 주인공은 끝내주게 시니컬한 하우스 박사다. 하우스 박사는 엄청나게 뛰어난 진단 전문의사인데 전설적인 명탐정 '셜록 홈즈'가 그의 모델이었단다. 셜록 홈스의 동료 왓슨 박사는 한쪽 팔이 불편한데 , 〈하우스〉에선 하우스 박사의 한쪽 발이 불편하다. 그리고 셜록 홈즈는 머리가 둔감해지는 게 싫어서 가끔씩 아편을 하는데, 하우스 박사는 발에 오는 격렬한 통증을 견디기 위해서 바이코틴이라는 중독성 있는 진통제를 먹는다. 결정적으로 셜록 홈즈의 소설 속 주소였던 '런던 베이커 가 221B'를 그대로 가져다가 하우스 박사도 221B호에 살도록 설정해 셜록 홈즈의 팬이라면 이 드라마가 《셜록 홈즈》를 병원으로 옮겨왔다는 걸 알 수 있도록 표시해두었다. 하우스 박사는 '범인' 대신 잘 보이지 않는 '병'을 잡는 의사 셜록 홈즈다.

탐정과 진단 전문의 사이에는 맞아떨어지는 공통점이 있다. 탐정이 질문을 던지고 증거를 수집한 다음 추리를 통해 범인을 찾는다면, 진단 의학자도 질문을 던지고 증상이라는 '증거'를 모아 환자가 어떤 병에 걸렸고 어떤 문제를 갖고 있는지 찾아낸다. 여기서 탐정과 진단의 모두에게 제일 중요한 건, 질문을 잘 던져야 한다는 점이다.

학자가 하는 일도 사실 비슷하다. 사회를 지켜보면서 어떤 문제가 있는지 질문을 던지고, 질문을 잘 던질수록 방향을 헤매지 않고 좋은 답을 찾아낼 가능성도 높아진다. 그리고 자기가 틀릴 수도 있다는 걸 잊지 말아야 하고, 어디서부터 틀렸는지 자기 생각을 되짚어 갈 수 있어야 한다.

나는 따지고 보면 패션계 안에 있는 사람이 아니다. 의상, 직물, 염색을 전공하지도 않았고 패션산업 안에 속해 있지도 않다. 하지만 패션은 문화 활동이면서 경제 활동이다. 사회과학자인 내 눈에는 패션이 사회 문제의 하나로 보이고, 그래서 다른 관점으로 패션에 질문을 던질 수 있는 입장에 설 수 있기도 하다. 그리고 패션산업이라고 부를 수 있는 경계 안에서 일하는 사람이 아닌 보통 사람들의 시선을 대신할 수 있는 위치에 있다.

우리나라 사람들은 패션에 관심도 많고 럭셔리 브랜드 제품을 사는데 돈도 많이 쓴다. 왜 우리는 우리와 소득수준이 비슷한 나라보다 유독 럭셔리에 돈을 많이 쓸까? 그런데 왜 패션에 돈을 많이 쓰는 이 나라의 중심 도시에서는 자기만의 독특한 스타일이 보이지 않는 걸까? 우리가 패션에 쓴 돈은 누구에게 들어가고 있을까? 들어간다면 어느 나라의 누구에게 들어가고 있을까? 그들은 어떻게 우리의 돈을 가져갈 수 있게 되었을까? 우리의 패션은 앞으로 어떻게 되면 좋을까?

패션 미디어들은 이런 질문엔 별 관심이 없다. 패션이 만들어주는 판타지를 전달하고, 패션계의 떠오르는 스타와 새로운 트렌드를 소개하는 일에만 관심이 있다. 패션에 대한 책들도 마찬가지다. 어떤 옷을 사면 좋을지 알려주는 쇼핑 가이드나 천재적인 감각을 자랑하는 디자이너들을 찬사하는 데만 주로 관심이 있지, 우리나라 패션이 어땠으면 좋겠다거나 우리가 왜 럭셔리를 좋아하는지 분석하는 덴 전혀 관심이 없다.

하지만 패션에 관심이 있더라도, 럭셔리나 스파를 무작정 따라하는 건 왠지 찜찜하고, 공정무역이나 유기농업처럼 패션에도 대안이 있으면 좋겠다고 생각하는 평범한 많은 사람들은 이런 문제들이 궁금하다.

우리나라 패션계를 생태계에 비유하자면 생산자는 거의 없고 소비자만 많은 불균형한 시스템이다. 생태계가 건강하게 지속하려면 다양한 생물종들이 조화를 이루고, 생산자와 소비자와 그 주변 환경이 안정된 상태를 유지해야 한다. 생산한 영양분 이상을 소비해서 먹을 게 부족해지거나 생산만 너무 많아서 부영양이 되지 않아야 하는데, 패션 역시 마찬가지다. 패션 생태계가 건강하고 오래 가려면 다양한 '패션 종'이 필요하다. 패션 생태계의 주춧돌인 소재 생산자부터 디자이너까지 생산자들은 열심히 생산하고, 그 위에 기호와 취향이 다양한 소비자들이 튼튼한 그물을 만들고 있어야 한다.

그런데 우리나라 패션 생태계의 두드러지는 특징은 소비자는 풍부하지만 다양성은 매우 떨어지고, 생산자는 그 수조차 거의 없다는 점이다. 소비자는 새로운 유행을 무척 좋아하지만 취향은 별로 다양하지 않고, 생산자를 보자면 소재는 대부분 수입을 하고 독립적인 디자이너들의 활동도 없는데다 국내 브랜드들이 그 자리를 대신 메우지도 않는다. 창의성이 높을 수 있는 디자이너들은 활약할 만한 무대가 없고 국내 브랜드들도 별로 창의적인 디자인을 제시하지 못하는데, 남들과는 다른 스타일과 잘 입고 싶다는 패션 수요는 점점 커져간다. 이러니 저렴한 옷부터 비싼 옷까지 모두 외부 패션 생태계에 의존하게 되는 것이다. 이제 서울에선 저가 옷을 살 땐 유럽의 스파 브랜드를, 고급 패션을 사고 싶을 때는 전통적인 럭셔리 브랜드로 간다.

그러다 보니 우리에게 패션이란 양분을 공급하는 파리 발 혹은 뉴욕 발 패션 권력의 영향력이 지나치게 커지고, 본래 우리가 지니고 있던 다양성과 개성에 대한 갈증은 그저 빨리 바뀌는 트렌드를 재빠르게 소화하는 걸로 대체될 뿐이다. 이런 상태의 패션 생태계에서는 실용적이고 우리만의 개성이 있는 스타일이면서도 사회석으로도 좋은 패션의 싹이 사랄 가능성이 매우 적다.

파리 발, 뉴욕 발 패션 권력들은 자신들이 막강한 이 상태가 좋기 때문에 합리적인 정보를 주기보다는 판타지만을 일방적으로 제공하는 구조를 더 튼튼히 하고 싶을 것이다. 게다가 소비자들이 다양해지는 쪽보다는 한쪽으로 몰려가는 편이 돈 벌기엔 쉽기 때문에 계속해서 '리더',

'패션 리더'의 스타일을 따르도록 주문을 걸고 있다.

하지만 우리에게 필요한 건 외부에서 제시한 스타일을 먼저 따라하고 소화하는 소비자인 '패셔니스타'가 아니라 시대가 원하는 옷을 제시하는 '샤넬 장군'이다. 여성들이 새로 쟁취한 자유를 누리기 위해 생활에서 필요한 패션 스타일을 제시했던 그 '샤넬' 말이다. 패션 리더를 따르는 소비자가 많을수록 패션 소비자 종의 다양성은 떨어질 수밖에 없다. 우리에게 필요한 영웅은 우리 패션 생태계의 부족한 다양성을 높여줄 수 있는 생산자 종이다!

우리나라 여성들에게 해답이 될 스타일을 찾아 도전하는 새로운 샤넬들, 이 시대 이곳에서 필요한 패션이 무엇인지 답을 구하는 샤넬들이 필요하다. 한국이 자랑하는 패션 디자이너 앙드레 김은 샤넬이 되지는 못했다. 그의 힘은 화려함을 절정까지 끌어올리는 스타일에서 나왔지만 샤넬의 힘은 실용적인 스타일에서 나왔다. 샤넬은 그 자체로 여러 사람이 만족하는 새로운 스타일, 새로운 포맷이 되었다. 앙드레 김은 서울, 대구, 부산, 광주에서 열심히 일하는 평범한 여성들이 무얼 입으면 좋을지 고민하지 않았다. 샤넬은 자기가 살고 있던 파리에서 그 고민을 했다. 그리고 모더니스트 친구들과 함께 자신들이 살고 있는 시대가 어떤 시대인지, 시대의 소명 같은 게 있다면 그게 무엇일지 생각하고 또 생각했다.

새로운 샤넬들은 이런 질문들을 스스로 만들고 답을 찾아내는 사람들 안에서 자란다. 시대가 무얼 바라는지 찾아야 한다. 샤넬의 시대에 시대정신이 여성해방이었다면 우리 시대의 시대정신은 자연해방이다. 샤

다이애나 브릴랜드
'이렇게 해 보세요'. '패션계 최고의 허풍'이란 별명이 있던
패션지 〈바자〉의 편집장 다이애나 브릴랜드는 '이렇게 해 보세요'라는 코너에서
한편으론 황당하기 그지없는 제안들을 했다.

넬이 귀족들의 비단 대신 저지와 트위드를 새로 발굴했던 것처럼 새로운 '샤넬 장군'들도 새로운 소재를 들고 나올 수 있다. 샤넬이 코르셋을 없앤 슈트를 세상에 내놓은 것처럼 새로 등장할 샤넬 장군들도 시대가 요구하는 새로운 스타일을 만들어낼 수 있다.

이 장은 오스카 와일드Oscar Wilde의 한 경구로 시작했다. 오스카 와일드는 아일랜드 귀족 출신의 소설가다. 편하게 살 수도 있었지만 대신 자신의 넘치는 예술성과 끼를 맘대로 발산하며 살았다. 동성애를 인정해 감옥에서 살기도 했고 결국 그 일 때문에 가난하게 되어 고생도 많이 했지만, 멋진 소설들을 발표했고 보라색 벨벳 양복을 입을 만큼 그 시대 패션리더이기도 했던 사람이다. 오스카 와일드는 특히 직관이 좋은 문학가였기 때문에 재치 있고 멋진 아포리즘을 많이 남겼다. 오스카 와일드 같은 사람이 말을 하기 시작하면 주변에 있던 사람들은 그의 화려한 언변에 금방 빨려들고 그의 논리성에 고개를 끄덕이게 된다. 와일드는 말로 사람들을 설득하고 감탄시키는 데 뛰어난 사람이었다. 이런 와일드가 사람들이 자기에게 동의할 때면 자신이 틀린 것 같다는 느낌이 든다고 했다. 다른 사람들이 자기 언변에 넘어가는 순간 자기 이야기의 틀린 점을 발견하게 된다는 말일 수도 있지만, 나는 이 말이 누군가가 자신을 신앙처럼 따르면 뭔가 잘못 행동하고 있다는 표시가 된다는 뜻으로 이해되기도 한다. 자기가 신앙의 대상이 된다는 건 좋을 것 같지만 사실은 엄청나게 끔찍한 일일 수도 있다. 누군가를 신처럼 추종했다면 그 사람이 틀렸다고 느끼는 순간 그를 이해하기보다는 추종한 만큼 미워하게 마련이다.

언제나 광신도란 물불을 가리지 못하니까.

브랜드나 스타 디자이너는 신이 아니다. 그들은 판타지의 장막을 둘렀지만 인간일 뿐 얼마든지 비판받을 수 있고 토론의 대상이 될 수 있다. 그러므로 나도 모르게 판타지의 장막 뒤로 그들을 숨겨주고 자칫 나를 광신도로 만드는 '명품'이란 단어는 버리고 다른 이름을 붙이자. '사치품'이 입에 잘 붙지 않는다면 차라리 원래 이름인 '럭셔리'라고 부르고 그들을 객관적으로 바라보자.

고아나 다름없던 샤넬은 당대의 예술가들을 만나 교류하면서 한 시대를 만든 모더니스트 패션 디자이너가 될 수 있었다. 패션 회사엔 지금보다 연구소가 수십 배는 더 많아져야 하고, 디자이너들은 우리 시대의 다양한 예술가와 사회활동가, 그동안 접하지 못한 이질적인 이들과 만나 이야기를 시작해야 한다. 압구정동과 청담동 거리 안에만 머물러선 한국의 취향을 알 수 없다. 한국은 보기보다 넓은 나라라 유행과 거리가 멀어 보이는 농촌도 한국이고 쇠락한 도시 뒷골목에도 한국이 있다.

이곳이라는 공간과 지금이라는 시간, 그리고 그 안에 사는 사람들을 나만의 언어로 표현할 수 있는 디자이너가 바로 다음 샤넬 장군이 될 것이다. 샤넬 장군이 많은 시대는 얼마나 행복할까!

스타일!

국어사전을 찾아봤다.

'복식이나 머리 따위의 모양. '맵시', '품', '형'으로 순화'.

내가 외친 스타일은 복식의 모양 되겠다. 우린 옷으로 얘길 한다. 옷 자체뿐만 아니라 내가 지니고 있는, 내가 두르고 있는 모든 소비재들이 나를 말해준다. 과거에도 그래왔지만 해가 지날수록 그러한 것에서 떠나서 살 수 없는 현세다. 세상에서 젤로 재미난 게 사람구경과 불구경이라 하지 않던가.

처음 이 책에 대한 얘길 들은 곳은 광화문의 한 핸드드립 커피집이었다. 내가 알고 있는 김윤성은 패션과는 거리가 좀 있는 친구였다. 그런데 언제부터인가 패션지라던가 옷, 디자이너들에 대한 나의 생각을 묻기 시작했다. 처음엔 대수롭지 않게 생각했는데 어느 날인가는 이러이러한 책을 쓰려고 준비 중이라며 현재 패션계의 디자이너와 소속사, 그리고 그 계보들과 사업진행 방향을 죽 읊는 것이었다. 아무리 필요해서 공부를 했다고 하지만 그 많은 정보를 혼동 없이 정리해 말하는 게 너무 신기했다.

이 책의 가제는 '샤넬 스타일'이었다. 그런 만큼 샤넬의 여러 이야기를 들을 수 있었는데, 코코 샤넬이라는 디자이너가 살았던 시대며 교류했던 예술가와 소위 귀족들의 애길 들으면서, 샤넬이 내가 생각했던 패션 디자이너 이상의 뭔가를 가지고 있었던 사람이란 걸 처음 알게 되었다. 내가 샤넬이라는 단어를 들으면서 떠올릴 수 있는 것이라고는 고작해야 잡지를 화려하게 장식하던 명품하우스의 광고 이미지와 마릴린 먼로가 입고 잤다는 넘버 파이브 향수가 굉장히 어른스런 향의 향수였다는 것. 그리고 샤넬의 광고를 떠올리면 생각나는 것은 블랙과 화이트, 그리고 매우 제왕적이라는 느낌. 그 느낌의 중심에 있는 칼 라거펠트의 강한 카리스마 정도였다.

집에 돌아오는 내내 '꽤 재밌는 작업을 시작했구나' 했는데 집에 도착해 김윤성에게 전화를 받았다. 책을 같이 해보자는 거였다. 처음엔 내가 어떤 그림을 그릴 수 있을지 머뭇거렸는데 돈을 벌면서도 재밌는 일을 하기가 쉽지 않다는 것을 일하며 배운 터라 '좋은 기회잖아!'로 마음을 바꿨다.

먼저 샤넬에 대한 공부부터 시작했는데, 고아처럼 자란 그녀인지라 경제적인 자립의 중요성을 일찍이 안 그녀의 영민함, 자신이 정말 좋아하는 일을 했고 그 일로 연명한 인생, 본인이 이뤄낸 업적을 이용해 예술가 친구들을 후원했다는 점, 그리고 평생 연애를 시도한 야성적인 매력, 죽을 때까지 고독했던 것 등 나를 사로잡는 그녀의 매력에 빠져 들었다.

학생 때부터 집에 모아두었던 패션지들도 많은 도움이 되었고 취재를 위해 갔던 프랑스와 일본도 너무 오랜만이라 새로웠다.

캉봉의 18번지와 31번지 매장. 방돔 광장에 쓸쓸히 내리던 비. 리츠 호텔을 발견했을 때 자연스럽게 입에서 터져 나오던 환호. 샤넬이 살던 곳과 일하던 곳까지의 거리를 재 봐야겠다며 호텔 로비에서부터 18번지 매장까지 걸어보며 발자국을 셈하던 김윤성의 심각한 표정. 샤넬이 살았던 방의 숙박요금을 환산하며 계산기를 두드리던 일. 이 모든 것들이 지금도 생생하다.

책을 준비하며 되돌아보니 94학번인 내가 대학에 갓 입학했을 때가 우리나라에 〈보그〉, 〈바자〉 등의 라이선스 패션지들이 생기고 소위 세계화의 바람이 불고 있던 시기였다. 당시 나는 학교에서 염색과 직조를 전공하고 있었는데 과제가 나오면 먼저 학교 도서관의 정간실에서 외국의 패션지나 인테리어 잡지 등을 보면서 스케치를 하곤 했다. 그때 느꼈던 공허함 비슷했던 감정은 학교 수업과 내가 속해있는 현실의 확연한 거리감이었다. 학교에선 세계 최고, 최신의 서구의 디자인들을 보며 공부하곤 했는데 내가 몸담고 있는 공간은 그것들과는 판이하게 달랐다. 지금 생각해보면 패션지를 장식하고 있는 명품들에 눈은 높아지고 그것이 목표가 돼있는데 집에 와서 눈에 들어온 풍경과의 괴리감이 너무 컸던 탓이 아니었나 싶다. 현실과의 개연성이 전혀 없는 공부로 텅 빈 20대를 보낸 것 같다. 지상에서 생활하면서 천상을 항상 가슴에 품었다고 하면 너무

과한 비유일까? 패션지와 잡지를 장식하고 있던 것들은 모두 이미지의 세계에 속했던 것들인데, 그땐 그렇게 사는 것이 그러한 아름다움을 아는 사람이 마땅히 가야할 길이라고 생각했다. 패션산업이 창조해놓은 이미지에 완전히 매료되었던 나는 모든 사람이 그렇게 살기를 원할 것이라고 생각했다. 그들은 소리 치고 있었다.

"우아함의 시대로 들어오세요."

리즈 틸버리스Liz Tilberis가 영국판 〈보그〉 편집장에서 미국판 〈바자〉로 옮겨, 〈바자〉의 중흥기를 재건하며 만든 슬로건이었다. "Enter the Era of Elegance." 리즈 틸버리스는 그녀의 첫 번째 〈바자〉 표지를 슈퍼모델 린다 에반젤리스타와 함께 장식하고 있다. 참 잘 만들었다.

누가 우아하고 싶지 않겠는가?

세상에 그렇게 살 수 있는 사람은 10퍼센트도 되지 않는다는 걸 좀 더 일씩 알았다년 난 시금과는 또 나른 사람이 되어 있있을까? '명품'이라 불리는 물건들을 소비할 경제력도 없거니와 한 가지 정해진 곳으로 모든 사람들이 뛰어가는 모양새를 원래부터 좋아하지 않는 편이었는데, 이번 기회에 '명품산업의 진실'을 알게 되면서 그 꺼림칙했던 느낌의 출처를 조금은 알게 된 것 같다. 인생의 비밀이라도 알아낸 것 같은 태도지만, 조금이라도 내가 성장한 것 같아 이 작업은 내게 참 고마운 작업이다.

공부를 하기 위해 파리의 퐁피두센터며 의류박물관, 샤넬 매장을 들렀었다. 평범하기 그지없는 차림으로 그 대단한 매장들을 둘러보는 짜릿함이란! 인간은 차별화로 그 가치를 높이려는 존재라는 걸 내 자신이 경험하는 순간이었다. '난 이런 차림으로 이러이러한 매장들을 찾았다!'

조금 다른 방향이지만 럭셔리산업 역시 그러한 인간의 본능을 자극하는 방법으로 산업을 키워왔고 소비자들 역시 거기에 휘둘리고 또 그것을 열망하면서 소비한다. 이제 럭셔리산업은 돈이 많은 상류층의 소비자만 공략하던 과거의 전통적 방식이 아니라 스파 브랜드와 콜라보레이션을 진행하는 등 더욱 대중적인 판로를 찾으며 또 다른 기점을 찍은 듯하다. 하지만 럭셔리에 대한 환상이 모두 소비되고 나면 사람들은 뭔가 다른 것으로 또 자신을 구별시킬 소비재를 찾아 떠날 것이고, 또 그에 준하는 산업이 생길 것이다.

남과 자신을 구별 짓고자 하려는 마음이 사라지지 않는 한, 남과 내가 같다는 것이 꺼림칙하지 않게 되는 어느 날, 이제까지 존재했던 수많은 소비재에 대한 산업은 종지부를 찍게 되리라. 하지만 과연 그러한 날이 도래할 것인지 그 의문이 지금으로선 더 멀저다. 몇 년 전부터 내 머릿속에 남아있는 질문이 다시 그 머리를 들고 올라온다.

"우린 과연 어떻게 진화할 것인가?"

여러분도 아시다시피 패션이란 것이 계속 유기적으로 변화하고(변화의 속도도 요즘은 엄청나다) 낡은 것의 가치가 확연히 떨어지는 분야다. 그러다 보니 원고를 쓸 무렵과 책이 출판될 시점에 또 차이가 있어 조금 생뚱한 소리를 하고 있는 부분도 있을 것 같다. 다시 써보려고 했으나 원래 글이 더 느낌이 좋아서 그대로 싣기로 했다.

마지막으로 김윤성과 내가 이 책을 통해 하고 싶은 말을 대신해 준 디자이너가 있어 그의 글을 싣는 것으로 이 글을 마무리하려고 한다.

패션계에 럭셔리는 죽었다.
한두 번 들다가 금세 과거 속으로 묻혀버리는 '이번 시즌의 백'은 진실된 의미의 럭셔리는 결코 될 수 없기 때문이다.
대부분의 소위 럭셔리 상품들은 패드(fad:일반적으로 트렌드보다 훨씬 주기가 짧으며, 바른 시간 내에 생성되고 소멸되는 유행을 말함)가 되어, 고객들에게 오랜 기간 동안의 가치를 주지 못한 채 사라져 버린다.
내게 있어 럭셔리란 원단과 소재, 그리고 생산에 있어 품질과 성실성에 기반을 둔 것이다. 럭셔리는 또한 세월을 초월하는 '감성적 내구성'의 개념을 갖고 있어야만 진정한 것이라 생각한다.
-조르지오 아르마니

2011년 1월, 류미연

모더니즘

파리 샤넬 본문 39쪽

유럽식 지붕 위의 굴뚝이 왜 그렇게 예뻐 보였는지 모르겠다. 어렸을 때부터 봐온 동화책 속의 집들에서부터 시작 되었으리라 추측만 한다.

파리에 도착한 첫날 찍은 사진을 보면 모조리 숙소에서 보이는 건너편 집들이다. 비슷한 것 같지만 조금씩 다른 지붕의 모양들이 만들어내는 검은 능선 안쪽으로 불이 켜지고, 그 안에서 생활하는 사람들의 흔적이 움직이기 시작하니, 영화의 시작을 보고 있는 것처럼 두근두근했다. 파리에 왔다는 걸 확실히 실감했다.

이 그림은 세 번째 작업이었는데 내가 봤던 그 지붕들이 재미나게 표현된 것 같아 마음에 든다. 불이 켜진 에펠탑의 모습은 파리에 입성한 상업주의의 상징처럼 보여 기분이 묘했다.

샤넬의 영향력이 현재까지 건재함을 표현했다.

루아알리외 본문 51쪽

개인적으로 가장 좋아하는 그림이다.

샤넬의 표정도 잘 나왔고 "이런 식으로 그리고 싶다"라고 말할 수 있는 그림이다. 분위기도 풍부하고 무엇보다 그림다워서 좋다. 새로운 세계로 들어가는 샤넬의 설렘이 느껴진다.

당시엔 생각할 수도 없던, 기수의 바지를 만들어 입고 남자친구들과 서 있는 샤넬은 정말 행복해 보인다. 남장이 너무 잘 어울리는 샤넬이다. 평생 자신이 한 일이라곤 남성복을 여성의 옷에 재현해 낸 것이라고 말했던 샤넬.

자신의 첫사랑을 만난 그녀는 이제 새 사람이다.

블랙 드레스 본문 59쪽

패션지에서 볼 수 있는 패션 일러스트레이션들과 많이 닮아있는 그림이 나왔다. 특히 인물의 얼굴을 표현한 부분이 그런데, 내가 이런 그림도 그릴 수 있다니 신기했다. 재미있긴 한데 내 그림이 아닌 것 같아 약간 망설여졌다. 투톤 펌프스의 표현이 마음에 든다.

주인공은 잘 나가는 여배우인가 보다. 무대 뒤의 분장실에 앉아 차례를 기다리는 듯한데 메종 샤넬에서 머리부터 발끝까지 치장할 수 있는 제품들을 보내왔다. 박스의 뚜껑에는 캉봉의 메종 샤넬의 주소와 샤넬 로고가 박혀있고 구두는 여러 개 중 고르면 된다. 사이즈나 취향 때문에 구두 고르는 일은 어떤 여자들에게나 많은 시간을 할애하게 한다.

샤넬 슈트 본문 75쪽

샤넬의 여러 뮤즈들 중 한 명인 로미 슈나이더Romr Schneider와 샤넬이다.

이 그림은 두 번째 그린 작업인데, 자료는 모두 흑백이었고 형태도 정확하지 않아서 나름대로 해석한 점이 많다. 어쨌든 상당히 고급스런 상류층 여인들의 옷 입기 놀이를 보고 있는 정도의 느낌이다.

마룻바닥의 표현이 재미있었다.

샤넬과 친구들 본문 87쪽

아술린Assouline 출판사에서 출간된 샤넬 시리즈에서 본 샤넬과 그 친구들의 일러스트레이션을 내 버전으로 소화한 작업이다. 칼 라거펠트가 그렸던 일러스트레이션인데 내 작업은 만화적으로 나왔다.

유일한 드로잉 작업이다. 나는 선을 이용한 작업에 관심이 많다. 면 위주로 표현된 그림도 좋지만 항상 드로잉이 잘 보이는 선 위주의 그림에 매력을 느끼곤 한다. 작가가 선을 쓰는 방법을 보면 그 사람의 성격을 어느 정도는 짐작할 수가 있다.

다른 작업들과 많이 달라 애착이 간다.

매혹

쇄골 마돈나 본문 103쪽

마돈나를 그리려고 자료 사진을 많이 뒤졌는데, 마돈나의 미모에 새삼 놀랐다. 특히 20대의 마돈나는 별처럼 빛나는 눈을 가진 작은 망아지 같았다. 지금의 카리

스마 있는 외모와는 또 다른 매력의 20대의 마돈나. 초록색 눈을 그려서 완성하니
날 쳐다보는 듯해서 흠칫 놀랐다. 1980년대의 화려한 화장이 마돈나에게 굉장히
잘 어울린다.

오트 쿠튀르 본문 115쪽

이 그림은 세 번을 망치고 무려 네 번째에 완성했다. 자꾸 망치니까 힘들어서 다른
걸로 대체할까 했었는데, 그려놓고 보니 준비했던 다른 이미지와는 비교할 수 없
을 만큼 정확히 오트 쿠튀르의 느낌이 표현되어 보람이 있었다.

유니폼을 입고 무릎을 꿇은 직원이 드레스의 장식을 하나하나 손으로 작업해서
완성하고 있다. 창문으로 들어오는 따뜻한 볕은 작업실의 분위기를 한층 고급스럽
게 돋운다.

오직 한 사람을 위한, 그 메종이 가지고 있는 최고의 바느질 테크닉을 과시하는 작
품인 오리지널 명품 드레스다.

연합군 본문 135쪽

표현기법에서 내가 가장 추구하고 있는 그림이 나왔다.

순진한 군인들의 표정이 이 그림에선 가장 중요한 부분이었는데, 안경 쓴 군인이
조금은 그 역할을 하고 있는 듯하다. 군인들의 얼굴이 왜 붉은 색이냐고 묻는 사람
들이 있었는데, 난 유럽인들이 백인이 아닌 홍인이라고 생각될 때가 종종 있다.

아침의 차가운 안개가 캉봉의 골목에 꽉 차있는 느낌이 꽤 마음에 든다.

샤넬 스포츠 본문 151쪽

분홍색으로 표현한 하늘이 좋다. 자료는 모노톤이었기 때문에 색감을 만들어 나
가면서 고민을 좀 했었다. 그러다 분홍색 하늘이 나왔고 이 그림의 분위기를 좌우
하게 되었다.

샤넬이 입은 저 바지와 딱 같은 스타일의 바지가 내 옷장 안에 분명히 있는 것 같
은데 찾을 수가 없다.

시간은 오후 네 시쯤이고 멀리선 배경으로 숲속의 새 소리가, 가까이에선 날고 있

는 벌 소리가 들리는 나른한 느낌의 그림이다.

섹스 앤 더 시티 본문 166쪽

뒷모습만으로도 정확히 그녀들을 알아볼 수 있길 바란다. 그리다 보니 하나하나
나름대로의 실루엣과 느낌을 가지고 있어서 작업이 재미있었다.
'미란다는 목이 길군'
'샬롯은 옷의 프릴도 여성스러워'
'캐리는 역시 균형이야!'
'사만다, 이 언니는 역시 파워가 넘쳐!'
영화 〈섹스 앤 더 시티2〉의 홍보 이미지였는데, 다정해 보여서 선택했다. 이 영화를
보다가 미란다와 샬롯이 육아의 고통을 토로하는 장면에선 나도 모르게 눈물이
났다. 진실성이 있는 영화였다.

마놀로 블라닉 본문 175쪽

아찔한 스틸레토 힐을 딛고 서 있을 때의 짜릿함을 나도 안다. 확실히 출처 없는
자신감이 몸 안으로 들어온다. 거기에서 내려 왔을 때의 공허함도 알고 있다.
마놀로 블라닉 같은 뛰어난 디자인의 스트립 힐은 발에 입는 완벽한 칵테일 드레
스다. 확실히 이 물건은 유혹적이다. 신고서 자고 싶을지도 모른다.

영리함

코스튬 쥬얼리 본문 191쪽

샤넬 스타일의 특징 중 하나인 액세서리의 과함. 자료 사진을 보면 그녀는 옷은 극
도로 단순하게 입고 액세서리는 치렁치렁하게 해서 멋을 낸 경우가 많다.
파인 쥬얼리가 아닌 코스튬 쥬얼리로 멋을 부린 그녀의 모던함. 그 넘쳐나는 자신
감. 그녀가 아니었다면 진짜 보석을 구입할 수 없는 여성들은 치장의 즐거움을 누
릴 수 없었으리라. 그런 여성 중 하나인 내가 외친다. 브라보! 샤넬!

보석이 가벼워지면서 패션이 훨씬 젊어지고 발랄함을 찾을 수 있었다. 사람들이 진짜 보석만을 착용해야 했다면 그 부담감으로 보석이 사람을 걸친 형상이 되었을 거다.

2.55 본문 203쪽

핸드백의 원조. 소지품을 넣어 어깨에 멜 수 있는 최초의 여성용 퍼스널 백. 하인이 들어주지 않는, 그야말로 퍼스널 백의 원조이며 샤넬의 또 하나의 작품이다. 누가 봐도 알 수 있는 샤넬 2.55백을 검정 코팅지에 한 가지 색으로 작업했다.

빨리 끝났고 한 번에 마쳐서 좋았다. 가끔은 이럴 때도 있다.

이세탄 백화점 본문 218쪽

도쿄에 갔을 때 찍은 백화점 쇼윈도 사진을 자료로 그린 그림인데 꽤 마음에 든다. 에드워드 호퍼 식의 소외감이 표현되었다고 생각한다. 소외감은 내가 항상 관심을 갖는 주제다.

이 그림에서의 주인공은 빛이다. 도시를 가장 쓸쓸하게 하는 것은 인공적인 과장된 빛이다. 본래 어두운 밤을 인공적으로 밝혀놓은 빛의 과함이 과장된 인생의 단면을 보여준다.

티파니 본문 227쪽

너무나 유명한 장면. 〈티파니에서 아침을〉의 오프닝이다.

종이컵을 들고 있는 것을 보고 좀 놀랐었는데, 이놈의 종이컵은 도대체 언제부터 만들어지기 시작했나 궁금해졌다. 우리나라에서 종이컵이 만들어진 것이 1961년이 최초라고 '평화산업'은 말한다. 이 회사의 연혁을 보면 "미군 부대에서만 쓰이던 종이컵 만드는 기술을 연마했다"는 기록이 나온다. 평화산업은 한국최초의 종이컵 제조회사다.

재미있는 것은 이 〈티파니에서 아침을〉이 1961년도에 발표된 영화라는 것이다. 그렇다면 이 종이컵은 메이드 인 코리아?

그림 그리던 얘길 다시 하자면, 그리다 보니 다른 그림에 비해 크기가 커져서 후회

했다. 샹들리에의 표현에 많은 시간을 들였다.

캉봉 가 31번지 본문 246쪽

2009년 11월에 방문했을 때와는 많이 다른 모습이지만, 같은 장소라는 것을 알
수 있었던 것은 2층으로 이어지는 계단 때문이다.

이 계단은 아직도 캉봉 가 31번지 매장에 실재한다. 지하철에서 내려 캉봉에 들어
섰을 때의 그 설렘. '여기가 그 전설의 장소로구나' 하면서 골목을 걸었는데, 유수
의 유명인들이 자가용에서 선글라스를 쓰고 내리던 그 문 앞에 서니 경호원 아저
씨가 밖을 쳐다보고 있었다. 그 뒤로 이 계단과 샤넬의 커다란 사진이 보였다.

아저씨의 밖을 주시하는 시선 때문에 대놓고 사진을 찍기에는 부끄러웠지만, 그래
도 찍었다.

명동 본문 263쪽

2009년 겨울에 찍은 명동.

스파의 대표 주자 자라와 명동거리의 터줏대감 '짝퉁' 가판대가 절묘하게 한 샷에
들어왔다. 한쪽에선 합법적으로 베끼고 한쪽은 불법적(?)으로 베끼지만 결국 이웃
사촌쯤 되겠다. 가판대의 환한 조명과 명동 밤거리의 조명의 표현에 초점을 맞춰
서 작업했다. 지나가던 행인이 사진 속에 잡혀서 더 역동적인 밤거리를 연출해 주
었다. 고맙습니다!

베블런 상류 본문 274쪽

확실히 광고 컷이라는 느낌의 이미지다. 맥도날드는 상류계층들이 즐겨먹는 음식
은 분명히 아니니까.

패션 피플들이 그렇게도 자주 말하는 무심함이 이 광고 컷의 콘셉트다. 실크드레
스를 입고 케첩을 듬뿍 찍은 감자를 먹는 저 무심함!

젊은 아가씨의 표정에서 발랄함은 찾기가 좀 힘들다.

스타일

가르손느 스타일 본문 283쪽

처음엔 화장품 광고처럼 뽀얗기만 한 느낌이 마음에 들지 않았는데, 볼수록 샤넬의 아이템을 보는 재미가 쏠쏠하다.

장식 없는 기본형 모자에 트레이드 마크인 모조 진주 액세서리, 흰 블라우스, 트위드 소재의 투피스, 클래식한 벨트. 굉장히 멋진 스타일이다.

영국 남성복 정장을 여성화시킨 기본형에 액세서리만 추가한 실로 고혹적인 스타일이다.

재클린 본문 290쪽

1962년 인도를 방문한 재클린 케네디의 이미지를 자료로 한 작업이다.

피콜라 호수에서 배를 타고 찍은 이 이미지를 보면 길가는 미국의 퍼스트레이디를 구경하러 나온 사람들로 붐비고 있다.

재키의 패션은 대부분의 미국 상류층 엘리트 여성들이 꿈꾸는 기본형이 되었다.

현대 여성들이 흠모해 마지않는 그녀 스타일의 진수는 케네디 가의 사람이었을 때보다는 두 번째 남편인 오나시스와 살았을 때의 스타일이다. 머리에 두른 스카프, 잠자리 선글라스, 트렌치코트 등. 얌전한 안방마님 스타일의 재클린 케네디 스타일보다 재클린 케네디 오나시스 시절의 스타일이 훨씬 활동적이고 현대 여성들에게 어필하는 스타일인 것은 확실한 듯하다. 게다가 그녀는 두 번째 남편과 사별하고 나중엔 출판인으로 활동하기도 하니 세간의 눈으로 보면 참으로 화려하게 살다 간 여성이었다.

재키의 눈을 그리려다 지웠다. 눈 없는 재키가 훨씬 그녀답다. 그림은 이래서 재미있다.

제인 버킨 본문 298쪽

바닷가에서 찍은 제인 버킨과 세르쥬 갱스부르의 사진이다. 옛날 사진 같은 느낌이 나게 색을 써보려고 노력했다.

실제로는 상당히 눈이 부신 상황이었을 거다. 두 사람 다 눈을 뜨려고 굉장히 노력하고 있다.

인물을 그릴 때 항상 그 사람처럼 그려야 한다는 강박에 시달린다. 그런 강박 없이 작업할 수 있는 날이 오기를 항상 소망한다.

샤를로뜨 본문 303쪽

색을 별로 쓰지 않고 선으로 완성한 작업인데, 샤를로뜨의 느낌을 내는 것에 중점을 두고 진행했다. 헝클어진 머리와 부정교합의 턱, 마른 체형을 나타내는 손의 실루엣. 시선이 뚜렷하지 않은 눈이 그녀 외모의 특징이라면 특징.

얼굴을 가르는 선은 그리다 생긴 질감인데 느낌이 나쁘지 않아 수정하지 않았다.

뉴욕 스타일 본문 310쪽

뉴욕 스타일에 대한 공부를 하면서 내가 알고 있던 뉴욕에 대한 이미지는 굉장히 단편적인 것이었다는 것을 알게 되었다. 지금은 과도한 상업주의에 많이 가려졌지만, 본래 뉴욕의 긍정적인 모습을 만들어 가는 것은 이런 평범한 사람들임을 알고 많이 감동했다.

세상엔 평범한 사람들이 훨씬 많고, 그 사람들이 진짜 세상을 꾸려나간다.

평범한 사람들의 고단함을 신께서 잊지 않고 기억하시길 기도한다.

서울 스타일 본문 319쪽

서울 스타일에 대한 고민을 하다가 하루 동안 청담동과 가로수길을 찍으러 다녔다. 엠씨엠을 엠씨엠 코리아가 인수했다는 이야기를 들었었지만 한국의 본사를 본 감격은 무엇의 발로였을까? "우리나라도 명품 브랜드를 가지고 있다!" 뭐 그런 걸까? 그보다는 우리나라 사람들의 구매력에 대한 놀라움이겠다.

미술적으로도 상당히 세련된 외관의 건물이었다.

스텔라 매카트니 본문 327쪽

스텔라 매카트니는 항상 당당해 보여서 부럽다. 자신감이 넘치는 게 당연한 그녀의 커리어만큼 스텔라가 입은 저 흰색 카디건도 부럽다.

이 그림은 스텔라 매카트니의 눈빛에 공을 들였다. 사실 스텔라 매카트니는 키가 휜칠한 미녀다. 내가 그린 그림은 사진의 비례를 정확히 따르지 않아 마치 소년처럼 표현되었다. 그녀의 발달된 손마디가 얼마나 열심히 일하는 사람인지를 알려주는 듯해서 기분이 좋다.

가로수 유행 본문 335쪽

가로수길은 이젠 광고에도 등장한다. 점점 더 별스럽게 변해 간다. 예쁜 카페 몇 개와 유명 산부인과가 있는 가로수길은 이제 사라졌다.

그림 속의 매장은 내가 좋아하는 곳인데 항상 들르게 된다. 액세서리가 예쁘고 재밌다. 직원들도 친절하다. 아기자기한 오브제를 많이 그릴 수 있어 재밌을 거라 생각하고 그렸지만 나중엔 그 아기자기함에 지치면서 그렸다. 이것도 그리고, 저것도 그리고. 그리고 나면 또 그릴 게 있는 그림이었다.

영원함

도쿄 샤넬 본문 347쪽

이 그림은 표현적인 부분에서는 자신 있다 할 요소가 없지만 전체적인 구도와 색 배분 때문에 좋아한다.

그림 속의 기모노를 입은 아가씨는 실물은 아니지만 실제로 긴자엔 기모노를 입은 여성들이 종종 보였고, 젊건 연로하건 모두 아름다웠다. 그 옷이 굉장히 고가라는 말에 더 그렇게 보였는지도 모르겠다.

장미농장 본문 358쪽

이 책을 위해 작업한 그림 중 딸아이가 가장 좋아하는 그림이다. 아이는 아이의 말로 "꽃이 너무 예뻐"라고 한다. 아이가 좋아하는 노래 중에 '예쁘지 않은 꽃은 없다'라는 곡이 있다. 정말 예뻐서 그렇게 말해줬기를 바란다.

화사한 색감을 쓰고 싶어서 채도가 높은 배경으로 그림을 시작했다. 향기가 아주

진한 꽃이라서 강렬한 색감이 어울린다고 생각했다.

메종 덩치 본문 371쪽

인물 표현에 별로 자신이 없는데, 이 그림에선 여러 가지 표정을 그리게 되었다. 여러 가지 표정의 얼굴을 모아놓고 한번 죽 그려보는 것도 좋은 공부가 될 것 같다. 딱딱하지 않은 그림이 돼서 다행이다.

완성하고 보니, 버버리 체크만 제거하면 가족의 사랑을 소재로 한 동화책의 표지 같다는 생각도 들었다.

유니클로 유통 본문 391쪽

이 그림은 사람을 묘사한 부분을 확대해서 보면 실제 그림보다 근사할 거다. 펜 선이 여러 가지로 나오고 거리에서 봤던 사람들도 재미나게 표현됐다. 하지만 책 편집 때문에 원본보다 작게 들어갈 것이 확실하다 보니 많이 아쉽다.

긴자에 갔던 날이 토요일이었는데 대로를 막아서 사람들이 걸을 수 있도록 했다. 도로의 차량을 통제하는 것만으로도 일반적이지 않은 축제 분위기가 느껴졌다. 차가 다니던 도로를 걸어서 구경하는 호사를 누렸다.

창작 슈트 본문 403쪽

트위드의 느낌을 표현하려 실을 한 올 한 올 그렸는데 실이 한 올 한 올 올라가면서 정말 트위드의 느낌이 나기 시작하더니, 내가 그림을 그리고 있는 건지 직물을 짜고 있는 건지 헷갈리기 시작했다. 재미있게 완성했다.

물감으로 짠 샤넬 트위드 슈트다! 완성!

다이애나 브릴랜드 본문 411쪽

다이애나 브릴랜드Diana Vreeland는 20세기 중반 패션지 〈바자〉의 전성기를 이룬 편집장이다. 전설적인 편집장 카멜 스노우Carmel Snow에게 발탁되었으며, 재클린 케네디의 패션 고문이었고, 은퇴 후에 뉴욕 메트로폴리탄 예술 박물관의 의상협회 고문직을 맡기도 했다.

브릴랜드의 외모나 경구 만들기에 심취했던 이력 등을 보면 코코 샤넬에게서 굉장히 많은 영향을 받았던 것 같다. "모든 영화비평가는 실패한 영화감독의 모습이다"라는 어떤 유명 감독의 말이 떠올랐다. 모든 패션 에디터는 실패한 패션 디자이너의 모습이다?

하지만 지금의 패션 에디터들의 권력을 보면 이런 얘기가 웃음거리가 될지도 모르겠다.

'아크릴화'란 뭘까요?

이번 작업은 모두 수작업으로 이뤄졌으며 내가 고대하던 작업 방식이었다. 디지털 시대에 아날로그를 추구하는 날 두고 내 주위의 지인들은 여러 가지 얘기를 한다. 사실 이런 얘길 하는 것이 그림판에선 좀 촌스러운 일일 것이라고 난 생각한다. 아이의 그림 점수를 묻는 부모들에게 '그림엔 점수가 없다'고 표정도 풀지 않고 생뚱한 대답을 날리는 나이지만, 도대체 아날로그니 디지털이니 하는 논의가 다 뭐란 말인가? 그림은 그냥 그림일 뿐이다. 그런 그림 중에서도 나는 아날로그적인 느낌의 손 그림을 더 좋아한다. 취향이 그렇다.

그리고 이번 원고는 아크릴 물감을 쓴 작업이다. 아크릴화는 모든 회화 매체 중 디지털 페인팅 다음으로 새로운 것으로 20세기 중반에 처음 등장했다. 아크릴 물감은 플라스틱 산업의 부산물로, 합성수지로 된 고착제다. 그러나 아크릴 물감은 수성이므로 물에 섞거나 여러 종류의 미디엄을 섞어서 사용할 수 있다.

물을 많이 써서 수채화의 느낌이 나게 쓸 수도 있고, 유화 느낌이 나도록 두텁고 걸쭉하게 쓸 수도 있다.

대체로 수정이 용이하며 유화 물감보다 사용도 훨씬 간편하다. 느낌이 다채롭고 사용이 편리해 많은 일러스트레이터들이 아크릴 물감을 쓰고 있다.

명품 판타지
패션은 어떻게 세상을 지배하게 되었나. 샤넬에서 유니클로까지

초판 1쇄 펴낸날 2011년 2월 25일

지은이 | 김윤성·류미연
펴낸이 | 이광호
펴낸곳 | (주)레디앙미디어
편집 | 이정신
마케팅 | 이상덕
디자인 | 이순민
출력 | 스크린출력센터
인쇄 | (주)갑우문화사
제본 | (주)갑우문화사

등록 | 2006년 11월 7일 제318-2006-00128호
주소 | 서울시 영등포구 여의도동 13-5 오성빌딩 1108호
전화 | 02-780-1521   팩스 | 02-780-1522
홈페이지 | www.redian.org
전자우편 | book@redian.org

ⓒ 김윤성·류미연, 2011

ISBN 978-89-94340-05-0 03300

책값은 뒤표지에 있습니다.

이 도서의 국립중앙도서관 출판시도서목록(CIP)은
e-CIP 홈페이지(http://www.nl.go.kr/ecip)에서 이용하실 수 있습니다.
(CIP제어번호: 2011000613)